Monika Kiel-Hinrichsen · Helmut Hinrichsen
Pubertäts-Sprechstunde

Monika Kiel-Hinrichsen · Helmut Hinrichsen

PUBERTÄTS-
SPRECHSTUNDE

Urachhaus

ISBN 978-3-8251-7653-2

Erschienen 2010 im Verlag Urachhaus
www.urachhaus.com

© 2010 Verlag Freies Geistesleben & Urachhaus GmbH, Stuttgart
Umschlagfotos: © Sebastian Haas (unten links, unten rechts, Buchrücken),
Jandia Leutemann (oben)
Gesamtherstellung: CPI – Clausen & Bosse, Leck

Inhalt

Vorwort	11
Einleitung	13
Zur Einstimmung: »Meine Pubertät«, Teil 1	15
Pubertät und Elternhaus	**19**
Familiäre Situation	21
Wegen Umbau geschlossen	27
Alleinerziehend in der Pubertät	33
Pubertät in der Patchworkfamilie	37
Pubertätsrituale	41
Moderne Übergänge	42
Ersatzrituale	45
Mutproben	46
Aufgabenteilung und gemeinsamer Alltag in Zeiten der Pubertät	47
Umgang mit negativen Fähigkeiten	52
Pubertät und Grenzen	56
Körperentwicklung und Ernährung in der Pubertät	64
Körperkult	64
Sport	67
Ernährung als Grundlage der Entwicklung	69
Wärme – das Tor zum Ich	70
Das Eisen in der Ernährung des Jugendlichen	71
Kiesel in der Ernährung	72
Konzentrationsfähigkeit, Gedankenbildung und Ernährung	73
Sexualität und Aufklärung	74
Sexualentwicklung bis zur Pubertät	74

Inhalt

Sexualentwicklung im Verlauf der Pubertät	79
Körperliche Abweichungen: Wenn Jungen Brüste wachsen	85
Pornografie und Missbrauch	86
Umgang mit Krisen und Suchtverhalten	91
Computer	93
Haschisch (Cannabis)	94
Alkohol	95
Partys	96
Musik, eigenes Instrument, Stimmbruch	98
Musik	98
Ein eigenes Instrument	98
Der Stimmbruch – die Metamorphose der Kinder- zur Jugendstimme	100
Welche Rechte und Pflichten haben Eltern?	102
Der seelenpflegebedürftige Pubertierende in der Familie	105
Gespräch mit einer Mutter	107
Homosexualität	110
Homosexualität im Pubertätsalter	110
Wodurch kann Homosexualität begünstigt werden?	111
Gespräch mit einer Mutter	112
Konfliktmanagement in der Familie	115
Das Thema aus dem Blickwinkel der Jugendlichen betrachtet	122
Fragen zum Thema	125

Übergänge und Krisen   129

Von der kleinen zur großen Pubertät – körperliche und seelische Entwicklungen	130
Trotzalter	130
Der Zahnwechsel	132
Das neunte Lebensjahr	133
Das zwölfte Lebensjahr – die Vorpubertät	135
Phänomene der Pubertät	137
Veränderter Schlaf in der Pubertät	139
Gehirnentwicklung in der Pubertät	140
Formen der Pubertät	143

Inhalt

Die Pubertät des Denkens	143
Die Pubertät des Fühlens	147
Die Pubertät des Wollens	148
Krisen	151
Der Übergang von der Kindheit zur Jugend	152
Sucht und Pubertät	157
Nikotin 162	
Handy 164	
Computer 167	
Alkohol 169	
Komasaufen 172	
Cannabis 174	
Ansätze für eine Suchtprophylaxe	176
Ess-Störungen	179
Sekten	182
Borderline-Störungen	185
Missbrauch, Gewalt und Mobbing	189
Gewalt 191	
Mobbing 194	
Selbstverletzendes Verhalten (SSV)	199
Piercing und Tätowierungen	206
Suizid	209
Unfälle	211
Langeweile, Chillen, Abhängen	213
Extremismus, Radikalismus	220
Musikszene, Idole	224
Subkultur	228
Klauen und Lügen	231
Das Thema aus dem Blickwinkel der Jugendlichen betrachtet	235
Fragen zum Thema	237

Pubertät und Schule   241

Schule heute – was braucht der Jugendliche in heutiger Zeit?	244
Schule und Pubertät – im Wechsel von Freiheit und Anspruch	249
Welche Fragen bewegen den Pubertierenden an der Schule?	257

Inhalt

Aufgaben des Lehrers im Umgang mit Pubertierenden	261
Kommunikation, Autorität und Partnerschaft,	
Gesprächsbereitschaft	262
Authentizität, Beziehung, Begegnung, Kritikfähigkeit	265
Grenzen ziehen, strafen, verzeihen, vertrauen	268
Humor	271
Die Bereitschaft, bei Problemen persönlich zu begleiten	274
Pubertätstypen bei Schülern? –	
Wie sie sich äußern und was sie brauchen	277
Unauffällige, angepasste, ausgeglichene Schüler	277
Provozierende, störende,	
Aufmerksamkeit auf sich ziehende Schüler	280
Schon gefestigte Persönlichkeiten, Individualitäten	284
Je nach Situation und Lehrer zwischen den Extremen	
schwankende Schüler	287
Lehrertypen und deren Bedeutung für den Pubertierenden	290
Der analysierende und immer alles erklärende Lehrertyp	
(»Das Lexikon«)	290
Der distanzierte, pedantische Lehrertyp (»Das Gesetz«)	294
Der immer besorgte, nachgebende Lehrertyp (»Die Glucke«)	296
Der aus gereifter Persönlichkeit frei agierende Lehrertyp	
(»Die eierlegende Wollmilchsau«)	298
»Gute Schule« für den Pubertierenden	299
Gute Lehrer	301
Gute Fächer	303
Der künstlerisch-handwerkliche Unterricht 304	
Sexualaufklärung 310	
Musik 313	
Ökologie 316	
Gute Gebäude	319
Gute Pausenangebote	321
Hochbegabte und Pubertät	322
Kleidung und Äußeres in Zeiten der Pubertät	325
Das Mützenphänomen bei Jungen und	
die Schals der Mädchen	329
Mädchen und Pferde	333

Mobbing unter Jugendlichen 335
    Was tun bei Mobbing? 338
    Grundlegendes zur Mediation 340
    Schule und seelenpflegebedürftige Pubertierende 342
    Das Thema aus dem Blickwinkel der Jugendlichen betrachtet 353
    Fragen zum Thema 355

Pubertät und Gesellschaft 359

    Ist die Pubertät ein heutiges Phänomen? 359
    Jugendliche als Weltbürger, Globalisierung 364
    Arbeitslosigkeit, Ausbildungsplatz 368
    Wirtschaft 371
    Politik 375
    Jugendschutzgesetz, Justiz 382
    Ausländerintegration 391
    Das Thema aus dem Blickwinkel der Jugendlichen betrachtet 395
    Fragen zum Thema 397

»Meine Pubertät«, Teil 2 – Gedichte, Texte, Gedanken und Lebensbeschreibungen von Jugendlichen 401

    Alltag 402
    Unsicherheit, Verarbeitung 409
    Langeweile 410
    Angst 411
    Tod 414
    Sehnsucht 415
    Sinnsuche 417
    Hoffnung 421
    Spiritualität 421
    Freiheit 425
    Identitätssuche 426
    Zukunft 430
    Das Thema aus dem Blickwinkel eines Erwachsenen betrachtet 432

Inhalt

Praktische Hilfen 435

Allgemeine praktische Empfehlungen 438
Anregung für die Suchtpräventionsarbeit an einer Schule 439
Stufenmodell für den Umgang mit Suchtproblemen
an der Schule: Rauchen, Alkohol, Cannabis 442
Schülermediationsausbildung 446
Empfehlenswerte Bücher 449
Empfehlenswerte Filme 449
Empfehlenswertes Material zur gewaltfreien Kommunikation 450
Hilfreiche Adressen 451
Kleines Wörterbuch der Jugendsprache 452
Akne-Behandlung 457

Danksagung 459
Anmerkungen 461
Literatur 469
Sachregister 475

Vorwort

Das Wort »Jugend« birgt etwas Rätselhaftes in sich. Vielleicht verbinden wir Verschiedenes damit; es ist ein Begriff, der mit einer gewissen Altersstufe zu tun hat oder mit Äußerungsformen der Jugend, die einem gefallen oder nicht. Beim Nachdenken spüre ich in mir die Zeit, in der die Ideale meines Lebens sehr präsent waren. Dadurch können Fragen auftauchen wie: Wo sind meine Ideale geblieben? Ja, kann ich sie überhaupt erinnern? So setzt sich eine innere Begegnung mit der Entwicklung meines Lebens fort und ich kann spüren, dass diese Zeit der Jugend in meiner Biografie immer noch als sehr entscheidend erlebt wird.

Wenn ich mit Kindern umgehe, besonders mit Säuglingen, dann entstehen in mir schöne, warme und liebevolle Gefühle, und ich betrachte das Kind ohne Anstrengung, in einer hingebungsvollen Stimmung. Ich bin in meinem innersten Wesenskern berührt und erlebe, dass die Gefühle, die gegenüber Kleinkindern entstehen, schon in mir vorhanden sind. Wenn ich mit Pubertierenden umgehe, ist es eher schwieriger, diese Stimmung zu erzeugen, auf jeden Fall taucht sie nicht unmittelbar auf. Also zwei ganz verschiedene Erlebnisse, und es ist wichtig, sie zu erkennen und zu differenzieren, denn hier liegt sozusagen eine Kernerfahrung des Menschenlebens vor. Wer könnte ein Kleinkind beim Gehenlernen kritisieren? Und wie schwierig ist es, einen Pubertierenden nicht zu kritisieren? Das Erste ist undenkbar, das Letzte sehr herausfordernd, es bedarf großer Selbstüberwindung und Selbsterkenntnis. Und genau darum geht es im Umgang mit jungen Menschen: um Selbstüberwindung und Selbsterkenntnis.

Wenn ich die Frage stelle: Hat die Kindheit eine Bedeutung und Aufgabe für die Menschheit?, dann ist meine unmittelbare Antwort: Ja, uns zu erinnern, dass wir in uns Gefühle wie Selbstlosigkeit, Wärme und Demut tragen. Diese gehören zu unserem »Mensch-Sein«. Wenn ich jetzt die gleiche Frage in Bezug auf Jugendliche stelle, was wäre dann meine Antwort? Die Frage nach der Selbsterkenntnis kommt sofort auf! Was für Gefühle und Erinnerungen wecken sie in mir? Ich bin mit mir selber konfrontiert, und hoffentlich erkenne ich »den Jugendlichen« in mir, hoffentlich ist er kein Fremder geworden. »Der Jugendliche« in mir ist ein Geschenk des Lebens, und was aus diesem Geschenk geworden ist, kann wie eine dauernde unangenehme Frage sein, die ich sogar zu stellen vermeiden kann. Hat man mit jungen Menschen zu tun, ist man herausgefordert, dieses Geschenk mit neuen Augen anzuschauen. Das Geschenk der Jugend ist schwer zu entdecken, denn es tritt oft sehr maskiert auf, und manchmal ist es nötig, Situationen zu »entziffern«, um überhaupt imstande zu sein, die versteckten Beweggründe zu erkennen und zu verstehen.

In diesem Buch steht eine Äußerung einer Siebzehnjährigen (Seite 396): »So lässt sich meiner Meinung nach zusammenfassend sagen, dass in unserer Gesellschaft kein einheitliches Bild über die Pubertät und Jugendliche an sich existiert, sondern sich jeder Einzelne, durch eigene Erfahrungen und äußere Eindrücke beeinflusst, seine persönliche Meinung bildet.« Um eine persönliche Meinung bilden zu können, geht der Weg unmittelbar in Erinnerungen und Besinnungen hinein, in die Entdeckung meiner eigenen Diskrepanzen und deren Möglichkeiten für Bewegung, für ein Weiterkommen. Dazu brauchen wir die Jugendlichen. Sie sind wie Leuchttürme für uns und unsere Zeit, damit wir nicht vergessen, dass wir alle werdende Menschen sind, dass die Menschheit auch eine werdende ist und wir alle hierbei eine Rolle spielen. Eigentlich handelt es sich gar nicht um die Pubertierenden oder Jugendlichen oder die jungen Menschen, sondern um uns alle. Der junge Mensch bringt ein Weltgeschenk dadurch, dass er so ist, wie er ist, unangenehm, kritisch und Kontakt suchend.

Schaffen wir es, ein Zwiegespräch mit uns selber zu führen, dann besitzen wir ein entscheidendes Werkzeug für weitere Gespräche mit den Pubertierenden, in der gleichen Stimmung, die wir gegenüber Kleinkindern haben, die gehen lernen.

Arlesheim im Juli 2010
                                                    Elizabeth Wirsching
Leiterin der Jugendsektion
am Goetheanum in Dornach (Schweiz)

Einleitung

Vielleicht ist die Verrücktheit der Jugend am Schluss
die größte Weisheit.

Arne Garborg

Beim Heranreifen eines Menschen zu einem erwachsenen, gleichberechtigten Mitglied der Gemeinschaft treten unter den Bezeichnungen Trotz und Pubertät zwei markante Knotenpunkte in der Biografie auf. Sie sind für die sich gerade entwickelnde Persönlichkeit oft eine genauso große Herausforderung wie für die Menschen, die sie begleiten.

Kann die Klippe des Trotzes noch einigermaßen umschifft werden, stoßen Eltern, Verwandte, Lehrer und nicht selten die gesamte Umgebung bei der Pubertät auf ein Hindernis, an dem die angemessene Führung des jungen Lebensschiffes als äußerst gefährdet erlebt wird.

Auch der junge Mensch selber sieht sich dann Stürmen, Unwettern und Strudeln ausgesetzt, denen standzuhalten er sich noch gar nicht in der Lage fühlt. Woher soll ein Heranwachsender auch wissen, welchen Kurs er zu steuern hat, wenn er doch gerade erst versucht, sich über seinen ungefähren Standort Klarheit zu verschaffen?

Wie jeder Steuermann zunächst unter der Leitung eines erfahrenen Kapitäns das Kurshalten erlernt und nach einer gewissen Erfahrung als Zweiter und Erster Offizier in sein späteres Aufgabenfeld hineinwachsen muss, so benötigt auch der Jugendliche eine Reife- und Lernzeit im Umkreis erfahrener Erwachsener.

Diese Erfahrung hat ein Erwachsener auf verschiedene Weisen erlangt. Da ist zum einen das eigene Durchleben dieser Entwicklungsphase. In allen Zeiten und in jeder Kultur musste und muss auch heute noch jeder Mensch die Stufe vom Kind zum Jugendlichen und dann zum Erwachsenen durchlaufen und durchleben. Somit ist das Sich-Erinnern an den eigenen Reifeprozess ein wichtiger Pfeiler in der angemessenen Begleitung der jeweils heranwachsenden nächsten Generation. Denn auch in der Pubertät gibt es gewisse Gesetzmäßigkeiten, immer wieder auftretende Phänomene und Fragestellungen – bei den Jugendlichen selbst wie auch bei den sie begleitenden Erwachsenen –, auf die »man« sich verlassen kann. Auf sie soll in diesem Buch genauso hingewiesen werden wie auf die Tatsache, dass jede Generation und jeder Kulturhintergrund seine ganz spezielle Pubertät hervorzubringen scheinen.

Nimmt man das selbst Durchlebte als einzige Koordinate für den festzulegenden Kurs durch die Pubertät und glaubt dabei die einzige Steuerungsmöglichkeit zu kennen, kann leicht eine gewisse Schieflage oder gar ein Schiffbruch eintreten. Der Heranwachsende will den geborgenen Hafen des Elternhauses gerade verlassen und neue Ufer auf eigene Weise ansteuern. Er ist eine unverwechselbare Einzelpersönlichkeit, die sich in einer besonderen und sehr individuellen Situation befindet. Auch darauf soll in diesem Buch ausführlich eingegangen werden.

Um den möglichen Kurs bestimmen zu können, sollten als weitere Koordinaten der Zeitgeist, die familiäre Konstellation, die Schulsituation genauso in den Blick genommen werden wie die Einzelpersönlichkeit in der gerade herrschenden Gesellschaftsstruktur.

Vieles stellt sich aus der Sicht der betroffenen Jugendlichen anders dar als aus der der Erwachsenengeneration, und das oft sehr deutlich und eindringlich. Darum wurde den Aussagen der Heranwachsenden ein ganzes Kapitel gewidmet. Aus dem gleichen Grund folgen jeweils am Ende einzelner Abschnitte Texte, welche die Haltung und Sichtweise der betroffenen Generation zum Ausdruck bringen.

Ergänzt durch praktische Tipps möchte das Buch eine Unterstützung sein bei der Suche nach einem hilfreichen und konstruktiven Umgang mit dem spannungsreichen und lebensvollen Zeitraum der Pubertät.

Von Vorteil ist es, wenn sich der Leser bei der Lektüre von dem Wunsch nach schnellen und sicheren Problemlösungen wenigstens ein Stück weit lösen kann und Raum schafft für die Faszination, die den Begleiter von pubertierenden Jugendlichen ergreifen kann. Darf er doch ein Stück echter Zukunftsgestaltung hautnah miterleben.

Zur Einstimmung: »Meine Pubertät«, Teil 1

Alle sind gegen mich. Die anderen verstehen sich gut und akzeptieren einander. Nur mich können sie nicht so annehmen, wie ich bin.

Olga, 14 Jahre

Brief an die Eltern
Erzieht mich nicht nach dem Muster, nach dem Euch Eure Eltern erzogen haben. Denn ich bin anders, als Ihr damals gewesen seid. Ihr könnt dies einsehen lernen, wenn Ihr darauf achtet, wie ich mit Gleichaltrigen umgehe, und verstehen lernt, dass deren Urteil für mich ebenso wichtig, manchmal auch wichtiger ist als Eures.
Oft vergleiche ich Euch mit anderen Eltern. Ihr könnt mir dabei helfen, wenn Ihr versteht, dass Ihr meine Eltern *werden* müsst, die mich nicht nur erzeugt haben, sondern die mich als Partner in ihr Leben einbeziehen. Darauf richtet sich meine Sehnsucht, wie sie sich damals darauf richtete, zu Euch zu kommen, längst ehe ich geboren wurde. Damals hat mich Vertrauen geleitet, jetzt brauche ich Eure Treue.
Ich möchte verstehen lernen, wie ein Mensch dem anderen helfen kann und was einer dem anderen bedeutet. Denn ich ahne jetzt, dass der Mensch einsam sein kann.
Die Anatomie meines Geschlechtes und dessen Funktionen stehen nicht im Mittelpunkt meines Interesses. Sprecht Ihr darüber, so tut es sachlich. Ich möchte aber lernen, wie Menschen trotz ihrer Verschiedenheit miteinander leben können und worin diese Gemeinsamkeit besteht. Ich möchte erfahren, wie Mann und Frau, Vater und Mutter übereinkommen können, ohne dass sie dieselbe Meinung über eine Sache haben; ich möchte erfahren, was der Vater der Mutter und die Mutter dem Vater bedeutet. [...]
Ich kann meine Fragen nur ungenügend formulieren. Ich bin unsicher im Sagen dessen, was ich eigentlich meine. Kümmert Euch um meine Ange-

legenheiten mindestens ebenso wie um die Euren. Eure Stellung im Leben interessiert mich; aber es ist nicht die meine. Ich möchte Euch vor allem anderen als Vater und Mutter erleben, damit ich mir nicht andere Eltern vorstellen muss, die ich nicht finden werde.
Ich muss jetzt lernen, Eure Handlungen und Worte zu interpretieren, denn Ihr seid nicht immer einig mit euch selbst. Ich beginne dies zu verstehen und zu achten. Ihr sollt meinen, was Ihr sagt, und handeln, wie Ihr denkt. Ich bin toleranter, als Ihr glaubt, denn ich ahne, dass auch ich nicht immer einig mit mir bin.
Ich möchte lernen, mit dem, was Ihr Konflikt nennt, zu leben und umzugehen, ohne Angst haben zu müssen. Ich suche nicht immer Antworten auf meine Fragen, sondern nur Euer Interesse an ihnen. Denn oft antwortet Ihr irgendetwas, um Ruhe zu haben. Hört genau hin, denn in meiner Frage ist eine zweite verborgen. Ihr braucht viel Zeit für mich. [...]
Gebt mir die Möglichkeit, mich zu finden, indem Ihr verzeihen lernt, und hört nicht auf, an meiner Suche nach dem, was Verbindlich-Rechtes ist, teilzunehmen. Toleranz ohne Interesse ist Feigheit.
Macht Euch kein Bild von mir, aber habt Vertrauen in mich, wie ich Vertrauen in Euch hatte.
Denkt nicht, dass ich dankbar sein müsste für das, was Ihr für mich getan habt. Wenn ich einmal weiß, wer ich bin und wie ich geworden bin, werde ich dankbar sein können. [...]
Stellt Fragen an Euch, ehe ich sie euch stelle. Ich bin wie niemand sonst in der Welt, und dennoch möchte ich nicht anders sein als die anderen. Verwöhnt mich nicht und seid nicht böse, wenn ich Euch manchmal fremd erscheine. Denn ich denke über die Welt anders als früher. Unsere gemeinsame Welt ist in Euch älter geworden. In mir ist sie neu, auch wenn es dieselben Inhalte sind, über die wir sprechen.
Beurteilt mich mit der neuen Liebe, die Distanz mit einschließt. Darauf gründet sich alle Gerechtigkeit. [...]
Ich bin misstrauisch, wenn Ihr meine Nöte zu schnell versteht. Ich bemerke, dass ich so bin, wie ich bin. Ich leide darunter und freue mich darüber. Aber ich weiß jetzt, dass ich mich nicht schnell ändern kann. Deshalb: Gebt mir Zeit, meine Fehler zu erkennen, gebt mir Zeit zu sprechen, gebt mir Zeit zu leben.

Verfasser unbekannt[1]

Der alte Mann mit dem Bart hat sich erübrigt und erst recht kann ich nichts damit anfangen, dass angeblich der Mensch, wenn er sein Leben gelebt hat, zurückkehrt in einen großen, allumfassenden Frieden, wo niemand mehr sich selbst etwas bedeutet. Wie auch? Wenn niemand mehr da ist! Diese Art von Paradies ist nicht weniger beängstigend als das große, schwarze Nichts. Auch blumig umschriebene Hohlheiten sind Hohlheiten. Wenn ihr resigniert habt vor den großen Fragen, gebt es besser zu, statt geheimnisvollen Nebel zu verbreiten, und bedenkt, ich könnte mich in dem Nebel, mit dem ihr eure Angst verbergen wollt, verirren ...
Ich suche die Wahrhaftigkeit, ich will wissen, ob ich von lauter müden, leeren Seelen umgeben bin, die sich abgefunden haben mit dem Nichts auf der anderen Seite und die Strecke dazwischen ratlos zurücklegen, weil sie keine andere Wahl haben. Ob also dies die einzige unausweichliche Konsequenz ist, was ihr Vernünftigwerden nennt? Oder ob es unter euch auch schon solche gibt, die nicht aufgehört haben zu suchen, sich nicht zufrieden geben können mit dem billigen »Nun los« des Menschen oder dem noch billigeren unnahbaren Gott, der alles und nichts bedeuten kann? Solche will ich unter euch finden, denen ich mich anschließen, anvertrauen kann mit meinen Fragen nach dem Sinn, nach dem Woher und Wohin, ohne befürchten zu müssen, dass sie gerührt bei sich denken: Ach, die glückliche Torheit der Jugend, oder mit schneidender Stimme antworten: Vergiss die Träumereien, man wird nur krank davon. Lerne, arbeite, mach was aus dir und genieße den verdienten Lohn. Ich will wissen, was die Sehnsucht, die in mir aufgebrochen ist, die in meinem Leib brennt und meine Seele aufwühlt, zu bedeuten hat. Ob sie ein Ziel finden oder nur so lange umherirren wird, bis sie wieder erlischt, als sei nichts gewesen. Meine Liebe will durch meinen Leib sprechen. Hell und gut fühlt sich dieses Begehren an und schmeckt zugleich nach Verbotenem, nach Gefahr, nach Verwundung, als gelte es etwas unglaublich Kostbares aus den Klauen eines Ungeheuers zu befreien. Ich frage euch, fühle ich richtig oder hat mich nur die Naturgewalt ergriffen, die läufige Hunde zueinander treibt? Nein, ich erwarte keine Antworten, ich will nur wissen, ist jemand da, der die Fragen kennt, die mich im Innersten bewegen, weil sie auch seine Fragen sind. Der es gewagt hat, älter zu werden und doch jung zu bleiben. Der mir so zuhört, dass ich in seiner Gegenwart die rechten Worte finde und nicht dazu gezwungen bin, unter

dem Eindruck der Unaussprechlichkeit immerfort Signale auszusenden, die bizarr, befremdlich, linkisch und anmaßend wirken, weil niemand sie entschlüsseln kann. Ich will meinem Stern folgen, ich suche Menschen, die mich so anblicken, dass ihre Augen mir sagen, ja, du hast recht, es gibt ihn, deinen Stern, er wandert dir voraus, verliere ihn nicht aus den Augen, auch ich folge dem Stern meines Lebens, es ist keine Torheit. Lass dich nicht beirren, weil ich mich nicht beirren ließ. Es wird vielleicht ein schwerer Weg, aber es lohnt sich, ihn zu gehen. Und sollte ich einen solchen Menschen finden, so wird er bereit sein müssen, mir zu verzeihen, dass ich mich nach außen hin so wenig entgegenkommend zeige, so wenig dankbar für das bin, was er mir schenkt. Ich werde, während ich mich innerlich voll Vertrauen und Erleichterung zu ihm hinwende, manches reden, was so klingen mag, als wolle ich ihn zurückweisen. Aber ich hoffe, er wird verstehen, dass es Scham ist, die mich dazu zwingt. Scham vor meinen eigenen starken Gefühlen und Scham davor, so sehr darauf angewiesen zu sein, dass jemand wie er für mich da ist.

Verfasser unbekannt

Pubertät und Elternhaus

Die Jugend ist grässlich. Sie hat nicht den geringsten Respekt vor gefärbten Haaren.

Oscar Wilde

Der Pubertierende befindet sich im Spannungsfeld zwischen sich und der Welt. Seine Aufgabe ist es, von einem Bewusstsein zu einem Selbstbewusstsein zu gelangen. Infolge der vorherigen Entwicklungsschritte sollte schon ein gewisses Maß an Einsicht, an Überblick und Zusammenschau vorhanden sein. Nur ist der heranwachsende junge Mensch noch nicht in der Lage, sich dabei selbst zu führen bzw. von seinem eigenen Ich führen zu lassen.

Deshalb benötigt er jetzt genügend Geistesgegenwart – im Denken –, eine Bewusstheit der Gleichwertigkeit von sich selbst und seinem Gegenüber – im Fühlen – sowie eine ausreichende Handlungsfähigkeit – im Wollen. Diese Stufen durchschreitet der Pubertierende zunächst zu einem großen Teil in der Auseinandersetzung bzw. im Zusammenspiel mit dem Elternhaus, mit der häuslichen Umgebung. Fragen zur Sexualität, Persönlichkeitsentwicklung und deren Störung, aber auch so manche Krisenpunkte wollen wenigstens fürs Erste im Elternhaus bearbeitet werden.

Will man sich dem Phänomen der Pubertät nähern, aus welcher Sicht auch immer, so stellt sich schnell heraus, dass es etwas mit der Frage nach Freiheit zu tun hat. Nicht mit der Freiheit, alles tun und lassen zu dürfen, was das Herz begehrt, sondern vielmehr damit, wirkliche Entscheidungen zum einen oder anderen im Lebenslauf treffen zu dürfen und auch zu müssen.

In diesem Prozess ist die Schwelle zum dritten Jahrsiebt, die Pubertät einschließlich der darauf folgenden Zeit, die entscheidende Wegmarke, weil hier der heranreifende Mensch erstmals seine Begabung zur biografischen Selbstverursachung entdeckt und erprobt. Dies ist eine völlig

20 Pubertät und Elternhaus

Im Spannungsfeld zwischen sich und der Welt – in der Pubertät haben Jugendliche große Veränderungen zu bewältigen.

neuartige Qualität des Selbsterlebens im Weltzusammenhang, die keineswegs nur freudige Empfindungen auslöst. Sie ist zunächst verwirrend und beängstigend, der Umgang mit ihr muss von Grund auf erübt werden, und zwar von jedem Einzelnen auf ganz individuelle Art.

Zwar haben manche jungen Menschen für die übersinnlichen Sphären heute einen unbeabsichtigten, quasi geschenkten Überblick, und gerade in der Pubertät kann es zu mächtigen Begegnungen an der Schwelle zur geistigen Welt kommen. Aber auch dann muss das vordringende Ich die Trennung von Denken, Fühlen und Wollen, die möglicherweise in der Pubertät auftritt, überwinden. Für dieses breite Entwicklungsfeld braucht das junge Ich ganz besonders die bewusste, einfühlsame Mithilfe der Eltern.

Wenn es nicht klappt, sind oft die Erwachsenen der wahre Grund. Sie fühlen sich hilflos und überfordert.

Familiäre Situation

Genauso wie sich zwei Menschen bewusst dazu entschließen können, zu einem bestimmten Zeitpunkt ein Kind zu zeugen, hat offensichtlich auch das Kind selbst einen Einfluss auf das Geschehen. Zum einen erfüllt sich der Kinderwunsch nicht immer bzw. nicht gleich. Zum anderen melden sich viele Kinder zu ganz ungewollten Zeitpunkten oder auch bei Elternteilen, die gar nicht so gut zusammenpassen oder sich in Augenblicken und Umständen begegnen, die den Gedanken an ein gemeinsames zukünftiges Leben überhaupt nicht aufkommen lassen.

Auch im weiteren Verlauf der Kindheit kann sich die familiäre Situation ganz individuell und sehr verschieden gestalten. Sei es, dass sich die Eltern trennen oder ein Elternteil stirbt, dass eine Patchworkfamilie gegründet wird und »neue« Elternteile oder Patchworkgeschwister hinzukommen (siehe das Kapitel über die Patchworkfamilie, Seite 37 ff.). Die Geschwisterstellung prägt die Situation eines Heranwachsenden ebenfalls. Alle Verschiedenartigkeit ändert jedoch nichts an der Tatsache, dass die familiären Gegebenheiten einen existenziellen Einfluss auf das Leben der Kinder und Jugendlichen haben.

Kinder kommen als absolut abhängige Wesen auf die Welt, sie schenken sich ihren Eltern vollkommen hin – für einen begrenzten Zeitraum. Die Erkenntnis, dass das heranwachsende Wesen von unserem »Fleisch und Blut« ist, bildet in der Regel die Basis für den Einsatz, den Eltern leisten, und ist die Grundlage für die Geborgenheit, Wärme und Liebe, die der kleine Mensch benötigt. Nicht alle Eltern sind zu dieser Grundhaltung in der Lage.

Bis zum elften, zwölften Lebensjahr ist das Kind den Eltern mehr oder weniger bedingungslos anvertraut. Dann beginnt sich in der Seele der Ich-Kern zu regen und meldet die eigenen »Besitzansprüche« des jungen Menschen an. Dieses Ich ist als Geistkern der eigentliche »Besitzer« des Menschen und wird als solcher im Verlauf der Pubertät auch immer mehr erkannt.

»So lange habe ich euch gehört. In Zukunft gehöre ich mir allein« könnte als Motto über diesem Entwicklungsschritt stehen. Zu ernsthaften Konflikten kommt es, wenn Eltern oder andere Erwachsene den

Jugendlichen in dieser Lebensphase als »verfügbares Eigentum« ansehen, welches zu jeder Zeit für die Erfüllung von Aufträgen zur Verfügung steht.

Häufig wird ein solcher egoistischer Standpunkt von den Erwachsenen genauso wie die innere Angst vor pubertärem Auftreten der Jugendlichen unter dem Mantel der Liebe und Fürsorglichkeit verborgen: »Wenn du den Einkauf für uns erledigst, lernst du doch auch, mit Geld umzugehen«, oder: »Wenn du heute Abend auf deine kleinen Geschwister aufpasst, wirst du es später mit deinen eigenen Kindern leichter haben.«

Wer mit pubertierenden jungen Menschen unter einem Dach lebt, wird nicht umhinkommen, sich über sich selbst und seine eigene Haltung zum Leben Gedanken zu machen. Viele Eltern neigen dazu, den Grund für auftretende Schwierigkeiten ausschließlich den jungen Menschen zuzuschreiben. Konflikte, die sich durch den Widerstand der Heranwachsenden offenbaren, sind aber dazu da, dass Jugendliche und Eltern gleichermaßen daran wachsen.

Das Auftreten und Verhalten der Pubertierenden ist immer auch ein Spiegel für die Haltung der jeweiligen Umgebung. Was sie bisher erlebt haben, wie sie behandelt worden sind und was ihnen vonseiten der Eltern entgegengebracht worden ist, kommt nun auf den Prüfstand. Mit treffsicherer Zielstrebigkeit legen die Jugendlichen den Finger genau in die empfindliche, wunde Stelle. An diesem Punkt bleibt es keinem Elternteil erspart, Farbe zu bekennen, zu zeigen, wo man wirklich steht und wozu man in der Lage ist.

Der junge Mensch spürt seine Ich-Persönlichkeit heranwachsen und gewinnt dadurch erstmalig einen geweiteten Blick hinter die Kulissen. Er will sich selbst und seine Mitmenschen in klarem Licht sehen. Geradezu instinktiv deckt er die Schwachstellen in der Biografie seiner Eltern und der anderen Erwachsenen auf und lässt nicht eher locker, bis die Mängel und Schwächen glasklar auf dem Tisch liegen. Überforderung, Enttäuschung und sogar Scham können das Resultat solcher Situationen sein. Auf der anderen Seite bieten diese aber auch die Chance der wahren Begegnung und des anschließenden Wandels.

Je mehr verborgene Seeleninhalte an die Oberfläche gelangen und so mit dem äußeren Verhalten in Einklang gebracht werden können, desto »vollständiger« werden sich Eltern fühlen. Aber auch das Erkennen und

Familiäre Situation

Eingestehen von eigenem Unvermögen bringt eine erleichternde und verbindende Komponente in das Verhältnis von Heranwachsenden und Eltern. Sind doch die jungen Menschen auch gerade erst auf dem Weg zu sich selbst. Was kann ihnen da mehr helfen, als zu sehen, dass auch ihre Eltern noch Lernende sind und dabei an die Grenzen ihrer Möglichkeiten stoßen.

Für sie kann ein Ausspruch von dem Künstler Joseph Beuys richtungweisend sein: »Wer nicht denkt, fliegt raus!«

Sind Eltern bereit, diesen Weg zu gehen, sollten sie sich folgende Fragen stellen:

- Bin ich bereit, mein Kind in die Selbstständigkeit zu entlassen?
- Wie ist es mir in der eigenen Pubertät gegangen?
- Wie weit habe ich meine Lebensideale verwirklicht?
- Wo bin ich bereit, noch ein Wachsender, Werdender zu sein?
- Wo bin ich bereit, meine eigenen Schwächen zuzugeben?

Der Vater von Christian arbeitet auf dem Finanzamt. Er ist ein zuverlässiger Mitarbeiter, der kontinuierlich die möglichen Karriereschritte seiner mittleren Laufbahn durchschritten hat. Da Christian früh die Schule verlassen hat und eine Maurerlehre wegen körperlicher Überlastung abbrechen musste, besorgt der Vater seinem Sohn eine Lehrstelle mit Aussicht auf anschließende feste Anstellung – ebenfalls im Finanzamt. Das ist seiner Ansicht nach die Chance des Lebens für seinen Sohn.

Christian traut sich zunächst nicht, seinem Vater zu widersprechen, und tritt die Stelle an. Schnell wird es ihm jedoch unerträglich, die biedere und angepasste Umgangsweise der Mitarbeiter zu ertragen. Er fängt im Geheimen an Wein zu trinken. Damit es niemand merkt, füllt er diesen in seine Thermoskanne. Bei der Arbeit kann sich Christian gerade noch durchschlängeln, zu Hause jedoch kommt es zu unerträglichen Auseinandersetzungen bei den kleinsten Anlässen. Schließlich wird der Wein in der Thermoskanne entdeckt und er verliert seine Lehrstelle.

Jetzt bricht es vorwurfsvoll aus Christian hervor, wie angepasst, bieder und unfrei er seinen Vater erlebt. Der ist zutiefst gekränkt und reagiert seinerseits mit Vorwürfen über mangelnden Einsatzwillen und die Disziplinlosigkeit seines Sohnes. Es scheint zum Bruch zu kommen. Im Streit behauptet Christian, sein Vater sei doch selbst Alkoholiker, der jeden Abend mindestens eine Flasche Wein trinkt. Der Vater fühlt sich an seiner schwächsten Stelle getroffen und reagiert mit vehementem Protest. Dadurch wird ihm die Ausweglosigkeit seiner Lage aber erst so richtig bewusst. Auch er würde Ansehen und eventuell sogar seine Stellung verlieren, wenn sein Alkoholproblem entdeckt würde.

Christians Vater entschließt sich, Sonderurlaub zu nehmen und in einer Suchtklinik einen Entzug zu machen. Vater und Sohn sprechen das Thema Alkohol nicht wieder an, aber ihr Verhältnis zueinander hat sich von diesem Tag an grundlegend in eine achtungsvolle, mitfühlende Richtung gewandelt.

◀

Der Vater war im Verlauf dieses Konfliktes in der Lage umzudenken. Aus der anfänglich verletzten Position konnte er sich befreien und seinen eigenen Anteil erkennen. Daraus zog er dann eigenständig die Konsequenzen und es gelang ihm, aus seinen eingefahrenen Gleisen auszubrechen. Ohne dass sie darüber sprechen mussten, entstand so ein Einverständnis zwischen Vater und Sohn, welches ihre Beziehung auf eine neue Basis stellte.

In der Zeit der Pubertät begegnet dem Jugendlichen erstmalig das Phänomen der Liebe zu einem anderen Menschen. Schnell wechselnde Liebschaften sind die Regel, aber auch länger andauernde Beziehungen haben hier ihren Anfang. Was wirkliche Liebe ist, kann der junge Mensch aber noch nicht in vollem Maße praktizieren. Dennoch darf er die Qualität wahrer Liebe an seinen Eltern erleben, sofern diese dazu in der Lage sind. Gemeint sind Liebesqualitäten wie Geduld, Toleranz, Hingabe, Achtsamkeit, Selbstlosigkeit, Fürsorge, Vertrauen, Vergebung und Verantwortung. Qualitäten also, die in jeder liebevollen Beziehung vorhanden sein, zumindest aber erstrebt werden sollten.

Darüber hinaus wird von den Eltern eine Haltung durch das pubertierende Kind herausgefordert, welche man als Opferbereitschaft bezeichnen könnte. Der Pubertierende neigt dazu, immer in den schwächsten und empfindlichsten Stellen der Erwachsenen herumzubohren. Gelingt es, den Schmerz über dieses Verhalten nicht immer sofort zurückzugeben und so die Beziehung vor permanenten Konflikten zu schützen, kann ein junger Mensch heranwachsen, der nicht von unproduktiven Schuldgefühlen geplagt wird. Kommt doch das Potenzial zu diesen Provokationen nicht aus einer tiefen Ablehnung gegenüber den Eltern oder den anderen Erwachsenen, vielmehr hat es seinen Ursprung in der Suche nach den Hintergründen des Seins und nach dem wahren Verhältnis zum inneren Wesenskern der eigenen Persönlichkeit.

Hermann Hesse hat die Situation eines Heranwachsenden zwischen der »Innenwelt« des Elternhauses und der »Außenwelt« einmal in folgende Worte gefasst: »Es riecht nach warmer Enge, nach Kaninchen und Dienstmägden, nach Hausmitteln und getrocknetem Obst. Zwei Welten liefen dort durcheinander, von zwei Polen her kamen Tag und Nacht.

Die eine Welt war das Vaterhaus, aber sie war sogar noch enger, sie umfasste eigentlich nur meine Eltern. Diese Welt war mir großenteils wohlbekannt, sie hieß Mutter und Vater, sie hieß Liebe und Strenge, Vorbild und Schule. Zu dieser Welt gehörte milder Glanz, Klarheit und Sauberkeit, hier waren sanfte freundliche Reden, gewaschene Hände, reine Kleider, gute Sitten daheim. [...] es gab Pflicht und Schuld, schlechtes Gewissen und Beichte, Verzeihung und gute Vorsätze, Liebe und Verehrung. [...] Zu dieser Welt musste man sich halten, damit das Leben klar und reinlich, schön und geordnet sei.

Die andere Welt indessen begann schon mitten in unserem eigenen Hause und war völlig anders, roch anders, sprach anders, versprach und forderte anderes. [...] es gab da eine bunte Flut von ungeheuren, lockenden, furchtbaren, rätselhaften Dingen, Sachen wie Schlachthaus und Gefängnis, Betrunkene und keifende Weiber, gebärende Kühe, [...] Erzählungen von Einbrüchen, Totschlägen, Selbstmorden. [...] überall quoll und duftete diese zweite, heftige Welt, überall, nur nicht in unsern Zimmern, wo Vater und Mutter waren. [...]

Pubertät und Elternhaus

Und das Seltsamste war, wie die beiden Welten aneinandergrenzten, wie nah sie beisammen waren! [...] Gewiss, ich gehörte zur hellen und richtigen Welt, ich war meiner Eltern Kind, aber wohin ich Auge und Ohr richtete, überall war das andere da, und ich lebte auch im andern, obwohl es mir oft fremd und unheimlich war, obwohl man dort regelmäßig ein schlechtes Gewissen und Angst bekam. Ich lebte sogar zuzeiten am allerliebsten in der verbotenen Welt, und oft war die Heimkehr ins Helle – so notwendig und so gut sie sein mochte – fast wie eine Rückkehr ins weniger Schöne, ins Langweiligere und Ödere. Manchmal wusste ich: Mein Ziel im Leben war, so wie mein Vater und meine Mutter zu werden, [...] so überlegen und geordnet; aber bis dahin war der Weg weit, bis dahin musste man Schulen absitzen und studieren und Proben und Prüfungen ablegen, und der Weg führte immerzu an der anderen, dunkleren Welt vorbei, durch sie hindurch, und es war gar nicht unmöglich, dass man bei ihr blieb und in ihr versank.«[2]

Hermann Hesse beschreibt in seinem Text genau die Schnittstelle, den Kern der Situation, die ein Pubertierender in seinem Elternhaus erlebt. Auf der einen Seite das Bekannte, das seit der Kindheit Angelegte. Auf der anderen Seite die Welt draußen, in die es hineinzuschreiten gilt. Rätselhaftes, Verlockendes, aber auch Bedrohliches tut sich da auf. Und dennoch muss der Jugendliche da hineinwachsen.

Manche Eltern neigen dazu, ihre Schützlinge vor diesem Schritt in die Welt zu bewahren, ihnen den Übergang zu ebnen oder so angenehm und bequem wie möglich zu machen. Für einen wirklichen Wachstumsprozess ist jedoch eine echte Erfahrung erforderlich, eine nicht modifizierte Lebenssituation. Der junge Mensch steht in der Pubertät an der Schwelle zu einem eigenständigen Leben. Die liebevolle Erziehung ist seit Längerem abgeschlossen. Einen Pubertierenden kann man nicht mehr erziehen. Eltern haben nur eine Chance, den Kontakt zu ihrem Kind nicht ganz zu verlieren, wenn sie ihren Anspruch auf direkte Einflussnahmen ganz rapide zurückschrauben. In dieser Lebensphase sind das Gespräch, die Anteilnahme, das Zeigen von Interesse am Leben des Pubertierenden der Faden, der gesponnen werden muss.

Andererseits benötigen die jungen Menschen gerade in dieser labilen Phase die Ermutigung durch die Eltern. Beim Kleinkind erfolgt diese

Ermutigung durch das Vorbild, in der ersten Schulzeit durch die richtigen Worte und Taten an der richtigen Stelle. Beim Jugendlichen steht die Suche nach einem Ideal im Vordergrund. Ideale und Wünsche werden durch die Lebensumstände und durch die Begegnung mit anderen Menschen geweckt. Der Heranwachsende weiß aber noch nicht, wie diese Ideale zu verwirklichen sind. Angst, Resignation oder Mutlosigkeit können die Folge sein.

Seltsamerweise will der Jugendliche da aber gar nicht herausgeholt werden, vielmehr möchte er nur in Ruhe gelassen werden. Es fehlt ihm ja auch noch die Lebenserfahrung, um mit dieser Lage der Ausweglosigkeit umgehen zu können.

Der beste Schritt, Mut zu machen, ist es darum, hinter der Fassade der Verschlossenheit und der Antriebslosigkeit die ganze Persönlichkeit des Heranwachsenden zu sehen und sich zu verdeutlichen, dass dies alles nur ein Ausdruck für die Suche nach sich selbst ist.

Diesen Blick hinter die Kulissen muss man jedoch für sich behalten. Ein Pubertierender hasst nichts mehr als eine von ihm nicht gewünschte Hilfe oder ein ungefragtes Fürsorgeverhalten der Eltern. Sind diese jedoch bereit, auf neue Situationen geistesgegenwärtig und offen zu reagieren, wächst dem jungen Menschen daraus der Mut, neue Wege auszuprobieren.

Wegen Umbau geschlossen

Ein Schild mit dem Aufdruck »Wegen Umbau geschlossen« hängt imaginär über vielen Kinder- und Jugendzimmern oder anders ausgedrückt »vor den Seelen« der meisten Jugendlichen in der Pubertät. An den Türen findet man dann tatsächlich Aufkleber mit »STOP« oder »Eintritt verboten«, die den Eltern signalisieren sollen, dass dies jetzt nicht mehr ihr Refugium ist. Die Seelenhaut verdichtet sich, muss sich abschließen, um zu einem eigenen Innenraum und Ausdruck, zum eigenen Ich zu gelangen. Als Eltern sind wir bereits im Umgang mit »sich verdichtenden Seelenhäuten« geübt, denn das wachsende Ich der Kinder hat uns immer wieder neue Grenzen aufgezeigt und auch von uns gefordert. Nun kommt der letzte Akt in der Erziehung, der

Pubertät und Elternhaus

Nicht immer ein leichter Weg – Schritt für Schritt in die Welt der Erwachsenen.

wohl gleichzeitig auch der gefährlichste sein kann, denn die Erziehung muss sich in eine zunehmende Begleitung der Heranwachsenden verwandeln, in die wir in unserer heutigen Gesellschaft übergangslos hineinrutschen. In manchen Familien gibt es noch die Konfirmation, die einen Schwellenübertritt von der Kindheit zur Jugend deutlich werden lässt, bei den meisten geht dieser jedoch ohne ein markantes Zeichen vonstatten. Früher erlebten die Eltern und Kinder, aber auch die soziale Gemeinschaft kraft eines Rituals den Übergang in diese neue Lebensphase des Jugendlichen, was diesem dann auch ein anderes Ansehen verlieh.

Heute sind Jugendliche auf der Suche nach ihren eigenen Ritualen und Grenzerlebnissen, um sich von der Welt der Erwachsenen abzugrenzen, um sich selbst spüren zu können (siehe das Kapitel über Rituale, Seite 41ff.). Oft tun sie Dinge, die uns herausfordern, erschrecken, ängstigen, peinlich berühren oder gar kränken. Wir beziehen das

Verhalten auf uns persönlich, fühlen uns vielleicht angegriffen, werden hilflos oder aggressiv und greifen wiederum die Jugendlichen an. Ein Teufelskreis beginnt.

Bedenken wir nicht, dass sich Jugendliche aufgrund ihrer körperlichen, intellektuellen und emotionalen Entwicklung in einer schwierigen Lebensphase befinden, sind wir Fahrer in einer Einbahnstraße oder gar Sackgasse. Stattdessen sollten wir in unseren Begleitungsplan die verschiedensten Nebenstraßen einzeichnen und bei Schwierigkeiten in diese abbiegen und nachdenklich verweilen, denn darin liegt der Schlüssel zum Kontakt mit den Jugendlichen: Sich in diese einzufühlen, nicht nur sympathisch oder antipathisch auf sie zu reagieren, sondern sich ihnen kraft der Empathie, des Einfühlungsvermögens, zu nähern, schafft Beziehung. An die Stelle von Erziehung sollte immer mehr eine authentische Beziehung treten, was bedeutet, dass ich als Erwachsener dem Jugendlichen auch meine Gefühle, Bedürfnisse und Wünsche zeigen kann. Entpuppen sich diese allerdings am Ende mehr als Sorgen und Forderungen, wird man auf Abwehr stoßen.

Ines kommt von einer gemeinsamen Wohnwagen-Reise mit den Großeltern aus Holland zurück. Sie hat in Zeist ihren zwölften Geburtstag gefeiert und auch den Übergang vom Mädchen zur Frau erlebt. Ines hat das erste Mal ihre Menstruation bekommen. Zwar nicht unvorbereitet, aber doch überraschend. Sie ist eines der ersten Mädchen in der Klasse, was sie mit ein bisschen Stolz erfüllt. Insgesamt ist Ines körperlich frühreif, was sich jetzt auch seelisch zeigt. Der folgende Sommerurlaub auf einer dänischen Insel wird zu einer Prüfung für die Eltern, denn Ines' Interesse gilt weniger dem Baden und gemeinsamen Unternehmungen als vielmehr ihrem Äußeren. Sie trifft sich auf dem Campingplatz mit älteren Mädchen, mit deren Schminke sie sich schminkt und an deren Verabredungen mit ein paar Jungen sie teilnimmt. Jeden Abend führen die Eltern aufs Neue Diskussionen um die Heimkehrzeit und jeden Abend kommt Ines eine halbe Stunde zu spät.
Es ist eindeutig, das Interesse am anderen Geschlecht ist erwacht. Aber auch die Sinne sind auf allen Ebenen offen: Es wird die neues-

te Musik gehört, plötzlich muss es ein MP3-Player sein, am Computer lädt sie ihre Musik herunter. Auch mit Deos wird nicht gespart, wenn es gut riecht, muss auch das von Mutter herhalten. Schminke besitzt sie seit den Sommerferien selber. Ines ist ein Einzelkind und orientiert sich stark an älteren Jugendlichen. So hat sich auch plötzlich ihr Geschmack verändert, sie betont gerne schon ihren Busen mit engen, weit ausgeschnittenen T-Shirts und möchte am liebsten täglich shoppen gehen. Sie lässt sich von ihren Eltern nur noch schwer etwas sagen und hat einen schnippischen Tonfall, der die Mutter besonders reizen kann.

Ines' Eltern fühlen sich von der schnellen Entwicklung ihrer Tochter überfordert, zumal sie im vertrauten Zuhause oft genau das Gegenteil von dem darstellt, was sie nach außen zeigt. Dort kann sie plötzlich sehr anhänglich und kindlich sein. Die Entwicklung ihrer Ines bereitet ihnen Sorgen und sie haben Angst, dass sie die Schule vernachlässigt. Die Mutter spricht auch von einer ungewollten Schwangerschaft, wenn sie sich mit den Jungen einlassen würde.

Im Gespräch mit Ines selber stellt sich heraus, dass sie sich zwar gerne schön anzieht und sich dann auch hübsch findet, aber dass sie keinen Freund hat und überhaupt nicht daran denkt, mit einem Jungen zu schlafen. Sie ist gekränkt über das mangelnde Vertrauen ihrer Eltern in sie. Außerdem gebe es ebenso viele Momente, in denen sie sich hässlich und viel zu dick vorkommt und sich mit Busen und so überhaupt nicht wohl fühlt. Aber sie genießt es, hin und wieder von ihren Klassenkameradinnen bewundert zu werden und Kontakt zu den älteren Jungen zu haben. Die Jungen in ihrer Klasse sind noch solche »Babys«.

Außerdem fehlen ihr die Geschwister, bei den anderen ist entweder ein größerer Bruder oder eine größere Schwester zu Hause, die dürfen dann auch mehr und müssen vielleicht auch gar nicht so oft weggehen, weil ja Leben im Haus ist, oder es sind eben noch Kleinere da, um die sie sich kümmern müssen. Aber das muss ja auch nicht sein!

◂

Wenn die Kinder in die Pubertät kommen, ist es hilfreich, sich rückblickend bewusst mit der eigenen Pubertät auseinanderzusetzen. Denn in der eigenen unverarbeiteten Pubertätsbiografie kann der Schlüssel für heutige Ängste, Misstrauen und sogar Aggressionen liegen.

Fragen, die wir uns als Eltern stellen können:
- Wann begann die eigene Pubertät?
- An welche Gefühle erinnern wir uns in Bezug auf die erste Menstruation / den ersten Samenerguss?
- Wie hat sich die eigene Körperlichkeit angefühlt?
- Wann fand die erste Begegnung mit Alkohol, Zigaretten, eventuell auch Drogen statt?
- Was verbinde ich heute damit? (Ängste in Bezug auf die eigenen Kinder?)
- Was für Ängste hatte ich damals?
- Welche Grenzen habe ich überschritten?
- Haben andere meine persönlichen Grenzen überschritten?
- Wie war meine Beziehung zu den Eltern / den Geschwistern / den Lehrern?
- Konnte ich selber Eigen- und Innenraum entwickeln?
- Wie war mein Verhältnis zur Wahrheit?
- Wie habe ich meine erste große Liebe, meine ersten Erfahrungen mit Sexualität empfunden?
- Wer hat mich in Verhütungsfragen begleitet und wie?
- Wie viel Freiraum hatte ich?
- Welche Sehnsüchte habe ich in meiner Seele gehegt, vielleicht noch bis heute?
- Was hat mir als Jugendlicher gutgetan, geholfen?
- Was hätte ich mir von meinen Eltern gewünscht?
- Hatte ich Ideale oder Idole?

Der Fragenkatalog kann beliebig erweitert werden. Sich als Eltern mit diesen biografischen Fragen zu beschäftigen wirkt unterstützend auf die eigene emotionale Kompetenz, die wir entwickeln sollten, um Empathiekräfte aufzubauen, Kräfte, mit denen wir uns in unsere Mitmenschen einfühlen können. Nicht selten mischen sich in die Konflikte mit den Töchtern und Söhnen Erfahrungen auf unserem eigenen Weg in die Erwachsenenwelt, was dann zu den klassischen Projektionen führt, in denen wir unsere eigenen unerfüllten pubertären Bedürfnisse oder gemachten Erfahrungen auf den Jugendlichen übertragen.

Es sollte aber auch noch eine andere biografische Seite beleuchtet werden: *das Hier und Jetzt!*

Wie geht es uns als Eltern nach fünfzehn, zwanzig oder fünfundzwanzig Jahren Beziehung oder Ehe? Viele Ehen sind bereits auseinandergegangen, die Jugendlichen erleben die zurückgebliebene, vielleicht einsame Mutter oder den Vater. Oder sie erleben die eigenen Eltern gerade frisch verliebt in jemand anderen und sind irritiert darüber. Im Jugendlichen erwacht gerade die Sehnsucht nach dem Du, dem Eros, das Bedürfnis nach der Vervollkommnung seiner Seele durch die männliche oder weibliche Seite. Die Jugendlichkeit in ihrer Schönheit, frischen Kraft und Hingabefähigkeit kann einem als Eltern entgegenstrahlen und einen Spiegel vor die eigene Seele halten, eine Art »Rückspiegel« für eine konstruktive Rückschau. Sie kann aber auch einen Stachel in die eigene Seele legen, dann wird der eigene Sohn bzw. die eigene Tochter zum Konkurrenten bzw. zur Konkurrentin. Deshalb helfen auch an dieser Stelle Fragen an sich selbst:

- Wie geht es mir gerade in der eigenen Beziehung?
- Habe ich eine erfüllte Sexualität?
- Habe ich noch Ideale und Ziele?
- Wie fühle ich mich in und mit meinem Körper?
- Wie ist mein Umgang mit den abnehmenden Kräften?
- Habe ich ausreichend Zeit für mich selber?

Je mehr ich als Elternteil in mir ruhe oder bereit bin, mich kritisch mit mir selbst auseinanderzusetzen, desto spannender kann die Beziehung zum Pubertierenden werden, denn spätestens jetzt haben wir es mit einem kompetenten Gegenüber zu tun, das zunehmend mehr Ich-Sinn, man könnte aber auch sagen Du-Sinn, entwickelt und dadurch Sozialkompetenz erlangt und zum Ausdruck bringen will, wenn auch manchmal noch etwas unbeholfen.

Alleinerziehend in der Pubertät

Die Rate der Kinder, die mit nur einem Elternteil leben, steigt noch immer – 2008 waren es in Deutschland 19,9% der Kinder im Alter von vierzehn bis siebzehn Jahren.[3] Alleinerziehende sind besonderen Aufgaben ausgesetzt, denn mit einer Trennung müssen sie die Erziehung und Versorgung ihrer Kinder, welche eigentlich auf Mutter und Vater verteilt angelegt war, allein oder mit verringerter Unterstützung übernehmen. Viele Mütter fühlen sich gerade in der Doppelrolle, dem Kind bzw. Jugendlichen sowohl weibliche als auch männliche Teile vorzuleben, überlastet, zumal sie daneben meist auch noch Doppelbelastungen von Haushalt und Beruf bewältigen müssen. Oft verändert sich das Verhältnis der Alleinerziehenden zu ihren Kindern von der klaren Elternrolle hin zu einer partnerschaftlichen Beziehung, die nicht selten auch Paarbeziehungs-Strukturen annimmt. Fällt eine Trennung der Eltern in die Zeit der Pubertät, kann das Auswirkungen auf den Verlauf dieser Entwicklungsphase haben, denn die Jugendlichen beginnen sich gerade seelisch für das andere Geschlecht und das Beziehungsleben zu öffnen. Sind sie zu stark involviert in das Trennungsgeschehen, kann es sowohl zu einer starken Abkehr und Rebellion den Eltern gegenüber kommen als auch zu einer verhinderten Abnabelung, da der Jugendliche eventuell den frei gewordenen Platz im verbleibenden Familiensystem einnimmt. Das kann heißen, dass ein vierzehnjähriger Jugendlicher, der mit seiner Mutter und jüngeren Schwester im Haus zurückbleibt, den männlichen Teil des Vaters zu einem gewissen Teil übernimmt, sich verantwortlich für das Wohlergehen der Mutter und Schwester fühlt und oft sogar aus Loyalität mit der verlassenen Mutter, aber auch mit seinem eigenen verlassenen Seelenteil, den Kontakt zum Vater abbricht. Nun fehlt ihm nicht nur emotional, sondern auch als werdender Mann das männliche Vorbild. Auch entgehen ihm hierdurch eigene unbeschwerte Erfahrungen mit dem anderen Geschlecht. Das Beispiel lässt sich ebenso auf eine Vater-Tochter-Beziehung übertragen, kann aber auch wie im folgenden Beispiel im gleichgeschlechtlichen Verhältnis zu einer Abhängigkeit und Belastung des Jugendlichen führen.

Als Tom acht Jahre alt ist, stirbt die Mutter. Lange lässt der Vater im Haus alles so stehen, wie es zu ihren Lebzeiten war. Er hängt überall Erinnerungsbilder auf, um seine Frau wenigstens auf diese Weise noch in der Nähe spüren zu können. Auch glaubt er, dem Sohn dadurch am ehesten ein inneres Bild von seiner Mutter bewahren zu können.

Er hat einen Beruf, der es ihm ermöglicht, den Sohn alleine zu erziehen. Weil er seine Zeit flexibel und frei einteilen kann, nimmt er keine Hilfe von anderen an und schützt sich auch davor, irgendeiner Frau nahezukommen.

Je älter der Sohn wird, desto enger und partnerschaftlicher wird das Verhältnis zwischen Vater und Sohn. Der Vater erzählt viel von der Mutter und der Sohn ist ganz begierig, bestimmte Geschichten immer wieder zu hören.

In seiner Umgebung bekommt der Vater viel Anerkennung dafür, dass er es als Mann so gut mit der Erziehung seines Sohnes schafft. Auch beneiden viele Klassenkameraden den Sohn um die gemeinsamen Aktivitäten mit dem Vater.

Im Laufe der Zeit unternehmen die beiden immer mehr gemeinsam. Es scheint, als flüchteten sie sich in diese Unternehmungen. Immer mehr verblasst das Bild der Mutter für beide.

Als der Junge in die Pubertät kommt, erkennt der Vater zum ersten Mal mit aller Deutlichkeit, wie wenig sie über die tieferen Schichten ihrer Gefühle sprechen können. Auch der Sohn erahnt den unverarbeiteten Schmerz des Vaters und das Unvermögen, ihn aktiv zu überwinden. Durch die Umwälzungen in seinem eigenen Gefühlsleben beginnt er zu erkennen, dass sein Vater sein wahres Inneres vor ihm und vielleicht auch vor sich selbst geheim zu halten versucht. Er fängt an, ein Tagebuch zu schreiben, weil er nie-

manden hat, mit dem er über diese zunächst für ihn schockierende Erkenntnis sprechen kann.
Als sich der Sohn zum ersten Mal verliebt, kommt es zu einem Konflikt zwischen Vater und Sohn über die Qualitäten dieses Mädchens. Im Verlauf der Auseinandersetzung bricht die Erkenntnis über die Verdrängung des Vaters aus dem Sohn heraus. Tief verletzt und in seinen Geheimnissen entlarvt, zieht sich der Vater zurück. Der Sohn ist zunächst hilflos, kann aber mit seiner neuen Freundin darüber sprechen und so sein zunächst schlechtes Gewissen beruhigen.
Der Vater verbringt unruhige Tage und schlaflose Nächte, fühlt sich aber gleichzeitig erleichtert. Nach einiger Zeit ist er in der Lage, sich mit seinem Sohn auszutauschen. Dieser kann durch seinen jugendlichen Scharfblick viel besser mit der Situation umgehen, und die Lage wirkt etwas entschärft. Daraufhin entschließt sich der Vater, in eine Trauergruppe zu gehen, um sich seinen verdrängten Schmerz ins Bewusstsein zu bringen und ihn zu bearbeiten. Vorsichtig kommt es im Laufe der Zeit zu neuen Begegnungen zwischen Vater und Sohn.
Nach einem halben Jahr verliebt der Vater sich in eine Frau aus der Gruppe. Tom nimmt die Freundin des Vaters vorbehaltlos auf.

◀

Was brauchen Jugendliche in der Pubertät von ihren alleinerziehenden Eltern?

- Beide Elternteile sollten die Verantwortung für die Trennung tragen, das heißt auch für die eigene Trauerarbeit
- den Jugendlichen nicht in Loyalitätskonflikte bringen, indem er zum Gesprächspartner für die Elterteile wird
- nicht negativ über den Vater / die Mutter sprechen
- Freiraum für die eigene Entwicklung von Idealen
- Eros und Sexualität entwickeln zu dürfen, ohne Schuldgefühle haben zu müssen
- Interesse von und Gespräch mit beiden getrennt lebenden Elternteilen

- Bejahung der eigenen Individualität, besonders wenn Ähnlichkeiten mit einem Elternteil stark hervortreten
- klare Rollenverteilung: Eltern und Kind, nicht Partnerersatz!

Die Jugendlichen benötigen außerdem genauso wie die getrennten Elternteile den »Raum« und die Möglichkeit einer Trauerarbeit, denn auch sie haben Verluste zu verarbeiten. Die Trennung von einem Elternteil, der Abschied von dem bisherigen Bild von Familie und die eigene Neu-Identifikation bieten starke innere Konfliktpotenziale, die manchmal nur in einer therapeutischen Situation Heilung finden können.

Sofies Eltern trennten sich, als diese mitten in der Pubertät war. Nach der Trennung kam es zu einer Schlammschlacht, in die Sofie und ihr fünf Jahre jüngerer Bruder mit hineingezogen wurden. Sofie schwankte zwischen einer Identifikation mit der Mutter, die sich als langjährig Betrogene empfand, und der Sehnsucht nach dem lockenden Vater, der mit der Freundin und deren zwei Töchtern in einer scheinbar heilen Welt lebte. Bereits vor der Trennung hatte Sofie eine Therapie begonnen, sodass die Therapeutin den weiteren Verlauf der Krise in einen Zusammenhang mit den Auffälligkeiten vor der Trennung bringen konnte. Die Jugendliche hatte unbewusst die Spannungen der Eltern übernommen und stellvertretend vor allem auch in der Beziehung zum Bruder aggressiv ausgelebt. Mit der Trennung der Eltern ließen diese nach und Sofies Stimmungslage wurde zusehends depressiver: Sie zweifelte am Sinn ihres Daseins, spielte mit suizidalen Fantasien und begann sich zu ritzen (siehe das Kapitel über Selbstverletzendes Verhalten, Seite 199 ff.). In der Therapie folgten heftige Vorwürfe gegen den Vater, der als Täter erschien, während Sofie die Mutter als arme verlassene Frau erlebte, die von dem Vater nur ausgenutzt worden war. Es folgte eine Aufarbeitung der persönlichen Schwächen der Eltern, die in eine schmerzliche Erkenntnis der Begrenztheit der elterlichen

Persönlichkeiten mündete. Sie versuchte dem Schmerz durch eine Flucht nach vorn zu entkommen, indem sie sich in wechselnde Jungenfreundschaften stürzte, um dort die Zärtlichkeit und emotionale Zuwendung zu bekommen, die sie nach dem Auszug des Vaters in dem zunehmend depressiv gestimmten Elternhaus nicht mehr fand. Erst über leidvolle und enttäuschende Erlebnisse konnte Sofie erkennen, dass Sexualität nicht ersatzweise an die Stelle elterlicher Geborgenheit treten kann. Sie musste zunächst lernen, den Verlust von Sicherheit und Geborgenheit zu betrauern und sich auf die eigene Entwicklung zu konzentrieren – eine Aufgabe, der sich der Vater entzogen hatte, die aber auch seitens der Mutter durch ihr Versinken in Selbstmitleid nicht gelöst wurde. Sofie lernte sich mit ihrem Alleinsein in der Welt auseinanderzusetzen und zu verstehen, dass keine Beziehung halten kann, solange die Flucht aus einer problematischen familiären Situation Triebfeder für Freundschaft und Sexualität ist.[4]

◀

Eltern sind keine Übermenschen und können wie andere Menschen auch in Krisen geraten, die ihre Schatten in so starker Weise hervortreten lassen, dass sie dann oftmals blind für die Gefühle und Bedürfnisse ihrer Kinder werden, weil sie gerade mit einer eigenen Kränkung ihres inneren Kindes zu ringen haben. So helfen an dieser Stelle keine Schuldzuweisungen. Vielmehr kann lediglich eine Sensibilisierung für die eigenen Schwächen den Boden für eine Umkehr bilden. Was Kinder wie Sofie erleben, hat neben der Schattenseite aber immer auch eine Lichtseite, denn sie können daran eine Entwicklung vollziehen, die von besonderer Tiefe und Reife geprägt sein und an anderer Stelle in ihrem Lebenslauf zu einer besonderen Qualität heranwachsen kann.

Pubertät in der Patchworkfamilie

Liegt die Herausforderung in der Alleinerziehung im Wachsein für allzu partnerschaftliche Umgangsweisen zwischen den Jugendlichen und dem Elternteil, müssen hingegen Patchworkelternteile viel elementarer um den Kontakt zu den Jugendlichen ringen. »Du bist nicht meine Mutter und hast mir gar nichts zu sagen« kann dann ein provokanter Satz sein. So ablehnend dieser Ausspruch im ersten Moment auch erscheint, hat er doch auch seine Berechtigung. »Zu sagen« hat man erst dann etwas, wenn man eine Beziehung hergestellt hat, wenn gegenseitiges Vertrauen erweckt werden konnte.

Es gilt der Grundsatz (und zwar nicht nur in dieser Familiensituation):

Beziehung geht vor Erziehung.

»Lass mich! Fass mich nicht an! Du hast mir gar nichts zu sagen!« oder »Dich interessiert es doch nicht, wie es mir geht! Was weißt du denn schon über mich!«, das sind Äußerungen eines Pubertierenden, die einen nicht leiblichen Elternteil auf Distanz halten sollen, die aber genauso gut einen Ruf nach Interesse und Anteilnahme darstellen und den Wunsch dazuzugehören oder ein Bedürfnis nach Nähe ausdrücken können. Solch eine Ambivalenz im Gefühlsleben ist für lange Zeit ein fester Bestandteil im Leben einer Patchworkfamilie, wo Menschen aus unterschiedlichen Familiensystemen zusammenkommen. Wie am Beispiel von Sofie (siehe Seite 36 f.) erlebbar werden konnte, geht der Situation in der Patchworkfamilie eine Vorstufe voraus, eine Zeit des Alleinerziehens und Alleinlebens, die meistens von Trauerarbeit und Schuldgefühlen geprägt ist, also von einer Vergangenheitsbewältigung, die noch nicht abgeschlossen ist, und das umso mehr, je schneller eine neue Beziehung eingegangen wird. Dann kommen zu den Herausforderungen einer Patchworkfamilie noch »unerledigte Geschäfte« hinzu: Ängste und Lebensprobleme jedes Einzelnen, die aufgearbeitet werden wollen, Dinge, die wir noch lernen müssen, beispielsweise bestimmte (positive) Eigenschaften.[5] Diese »unerledigten Geschäfte« wirken sich gerade bei Jugendlichen besonders aus. Mit der Geburt des Seelenleibes, die beim Heranwachsenden ungefähr zum Zeitpunkt der Geschlechtsreife erfolgt, ist das Empfindungsleben des

Pubertierenden höchst sensibel und bietet ein großes Spektrum an Reaktionsmöglichkeiten.

Die Jugendlichen tragen meistens einen Loyalitätskonflikt in Bezug auf den nicht anwesenden Elternteil in sich, dem sie mit den oben zitierten Worten Ausdruck verleihen. Vielleicht ist es genau diese Altersstufe, die realistisch reflektieren kann, dass die neuen Partner der Mutter bzw. des Vaters vorrangig Interesse an dem Elternteil haben und nicht wirklich an ihnen. Das wollen die Jugendlichen dann eben auch ganz genau wissen, sodass die Provokationen eigentlich bedeuten können:

- Wer bist du?
- Willst du dich nur bei mir einschmeicheln?
- Willst du Macht ausüben?
- Willst du mich erziehen?
- Wie authentisch bist du?
- Kann ich dir vertrauen?
- Hast du Interesse an mir?
- Willst du eine Beziehung auch zu mir?

Als Patchworkeltern kann man schnell an seine Grenzen kommen, denn man sitzt manchmal wie auf einem Pulverfass, in dem – durch erlebte Krisen bedingt – die verschiedensten Gefühle verborgen sind, die jederzeit explodieren können:

- Bedrohung
- Angst
- Ohnmacht
- Konkurrenz
- Schuldgefühle
- Eifersucht
- Wut.

In einer Patchworkfamilie lebt eine besondere Dynamik und Dramatik, die ein großes Potenzial an Herausforderungen in sich birgt, aber auch ein hohes Maß an Entwicklungsmöglichkeiten, auch für Jugendliche, die eine Trennung erlebt haben. Toleranz, Wahrnehmungs- und Liebefähigkeit dem Fremden gegenüber gehören zu den Qualitäten, die Patchworkeltern ausbilden müssen, wodurch sie später auch von den Jugendlichen, sich daran orientierend, besonders ausgebildet werden können.

Die Konflikte innerhalb einer Patchworkfamilie sind vergleichbar mit einem Gärungsprozess beim Hefeteig: Ich muss die Zutaten miteinander vermischen, dass sie sich verbinden können, aber es bedarf immer der Geduld, der Ruhe und Wärme, damit die einzelnen Qualitäten der verschiedenen Stoffe sich entfalten können und daraus etwas Neues entstehen kann.

Was die Beziehungen innerhalb einer Patchworkfamilie darüber hinaus am meisten benötigen, ist Zeit! Raum und Zeit für neue Entwicklungen, dann erhält man die Früchte der vielen kleinen Wachstumsprozesse: »Du hast mir gar nichts zu sagen, du bist nicht mein Vater!« – Und vielleicht zehn Jahre später: »Du bist neben meiner Mutter der wichtigste Mensch für mich geworden.«

Jugendliche wollen, dass achtungsvoll und achtsam mit ihnen umgegangen wird, was auch bedeuten kann, dass man als Erwachsener die von ihm ausgehende Distanz akzeptieren und ihm Zeit lassen muss. Ein Machtkampf dagegen lockt im Jugendlichen die sowieso schon vorhandene Rebellionsbereitschaft hervor, wobei der Erwachsene dann leicht den Kürzeren ziehen kann.

Die Patchworkfamilie fordert uns noch einmal mehr heraus, alte Konventionen, Gewohnheiten und Erziehungsvorstellungen zu bearbeiten und vor allen Dingen zu individualisieren. Das sind die Grundlagen, um eine wirkliche Beziehung zum Jugendlichen aufzubauen, denn erst dann ist eine wertschätzende Begleitung – im Gegensatz zur Erziehung – möglich. Hierbei helfen innere Beweglichkeit, Mut zu ungewöhnlichen Wegen und eine Portion Humor als die kleine Schwester der Liebe.

Pubertätsrituale

Die beginnende Pubertät ist das Zeichen, dass die Kindheit zu Ende geht und die Jugend ihren Anfang nimmt. Ein Übergang in die Erwachsenenwelt findet statt, der in archaischen Gesellschaften auch heute noch mit einem Pubertätsritual zelebriert wird. Dieses bewirkt unter anderem, dass Krankheitsbilder im Zusammenhang mit Pubertätsverweigerungen dort gar nicht auftreten. So finden wir beispielsweise bei den Aborigines in Australien das Ritual, dass die Jungen in einer dunklen Neumondnacht von älteren Stammesmännern aus dem elterlichen Heim oder von der Feuerstelle geraubt und in den tiefen Wald verschleppt werden. Die Augen werden ihnen verbunden, sodass sie nicht wissen, wo sie sind. Im Vorfeld wurde ihnen erzählt, dass ihnen beim Übergang in die Erwachsenenwelt von den Dämonen das kindliche Fleisch von den Knochen gerissen würde und sie auf diese Weise sterben müssten. Die Mütter folgen den Männern laut schreiend und klagend bis an die Grenzen des Dorfes. Indem sie ihrem ganzen Schmerz laut Luft machen, erfahren sie eine Reinigung und »Abnabelung«, die ihnen den »Abschied« von ihren Kindern erleichtert. Die Jungen müssen nun an einem Kultplatz ihr eigenes Grab schaufeln, in das sie bis zum Kopf eingegraben werden, um die Nacht über dort alleine auszuharren. Dann kommen als Dämonen verkleidete Männer und erschrecken die Jungen mit schrecklichem Geheul und extra für diesen Zweck gebauten Instrumenten. Die Jungen liegen bis zum Morgengrauen voller Panik in ihren »Gräbern« und werden anschließend an einem großen Feuer feierlich mit Handschlag in die Welt der Erwachsenen aufgenommen.

Diese Art von Riten ist für uns als moderne Bürger heute unvorstellbar, und dennoch sind auch wir immer wieder auf der Suche, Übergänge zu ritualisieren, nicht nur in Bezug auf die Pubertät. Wir können diese auch einen Schwellenübergang nennen, durch welchen eine Initiation des Jugendlichen in die Welt der Erwachsenen stattfinden soll. Diese beginnt immer durch einen Akt der Trennung, dem eine Vorbereitung auf den neuen Lebensabschnitt folgt.

Moderne Übergänge

Während also bei den Aborigines oder anderen Völkern Einweihungsriten dem Übergang von der Kindheit zur Jugend Ausdruck verleihen, stellen bei uns vielerorts immer noch die Kommunion und Firmung im katholischen Glauben, die Konfirmation im evangelischen Glauben oder die Jugendweihe in freireligiösen Bewegungen ein Zeichen für diesen Lebensabschnitt dar. Auch die Konfirmanden erleben in der Regel meist kurz vor der Konfirmation eine Trennung von der Familie in Form des Konfirmandenausflugs. Für Tage sind sie gemeinsam mit dem Pfarrer unter einem Dach, wo sie unter Einbeziehung religiöser und ethischer Fragen und des vertieften Kennenlernens des jeweiligen kirchlichen Kultus eine Einweihung in ihre Glaubensgemeinschaft erfahren. Oft empfinden Jugendliche genau das als das Beste an der Konfirmandenzeit. Der Konfirmationstag selber kann dann bei entsprechender Gestaltung auch vonseiten der Eltern ein echter Übergang von der Kindheit in die Jugend werden.

Bei unseren Kindern haben wir für diesen Tag Fotocollagen zu den vergangenen vierzehn Jahren erstellt, die uns als Eltern, den Jugendlichen und den Gästen einen Rück- und Abschiedsblick geboten haben. Ebenso fanden selbst hergestellte Dinge, seien es gestrickte Socken oder geschnitzte Schalen, einen Platz. Ein kleiner Höhepunkt des Tages war auch der ganz persönliche Rückblick auf die Höhen und Tiefen der nun vergangenen Kindheit, dem jeder Anteil nehmend lauschte.

Wie spannend kann es sein, sich noch einmal an die Geburt zu erinnern: Welche Signatur hatte der Geburtsverlauf? Wie waren damals die Begleitumstände? Vielleicht lässt sich sogar ein Zusammenhang zwischen immer wiederkehrenden Schwierigkeiten des Jugendlichen und der Schwangerschaft und der Geburt herstellen. Das Wissen um einen solchen Zusammenhang kann dann im Verlauf der Pubertät eine Hilfestellung bieten. Der Jugendliche spürt den feierlichen Augenblick in seinem Leben, und wenn man vorher meinte, so etwas würde ihm ganz sicher peinlich sein, dann lässt sich in solchen Momenten eher eine wirkliche Andacht erleben. Gerne lassen sich die Paten und Verwandten mit einbinden, sodass ein wenig »persönliche Kultur« für den Jugendlichen entstehen kann: Passende Gedichte oder ein Musikstück

Pubertätsrituale 43

können einen schönen Rahmen bieten. Eine von allen gemeinsam gestaltete Konfirmations- bzw. Firmungs- oder Jugendweihekerze kann eine schöne Erinnerung an diesen Moment im Leben sein. Auch bietet es sich an, gemeinsam für den Konfirmierten etwas aus dem künstlerischen Bereich herzustellen, das er später mit ins Leben nehmen kann.

Wichtig ist auch der Ort der Feier. Wenn die Räumlichkeiten es zulassen, kann es eine ganz besondere Erinnerung sein, das Fest zu Hause zu feiern, denn auch die gemeinsame Zeit des Vorbereitens, vom Speiseplan – vielleicht dem Lieblingsessen des Konfirmanden – bis hin zur festlichen Gestaltung der Räume, trägt zum tiefen Erleben des Übergangs bei.

In manchen Gemeinden werden die Konfirmierten mit den Eltern und Paten am Abend nochmals in die Kirche eingeladen, um diesen Tag auch im Kreis der Gemeinde feierlich abzuschließen.

Doch auch für Familien, die sich nicht mit der Kirche verbinden wollen, gibt es die Möglichkeit, eigene Rituale zu entwickeln, diese mit den

Auch eine gemeinsame Reise kann zum Markstein auf dem Weg ins Erwachsenenalter werden.

Jugendlichen zu vollziehen und gegebenenfalls mit einer gemeinsam geplanten Kurzreise, die im Zusammenhang mit dem Ritual stehen kann, abzuschließen. Inzwischen gibt es für Familien, die keine religiöse Anbindung für ihre Kinder suchen oder bei welchen die Jugendlichen dies nicht wollen, öffentliche Institute, die unter dem Motto »Den eigenen Weg finden« eine zwölftägige Visionssuche als moderne Form alter Übergangsrituale anbieten. Dazu gehört, dass Jugendliche einige Tage in freier Natur verbringen.[6]

Immer mehr Pädagogen bedauern heute den Mangel an Initiationsriten und machen diesen für allerlei Übel in unserer Gesellschaft verantwortlich, besonders im Zusammenhang mit Gewaltbereitschaft und Identitätsproblemen junger Männer. Bei Mädchen hingegen würden die körperliche Veränderung und die Wandlung zur Frau durch die erste Menstruation genügend markiert. Der US-Autor Robert Bly schreibt in seinem Buch *Die kindliche Gesellschaft. Über die Weigerung, erwachsen zu werden:* »Ohne verbindliche Initiationsriten und ohne einen wirklichen Anhaltspunkt, wann die langsame Entwicklung zum Erwachsenen ihr Ziel erreicht hat, taumeln junge Männer in unserer Kultur orientierungslos im Kreis.«[7] Der Berliner Ethnologe Georg Elwert hält den Mangel an friedlichen Ritualen der Mannwerdung sogar für eine der Ursachen rechtsradikaler Jugendgewalt: »Da die Erwachsenenwelt sie nicht angemessen willkommen heiße, tauchten Jugendliche in Subkulturen ab. Mit Mutproben oder Gewaltexzessen verschafften sie sich die Achtung der Clique. Die Heranwachsenden initiieren sich so gewissermaßen selbst, wenn auch nicht in die Erwachsenenwelt, so doch in die eigene Gruppe.«[8]

Interessanterweise schließt ein Artikel in der Zeitschrift *Geo Wissen* zum Thema Pubertät mit Fragen zum gesellschaftlichen Wandel ab, die in einem Zusammenhang mit den Identitätskrisen unserer Jugend stehen könnten. Finden westliche Jugendliche das Leben ihrer Eltern tatsächlich noch nachahmenswert? Bietet es zu ihren schon bestehenden Freiheiten noch zusätzliche Privilegien oder Freiheiten? Nein, es erwarten sie eher Pflichten und Einschränkungen, die den Schritt in die Erwachsenenwelt nicht so verlockend erscheinen lassen. Vielleicht stimmt das Verhältnis zwischen der Welt der Jugendlichen und derjenigen der Eltern heute so nicht mehr?

Die Erziehungswissenschaftlerin Barbara Friebertshäuser stellt fest, dass wir in einer Gesellschaft leben, in der das Ziel der Reise, das Erwachsensein, an Attraktivität verloren hat. Stattdessen bemühen sich die Eltern, möglichst mit den Jugendlichen gleichzuziehen: Mütter kaufen ihre Kleider in Teenager-Boutiquen, Väter borgen sich die CDs ihrer Söhne; jugendlich zu sein gilt als Wert an sich.[9]

Ersatzrituale

Bereits in der Kindheit kann es einen Ausblick auf den vierzehnten Geburtstag geben, an dem der Jugendliche vielleicht erstmalig allein eine Abenteuerreise machen oder ein Camp besuchen kann. Wenn die Kinder all das schon früher erlebt haben, stellt sich allerdings die Frage nach der Steigerung dieser Möglichkeiten.

Ebenso können vor dem vierzehnten Lebensjahr gewisse Grenzen noch gelten, was dann in die eigene Entscheidungsfreiheit münden kann (zu weiteren Möglichkeiten, den Übergang von der Kindheit zur Jugend durch »äußere Ereignisse« zu gestalten, siehe Seite 361f.).

Ersatzrituale können sein:

- mit dem beginnenden Jugendalter gemeinsam eine Umgestaltung des Kinderzimmers vorzunehmen, Spielzeug und Kleidung auszusortieren und weiterzugeben
- eine gemeinsame Segeltour von Vater und Sohn mit einer Männercrew als Aufnahme in die Männerwelt
- Mutter und Tochter reisen ein Wochenende in eine Kulturstadt mit Einführung in Kunst und Kultur (den Einkaufsbummel nicht vergessen!)
- gemeinsam einen Baum oder einen Rosenstrauch zu pflanzen und diesen mit Symbolkraft versehen (beispielsweise »Dornen gehören zum Leben ...«)
- ein Rundflug über die eigene Stadt mit einem Heißluftballon als Symbol für den größeren Lebensüberblick, der nun folgen wird.

Oftmals finden sich für die Jugendlichen auch spätere individuelle Zeitpunkte, die einerseits zusätzlich einen Übergang deutlich werden lassen oder eben erstmalig als solcher erlebt werden können. Ich selber habe als Mutter eine Tochter bewusst zu einer großen Aufnahmeprüfung ins Ausland begleitet. Es wurde eine erste Reise von zwei Frauen, die eine besondere Qualität hatte. Eine zweite Tochter erlebte mit neunzehn Jahren für sich in zweifacher Weise einen Übergang in eine ihr ganz eigene Welt, als sie für ein halbes Jahr als Au-pair nach Italien ging, denn dies war die erste bewusste Trennung von ihrem Zwillingsbruder, der dann kurze Zeit später ebenfalls ins Ausland ging, um dort seinen Zivildienst abzuleisten. Beide Kinder haben wir als Eltern im Ausland besucht und dort kompetente junge Erwachsene vorgefunden, die uns in ihr Leben vor Ort eingeführt haben.

Mutproben

In einem Jugendseminar in Engen können Jugendliche ab achtzehn Jahren für ein Jahr zusammenleben und dies als Erfahrungs- und Orientierungsjahr für sich nutzen, was als ein sinnvoller Anschluss an die Schul- und Familienzeit erlebt werden kann und dem Bedürfnis der Heranwachsenden nach freier sozialer Gemeinschaft entgegenkommt. Dort werden bewusst Mutproben von den jungen Menschen abverlangt, die sie in ihrer Selbstständigkeit stärken und sicherer werden lassen im Übergang zum Erwachsenwerden.

Eine Seminaristin schrieb über ihre Erlebnisse: »Als wir am Michaeli-Abend alle zusammen am Anfang eines dunklen Waldweges standen, war mir doch etwas mulmig zumute. Schließlich sollte jede von uns ganz alleine dieses Stück Weg zurücklegen und dabei spüren, was es bedeutet, ›Mut‹ zu haben. Ich machte mich ganz langsam, mit beiden Händen in den Jackentaschen, auf den Weg. Zuerst schaute ich lange Zeit nur nach oben, gen Himmel, um die Orientierung zwischen den schwarzen Bäumen nicht zu verlieren. Mit jedem Schritt wurde meine Angst weniger, und so nahm ich bald die Hände aus der Jacke und ließ meinen Blick über die Bäume und Sträucher am Wegrand schweifen. Dabei kam mir auf einmal ein eigenartiger Gedanke: Ich hatte plötzlich das Gefühl, auf diesem Weg durch den Wald durch mein eigenes Leben zu gehen. Die dunklen und gruseligen Wegstücke brachte ich mit traurigen, einsamen oder schwierigen Lebensabschnitten in Verbindung. Im Gegensatz dazu standen die helleren, vom Mondlicht beleuchteten Strecken. In ihnen konnte ich viele bunte und fröhliche Erinnerungen wiederfinden.

So ging ich ein langes Stück des Wegs entlang und überlegte mir, durch welche Zeit in meinem Leben mich der Weg wohl gerade führen mochte. Gegen Ende wurde der Pfad noch einmal sehr finster und ein kühler Wind wehte mir entgegen. Ganz leise hörte ich die Angst in mir anklopfen und spürte ein Kribbeln im Bauch. Plötzlich sah ich etwas Helles – die Lichtung – ›Ich bin da!‹ – endlich!

Und noch während ich langsam durch die Dunkelheit auf das Licht zuging, hörte ich hinter mir leise Schritte näher kommen. Ohne mich umzudrehen, vertraute ich darauf, dass ein ›Freund‹ hinter mir lief, und dachte nur: ›Am Ende ist man doch nicht allein durch sein Leben gegangen.‹«[10]

Aufgabenteilung und gemeinsamer Alltag in Zeiten der Pubertät

Einerseits wachsen junge Menschen im Verlauf ihrer Pubertät immer stärker an ihr späteres Kräftepotenzial heran, weshalb sie früher in dieser Zeit das Elternhaus verließen und in eine Lehre gingen. Andererseits kann man an ihnen immer wieder Perioden der Müdigkeit, der Schlappheit und der Depression beobachten.

Wollen die Eltern dieser Tendenz mit Worten und Argumenten entgegenwirken, werden sie wenig Erfolg haben. Als hilfreich kann sich jedoch ein gemeinsames Tätigsein, zum Beispiel bei den täglichen Hausarbeiten wie Putzen, Abdecken, Aufräumen oder Kochen, erweisen. Kein Jugendlicher wird diese Arbeit als erstrebenswert ansehen. Deshalb funktioniert es am besten, wenn das Erledigen von gemeinsamen Aufgaben früh genug angelegt und geübt worden ist. Hat sich schon eine Gewohnheit gebildet, diese täglich immer wieder aufs Neue anfallenden Arbeiten gemeinsam zu erledigen, besteht die größte Chance, den Pubertierenden ohne größere Schwierigkeiten verantwortlich mit einzubinden.

Pubertät und Elternhaus

Aus der Sicht der Erwachsenen erscheint es zwar als logisch, dass kräftige junge Menschen in einer Gemeinschaft, wie beispielsweise einer Familie, auch in die gemeinsamen Aufgaben mit einbezogen werden sollten. Für den Jugendlichen ist diese Einsicht aber nicht immer vorhanden. Man lässt sich lieber bedienen als mit anzufassen.

So gesehen birgt der Wunsch, die Last der täglich wiederkehrenden Anforderungen auf alle Schultern zu laden, durchaus reichen Konfliktstoff, und so mancher Erwachsene ist geneigt, der Auseinandersetzung lieber aus dem Weg zu gehen. Viele Eltern sind es leid, immer wieder um das Abwaschen, den abgedeckten Tisch oder das Hinaustragen des Mülls zu kämpfen. Sie haben resigniert, bringen den Müll selbst vor die Tür und lassen den Jugendlichen faul und eventuell antriebslos im eigenen Zimmer sitzen.

Was aber vermittelt ein derartiges Vorgehen: »Es gibt immer einen Dummen, der die Arbeit für mich macht. Wenn ich nur lange genug Schwierigkeiten mache, komme ich um das lästige Tun herum. Es hat sowieso keinen Zweck, etwas gegen die Schwere zu tun, am besten, ich hänge weiter ab.«

Ein Pubertierender, dem seine Eltern so begegnen, kann nicht erleben, wie wohltuend es ist, bei depressiven Gefühlen durch Tätigkeit eine Erleichterung zu bekommen, wie zufrieden man ist, wenn man eine unangenehme Aufgabe mit anderen gemeinsam gemeistert hat. Auch kann er sich nicht am Vorbild der Erwachsenen orientieren.

Hat man sich als Eltern bisher noch nicht um ein solches Einbinden der Jugendlichen in das tägliche Tun bemüht, so ist das Einführen schon ein hartes Stück Arbeit. Es lohnt sich aber durchaus, einen Pubertierenden auch dann noch zur Mitarbeit anzuregen, wenn das vorher nie der Fall war. Schafft man es, einen möglicherweise immer wieder neu durchlebten Konflikt zu überstehen, kann der Nutzen für beide Seiten bedeutend sein.

Wichtig ist jedoch die Haltung, die man als Elternteil in so einer Situation einnimmt. Früher gab es den Spruch: »Solange du deine Füße bei uns unter den Tisch stellst, hast du zu tun, was wir verlangen.« Mit so einer Herangehensweise kommt man sicher nicht weit. Schon eher erfolgreich wird man sein, wenn es gelingt, die Notwendigkeit der Aufgabe zu verdeutlichen, einen gerechten Aufgabenverteilungsplan zu er-

Aufgabenteilung und gemeinsamer Alltag in Zeiten der Pubertät 49

Sich an den täglich anfallenden Arbeiten zu beteiligen empfinden die meisten Jugendlichen als lästig. Dabei kann gemeinsames Tun auch große Zufriedenheit erzeugen.

stellen und dann zu verbindlichen Zeiten mit allen gemeinsam an die Arbeit zu gehen.

Je eher der Erwachsene bereit ist voranzugehen, selber mit Hand anzulegen, desto eher kann das Ganze gelingen. Wenn man es sich dann noch zur Aufgabe setzt, eher humorvoll als streng in der Sache vorzugehen, schont man sich selber und die Nerven von allen am ehesten.

Für eine gemeinsame Belohnung (zum Beispiel ein Videofilm am Abend oder längeres Schlafen am Sonntagmorgen usw.) nach besonders gelungenen Aktionen ist man eigentlich nie zu alt, sie kann ein zusätzlicher Anreiz sein, sich bei Konflikten mehr zurückzuhalten.

Bei der Frage nach gemeinsamen Mahlzeiten oder gemeinsamen Ferienfahrten mit Pubertierenden scheiden sich die Geister in vielen Familien. Sicherlich spielen bei solchen Aktivitäten die Emotionalität und die Gefühlslage eine große Rolle. Stimmungsschwankungen sind eben ein typisches Merkmal für Zeiten der Pubertät. Dadurch ist die Möglichkeit, eine entspannende, ruhige Zeit miteinander zu verbringen, sehr gering. Es wird vielmehr immer »was los sein«.

Auf der anderen Seite ist die Zeit der Erziehung und der Einflussnahme auf das Schicksal der Heranwachsenden vorbei. Es sollte jetzt immer mehr das Ziel angesteuert werden, miteinander »zu sein«, sich im ganz normalen Alltäglichen oder auch ganz Besonderen zu bewähren. Das bedeutet nicht, dass der Jugendliche sich auf die Bedürfnisse der Erwachsenen einstellen muss. Vielmehr heißt das: Alle müssen neu lernen, mit diesen Entwicklungsschritten umzugehen, alle müssen üben, aufeinander Rücksicht zu nehmen, sich gegenseitig zu unterstützen.

Welche Chance lässt eine Familie sich entgehen, wenn sie diese gemeinsamen Prozesse des aneinander Wachsens und Lernens nicht wahrnimmt. Die gemeinsame Mahlzeit kann eine gute Möglichkeit bieten, über das tägliche Erleben jedes einzelnen Familienmitgliedes informiert zu werden, die jeweiligen Nöte und Freuden zu erfahren, ohne dass dafür ein besonderer Termin gesucht werden muss.

Die Eltern dürfen sich dies nur nicht dadurch verderben, dass sie zu sehr auf äußere Benimmregeln pochen. Zu gern nimmt ein Jugendlicher die Gelegenheit wahr, gerade durch provokantes Auftreten die Aufmerksamkeit vom Wesentlichen abzulenken. Man sollte sich fragen, was denn kostbarer ist: eine kleine Anteilnahme am Leben seines kurz vor dem Ausfliegen stehenden Kindes zu haben oder vom Anblick breit auf dem Tisch liegender Ellenbogen befreit zu sein.

Können sich alle in der Familie auf ein attraktives Urlaubsziel einigen und schreckt keiner vor sicherlich auftretenden Uneinigkeiten zurück, dann besteht die Möglichkeit, unter zunächst noch unbekannten Lebensbedingungen neue Seiten aneinander zu entdecken. Sind die Eltern bereit, auf die Bedürfnisse der jungen Heranwachsenden mit Neugier zu reagieren und nicht gleich schon vorher gefasste Urteile zu fällen, kann eine solche Urlaubsfahrt zu einer ganz besonderen Chance werden, die wahren Qualitäten der neuen Generation zu entdecken. Aber auch die Heranwachsenden dürfen ihre Eltern unter nicht alltäglichen Bedingungen wahrnehmen. Wie reagieren sie auf Unbekanntes? Können sie sich in fremden Lebensbedingungen zurechtfinden, können sie

Aufgabenteilung und gemeinsamer Alltag in Zeiten der Pubertät

sich im fremden Land verständlich machen? Sind sie bereit, auf Gewohntes zu verzichten und stattdessen völlig Unbekanntes zu ergreifen? Auch wenn sie als Kinder die Eltern in andere Länder begleitet haben, beginnen die Jugendlichen erst jetzt, kritisch oder gar bewundernd ihre eigenen Eltern wahrzunehmen.

Am Samstagvormittag wird laut Absprache gemeinsam das Haus geputzt. Alle schlafen etwas länger. Um neun ist der Tisch gedeckt, aber Dennis steht nicht auf. Lange nach dem Frühstücksbeginn kommt er missmutig an den Tisch. Die Stimmung ist etwas angespannt, doch keiner der Eltern sagt etwas. Kurz vor dem Ende der Mahlzeit fragt Dennis, ob er noch »fünf Minuten« an den Computer darf, um sich eine neue Musik für die Putzaktion herunterzuladen.
Die Eltern sagen Nein, weil das Putzen nun beginnen soll und Dennis die Situation ja schon ausgereizt hat. Nach kurzer Überlegung bietet Dennis einen Kompromiss an: Er will erst fünf Minuten an den Computer und dann alleine den Tisch abdecken. Die Mutter zögert, der Vater hält das Angebot für keinen wirklichen Kompromiss, weil Dennis schon nicht das Frühstück mit vorbereitet hat und Putzen und Abdecken doch eine gemeinsame Aufgabe ist. Er lehnt ab, obwohl er weiß, dass er dadurch eine Eskalation riskiert. Tatsächlich: Dennis wirft den Eltern unsoziales Verhalten vor, was die Eltern im Gegenzug eher in seinem Benehmen sehen. Er steht erbost auf, nimmt seinen Teller und sein Messer, stellt beides in der Küche ab und geht nach oben in sein Zimmer. Der Vater ruft ihm hinterher, was er jetzt oben wolle, das Putzen solle doch beginnen. Angeblich braucht der Sohn noch Socken. Der Rest der Familie deckt den Tisch gemeinsam ab und beginnt zu putzen. Nach zehn Minuten geht der Vater nach oben und stellt Dennis zur Rede. Angeblich musste er sich auch noch die Zähne putzen. Außerdem seien doch auch »erst höchstens zwei Minuten« verstrichen. Es kommt jedoch zu keinem Streit, denn Dennis ist ja nun offensichtlich bereit zum Arbeiten. Es dauert noch eine volle Viertelstunde, bis der Staubsauger wirklich seine ersten Geräusche macht, aber

der Rest des gemeinsamen Putzens verläuft friedlich und alle wirken einigermaßen zufrieden, als nach anderthalb Stunden das Haus wieder sauber ist.

◀

Die Entwicklung der Interaktionen hat in diesem Beispiel dazu geführt, dass der Sohn schließlich doch noch mitgeputzt hat. Das war im Verlauf der Auseinandersetzungen jedoch keinesfalls vorauszusehen.

An verschiedenen Stellen hätte es auch andere Reaktionen geben können, welche die Situation entscheidend verändert hätten. Eltern können in ähnlicher Lage versuchen, sich im Stillen folgende Fragen zu stellen:

- Wann ist es richtig, einen Kompromiss auszuhandeln?
- Gilt es, immer einen Weg der Konfliktvermeidung zu gehen?
- Braucht der Jugendliche eine deutliche, eventuell auch unbequeme Grenze?
- Zieht das Durchstehen von unbequemen Situationen ein Gefühl der Zufriedenheit nach sich?

Manchmal kann dabei Humor ein guter Helfer sein – zum Beispiel beim Zimmeraufräumen und Saubermachen. Wir haben im Laufe der Pubertätsjahre unserer Kinder Postkarten mit provokativen Aufschriften gesammelt, um sie in entscheidenden Momenten zu nutzen. Dabei gab es dann auch schon mal Zettel an Socken: »Achtung, ich stinke!«, oder »Hilfe, mir wird es hier zu eng!«, wenn der Berg von schmutziger Wäsche nicht kleiner wurde. Der Fantasie sind dabei keine Grenzen gesetzt. Erstaunlicherweise werden diese Hinweise meist nicht ignoriert, sondern ebenfalls mit Humor angenommen.

Umgang mit negativen Fähigkeiten

Jeder Mensch bringt seine ganz speziellen Fähigkeiten mit auf die Welt und baut sie auf seine Art und Weise im Laufe des Lebens weiter aus.

Umgang mit negativen Fähigkeiten 53

Um die positiven Ideale wie Liebefähigkeit, Toleranz, Friedfertigkeit oder Begeisterungsfähigkeit zu stärken, bedarf es aber einer ständigen Aufmerksamkeit und Anstrengung vonseiten des Heranwachsenden ebenso wie einer positiven Begleitung von Eltern und anderen Erwachsenen. Dies gilt nicht nur für die Zeit der Pubertät.

Negative Fähigkeiten wie Angst, Hass, Neid, Missgunst, Gier oder Interesselosigkeit scheinen den Jugendlichen – genauso wie den Erwachsenen – bei beliebigen Anlässen beinahe ohne eigenes Zutun zu überfallen. Offensichtlich stehen uns Menschen diese »Qualitäten« von ganz alleine zur Verfügung. Die benötigte Anstrengung liegt eher im Überwinden, zum Beispiel durch eine bewusste Entscheidung für positive Ideale.

Strebt ein Jugendlicher, der noch im Elternhaus wohnt, nach seinen positiven Fähigkeiten, findet er immer das Wohlwollen seiner Umgebung. Er kann sich getragen wissen in seinem Bemühen, und es werden wohl nur selten Probleme dadurch erwachsen.

In den Wirrungen und Gemütsschwankungen der Pubertät wird der junge Mensch aber nicht selten von seinen negativen Eigenschaften mit großer Intensität quasi überwältigt. In den meisten Fällen sind auch die Familienangehörigen in solch einer Situation hoffnungslos überfordert.

Dazu einige Beispiele:

Es gibt Pfannkuchen zum Mittagessen. Die Mutter hat für jeden zwei Stück eingeplant, wobei sie die letzten, welche oben liegen, für die kleineren Zwillinge gedacht hat. Sie selbst möchte höchstens eineinhalb, sodass sie einen halben Pfannkuchen abgeben könnte, falls jemand von seinem Anteil noch nicht ganz satt wäre.
Während die Mutter noch die Teller für die Zwillinge auffüllt, angelt sich Georg (fünfzehn Jahre alt) die Schüssel mit dem Apfelmus und schaufelt hastig den halben Teller voll. Dann hält er ihn mit zackiger Geste der Mutter entgegen und verkündet, dass er drei Pfannkuchen benötige.
Die Mutter findet noch nicht mal für einen Pfannkuchen Platz auf dem Teller und möchte ihn in seiner Maßlosigkeit bremsen.

Sie bietet ihm bei Bedarf ihre zweite Hälfte an. Aber ein Wort gibt das andere, und zu guter Letzt stößt Georg heftig seinen Stuhl zurück, knallt die Tür zum Esszimmer zu, dass die Bilder an der Wand wackeln, und verbarrikadiert sich anschließend in seinem Zimmer. Minuten später erklingt laute Musik aus seiner Anlage und in seinem Bauch ist nicht einmal ein einziger Pfannkuchen gelandet.

Es ist die zweite Abendaufführung des Klassenspiels. Am Vorabend haben die Zuschauer – Eltern, Freunde, Ehemalige, Lehrer und Gäste – die Vorstellung begeistert aufgenommen und Claudia, welche die Hauptrolle spielte, mit mehrmaligem Applaus besonders gewürdigt.

Julia spielt in der heutigen Besetzung die Hauptrolle und ist fest entschlossen, es Claudia nachzumachen oder sie wenn möglich sogar noch zu überflügeln. Die beiden sind zwar schon von klein auf in einer Klasse, haben sich aber noch nie sehr gemocht. Während der Probenzeit ist es zu einem mehr oder weniger verdeckten Wettkampf zwischen den beiden gekommen, wer denn die bessere Schauspielerin sei.

An diesem Abend gibt es große Aufregung, weil seltsamerweise der Schleier für Julias Hut, der sie in ihrer Rolle so richtig keck erscheinen lässt, nicht auffindbar ist. Die Mütter, welche sich am Schminken beteiligen, helfen beim Suchen, aber er bleibt verschwunden. Etwas irritiert muss Julia ohne ihn auf die Bühne. Sie meistert aber ihren Auftritt so galant, dass sie beinahe noch schöner in Erscheinung tritt als mit Schleier.

Im zweiten Akt »stolpert« Claudia hinter den Kulissen genau in Julias Liebesszene über das Beleuchtungskabel, sodass man während der kurzen Dunkelphase, in der ein Vater den Stromanschluss so schnell wie möglich wieder herzustellen versucht, nur Julias helle Stimme hören kann. Diese empfindsame Stelle bekommt dadurch einen ganz geheimnisvollen Charakter, sodass die Zuschauer zu einem Spontanapplaus hingerissen werden.

Claudia bekommt derweil einen hysterischen Anfall und verlässt

Umgang mit negativen Fähigkeiten

weinend die Bühne durch den Hintereingang. Beim Finale hat sie sich wieder gefangen und kann mit den anderen das Stück zum Abschluss bringen.

◄

So mancher Elternteil möchte diese in der Pubertät so heftig zutage tretenden Anteile in der Persönlichkeit seiner Kinder verhindern oder leugnen. Der heranwachsende Mensch braucht jedoch die Möglichkeit, sich auch mit seinen negativen Seiten zu identifizieren, weil erst dadurch seine ganze Persönlichkeit zum Ausdruck kommen kann.

Am ehesten helfen die Eltern ihm dabei, wenn sie zeigen, dass auch sie solche Anteile bei sich kennen und damit umgehen können. Der Erwachsene ist ebenfalls aufgefordert, sich mit allen Teilen seiner Persönlichkeit zu identifizieren.

So gesehen ist es ein Ausdruck dafür, dass man die Zustände seiner Welt annimmt, wenn man die Bereitschaft hat, aus seinem vollen Persönlichkeitsspektrum das auszuwählen, was man in der jeweiligen Situation für angemessen hält:

- Will man sich mit seinen Wesensteilen nur anpassen an die Gegebenheiten?
- Will man sich durch Aktivität verwandeln?
- Ist man bereit, sich mit seinen negativen Anteilen zu identifizieren, und schafft es dennoch, durch bewusstes Herangehen neue positive Ziele zu erobern?
- Ist man bereit, bei einem Scheitern einen neuen Versuch zu starten?

Haben Eltern eine gewisse Lebenserfahrung, dann kennen sie diese Fragestellungen bei sich selbst und werden nicht erschüttert sein, wenn ihr Kind in der Pubertät die Auseinandersetzung mit solchen Fragen geradezu sucht.

Pubertät und Grenzen

Erfolgt der Entwicklungsschritt zum zweiten Jahrsiebt mit der Schulreife noch weitestgehend ohne ein eigenes Bewusstsein für die Prozesse, so werden die seelischen Veränderungen, welche im Verlauf der Pubertät zum Bewusstwerden des eigenen Gefühlslebens führen, vom jungen Menschen recht intensiv wahrgenommen.

Das Selbstständigwerden des Seelenlebens geht mit großen Schwankungen einher zwischen überreicher Fülle an Gedanken oder Ideen und Niedergeschlagenheit, zwischen Tatendurst, unendlicher Energie und absoluter Antriebslosigkeit, zwischen intensivem Kontakt zu anderen Menschen und trostloser Einsamkeit, zwischen Sanftheit und Brutalität, zwischen Schwärmerei und eiskaltem Vorgehen, zwischen Verehrung und Sarkasmus. Die Reihe der Gegensätze, zwischen denen ein Pubertierender hin und her geworfen wird, könnte endlos fortgesetzt werden, denn das entscheidende Kriterium, das Ordnung und Ausgleich schaffen könnte, ist noch versteckt: Die Kraft, welche aus eigener Persönlichkeit und dem jeweiligen Charakter heraus lenkend und formend eingreifen kann, soll ja durch diese Prozesse erst geübt werden. Das »Ich« als geistiger Träger des heranwachsenden Menschen wird endgültig erst um das einundzwanzigste Lebensjahr geboren, wenn die Mündigkeit erreicht ist. Darum bleibt der Heranwachsende noch auf den liebevollen Schutz und die Unterstützung der älteren Menschen angewiesen.

Das neue Verhältnis zum Erwachsenen besteht nun aus einer mehr oder weniger freiwilligen »Nachfolge«. Es hat nur noch sehr wenig mit der »liebevollen Autorität« zu tun, welche im zweiten Jahrsiebt die Basis des Zusammenwirkens dargestellt hat. Jetzt bestimmt der heranwachsende Jugendliche selbst, ob und wem er folgen will, wen er sich als Vorbild aussuchen möchte.

Das bedeutet aber auch eine grundsätzliche Veränderung für die Eltern. Sie können nicht mehr davon ausgehen, dass sie als Vorbild akzeptiert werden. Ganz im Gegenteil. So können sie nur alle Kraft in die Bemühung stecken, ihre Persönlichkeit so zu straffen und zu schulen, dass sie, falls dafür ein Bedarf besteht, von den Jugendlichen als Vorbild angenommen werden *können*.

Durch die notwendigen Entwicklungsschritte ist der junge Mensch mehr und mehr auf sich selbst gestellt, kommt aber dadurch auch der Sphäre des Erwachsenen immer näher. So kann er dessen Arbeit an seiner Persönlichkeit nun erst richtig beurteilen und ihm aus freien Stücken folgen.

Daraus ergibt sich die Notwendigkeit, die Denk- und Erkenntnisbereiche des Heranwachsenden im Blickfeld zu behalten. Der Jugendliche will wissen und nicht träumen. Das heißt, die Eltern müssen sich genau überlegen, was sie sagen, was sie tun, ja, auch was sie denken. Denn all das hat direkte Auswirkungen auf das Verhältnis zum jungen Menschen. Nicht intellektuelle Aufklärung ist gefordert, sondern aufmunternde, begeisternde Zusammenhänge, erwärmende und spannungsgeladene Zukunftsperspektiven. Das leitet den Pubertierenden weg vom ständigen Kreisen um die eigenen inneren Bedrohungen und Nöte, führt an eine Erwärmung des eigenen Willens heran und öffnet den Blick für die Ideale.

Eine Kernfrage des Jugendlichen an die Erwachsenen lautet: Glaubst du selber an das, was du sagst und was du tust?

Deshalb sollte man als Eltern versuchen, einerseits den moralischen Schwächen im Allgemeinen entgegenzuwirken und andererseits die individuelle Anlage seines Kindes genau im Auge zu behalten. Dazu bedarf es in den ersten Jahren dieses Jahrsiebts an manchen Stellen noch des deutlichen Eingreifens.

Aber man kann das, was man für das Gute und Richtige hält, dem Jugendlichen nicht aufzwingen. Angst und Zwang können zwar unter Umständen extreme Handlungen verhindern. Aber es entsteht daraus niemals eine liebevolle, schöpferische Handlung. Die Liebe zur guten Tat kann sich nur aus einem freiheitlichen, schöpferischen Bereich von einem nicht unterdrückten Individuum entwickeln.

So kommen Eltern nicht umhin, die unangenehmen Seiten des Kindes genau zu beobachten, sich aber mit noch mehr Kraft auf die Suche nach den zarten Keimen guter Kräfte zu machen. Tadel und Strafen machen den jungen Menschen (und nicht nur ihn) mürrisch, zerknirscht, traurig oder sogar aggressiv und führen letztendlich zu Minderwertigkeitsgefühlen. Diese locken wiederum oft Geltungsbedürfnis und sogar fehlgeleiteten Ehrgeiz und überspitztes Konkurrenzverhalten hervor.

Unterdrückt eine Strafe nicht nur die Charaktereigenschaften, drängt sie in den Untergrund und lässt alles nur noch schlimmer werden? – Solange sich die unangenehmen Neigungen offenbaren, können Eltern und Erzieher sie erkennen und pädagogisch darauf reagieren. Der Heranwachsende kann so Stück für Stück lernen, selbstkritisch mit ihnen umzugehen.

Am glücklichsten ist es, wenn Eltern Ideen entwickeln, dass die erkannten unerwünschten Neigungen gar nicht erst zum Tragen kommen müssen und schon im Vorfeld sinnvoll umgewandelt werden können. Eine Möglichkeit liegt in der Haltung, dass negative Neigungen nur positive Kräfte am falschen Ort sind. Unter anderen Bedingungen, zu anderen Gelegenheiten könnten sie erstrebenswerte Potenziale sein, könnten sich als gut und förderlich erweisen, so wie eine Substanz bei der einen Gelegenheit ein Gift und bei einer anderen Medizin sein kann.

Viele Eltern halten es in der heutigen Zeit nicht mehr für richtig, den Heranwachsenden eindeutige Grenzen zu setzen. Sie glauben, man könne von den jetzigen jungen Menschen nicht mehr so einfach verlangen, dass sie zur angegebenen Zeit nach Hause kommen oder den Müll nach draußen bringen, den Tisch abdecken oder helfen, das Haus zu putzen ... ja nicht einmal, dass sie Energie in die Schule und Bildung investieren. Viele Eltern vertreten den Standpunkt, der Jugendliche müsse Grenzen von selbst erkennen und diese dann auch nach eigenen Maßstäben einhalten.

Manche setzen zwar an bestimmten Punkten eine Grenze: »Dieses Mal kommst du aber auch wirklich um zwölf nach Hause!«, schrecken aber vor der Auseinandersetzung zurück, wenn der Jugendliche sich nicht an die Abmachung gehalten hat.

Auf den ersten Blick scheint diese gelassene Vorgehensweise auch dem Wunsch der Jugendlichen zu entsprechen. Denn alle Heranwachsenden spüren in sich deutlich den Keim ihres eigenen »Ichs« und glauben demzufolge auch alle Entscheidungen schon selbst treffen zu können. Das tun sie auch überall mehr oder weniger lauthals kund. Was sie jedoch noch nicht im Blick haben, ist, dass ihre so ersehnte Freiheit die Freiheiten anderer ganz empfindlich verletzen kann. Regeln und Absprachen im täglichen und häuslichen Miteinander haben ja nicht zum Ziel, den Bewegungsraum der jungen Menschen künstlich einzuschränken, sondern sollen möglichst der gesamten Familie gute Bedingungen zum Leben gewährleisten. Diesen Überblick kann der junge Heranwachsende jedoch noch nicht in vollem Maße besitzen.

Untergründig spürt er das auch und hofft auf die Führung durch die Erwachsenen. In Wirklichkeit lieben es Jugendliche, genau definierte Grenzen zu haben ... und übertreten sie dann doch, weil sie sich und auch die Eltern so am deutlichsten zu spüren bekommen.

Es lohnt sich an dieser Stelle, den Unterschied zwischen Grenzen und allgemeinen Regeln einmal genauer zu betrachten. Anders als in der Mathematik, deren Regeln für alle Menschen und Situationen gleich bleiben, sind Regeln im menschlichen Miteinander solche Absprachen, die den täglichen Umgang konfliktarm gestalten sollen. Sie werden in allen Familien anders festgesetzt und gelten für unterschiedlich lange Zeiten. So ist es zum Beispiel für den Ablauf eines Abends gut, wenn eine Familie mit kleinen Kindern die Regel aufstellt, dass vor dem Ins-Bett-Gehen noch einmal auf die Toilette gegangen wird. Häufige Störungen der Eltern wären sonst die Folge und das Einschlafen könnte sich sonst sehr verspäten. Es leuchtet sofort ein, dass für einen Pubertierenden eine solche Regel nicht mehr sinnvoll erscheint. Inzwischen wird sich die Regel so gewandelt haben, dass sie ein leises und rücksichtsvolles Verhalten beinhaltet, wenn schon jemand aus der Familie ins Bett gegangen ist.

Insgesamt lässt sich feststellen, dass es durchaus angebracht ist, auch im Umgang mit Pubertierenden eindeutige Familien- und Lebensregeln aufzustellen, denn sie können den Alltag zum Teil sehr erleichtern und helfen, manchen unwillkommenen Streit schon von vornherein zu vermeiden.

Weil jeder Mensch von sich aus die Tendenz hat, möglichst große Freiheit in seinen Handlungen anzustreben, ist es neben den Regeln auch erforderlich, eindeutige Grenzen zu ziehen. Hat ein Jugendlicher zum Beispiel das Bedürfnis, abends noch Musik zu hören oder mit seinen Freunden zu telefonieren, obwohl vielleicht schon ein Familienmitglied ins Bett gegangen ist, muss eine Begrenzung abgesprochen sein, soll es dadurch nicht zum Streit kommen. Bis dahin muss die Musik oder das Telefonieren noch ertragen werden. Danach muss der Jugendliche das Musikhören oder Telefonieren auch wirklich beenden. Eine andere Grenze könnte in der Einschränkung der Lautstärke zu einer bestimmten Zeit bestehen. Schwierig ist es nur, genau festzulegen, welcher Geräuschpegel noch akzeptabel ist. Somit sind Uneinigkeiten bei einer solchen Grenze nicht immer auszuschließen.

An diesem Beispiel wird eine wichtige Voraussetzung für eine funktionierende Grenze deutlich: Sie muss ganz genau, möglichst nach Zahl und Maß, definiert und als solche allen Beteiligten bekannt sein. Gibt es noch eine Spanne der Auslegung, wird der Jugendliche, genauso wie jeder Erwachsene, die für sich selbst beste Interpretation wählen und so unter Umständen den Ärger seiner Umgebung hervorrufen.

Es reicht nicht, wenn Eltern glauben, mit der Aussage »Du kommst abends nicht spät nach Hause!« eine eindeutige Grenze gesetzt zu haben, selbst wenn sie ihre Forderung mit Nachdruck und ernstem Gesichtsausdruck vorbringen.

Andererseits muss eine eindeutige Grenze nicht immer gleich bleiben.

> Es gilt der Grundsatz:
> Grenzen setzen und Grenzen erweitern.

Bei der Suche nach einer Lösung könnte sich zum Beispiel der Zeitpunkt der verabredeten nächtlichen Rückkehr eines Jugendlichen mit jedem Jahr des Älterwerdens um eine Stunde hinausschieben, bis er irgendwann ganz in die Entscheidungsfreiheit des Jugendlichen gestellt werden kann.

Ist eine Familie übereingekommen, wie die Regeln und Grenzen auszusehen haben, ist es im gleichen Schritt hilfreich, sich auch darüber im Klaren zu sein, was passiert, wenn die gemachten Verabredungen nicht eingehalten werden.

Ist der Jugendliche, um bei dem vorherigen Beispiel (siehe Seite 58) zu bleiben, nicht wie verabredet um zwölf, sondern erst um zwei Uhr nach Hause gekommen, könnten die Eltern ihm ihre Sorgen über sein Ausbleiben schildern. Sie könnten ihm deutlich machen, dass sie selbst erst ruhig schlafen können, wenn er wieder zu Hause ist. Sie könnten weiterhin erwähnen, dass auch sie als Eltern erst lernen müssen, ihre Verantwortung Stück für Stück abzugeben, und ihn aus diesen Gründen noch einmal dringlich bitten, die getroffenen Vereinbarungen auch wirklich einzuhalten.

Wenn es den Eltern gelingt, dem jungen Menschen zu verdeutlichen, dass es nicht um eine unnötige Einschränkung der Freiheit geht, sondern dass es sich um einen gemeinsamen Lernprozess handelt, besteht am ehesten die Möglichkeit, dass die Vereinbarung auch eingehalten wird.

Manchmal ist es sinnvoll, die Vorgehensweisen nicht aus der aktuellen Situation heraus zu gestalten. Besser überlegt man sich die nötigen Schritte schon im Vorfeld und bespricht sie dann auch rechtzeitig mit allen Betroffenen.

Ist das nicht möglich, weil etwas eingetreten ist, mit dem niemand gerechnet hat, ist es immer gut, das Ganze mit etwas Abstand reichlich zu bedenken, am besten sogar einmal zu überschlafen. Haben sich die Eltern zu einem geeigneten Schritt entschieden, sollten sie es nicht versäumen, den Jugendlichen nach seiner Haltung zu der Maßnahme zu befragen. Unter Umständen können Eltern und Jugendliche gemeinsam noch etwas verändern.

In jedem Fall ist eine große Souveränität und Wahrhaftigkeit von beiden Eltern gefordert. Der junge Mensch muss die Ernsthaftigkeit der Schritte erkennen, darf sich aber nicht von den Eltern verachtet oder allein gelassen fühlen.

Wichtig ist es auch, dass sich die Eltern einig sind, denn sollte eine Verabredung von einem Elternteil untergraben werden, erscheinen beide als unglaubwürdig und es wäre besser gewesen, eine solche erst gar nicht zur Geltung kommen zu lassen. Eltern sollten sich darüber klar sein, dass hinter allen Konflikten der Wunsch des Heranwachsenden steht, sein Gegenüber wirklich und wahrhaftig ohne Verstellung, ohne Maske und Unaufrichtigkeit zu sehen.

Ein weiterer Punkt ist zu bedenken: Sind die Konsequenzen abgeleistet, sollten beide Seiten nach einer gewissen Zeit die Sache wirklich für abgeschlossen betrachten. Es gibt für einen Heranwachsenden nicht viel, was ihn mehr nervt, als längst erledigte Geschichten immer wieder »aufs Butterbrot geschmiert zu bekommen«.

Viele Erwachsene vertreten den Standpunkt, Jugendliche würden durch das Übertreten von Regeln und Grenzen zeigen, dass sie nicht ohne »Maßnahmen« auskommen. Sie setzen dementsprechend schnell und gerne das aus früheren Zeiten überlieferte Erziehungsmittel der Bestrafung ein und sind von dessen Erfolg überzeugt. Dabei üben Heranwachsende ihr eigenes Verantwortungsgefühl ja gerade erst an diesem Pendeln in den Grenzbereichen. Die Problematik beim Umgang mit Strafen liegt darin, dass sie von der eigentlich zu entwickelnden Fähigkeit ablenken und den Blick auf das Abgelten und Hinter-sich-Bringen des Unangenehmen wenden. Ein Jugendlicher, der trotz Verbot auf dem Schulhof beim Schneeballwerfen erwischt wurde und dann als Strafe einen dreiseitigen Aufsatz über Gebote und Verbote schreiben soll, überlegt nur noch, wie groß er schreiben muss, um die Sache schnellstmöglich hinter sich zu bringen. Mit dem Problem, dass eventuell jemand durch einen Stein in seinem Schneeball am Auge verletzt werden könnte, beschäftigt er sich kaum noch.

Nicht nur im Umgang mit Grenzen und Pflichten liegt ein gewisses Konfliktpotenzial, auch die ungenaue Unterscheidung von Bedürfnissen und Wünschen führt nicht selten zu unüberwindbaren Spannungen zwischen Heranwachsenden und Eltern.

Viele Eltern glauben, ihr Kind wisse genau, welche Bedürfnisse es hat, und sie seien dafür da, diese Bedürfnisse auch zu erfüllen. Sie befürchten, wenn sie es nicht täten, die Freiheit ihres Kindes einzuschränken und seiner Entwicklung dadurch zu schaden. Es ist ihnen dabei nicht klar, dass diese angeblichen Bedürfnisse in Wahrheit Wünsche sind. Je mehr sich die Kinder daran gewöhnt haben und je älter sie sind, desto geschickter werden sie, ihre Wünsche als Bedürfnisse zu präsentieren. Jugendliche neigen dazu, jeden Wunsch als beinahe unumgängliche Notwendigkeit zu äußern.

Aber nicht selten versuchen auch die Eltern, einem Wunsch Nachdruck zu verleihen, indem sie ihn als Bedürfnis formulieren. Ein Vater hat den Wunsch, ein großes Auto zu fahren, erklärt aber, es sei ihm ein

Bedürfnis, eine größere Sicherheit für seine Familienangehörigen zu gewährleisten.

Ein Bedürfnis wird zunächst durch einen Mangel hervorgerufen und entspricht darin noch dem Wunsch. Es hat aber eine bedeutend größere Notwendigkeit als ein Wunsch. In der Psychologie wird außerdem noch zwischen triebbedingten Bedürfnissen, wie etwa Hunger und Durst, und sekundären Bedürfnissen, wie Sicherheitsstreben oder soziale, geistige oder künstlerische Interessen, unterschieden.

Hieran wird deutlich, dass die Eltern gut daran tun, dem Bedürfnis ihres heranwachsenden Kindes nach künstlerischem Ausdruck genügend Raum zu lassen, beispielsweise durch das Spielen in einer Band, wohingegen sie den Besuch eines Open-Air-Festivals als typischen Wunsch verstehen und mit der Erlaubnis je nach familiärer Situation entscheiden können.

In Bezug auf das Grenzensetzen und geeignete Reaktionen beim Übertreten fühlen sich immer mehr Eltern in ihren Entscheidungsprozessen überfordert. Deshalb wäre es erstrebenswert, wenn allerorts Elternschulen entstehen würden, in denen sich die Eltern kundig machen und fortbilden können und von fachlich kompetenten Ausbildern Antworten auf ihre vielen Fragen bekommen.

Beispiele für eine nicht einsehbare Begrenzung

Ein junger Pubertierender hat sich in mühevoller Eigenarbeit einen Strandkiter geschweißt und möchte ihn gerne bei einem Herbstferienaufenthalt im Watt an der Nordsee ausprobieren. Nur wenige Menschen befinden sich zu dieser Zeit am Strand und der Wind ist günstig, den Drachen steigen zu lassen. Schon nach kurzer Zeit erscheint eine Aufsichtsperson und weist ihn darauf hin, dass Lenkdrachenfliegen dort nicht erlaubt sei.

Diese Bestimmung ist in der Sommerzeit, in der sich hier die Badegäste dicht an dicht tummeln, sinnvoll. Zu Zeiten solcher Menschenleere muss eine solche Begrenzung einem jungen Pubertierenden jedoch als Schikane vorkommen, zumal er auf einer dänischen Insel ohne Schwierigkeiten zwischen spazierenden Gästen und Auto fahrenden Einheimischen mit dem Strandkiter stundenlang fahren durfte.

Ein anderes Negativbeispiel von einer Regel ist das Radfahrverbot auf dem Schulhof. Ein Pubertierender kann es vielleicht zur Not noch einsehen, dass er in der großen Pause, wenn alle Mitschüler sich auf dem Schulhof befinden, nicht mit seinem Fahrrad dort herumfahren sollte. Fordert ihn aber ein vorbeikommender Lehrer in einer Freistunde auf, vom Rad abzusteigen, weil dort das Fahren verboten sei, so muss sich der Jugendliche doch angesichts der gähnenden Leere auf dem Gelände zu Zeiten der Unterrichtsstunden nach dem Sinn solcher Regeln fragen. Es ist beinahe zwangsläufig und vorhersagbar, dass er, sobald der Lehrer um die Ecke verschwunden ist, seinen Nachhauseweg doch fahrenderweise fortsetzt.

◄

Körperentwicklung und Ernährung in der Pubertät

Körperkult

Wenn sich der Körper durch die einsetzende Pubertät drastisch zu verändern beginnt, hat der Jugendliche durch den Einfluss der Medien bereits eine genaue Vorstellung, wie er auszusehen hat, um sein Äußeres erfolgreich darzustellen. Allerdings hat dieses Ideal wenig mit seiner körperlichen Realität zu tun.

Die Mädchen sehen sich in der Pubertät einer deutlichen Umgestaltung der Proportionen ausgesetzt. Die schlanke Silhouette der Vorpubertät verschwindet und unter nicht zu übersehender Gewichtszunahme entstehen reife, weibliche Rundungen.

Bei den Jungen kommt es zu einem beschleunigten Längenwachstum, während die Proportionen relativ unverändert bleiben.

Diese Entwicklung spiegelt sich im Fettanteil des Körpers. Haben »Jungen und Mädchen bis zur Pubertät einen nahezu gleichen Fettge-

Körperentwicklung und Ernährung in der Pubertät

Von wegen
»Der Schuh ist mir zu groß« ...

halt von 15%, so steigt er bei den Mädchen nun auf 20 bis 25%, bleibt bei den Jungen bis etwa zum dreißigsten Lebensjahr etwa gleich und pendelt sich dann bei beiden Geschlechtern auf etwa 30% ein«.[11]

Wohl zu allen Zeiten haben sich die Menschen ein Idealbild von ihrer Erscheinung gemacht und sind ihm nachgestrebt, ohne es erreichen zu können. An griechischen Statuen kann man heute noch sehen, wie die biologischen Voraussetzungen des Körpers zu einem ästhetischen Ebenmaß zusammengeflossen sind, welches es in der Realität so normalerweise gar nicht gibt.

Auch zu Zeiten der Renaissance und des Humanismus galt der menschliche Körper als Ausdruck für Schönheit und Kraft. In der bildenden Kunst wurden die Männer stolz und muskelbepackt, die Frauen mit sinnlichen, üppigen Rundungen dargestellt. Die Gestalten auf Bildern wirken massig, robust und mit beiden Beinen fest auf dem Boden stehend.

Entwicklungsgeschichtlich betrachtet ist der Mann in seiner mehr nach außen gerichteten Lebensweise mit einem stabileren Knochenbau und stärkeren Muskeln ausgestattet. Auch wenn das heute nicht mehr in jedem Fall erforderlich wäre, so ist es doch von der Anlage her immer noch so. Die Frau hingegen ist durch ihre Fähigkeit, gebären zu können, körperlich mehr nach innen gerichtet, auf Schutz und Geborgenheit angelegt. Das bedeutet, dass sie eine gute »Umhüllung« ihres Körpers und der Leibesfrucht benötigt.

Insofern ist von der Natur alles auch gut angelegt. Untersuchungen haben ergeben, dass Menschen, die 20% über dem Durchschnittsgewicht liegen, die höchsten Lebenserwartungen haben.[12]

Da diese Tatsache aber nicht den Wunschvorstellungen der heutigen jungen Menschen entspricht, sind etwa »die Hälfte bis zwei Drittel aller pubertierenden Mädchen und rund ein Drittel aller Jungen besorgt im Hinblick auf ihre Körpergröße, ihr Gewicht und ihre Figur«.[13]

Der eigene Körper wird in unserer Kultur als manipulierbarer Bestandteil der eigenen Identität betrachtet. Im Sinne der Vermarktung stellt sich die Frage nach dem notwendigen »Input«, um das gewünschte Ergebnis zu erzielen. Schon sehr früh werden die Kinder mit den gängigen körperlichen Normen vertraut gemacht, von den Medien auf allen möglichen Ebenen genauestens informiert.

Wir leben in einer sogenannten Leistungsgesellschaft. Nicht selten haben Leistungsbesessenheit und Ehrgeiz ihre Ursache in einer unaufgedeckten frühkindlichen Mangelsituation. In Gemeinschaften, in denen Nahrungsmittelknappheit herrscht, steht das körperliche Dicksein gleichzeitig auch für Wohlstand und Macht. Wer dick ist, hat etwas zu sagen. Der Magere hingegen offenbart seine Entbehrung, seine Not und somit seinen unteren Stand in der gesellschaftlichen Rangordnung. Existiert dagegen ein Überfluss an Nahrungsmitteln wie bei uns, so entsteht der Eindruck, wer dünn ist, hat auch die größte Leistungsfähigkeit und ist den anderen überlegen. Es geht also in Wirklichkeit gar nicht um Schönheit, sondern um Leistung.

Besonders schwer trifft dieser Schönheits- bzw. Leistungsanspruch die jungen Mädchen. Müssen sie sich auf der einen Seite mit den physisch sehr spürbaren neuen Bedingungen ihres Körpers auseinandersetzen und sich an sie gewöhnen, weil diese die nächsten Jahrzehnte ihres Daseins maßgeblich mitbestimmen, sind sie auf der anderen Seite offenbar gezwungen, dünn und zäh, eben »leistungsstark« in Erscheinung zu treten, wenn sie vom Markt der Nachfrage nicht verstoßen werden wollen.

Manche sprechen regelrecht von »Schönheitsstress« oder sogar von »Schönheitsterror«.[14] Das deutet darauf hin, dass das Ideal nur zu erreichen ist durch hartes und unermüdliches Training, strenge Enthaltsamkeit in Bezug auf (kalorienreiche) Nahrung und einen extremen Trieb, zu den Erfolgreichen gehören zu wollen.

Sport

War der männliche Körper entwicklungsgeschichtlich durch die Anforderungen von Kampf, Jagd oder Arbeit auf dem Feld, im Bergbau oder in der Fabrik im Selbstverständnis schon immer eher auf Leistung ausgerichtet, so sah man diese Qualität früher bei Frauen eher als unschön, ja sogar als unnatürlich an. Heutzutage hat sich dieser harte Zug der Männlichkeit nicht zuletzt durch die Anforderungen des Arbeitsmarktes auch auf die Frauen übertragen.

Die Verknüpfung von Schlankheit, Fitness und Leistung offenbart sich deutlich in unserer fast mystischen Haltung zum Sport. War er ursprünglich als Hilfe gedacht, den Körper geschmeidig und rüstig zu erhalten und dadurch eine größere Lebensqualität zu erreichen, so ist er inzwischen zu einer beinahe zwanghaften Leistungsmaschinerie geworden.

Bis auf wenige Ausnahmen (wie etwa bei den Gewichthebern) zwingt er den Sportler, dünn, zäh und muskulös zu sein. Wer dünn ist, steht auf dem Treppchen ganz oben und hat sich gegen die anderen durchgesetzt.

Härte und Durchsetzungskraft sind gefordert, es darf auf gar keinen Fall irgendeine Schwäche gezeigt werden. Es herrscht ein ausgesprochen männlicher Zug im angestrebten Körperausdruck. Das Schönheitsideal entspricht nicht mehr der Tradition des Femininen. Will eine Frau Karriere machen, sollte sie sich vor allzu viel traditioneller Weiblichkeit in Acht nehmen.

Das hat sehr häufig Folgen für die Ernährung. So leiden 25% der heutigen Sportler an Ess-Störungen. Am stärksten sind solche Sportdiszi-

Innerlich und äußerlich gestärkt kann beinahe jede Herausforderung angenommen werden.

plinen betroffen, bei denen es auf die körperliche Ausdrucksfähigkeit ankommt, wie Ballett, Tanzen, Kunstturnen oder Eiskunstlaufen. Dies sind gleichzeitig Sportarten, die während der Pubertät populär sind. Hier kommt es bei 60% der jungen Mädchen zu Ess-Störungen.[15]

Lange Zeit schien das Problem der Ernährung nur Frauen und junge Mädchen zu betreffen. Heute werden durch Bodybuilding, Extremsport und Modeanspruch auch immer mehr jüngere und ältere Männer mit Störungen in der Ernährung konfrontiert.

Jugendliche sind im Verlauf ihrer Pubertät diesem Sog ganz besonders ausgesetzt, weil sie noch sehr stark auf der Suche sind. Ihr »Ich« muss sich erst noch entwickeln und stärken und kann sich bewusst diesem Trend noch nicht entgegenstellen. Auf der anderen Seite ist eine mangelhafte oder zu geringe Ernährung in diesem Zeitraum des starken Wachstums ungeheuer schädlich.

Paradoxerweise haben wir es in den westlichen Industriestaaten in zunehmendem Maße mit übergewichtigen Menschen zu tun. Die motorisierte und durchtechnisierte Lebensweise mit ihrem umfassenden Angebot an Fastfood führt zu Bewegungsmangel und um sich greifender Fettleibigkeit, besonders in den sozialen Randschichten.

Ernährung als Grundlage der Entwicklung

Das Verhältnis zum eigenen Körper ist dementsprechend ein schwieriges Thema für dieses Lebensalter. Es ist deutlich, dass Jugendliche nicht mehr erzogen, sondern begleitet werden wollen. In Bezug auf die Ernährung wird die elterliche Aufgabe noch einmal deutlich vor uns gestellt. Will man sich tiefergehend mit Ernährung beschäftigen, sollte man die Menschenkunde mit einbeziehen, die uns deutlich macht, dass die leibliche Entwicklung des Jugendlichen noch lange nicht abgeschlossen ist und der besonderen Beachtung gerade im Hinblick auf die Ernährung bedarf. Dies ist ein Thema, das die Jugendlichen nicht sonderlich interessiert, denn von der gesunden Ernährung wollen sie sich gerade distanzieren und sich stattdessen, wie auf anderen Gebieten auch, von den Sinnen führen lassen. Die zwischen dem Innen und dem Außen vermittelnden Sinne wollen jetzt eigenständig »bedient« werden. Der Geruchssinn wird durch die vielen Parfums, Deos, Zigarettenrauch, Räucherstäbchen, manchmal auch durch synthetische Stoffe zum »Schnüffeln« angeregt und befriedigt. Ein lecker zubereitetes, gut riechendes Essen gehört ganz sicher auch dazu. Der Geschmackssinn liebt die vielfältigsten Angebote. Vieles muss ausprobiert werden: von den ganz süßen Sachen bis hin zu den bitteren, scharfen Speisen und alkoholischen Getränken; scharfe Speisen, die ein Feuer im Gaumen entfachen, werden besonders von den Jungen bevorzugt. Aber auch früher abgewiesene Speisen werden nun gekostet, denn in der Pubertät verändert sich die Geschmacksrichtung. Viele Mädchen, aber auch vereinzelt Jungen, werden jetzt zu Hobby-Köchinnen oder -Bäckerinnen. Mit feinen Dingen wird der Gaumen geschult. All das entsteht manchmal aufgrund von Anregungen aus der Schule, von Freundinnen oder aus dem Elternhaus und wird dann in Freiwilligkeit umgesetzt. In der Begleitung der Heranwachsenden taucht nun eigentlich das Zauberwort aus dem ersten Jahrsiebt wieder auf: »Wie kann ich es schaffen, dass das Kind freiwillig das tut, was es tun soll?« Also: Wie schaffen wir es als Eltern, dass die Jugendlichen sich neben Fastfood, Pommes mit Currywurst, Weißbrot, Cornflakes und allerlei Süßem usw. auch noch freiwillig gesund ernähren?

Wünschenswert wäre an dieser Stelle das Fach Ernährungskunde in der Schule, weil dort das Thema in einer Objektivität behandelt werden kann, die im Elternhaus nur selten möglich ist. In der Pubertät wächst die Welt mit ihrem Wahrheitsgehalt (oder auch Unwahrheitsgehalt) auf den Jugendlichen zu und weckt seine intellektuelle Neugier, mit der er lernt, tiefgründigere Fragen zu stellen, um sich selbst dazu in Beziehung zu setzen. So kann es in der Menschenkunde, Biologie oder Chemie hilfreich sein, den Bereich Ernährung mit aufzugreifen und in eine Beziehung zum eigenen Lebensalter zu bringen.

Ist dies nicht möglich, stellt sich die Frage nach gemeinsamen, freilassenden, aber anregenden Gesprächen in der Familie zu diesem Thema. Ein Speiseplan kann die verschiedenen Wünsche berücksichtigen. Vielleicht gelingt es, dass sich die Jugendlichen am Kochen beteiligen, wobei man gewisse Analysen der Lebensmittel mit einfließen lassen kann, denn das ist jetzt altersgemäß. Manchmal kommen einem auch Fragen von den Jugendlichen entgegen, die sich gut mit diesem Thema verbinden lassen, wie bei unserem Sohn, der nach den weißen Flecken auf seinen Fingernägeln fragte. So kommt man zu den Eiweißen, Spurenelementen und Vitaminen, und zwar in einem direkten Zusammenhang mit den Erfahrungen der Jugendlichen.

Die Wärme – das Tor zum Ich

Ernährung hat immer auch etwas mit dem Wärme-Element zu tun, denn durch die Verdauung finden Verbrennungsprozesse statt, die dem Stoffwechsel Wärme zuführen, ihn durchlichten und anregen können. Das Ich, unser geistiger Wesenskern, benötigt Wärme, um an der Stofflichkeit unseres Leibes beteiligt zu sein, um in seinen leiblichen Organismus hineinzufinden, sich mit ihm zu verbinden. Da es die Nahrung ist, die uns die Wärme über die Verdauung zuführt, ist es keineswegs unerheblich, ob unsere Nahrungsmittel von guter oder schlechter Qualität sind. Bei der Verdauung werden die Bildekräfte frei, die eine Pflanze im Laufe ihres Wachstums geprägt haben, und mit ihnen verbindet sich das Ich des Menschen in der Weise, dass es feinstofflich etwas von den Bildekräften der Pflanze, irdisch und kosmisch, erfährt.

Begegnet das Ich Nahrungssubstanzen, deren Struktur durch nicht biologische bzw. nicht ökologische Anbauweise, durch falsche Konservierung und Zubereitung verzerrt wurde, oder gar synthetischen Fremdstoffen, kann es keinen rechten Zugang zu den Stoffwechselprozessen finden. Es »resigniert« und erlahmt. Der Wille gründet nicht mehr organisch in den Tiefen. Er verkrampft oder erschöpft sich in äußerer Hektik. Die Antriebslosigkeit vieler Jugendlicher beruht nicht nur auf einer Ablehnung der bestehenden Gesellschaftsordnung, sondern auch in der fortwährenden »Enttäuschung des Ichs« über die fehlenden Bildekräfte in den Nahrungsmitteln. All das spielt sich natürlich tief unter der Schwelle des Bewusstseins ab.[16]

Wie bereits erwähnt, muss die Individualität im Stoffwechsel Wärme erzeugen, will sie sich richtig im Leib verankern. Die Nahrungsaufnahme sorgt für Wärmeprozesse im Organismus und schafft gleichzeitig ein Willenspotenzial im Seelischen. Vielleicht wird unter diesem Gesichtspunkt erklärlich, warum Pubertierende plötzlich solche Unmengen verdrücken können, ja müssen!

Das Eisen in der Ernährung des Jugendlichen

Das Blut ist der Träger des Ichs, und diese Funktion kann das Blut vor allem durch das Eisen erfüllen, das im roten Blutfarbstoff Hämoglobin zu finden ist. Jeder, der schon einmal eine Anämie, das heißt einen Eisenmangel hatte, weiß, wie schwach man sich dabei fühlen kann, wie wenig man seine Ich-Kräfte für alltägliche Aufgaben und Entscheidungen zur Verfügung hat. Meistens ist damit ein größeres Schlafbedürfnis verbunden – welches bei Pubertierenden ja auch zu beobachten ist und als Anhaltspunkt für eine Blutuntersuchung genommen werden kann. Als Eltern sollten wir darauf achten, dass die Nahrung unserer Kinder genügend Eisen enthält. »Man hat errechnet, dass fast die Hälfte aller Kinder an Eisenmangel in der Nahrung leiden; bei Mädchen nach der Pubertät liegen die Werte gar über 70%. Sie brauchen wegen des monatlichen Blutverlustes mehr als die Knaben.«[17]

Wie sollte eine eisenreiche Ernährung nun aussehen? Grundsätzlich ist ein Vollkornbrot natürlich das gesündeste. Es enthält gegenüber einem Weißmehlprodukt ein Vielfaches an Eisen. Inzwischen gibt es so fein gemahlenes Vollkornbrot, dass es bei den jungen Leuten normalerweise auf wenig Widerstand stößt, nur darf die Einführung nicht dogmatisch erfolgen, sondern es sollte immer mal mit einem leckeren Baguette oder Brötchen für Abwechslung gesorgt werden, dann sehen die Jugendlichen meist auch die Notwendigkeit ein, mal zu einem anderen Brot zu greifen. Udo Renzenbrink empfiehlt gerade für das Pubertätsalter Roggen als Getreideart.[18]

Auch Mandeln und Nüsse sowie Äpfel, Aprikosen, Pfirsiche, Pflaumen und Schlehen haben einen hohen Eisengehalt. Unter den Gemüsesorten finden wir Spinat, Endivie, Grünkohl, Lauch, Petersilie, Rosenkohl, Schnittlauch, Schwarzwurzeln und Erbsen als wertvollen Eisenspender. Das altbewährte »Unkraut«, die Brennnessel, gehört zu den reichsten Eisenträgern und lässt sich gut als Tee anbieten. Gegebenenfalls kann dieser mit Vitamin-C-reichen Fruchtsäften gemischt werden, denn bei gleichzeitiger Vitamin-C-Zufuhr kann der Körper Eisen besonders gut aufnehmen.

Kiesel in der Ernährung

Der Kiesel ist die physische Grundlage der Ich-Organisation (das Ich im Körper). Er ist an den inneren und äußeren Gestaltungs- und Formgebungsprozessen im Körper beteiligt und durchwirkt beispielsweise auch das gesamte Bindegewebe, das wiederum den ganzen Organismus durchzieht. Der Kiesel ist sozusagen ein Teil unserer Stütze im Leiblichen und bildet darüber hinaus eine Grundlage für die seelische und geistige Entfaltung. Gerade bei den schnell in die Höhe schießenden Pubertierenden brauchen die Kieselprozesse eine Anregung durch die Nahrung. Hier sei besonders die Gerste, aber auch die Hirse empfohlen. Rohkost und ein wenig Honig regen die Kieselprozesse ebenfalls an. Gerste lässt sich sehr gut als Thermogrütze anrichten und mit ein wenig Einfallsreichtum auch differenziert anbieten. Sie liefert dem Organismus in der Schale des Kornes außerdem das sehr wichtige Vitamin B1, das für den Nervenstoffwechsel wichtig ist. Hält man sich vor Augen, dass 70% aller Schulkinder an einem Mangel an Vitamin B1 leiden,[19] dann erscheinen Verhaltensauffälligkeiten wie Konzentrationsschwächen und die Bedeutung der Ernährung in einem ganz anderen Licht.

Konzentrationsfähigkeit, Gedankenbildung und Ernährung

Wir möchten dem so wichtigen »Nervenvitamin«, dem Vitamin B1, ein wenig mehr Raum gerade im Zusammenhang mit der Pubertät geben. Sind es schon in den unteren Klassen viele Kinder, die ohne gefrühstückt zu haben in die Schule kommen (ca. ein Drittel der Klasse), so nimmt dieses Thema in der Pubertät noch eine andere Dimension an, denn nun spielt die körperliche Entwicklung eine andere Rolle. Gerade bei den Mädchen trifft man es häufig an, dass sie das Frühstück ausfallen lassen, um so die Figur zu halten. Im Unterricht sitzen sie dann blass und unkonzentriert da und sind manchmal Ohnmachtszuständen nahe. Aber auch die bereits erwähnte mangelnde Qualität der Nahrung (zu viele Weißmehlprodukte und Industriezucker) lassen den Blutzuckerspiegel sinken und führen zu Schwächezuständen. Diese gehen in der Regel vom Gehirn aus.

Das Gehirn ist das Organ, das am empfindlichsten auf mangelnde Blutzufuhr reagiert. Während ein Arm 30 bis 40 Minuten abgeschnürt sein kann, ohne eine bleibende Schädigung zu erfahren, verträgt das Gehirn einen Blutmangel nur einige Sekunden, dann treten Bewusstlosigkeit und ein lebensbedrohlicher Zustand ein. Bereits leichte Durchblutungsstörungen des Gehirns registrieren wir mit Dumpfheit im Kopf und der beschriebenen Konzentrationsschwäche.

Wie inzwischen allgemein bekannt, führen Süßigkeiten und Weißmehlprodukte nach einer ersten Erhöhung des Blutzuckers innerhalb einer Stunde zu einem Energieabfall bis unter die Norm, was nicht selten dazu führt, dann noch mehr Süßes zu essen. Vollkornprodukte wirken hingegen weniger extrem. Die Blutzuckerwerte steigen zunächst nur langsam an, halten sich dann aber über mehrere Stunden auf einem für den Organismus gesunden Niveau.[20] Damit ist die beste Voraussetzung für eine gute Konzentrationsfähigkeit und eine gesunde, kräftige Gedankenbildung gegeben.

Sexualität und Aufklärung

Sexualentwicklung bis zur Pubertät

In der frühen Kindheit ist der Mensch noch ganz eins mit seiner Umwelt. Er erlebt sich selbst vollkommen inmitten der umgebenden Geschehnisse und geht ganz in ihnen auf, ohne sich ihrer schon bewusst zu werden. In dieser Phase kann man das Kind noch als geschlechtsfrei bezeichnen. Es verfügt sowohl über eher männliche Merkmale, wie etwa aktives Zugehen auf die Dinge und ungeniertes Eingreifen, aber genauso über mehr weibliche Qualitäten, wie staunende Anteilnahme und tiefes Mitgefühl. Es ist darum auch noch frei von einem auf die Funktion der Fortpflanzungsorgane gerichteten Interesse. Andererseits zeigt es für alle eigenen Körperteile große Aufmerksamkeit. Die Nase, das Ohr oder die Haare werden ebenso genau untersucht wie der Penis oder die Scheide. Auch hat es Freude am Darstellen der nackten Geschlechtsteile. Eine übertriebene Reaktion der Umgebung kann diesem durchaus altersgemäßen Spiel allerdings schnell die Harmlosigkeit nehmen und damit den Keim für spätere Schwierigkeiten im Umgang mit der eigenen Sexualität anlegen. Auch die phasenweise immer mal wieder auftretende regelrechte Selbstbefriedigung bezeichnet der Psychologe Mathias Wais in seiner Schrift *Entwicklung zur Sexualität* als nicht dramatischer, als wenn das Kind in der Nase bohrt.[21]

Ab dem fünften Jahr erwacht in dem Kind ein größeres Verständnis der Verschiedenheit der Geschlechter. Waren Vater und Mutter bis dahin nahezu eine Einheit, eine Art »Urhülle«,[22] so werden sie nun als zwei gesonderte Personen wahrgenommen. In dieser Zeit tauchen auch die bekannten Doktorspiele auf, bei denen die Kinder gegenseitig ihre gesamte Körperlichkeit, natürlich auch die Geschlechtsorgane, genauer untersuchen und auf diese Weise den Körper als Ganzheit kennenzulernen versuchen. Das hat aber mit Sexualität noch nichts zu tun, sexuelles Begehren oder Lust sind nicht das Thema, auch nicht in der Fantasie. Bei einer ungestörten Entwicklung gibt es noch keine eigentliche kindliche Sexualität. Allerdings können Körpererfahrungen wie Zuwendung, Liebe, Zärtlichkeit und Liebkosungen eine wichtige Grundlage für ein späteres Sexualleben bilden.

Sexualität und Aufklärung 75

Mit etwa sieben Jahren tritt ein gewisses Schamgefühl auf und damit das Bedürfnis, seinen Genitalbereich zu bedecken und nicht mehr nackt zu zeigen.

Als Umgang mit der Sexualität im ersten Jahrsiebt empfiehlt Mathias Wais, die entsprechenden Fragen des Kindes selbstverständlich und mit größter Ernsthaftigkeit zu beantworten. Man sollte das Thema nicht von sich aus provozieren. Günstig ist es, nicht zu realistisch vorzugehen, sondern dem Alter entsprechende »Seelenbilder« zu wählen. Möchte ein Kind beispielsweise wissen, warum die Mutter ab und zu blutige Binden wegwirft und Tampons benutzt, wäre eine angemessene Antwort, dass sich dadurch die Wiege, in der das Kind und eventuell auch die anderen Geschwister gelegen haben, reinigen kann und gemütlich und kuschelig bleibt. Mit einem detaillierten Wissen wäre ein Kind überfordert, es kann im Grunde nichts damit anfangen. Wichtig ist es allerdings, eine Ausdrucksform zu wählen, die man auch selbst für wahr hält, der alte Klapperstorch hat da nichts mehr zu suchen. Will ein Kind wissen, wie es auf die Welt gekommen ist, kann die Antwort im Bild des Regenbogens liegen: Vater und Mutter haben sich sehr lieb. Sie wünschten sich ein Kind. Da hörten sie vom Himmel eine leise Engelstimme: »Ich möchte zu euch.« Sie waren sehr froh, diese Stimme zu hören, und nahmen sich ganz fest und zärtlich in die Arme. Das spürte der kleine Engel und begann über den Regenbogen Stück für Stück die Himmelsleiter herabzusteigen ... »und schließlich bist *du* glücklich bei uns angekommen«.

Solche Geschichten in Bildern erzählt vermitteln keine Unwahrheiten, sondern sind der Versuch, die Wirklichkeit von inneren Erfahrungen kindgemäß zum Ausdruck zu bringen.

Mit dem neunten Lebensjahr vollzieht sich beim Kind eine oft dramatische Veränderung. Die Eltern, die Lehrer und die ganze Welt erscheinen plötzlich fremd und rätselhaft. Die Unbeschwertheit der ersten Kindheit geht verloren und eine kritische Distanz macht sich bemerkbar. Herzschlag und Atem verändern sich und gleichen sich der Frequenz des Erwachsenen an.

Das Kind überschreitet gleichsam eine Brücke, begibt sich in ein neues, fremdes Land. Rudolf Steiner bezeichnet diesen Prozess passend als das »Überqueren des Rubikons«.[23] Jetzt flackert nicht selten eine Beschäftigung mit dem Geschlechtlichen auf, die Frage nach der Herkunft wird intensiv bewegt, genauso wie der Bereich der Endlichkeit des Lebens und des Todes. Das Thema Aufklärung bedarf in dieser Lebensphase nicht eines einzelnen losgelösten Gespräches, sondern vielmehr des einfühlsamen Mitgehens der Eltern mit den Seelenprozessen des Kindes. Mögliche Antworten können jetzt schon konkretere Formen annehmen. Es sollte jedoch immer noch ein Hinweis auf den seelisch-geistigen Wesenskern des Zeugungsvorganges mit anklingen.[24]

In diesem Zeitraum bezieht sich die Aufklärung vornehmlich auf die selbst erlebten Veränderungen. Die »Wiege« ist nun die Gebärmutterwiege und das »Putzen« ist nun die Regel. Gelingt es Mutter und Tochter dann später, die erste Blutung gemeinsam zu erleben – die Mutter erzählt vielleicht von ihrer ersten Menstruation –, so kann dieses Ereignis als eine Art »Frauenfest« beide sehr verbinden.

Häufig ziehen sich die Kinder in dieser Lebensphase vom anderen Geschlecht zurück, finden die Jungen »blöd« oder die Mädchen »affig«. Diese Distanzierung kann auch ein Desinteresse an geschlechtlichen Themen mit sich bringen. Eine deutliche Jungen- und Mädchencliquenbildung ist die Folge.

Dennoch sollten auch die Jungen über den Vorgang der Menstruation in Kenntnis gesetzt werden. Vater und Mutter sind da gleichermaßen gefordert, in ruhiger, normaler Form ein dem gemäßes Bild zu gestalten. Übertriebene Aufmerksamkeit oder gar »Öffentlichkeit« sind eher kontraproduktiv und dem heranwachsenden Jungen und Mädchen peinlich und unangenehm. Dementsprechend sollte dem ersten Samenerguss des Jungen, welcher in der Regel um das vierzehnte bis fünfzehnte Lebensjahr und in der ersten Phase häufiger nachts auftritt, in offener, dezenter Weise Aufmerksamkeit geschenkt werden. Man kann ihn auch als ein Zeichen ansprechen, dass aus dem Jungen nun ein Mann und später ein Vater werden will.

Der Übergang zur Vorpubertät, also die Zeit zwischen dem zehnten und dreizehnten Lebensjahr, ist nicht selten von Gefühlen der Schuld und Scham begleitet. Der junge Mensch steht vor der Aufgabe, zwischen seiner Innen- und Außenwelt zu unterscheiden, und er beginnt zu ahnen, dass gerade die Sexualität diese Polarisierung zwischen Innerem, Privatem und Äußerem, Öffentlichem beinhaltet. Intensiv saugt er alles, was mit Sexualität zu tun hat, in sich auf, bleibt dabei aber zwangsläufig mehr an der Oberfläche hängen. So stellen sich Jugendliche in diesem Lebensabschnitt einerseits frech, provokant und wichtigtuerisch zur Schau, experimentieren auf der anderen Seite heimlich und eben schamhaft mit der neuen »Materie«. Das dadurch entstehende schlechte Gewissen führt zu erneuten Heimlichkeiten, ja unter Umständen sogar zu Lügereien, Stehlereien oder Bandenbildungen. Es geht dabei in diesem Alter noch nicht primär um das Ausleben von sexuellen Fantasien, vielmehr steht das Experimentieren mit dem inneren und dem äußeren Pol der Sexualität im Vordergrund.

Noch wird das Thema eher spielerisch umkreist. Eine entsprechende Haltung der Eltern ist darum empfehlenswert, um die Entwicklung nicht zu dramatisieren. Darum lohnt es sich, genau zu beobachten und den dünnen Faden des Gespräches nicht abreißen zu lassen.

Nicht selten jedoch scheuen die Jugendlichen den direkten Austausch, sie wehren sich besonders gegen jede aufklärende und intime Äußerung. Das Gefühl der Begleitung und der Anteilnahme muss daher eher in der Seelenhaltung liegen, im Geben der Sicherheit und im Zur-Verfügung-Stehen, wenn es nötig ist – eine für besonders engagierte Eltern nicht ganz leichte Übung.

Es sollte auf der anderen Seite aber auch eine Sensibilität für bedrohliche Tendenzen entwickelt werden, etwa den Hang zur Anorexie (Magersucht, siehe Seite 179 ff.), welcher sich vielleicht ganz im Verborgenen zu manifestieren sucht, oder vom Jugendlichen erlebte bzw. mögliche Übergriffe sexueller, körperlicher oder seelischer Art (siehe Seite 189 ff.). Hier sind eindeutige und möglichst frühe Gegenschritte angesagt und unter Umständen mit fachlicher Unterstützung (zum Beispiel Jugendamt, Arzt oder Therapeut) in die Wege zu leiten.

Jungen sind in dieser Lebensphase häufig noch echte Kinder, die Mädchen hingegen oft schon junge »Frauen«. Die Sexualaufklärung müsste schon aufgrund dieser unterschiedlichen Entwicklungsstufe von Jungen und Mädchen im Elternhaus stattfinden, weil die Eltern zum angemessenen Zeitpunkt ansetzen können. Auch ist es so möglich, in einfühlsamer Weise den väterlichen und mütterlichen Aspekt gleichermaßen zum Ausdruck zu bringen und dabei das Mysterium vom Werden eines neuen Menschen nicht aus dem Auge zu verlieren.

Pubertät und Elternhaus

Ein Gespräch zwischen Vater und Kind könnte beispielsweise so aussehen: »In jedem männlichen Hoden, so auch in meinem, werden dauernd Millionen von winzig kleinen Spermien produziert und wohlbehütet dort aufbewahrt, bis sie über den erigierten Penis bei einem Orgasmus nach außen gelangen können. Bei einer Selbstbefriedigung werden sie einfach verschwendet, aber wenn beim Liebesakt Penis und Scheide zusammengeführt werden, können die Samen über den geöffneten Muttermund in den Eileiter gelangen, sich dort hindurchschlängeln, und wenn sie schnell genug sind, wird ein einziger von all den Millionen Samen ein reife Eizelle befruchten. Sind die Spermien zu langsam oder ist der Muttermund verschlossen oder gerade keine Eizelle reif, dann können sich Samen und Eizelle nicht verbinden und es kann kein neues Leben entstehen. Gelingt es jedoch einem Spermium, bis in die Eizelle zu gelangen, in sie einzudringen und den Vererbungsstrom von Vater und Mutter zusammenzubringen, verschließt sich der Muttermund, die Blutungen hören auf und das Ei nistet sich in der Gebärmutter ein. Diese bildet einen geschützten, idealen Lebensraum, in dem nun das Wunder der Menschwerdung geschehen kann. Denn aus dem winzigen Ei und dem noch viel kleineren Spermium wächst im Laufe der nächsten neun Monate ein ganzer Mensch heran, um mit der Geburt das Licht der Welt zu erblicken und zu einem vollständigen Mitglied der Menschheit zu werden. Es ist eines der größten Wunder und göttlichen Geschenke, an denen wir teilhaben dürfen, dass aus der Liebe von Vater und Mutter neues Leben hervorgeht.«

Wir leben in einer Zeit, in der das Thema Sexualität nicht mehr tabuisiert ist. Was gezeigt, angesprochen und auch getan werden darf, unterliegt einer noch vor Kurzem nicht geahnten Liberalität. Das führt auf der anderen Seite aber auch dazu, dass die dunklen und bedrohlichen Seiten der Sexualität den heranwachsenden Pubertierenden schon sehr früh näherücken können. Viele Eltern wissen darum nicht mehr, ab wann und wie sie aufpassen sollen.

Zu einer eindeutigen und zeitgemäßen Sexualerziehung gehört auf der einen Seite, dass die Eltern dem Alter des Kindes entsprechend vorgehen. Nur wenn es ihnen gelingt, schon früh mit den Kindern zu sprechen, und zwar in einer offenen, klaren und durchschaubaren Weise, können Themen wie sexueller Missbrauch, ungewollte Schwangerschaft, Infektionskrankheiten oder Pornografie zum rechten Zeitpunkt thematisiert werden.

Der Beginn der sexuellen Aktivitäten ist in Bezug auf diese Thematik sicherlich nicht der richtige Zeitpunkt. Wie Jeanne Meijs in ihrem Buch über *Liebe und Sexualität im Kindes- und Jugendalter* zu Recht betont, ist die Reife eines heranwachsenden Menschen an die Fähigkeit gekoppelt, die Tragweite seines Tuns abschätzen zu können.[25] Und diese ist in der Vorpubertät, ja noch nicht einmal während der Pubertät, vorhanden, sondern sie wird vielmehr gerade erst geübt.

Dennoch kann und muss auf die bedrohliche Seite des sexuellen Potenzials auch vorher schon klar und eindeutig hingewiesen werden. Sie sollte als ein Teil der Materie immer im Hintergrund mit bedacht werden. Die Schwierigkeit besteht darin, eine dem Alter entsprechende Sprache und Bildhaftigkeit zu finden, welche die Gefahren nicht verharmlost oder verniedlicht, sondern in einer klaren Eindeutigkeit das Gefährliche umschreibt. Auf der anderen Seite muss darauf geachtet werden, dass durch ein zu deutliches Behandeln der Problematik keine Ängste hervorgerufen werden. Märchen oder auch selbst ausgedachte Geschichten sind anfänglich eine angemessene Form. Je älter das Kind ist, desto eindeutiger können die Bilder werden, man sollte jedoch nie so weit gehen, junge Menschen mit realen grauenerweckenden Bildern zu konfrontieren.

Hat die Phase des sexuellen Experimentierens beim Jugendlichen erst einmal begonnen, kann es für ein erstmaliges Ansprechen der gefahrvollen Seiten der Sexualität schon zu spät sein.

Sexualentwicklung im Verlauf der Pubertät

Mit dem Eintritt in die eigentliche Pubertät, das heißt mit dem Beginn einer eigenen wirklichen Sexualität, kommt es zu einer deutlichen und für beide Seiten oft schmerzlich erlebten Distanz zwischen Eltern und Kindern.

Zeitlich lässt sich der Beginn der Pubertät allerdings nur schwer festlegen. Er variiert sehr stark, jedes Individuum hat sein eigenes Maß. Allgemein wird die erste Menstruation oder der erste Samenerguss als der Eintritt in die Pubertät definiert.

Der Zeitpunkt der ersten Regel scheint sich insgesamt deutlich zu verfrühen. Laut Aussagen der Bundeszentrale für gesundheitliche Aufklärung waren 1980 etwa 20% der Mädchen vor dem dreizehnten Lebensjahr geschlechtsreif, 2005 waren es schon 50%. Auf der anderen Seite ist der Eintritt der Regel mit fünfzehn oder sechzehn Jahren auch keine Katastrophe, sondern verdeutlicht nur die Bandbreite der Möglichkeiten. Der erste Samenerguss erfolgt heute etwa um das vierzehnte bis fünfzehnte Lebensjahr, es gibt keine sicheren Vergleichszahlen von früher.

Indem sich der Jugendliche in diesem Lebensabschnitt ein absolut neues Gebiet erobert, findet er nach und nach immer mehr Zugang zu einem der wesentlichen zwischenmenschlichen Lebensbereiche. Die Erkundung von Orgasmus, Zärtlichkeit, körperlicher Nähe, von erster Liebe und erstem wirklichem Beischlaf zieht sich meist über eine lange Zeit hin. Das führt dazu, dass ein großer Teil der achtzehnjährigen Mädchen noch Jungfrau ist und, wie Jeanne Meijs vermutet, die Zahl der achtzehnjährigen Jungen, welche noch nie mit einem Mädchen im Bett gewesen sind, sogar noch höher liegt.[26]

Konnten im Elternhaus bis dahin noch »gute Gewohnheiten« angelegt und gepflegt werden, ist es damit in den allermeisten Fällen spätestens zu diesem Zeitpunkt vorbei. Regelmäßige Mahlzeiten werden mit »Burgern und Pommes« ausgetauscht, genug Schlaf spielt keine Rolle mehr, Pünktlichkeit wird als spießig angesehen und frühes Aufstehen ist kein erstrebenswertes Ziel mehr.

Auf der anderen Seite kann der Jugendliche im Bedarfsfall jedoch jederzeit auf solche früh veranlagten Gewohnheiten zurückgreifen.

> Ein sehr wichtiger Aspekt für den Umgang mit dem Jugendlichen ist spätestens jetzt das Beachten seiner Intimität. Dazu gehören so einfache Dinge wie:
> - den Telefongesprächen der Jugendlichen nicht zuzuhören
> - Briefe, Postkarten, E-Mails, SMS-Botschaften nicht zu lesen
> - Tagebuchaufzeichnungen nicht zu lesen
> - beim Betreten des Zimmers anzuklopfen
> - nicht in Schubladen, Schränken, Schreibtischen oder Taschen herumzukramen

- das Verschließen von Türen (Bad, Zimmer, Schränke, Schreibtische) zu akzeptieren
- erst zu fragen, bevor man sich Dinge ausleiht, und sie dann auch unaufgefordert zurückzubringen
- nicht unerlaubt mit anderen Leuten über persönliche Bereiche des Jugendlichen zu sprechen.

Für eine Aufklärung im eigentlichen Sinne ist es zu diesem Zeitpunkt zu spät. Der Jugendliche will seine Privatsphäre gewahrt wissen und ist in den meisten Fällen nicht gewillt, noch Ratschläge von den Eltern anzunehmen. Die Schule wird von nun an der bevorzugte Ort, wo über Verhütung, Geschlechtskrankheiten und Prävention gesprochen werden kann. Eltern tun auf der anderen Seite gut daran, sich dennoch vorbereitend mit diesen Themen zu beschäftigen, um im Bedarfsfall auf eine Frage der Jugendlichen vorbereitet zu sein und fachlich fundierten Rat geben zu können. Der Gynäkologe Bartholomeus Maris gibt in seinem Buch *Sexualität, Verhütung, Familienplanung* umfassende Hinweise und Anhaltspunkte.[27]

Lag die Begegnung des Jugendlichen mit der Sexualität bis zu diesem Alter hauptsächlich im Kennenlernen und Ausprobieren des rein körperlichen Aspektes, so tritt nun der Bereich der Gefühlspubertät in den Mittelpunkt des Erlebens. Bisher war der Jugendliche schwerpunktmäßig mit sich selber beschäftigt, sogar beim Kontakt mit dem anderen Geschlecht. Nun jedoch verwandelt sich das vulgär genannte »Bumsen« oder »Vögeln« oder das Selbstbefriedigen in eine tiefergehende Begegnung mit einem anderen Menschen, in der erstmalig Raum ist für wahres Interesse am Gegenüber, in der die Begriffe Liebe und Hingabe Platz haben können. Mit dem Einzug dieser Gefühle in den Bereich der Sexualität kann der Heranwachsende anfangen, deren animalische Seite hinter sich zu lassen und deren menschliche Seite kennenzulernen und zu üben.

In dem Maße, in dem der junge Mensch anfängt, sich auch mit der Zufriedenstellung seines geliebten Partners zu beschäftigen, wächst auch die Möglichkeit, als Elternteil wieder ins Gespräch mit dem Heran-

Eine steife Brise Sexualität ...

wachsenden zu kommen. Eine geeignete Gelegenheit dafür könnte zum Beispiel ein gemeinsam angesehener Liebesfilm oder Ähnliches sein. Gelingt es, dabei darauf aufmerksam zu machen, dass die körperliche Begegnung zweier sich liebender Menschen eine hohe und immer wieder zu übende Kunst ist (auch noch im Erwachsenenalter), kann dem Aspekt der triebhaften sexuellen Begierde ein wirksames Gegengewicht gegenübergestellt werden. Gerade auch den Jungen sollte klar werden, dass ein sexueller Übergriff oder »jemanden flachzulegen« keine erstrebenswerte männliche Qualität ist und nur von der Unfähigkeit zeugt, einen anderen Menschen wirklich lieben zu können.

Aber auch den jungen Mädchen kann in dieser Phase der Pubertät eine ganze Reihe von Begierden und Verführungen begegnen, sei es Essen, Trinken, Kaufen, Schlankheitsbestrebungen oder Tratschen, deren Sog sie nur durch einen Reifeprozess und eine Bewusstwerdung einigermaßen entgegenwirken können. Der elterlichen Begleitung kommt hier in vielen Fällen immer noch eine ganz bedeutende Wichtigkeit zu.

Sexualität und Aufklärung 83

Diese gelingt jedoch nur, wenn es den Eltern möglich ist, die richtige Form und den passenden Zeitpunkt zu erkennen und wahrzunehmen.

Das Verhältnis des Vaters oder der Mutter zu ihrem heranwachsenden Kind entwickelt sich auf diese Weise immer mehr vom Erzieher hin zum gleichberechtigten Partner, der in seinem eigenen Leben mit der gleichen Problematik konfrontiert ist und immer noch selbst zu üben und zu lernen hat.

Eltern sollten sich also rechtzeitig mit der Thematik der Sexualität auseinandersetzen und sie nicht erst dann in den Fokus nehmen, wenn die Kinder in die Pubertät kommen. Nur dann wird es ihnen gelingen, die eigenen Ängste rechtzeitig zu erkennen und so zu bearbeiten, dass sie möglichst frei und unterstützend für die notwendigen Prozesse ihrer Kinder offen sind. Häufige Fragen wie die folgenden können so – unter Umständen mit fachlicher Hilfe – beantwortet und bearbeitet werden:

- Ist mein Kind zu früh bzw. zu spät in seiner Entwicklung?
- Bekommt meine Tochter bzw. zeugt mein Sohn eventuell zu früh ein Kind?
- Kann ich mein Kind vor AIDS oder einer Geschlechtskrankheit schützen?
- Kann ich einen Missbrauch verhindern?
- Hat mein Kind homosexuelle Tendenzen?

Zusammenfassung

- Vom ersten bis zum fünften Lebensjahr ist das Kind noch männliches und zugleich weibliches Wesen mit großem Entdeckerdrang. Interessierte Anteilnahme stellt in dieser Zeit die beste Begleitung durch die Eltern dar.
- Ab dem fünften Jahr bekommt das Kind eine Wahrnehmung für die Verschiedenheit der Geschlechter. Die bekannten Doktorspiele finden häufiger in dieser Periode statt; sie sind eigentlich ein genaues Untersuchen der Genitalien und erfolgen noch ohne

sexuelle Hintergründe. Körperliche Zuwendungen der Eltern wie Liebe, Zärtlichkeit und Liebkosungen haben eine entscheidende Bedeutung für das spätere Sexualleben.
- Ab dem siebten Jahr stellt sich ein zunehmendes Schamgefühl ein, Nacktheit wird als Bloßstellung erlebt.
- Im ersten Jahrsiebt findet Aufklärung durch anteilnehmende Begleitung statt. Auf Fragen antwortet man mit sorgfältig durchdachten Seelenbildern, welche man sich am besten schon vorher zurechtgelegt hat. Bei einem gesunden Entwicklungsverlauf ist es eigentlich noch nicht erforderlich, das Thema ganz bewusst aufzugreifen.
- Themen wie Missbrauch, Infektionskrankheiten, Pornografie oder ungewollte Schwangerschaft sollten in angemessener, bildhafter Form immer schon mal anklingen können, um dann in der Phase der aktiven Suche nach Sexualität angelegt zu sein und mehr aus dem Hintergrund wirken zu dürfen.
- Je mehr sich der Jugendliche im zweiten Jahrsiebt über die Phase der Vorpubertät der Geschlechtsreife (der ersten Regelblutung oder dem ersten Samenerguss) nähert, ist es für die Eltern wichtig, die körperlichen und seelischen Prozesse ihrer Kinder als deren eigenes Terrain zu akzeptieren. Sie tun gut daran, auf die Beantwortung von Fragen vorbereitet zu sein und Hilfe zu leisten, sollten dies jedoch nur auf den wirklichen Wunsch der Heranwachsenden hin tun. Es ist wichtig, ein wachsames und aufmerksames Begleiten zu üben und nicht aufdringlich aktiv zu werden.
- Durch die eigene Haltung und durch Gespräche mit den Heranwachsenden sollten die Eltern die prinzipielle Unantastbarkeit des anderen Körpers als Voraussetzung für eine freie Sexualität deutlich machen.
- Die Jugendlichen sollten in dieser Zeit (auch bei den Eltern) üben können, an der richtigen Stelle »Nein« sagen zu dürfen.
- Noch besteht, wenn auch in immer begrenzterem Maß, die Möglichkeit, dem Jugendlichen Hilfestellung zu leisten, zum Beispiel in der Frage der Körperhygiene, der Ernährung oder der Konfliktbewältigung.

- Das zweite Jahrsiebt steht unter dem Zeichen der Übung eines respektvollen Umgangs mit der Persönlichkeitssphäre des Heranwachsenden.
- Mit dem Eintritt in die Geschlechtsreife muss der Jugendliche zu seiner eigenen Erdenreife heranwachsen. Er muss dabei den Übergang von einer selbstbezogenen Sexualität zu einer liebevollen, auf den Partner gerichteten Sexualität erlernen und üben.
- Eltern können durch ihren eigenen Umgang mit der Thematik am meisten wirksam werden. Wenn sie für die Anfragen der Jugendlichen offen bleiben können und nicht eng, abweisend oder dogmatisch reagieren, spielen sie in Krisensituationen für die Heranwachsenden auch jetzt noch eine Rolle.
- Aufklärung im klassischen Sinne sollte schon vor der Geschlechtsreife stattgefunden haben. Fragen zur Verhütung, zum Schutz vor Geschlechtskrankheiten oder AIDS sowie zum Missbrauch sind spätestens jetzt zu behandeln. Allerdings haben sowohl die Eltern als auch die Schule ausreichend dafür Sorge zu tragen.

Körperliche Abweichungen: Wenn Jungen Brüste wachsen

Im Laufe der Pubertät kann durch die hormonelle Umstellung auch bei Jungen vorübergehend eine Brustvergrößerung auftreten. In der Fachsprache wird dieses Phänomen Pubertätsgynäkomastie genannt. Die Brustwarzen beginnen plötzlich auffällig hervorzuragen – fast wie bei einem Mädchen. Hiervon ist fast jeder männliche Pubertierende im Alter von zehn bis fünfzehn Jahren zeitweilig betroffen. Eine Gynäkomastie entsteht, wenn vorübergehend mehr weibliche Östrogene als männliche Androgene im Organismus vorhanden sind. Der Drüsenkörper der männlichen Brust kann dann unter dem Einfluss der weiblichen Sexualhormone zu einer tastbaren, manchmal auch schmerzenden Verdickung hinter der Brustwarze anwachsen. Oft ist eine weitere Ursache auch überschüssiges Fett. Der Androloge und Oberarzt der Universitäts-Hautklinik in Gießen beschreibt, dass es mit einem erhöhten Fettanteil im Gesamtkörpergewicht zu einer vermehrten Umwandlung von Androgenen in Östrogene kommt, wodurch die Wahrscheinlichkeit einer Vergrößerung des Drüsenkörpers steigt. In der Regel sind die Symptome nur gering ausgeprägt und entwickeln sich innerhalb eines Jahres wieder zurück.

Betroffene Jungen fühlen sich oft in ihrer Lebensweise eingeschränkt, berichten über Scham und Minderwertigkeitsgefühle, wenn sich die vergrößerten Brustwarzen unter dem T-Shirt abzeichnen. Sie vermeiden Strand- und Schwimmbadaufenthalte und versuchen durch eine unnatürliche Körperhaltung, die unerwünschte Silhouette zu verbergen. Nicht selten wird diese körperliche Auffälligkeit zu einer psychosozialen Belastung. Hier lässt sich dann durch einen medizinischen Eingriff Abhilfe schaffen. Es gibt aber auch Jungen, bei denen es bei der weiblich wirkenden Brust bleibt. In diesen Fällen bilden sich dann Drüsenkörper schrittweise in Bindegewebe um und eine natürliche Rückbildung der Gynäkomastie ist nicht mehr möglich. In einem solchen Fall sollten die möglichen Ursachen geklärt werden. Hormonstörungen, aber auch Hodentumore können die Ursache sein. Der Konsum von Marihuana und Alkohol und sowie der Gebrauch von Anabolika wirken begünstigend auf dieses Krankheitsbild. Grundsätzlich sollte eine Abklärung über einen Spezialisten eingeleitet werden. Durch eine Operation in Form eines kleinen Schnittes um den Warzenhof herum wird dann der Drüsenkörper entfernt und meistens zur Angleichung das umliegende Fett abgesaugt, sodass eine normale männliche Brust das Ergebnis ist. Die Kosten eines solchen Eingriffs werden bei starker psychosozialer Belastung von der Krankenkasse übernommen.[28]

Pornografie und Missbrauch

Unter Pornografie ist die bildliche oder filmische Darstellung von »unzüchtigen« sexuellen Aspekten oder Vorgängen zu verstehen. Die Abgrenzung zur erotischen Kunst ist schwierig, wird aber auch weder vom Konsumenten noch vom »Hersteller« für wichtig gehalten. Da sich der Begriff »unzüchtig« nur an einem gängigen, allgemein gesellschaftlich anerkannten Moralstandard messen ließe, existiert weder im deutschen Sprachraum noch in anderen Ländern eine allgemein anerkannte Definition. Was in Deutschland als anrüchig angesehen wird, kann in anderen Ländern für durchaus noch akzeptabel gehalten werden.

Bei der Pornografie kommt es nicht auf das moralische Niveau an, sondern vielmehr wird versucht, mit besonders aufpeitschenden Stimulierungen Geld zu machen. Je unverhüllter, je offensichtlicher und je dichter am Rand der Legalität die Sexualität geschieht, desto größer wird anscheinend die Verlockung, sich damit zu beschäftigen – und desto höher ist der Preis. So gibt es Menschen, die sich nicht scheuen, letzte Tabus und Moralvorstellungen zu brechen und Männer oder Frauen oder Jugendliche, ja sogar kleinste Kinder bei brutalen Vergewaltigungen zu filmen und diese Filme dann zu verkaufen. Und es gibt eben auch Menschen, die das dann erwerben und ansehen!

Durch die leichte Zugänglichkeit über das Internet und die weitgehende Anonymität beim Ansehen oder Herunterladen hat sich die Schwelle der ethischen und moralischen Grenze noch einmal ins Negative verschoben. So ist eine deutliche Zunahme von Darstellungen brutalster Gewaltszenen, nicht nur auf sexuellem Gebiet, zu verzeichnen.

Aus dieser Perspektive sollte der Blick für einige »Gefahrenpotenziale« geschärft werden, die dem Pubertierenden begegnen können.

Da ist zum einen der Gedanke, wie es einem Jugendlichen in dieser sensiblen Phase der Entwicklung wohl gehen mag, wenn ihm unerwartet und unvorbereitet, beispielsweise beim »Surfen« im Internet, die Pornografie begegnet oder wenn er entdeckt, dass ein Elternteil, oder auch beide, pornografische Filme oder Hefte besitzen. Es kommt sicherlich auf die Umstände und auch auf die Verfassung des Jugendlichen zum Zeitpunkt einer solchen »Entdeckung« an. Auch spielt die Art der Darstellung eine Rolle. Doch ist kaum vorstellbar, dass eine wirklich positive Wirkung für den Pubertierenden von der Begegnung mit Pornografie ausgehen kann. Erwachsenen steht es in unserer Gesellschaft frei, legale pornografische Produkte zu besitzen. Doch sollte sich jeder, der mit Jugendlichen zu tun hat, fragen, wie seine eigene Haltung zu diesem sexuellen Randgebiet ist und welche prägende Rolle sie für den noch Suchenden haben könnte. Es ist gut, sich auch hier daran zu erinnern, dass die innere Einstellung zu den Fragen der Welt dasjenige ist, was die Jugendlichen ganz besonders in der Phase ihrer Pubertät von den Erwachsenen erspüren.

Pubertät und Elternhaus

Der Übergang von der Scham zu neugierigem Probieren bis hin zu schockierender Fehlleitung ist fließend und für jeden Heranwachsenden individuell und sehr verschieden. Jeder braucht seinen ganz eigenen Schonraum und auch die sensible Anteilnahme der für ihn »richtigen« Erwachsenen.

Es muss damit jedoch nicht jede pornografische Darstellung in jedem Fall eine negative Auswirkung haben. Sieht sich eine Gruppe junger Menschen gemeinsam eine derartige (moralisch vertretbare) Szene an – und Jugendliche tun das auch! –, so kann dadurch vielleicht ein Vorurteil oder eine Hemmung abgebaut werden. Nur kann dies vorher so gut wie nie eingeschätzt werden, sondern erst dann, wenn die Bilder schon aufgenommen worden sind. So kann der Jugendliche vorher nie wissen, wie es ihm wohl gehen mag, wenn er solche Bilder in sich »hineingelassen« hat.

Der Gesetzgeber hat darum durch den § 184 des Strafgesetzbuches das Verbreiten, Abbilden und Darstellen von Pornografie in bestimmten Fällen unter Strafe und Jugendliche unter achtzehn Jahren unter Schutz gestellt. Womit zum Ausdruck kommen soll, dass Pornografie für Pubertierende nicht erlaubt ist.

Auf der anderen Seite ist es sicherlich hilfreich, das Thema nicht völlig auszuklammern. Durch ein einfühlsames Gespräch zur rechten Zeit kann der eigene Standpunkt noch einmal reflektiert und dem Heranwachsenden die Gelegenheit gegeben werden, eine Haltung zu diesem Themenbereich zu entwickeln, ohne unbedingt persönlich mit Pornografischem konfrontiert zu sein.

Diese Haltung zur Pornografie ist besonders unter einem weiteren wichtigen Aspekt von Bedeutung: die Möglichkeit des Missbrauchs. Kann man davon ausgehen, dass legale Pornografie zum überwiegenden Teil auf der Basis der Freiwilligkeit entstanden ist, so kann Pornografie mit Jugendlichen oder gar mit Kindern nur durch eine Gewalttat zustande kommen!

Menschen, die beabsichtigen, mit Pornografie Geld zu machen, versuchen zunächst, andere in eine Abhängigkeit zu bringen, um sie dann für ihre dunklen Machenschaften zu missbrauchen. So kann über längere Zeit ein Kontakt aufgebaut werden, der dazu dient, die Fangschlingen immer enger zu ziehen und die kritische Distanz zu schwächen.

Darum sollten schon im Vorfeld die nötige Sensibilität und Achtsamkeit entwickelt werden, damit es gar nicht erst dazu kommen kann. Die Aufgabe besteht also darin, als Lehrer, Eltern, Freunde, aber auch als Nachbarn und Mitmenschen ein waches Auge auf die Geschehnisse um Kinder und Jugendliche zu haben. Die offene Gesprächskultur ist dabei von großem Nutzen. Doch auch der Heranwachsende selber sollte eine Wachsamkeit in sich entwickeln können, ohne dabei ständig mit Ängsten herumlaufen zu müssen. Dazu kann er kommen, wenn er in vernünftiger Weise aufmerksam gemacht worden ist und genügend Selbstvertrauen in seiner Persönlichkeit und vertrauensvollen Rückhalt bei seinen Nächsten anlegen konnte.

Aber auch im Umgang mit schon erlebten Traumata sollten Achtsamkeit und Feinfühligkeit geübt werden. Befindet sich doch gerade der jugendliche Pubertierende in dem Spannungsfeld zwischen der Neugier, welche ihn alle menschlichen Höhen und Tiefen ausloten lässt, und der Scham, die viele der erlebten und erlittenen Seelenqualitäten am liebsten im tiefsten Inneren verborgen halten möchte. Nichts fürchtet er mehr, als deshalb verlacht zu werden.

Es erfordert schon ein gehöriges Maß an Einfühlungsvermögen, unter der undurchdringlichen Schale der Distanz die wahre Seelenverfassung des Heranwachsenden zu erahnen. Glaubt man jedoch Spuren eines wirklichen Missbrauchs an einem Jugendlichen zu entdecken, ist eine Öffnung nur unter höchster Vorsicht möglich, wenn man den angerichteten Schaden nicht noch vergrößern will. Zunächst sind Diskretion und Feingefühl ein wichtiger Schlüssel, um zu den verborgenen Verletzungen und Nöten Zugang zu finden. Je mehr sich ein Verdacht jedoch erhärtet, desto wichtiger ist es, auch den Mut zu haben, den Schaden öffentlich zu machen. In den meisten Fällen ist es spätestens jetzt an der Zeit, fachlich versierten Rat von kompetenter Stelle einzubeziehen. Seelsorger, Therapeuten, Ärzte oder auch öffentliche Beratungsstellen können den erforderlichen Rückhalt für eine heilsame Begleitung des Opfers auf der einen Seite und die schonungslose Verfolgung eventueller Straftaten auf der anderen Seite oft erst ermöglichen.

Pubertät und Elternhaus

Frage einer Mutter:

»*Als ich abends die Gardinen in meinem Arbeitszimmer zuzog, entdeckte ich, dass im Breitbildfernseher des Nachbarn ein Pornofilm lief. Entsetzt kam mir der Gedanke, dass doch auch mein dreizehnjähriger Sohn ein Fenster in diese Richtung hat, und ich fragte mich, ob er das auch schon entdeckt hatte. Ich malte mir sofort aus, welche Wirkung es wohl auf ihn haben könnte. Was soll ich tun?*«

In einem solchen Fall ist es sicher gut, wenn Sie sich als Elternteil als Erstes Gedanken über Ihre eigene Reaktion machen und diese auch mit dem Partner besprechen. Danach hilft es, wenn Sie es schaffen, so bald wie möglich die Umstände mit dem Sohn selbst zu besprechen. Er stolpert dann nicht unvorbereitet in derartige Bilder hinein. Hat er aber schon selbst die Entdeckung gemacht, kann er auf diese Weise feststellen, dass er darüber reden darf, und ist in der Lage, sich eventuell Erleichterung zu verschaffen, wenn ihn etwas bedrückt hat. Weil Sie davon ausgehen können, dass er durch die enge Nachbarschaft doch früher oder später »mal hinsehen« würde, könnten Sie auch überlegen, ob Sie den Mut haben, einen für Sie akzeptablen Film oder ein Heft zumindest ansatzweise gemeinsam anzusehen und sich dann darüber auszutauschen. So entsteht keine Tabuzone und Sie können sich in Ihrer Authentizität selbst noch einmal überprüfen.

Frage eines Vaters:

»*Meine frühreife fünfzehnjährige Tochter ist seit einiger Zeit in einer Clique mit etwa Zwanzigjährigen zusammen. Sie erzählt mir gerne offen ihre Erlebnisse. Darum weiß ich, dass ab und zu auch ein etwa dreißig Jahre alter Mann auftaucht, der sich vorsichtig, aber doch deutlich um sie bemüht. Ich habe große Angst, er könnte sie für dunkle Geschäfte missbrauchen, weiß aber nicht, wie ich Schlimmes verhindern kann.*«

Der wichtigste Schritt, um so etwas zu verhindern, ist sicher schon durch die Bereitschaft Ihrer Tochter gegeben, von ihren Begegnungen zu erzählen. Bleiben Sie wach im Gespräch mit ihr und geben Sie ihr den Rat, nichts alleine mit dem Mann zu unternehmen. Wenn er weiter Interesse an Ihrer Tochter zeigt, laden Sie ihn doch zu einem Kaffee zusammen mit ihr zu sich nach Hause ein. Kommt er, können Sie sich selbst ein Bild von ihm machen. Führt er etwas im Schilde, wird er nicht kommen, aber sicher schnell die Finger von ihr lassen, weil er merkt, dass Sie über den Prozess Bescheid wissen und Ihre Tochter wach begleiten.

◄

Umgang mit Krisen und Suchtverhalten

Der junge Pubertierende ist auf der Suche nach seiner Persönlichkeit und nach seinem Verhältnis zur Welt. Er sucht nach Liebe, Begegnung, Geborgenheit, Kontakt, Erkenntnis, Selbsterfahrung und auch nach einem Sinn im Leben. Wie eigentlich alle Menschen will er die Antworten auf möglichst angenehme, einfache Art und Weise erhalten.

Wahre Erkenntnis erhält man aber nur durch Arbeit an sich selbst und an der Welt, oft sogar nur durch erfahrenes Leid. Versucht jemand, zu Selbsterkenntnis oder Weltkenntnis durch eine Außenstimulation, ohne Selbstanstrengung, zu jedem beliebigen Zeitpunkt vorzudringen, gerät er in den Gefahrenkreis der Sucht. Der erreichte Zustand hält nämlich nur so lange an, wie der »Stoff« wirkt, und klingt dann mehr oder weniger schnell ab. Soll der gewünschte Zustand wieder erreicht werden, bedarf es einer nächsten Portion, sehr bald sogar einer größeren Gabe. Denn der Körper stellt sich relativ schnell auf diese Substanz ein. Der Konsument, wie er nun konsequenterweise genannt wird, sehnt sich immer schneller nach dem nächsten »Kick«. Schließlich dreht sich das alles gar nicht mehr um eine Wirkung, aber der Körper und die Seele verlangen dennoch ununterbrochen Nachschub. Schließlich geht es nur noch darum, »Stoff« zu nehmen, um das ganz Alltägliche zu schaffen, von einer Wirkung ist längst nicht mehr die Rede. Der Teufelskreis der Sucht hat sein volles Ausmaß erreicht. Jetzt helfen nur noch ein Entzug und eine Therapie.

Woran können Eltern erkennen, ob ihr Kind sich in der Gefahr einer Abhängigkeit befindet? – Es gehört zu dieser Altersstufe, dass lange nicht alle Tätigkeitsbereiche den Eltern zugänglich sind. Was sie wirklich tun, wird den Erwachsenen größtenteils verborgen bleiben. Allzu große und plötzliche Abwendung der Jugendlichen, eventuell sogar verbunden mit wachsender Aggressivität, sind jedoch Warnsignale, die Eltern unbedingt erkennen sollten, wenngleich sie nicht mit absoluter Sicherheit auf einen Drogenmissbrauch hinweisen. Plötzlich auftretende Schlappheit und Müdigkeit, Konzentrationsschwäche, Antriebslosigkeit und heftigste Stimmungsschwankungen gehören zwar oft in das allgemeine Bild dieser Entwicklungsphase, treten sie jedoch in bisher ungewohnter Form und in unregelmäßigem Rhythmus auf, sollte ein vorsichtiges Gespräch über die Beobachtungen nicht vermieden werden.

In einem solchen Gespräch ist es angebracht, jeden Vorwurf und jede Mutmaßung zu vermeiden. Die Eltern sollten nur ihre Sorge und die nüchternen äußeren Tatsachen ansprechen, welche sie beobachtet haben, wie zum Beispiel zu langes Schlafen, Unpünktlichkeit, häufigeres Vergessen von Diensten, Verabredungen, Hausaufgaben oder Ähnliches. Alle Mutmaßungen über die Ursache solcher Verhaltensweisen wird der Jugendliche zu Recht als Übergriff empfinden, was dann eher zu einer Distanzierung als zu der Klärung und Änderung der Gegebenheiten führt. Gelingt jedoch ein offener Austausch über die beiderseitigen Befindlichkeiten, ist schon ein großer Schritt in die richtige Richtung getan. Denn häufig ist der Griff zu einem Mittel durch ein Gefühl von Einsamkeit und von Sich-nicht-verstanden-Fühlen zustande gekommen.

Auf der anderen Seite sollten Eltern sich nicht scheuen, in einem so sensiblen und wichtigen Bereich rechtzeitig den Rat von kompetenten, auf diesem Gebiet ausgebildeten Fachleuten einzuholen und direkte Hilfe in Anspruch zu nehmen.

Besser als die Reaktion auf ein entdecktes oder vermutetes Suchtverhalten bei Jugendlichen ist allerdings eine rechtzeitige und ernsthaft betriebene Vorbeugung. Schon das erste Jahrsiebt bietet für die Eltern reiche Möglichkeiten, stärkend im Sinne einer Prävention tätig zu werden. Wichtige Kriterien sind eine intensive Sinnesschulung, regelmäßige Rhythmen im Tagesverlauf, Anregungen zu Aktivitäten, Unterstützung von gutem Schlaf, ausreichende Ruhephasen.

Im zweiten Jahrsiebt ist es aus präventiver Sicht wichtig, mit Enttäuschungen umgehen zu lernen. Überhaupt muss der Umgang mit den eigenen Gefühlen anfänglich geübt werden, genauso wie der Schritt, lebendige Beziehungen zu Freunden oder Autoritätspersonen aufzunehmen.

Im dritten Jahrsiebt spielt die Stärkung der körperlichen und seelischen Belastbarkeit eine große Rolle. Das Üben von Selbstständigkeit, Verantwortungsbereitschaft und Konfliktfähigkeit sind weitere Kriterien zur Suchtprävention.

All das bietet jedoch keine Garantie dafür, dass ein junger Mensch nicht in eine Drogenabhängigkeit gerät. Letztendlich gibt es auch bei den Eltern nie die Gewissheit, dass sie ohne Suchtverhalten durchs Leben kommen. Deshalb ist es ein weiterer wichtiger Schritt, dass die Eltern an ihrer eigenen Position zur Sucht arbeiten, dass sie bereit sind, sich selbst kritisch zu beleuchten und wenn nötig Veränderungen in ihren Gewohnheiten einzuleiten. Dieses Voranschreiten im Bearbeiten von Süchten (auch Kaffeesucht, Teesucht, Fernsehsucht, Schokoladensucht, Computersucht, Telefoniersucht, Arbeitssucht ...) hilft dem Heranwachsenden am allermeisten, denn es gibt ihm die nötige Orientierung und zeigt ihm, dass es immer möglich ist, die Dinge, wenn es erforderlich ist, zu verändern.

Im Folgenden sollen einige Bereiche betrachtet werden, die in den Elternhäusern immer wieder zu Krisen führen.

Computer

Viele Jugendliche, besonders Jungen, sind von den Möglichkeiten des Computers begeistert. Sie lernen auf der einen Seite früh und »spielend« mit dieser Technik umzugehen, geraten aber oft gleichzeitig in ein schwer lösbares Abhängigkeitsverhältnis, ohne sich darüber im Klaren zu sein. Wie bei so vielen Dingen zeigt sich erst im Entzug die wahre Abhängigkeit. Wollen Eltern einer Zunahme der Zeiten vor dem Bildschirm im Verlauf der Pubertät entgegenwirken, ist es dafür längst zu spät.

Folgende Gesichtspunkte erscheinen für die Nutzung des Computers sinnvoll:

- Kein Computer im ersten Jahrsiebt. Alle Lebenskraft wird für den Aufbau des Körpers und der Organe benötigt. Bewegung und natürliches Erleben sind die besten Aufbauquellen.
- Der Computer hat im zweiten Jahrsiebt auch noch keine wirklich positive Auswirkung auf die Entwicklung der Kinder, ist aber auch nicht mehr ganz so schädigend, er bindet die Aufbaukräfte nicht mehr in dem Maße wie in früheren Jahren. Darum, wenn überhaupt, nur kurze Sequenzen vor dem Bildschirm. Immer noch fördern Naturerlebnisse und Bewegung das Wachstum besser als Computerspiel und Ähnliches.
- Wenn am Ende des zweiten Jahrsiebtes beispielsweise durch Vergleichsdruck in der Nachbarschaft der Wunsch der Kinder zunimmt, sind kleine Sequenzen von zehn bis fünfzehn Minuten zuerst einmal ausreichend. Diese sollten aber genauso vorher besprochen und dann auch eingehalten werden wie die Frage, was gesehen und gespielt werden darf. Schauen Sie sich vorher selbst an, was Sie zulassen wollen.
- Auch im dritten Jahrsiebt ist das wirkliche Erleben besser als jeglicher Konsum am Bildschirm. Deshalb kann es zumindest am Anfang dieses Jahrsiebtes ein hilfreicher Ansatz sein, so viel Zeit am Bildschirm zuzulassen, wie durch Fahrradfahren, Tischtennis, Gartenarbeit oder sonstige wirkliche Aktivität ausgeglichen wird. Eine Stunde Fußballtraining ermöglicht dann beispielsweise eine Stunde Computer. Besonders in dieser Altersgruppe ist eine vorherige Absprache und das genaue Einhalten von großer Wichtigkeit. Je älter der Jugendliche wird, desto weniger lassen sich Grenzen einfach setzen. Deshalb kann man zum gemeinsamen Erarbeiten von nachvollziehbaren Kriterien übergehen, um schließlich nach einer gewissen Zeit das Maß dem jungen Menschen ganz zu überlassen (siehe auch Seite 167 ff.).

Haschisch (Cannabis)

Zu Beginn des dritten Jahrsiebtes kommt in vielen Familien die bange Frage auf: Wie erkenne ich, ob mein Kind kifft, und was mache ich dann?

- Am besten ist es, wenn sich im Laufe des Heranwachsens ein Vertrauen in die Stärke des eigenen Kindes aufgebaut hat, wenn man das Gefühl hat, es wird auch mit Verlockungen gut umzugehen wissen. Wurde gleichzeitig eine Gesprächskultur gepflegt, kann der Heranwachsende über seine Erfahrungen mit den Eltern sprechen und so im Bedarfsfall die richtige Hilfestellung bekommen.
- Ein wachsames Auge auf den Jugendlichen zu haben ist hilfreich. Anzeichen für den Konsum von Cannabis sind jedoch nicht immer eindeutig. Stimmungsschwankungen, Leistungsabfall, Schlaffheit und Antriebslosigkeit sowie Unzuverlässigkeiten können genauso gut Erscheinungen der Pubertät wie durch Haschisch verursacht sein. Darum gilt es, sensibel und mit Einfühlungsvermögen in einen Austausch zu kommen, wenn man die Situation nicht noch verschärfen will. Ansprechen ist aber besser als sorgenvoll zu schweigen.
- Vorwürfe und Vermutungen sind Hindernisse in der Begleitung des jungen Menschen.
- Es ist gut, von sich bzw. den eigenen Ängsten und den wirklichen Beobachtungen auszugehen.
- Das Angebot der Unterstützung ist besser als die tiefste geäußerte Befürchtung.
- Rechtzeitige Hilfe anzunehmen ist keine Schande (siehe auch Seite 174 ff.).

Alkohol

In unserer Gesellschaft ist es nahezu unmöglich, dass ein Jugendlicher aufwächst, ohne mit der Frage des Alkoholkonsums konfrontiert worden zu sein. Jeder einzelne Heranwachsende muss früher oder später seine ganz eigene Haltung und die für ihn richtige Menge herausfinden.

- Die Einstellung der Erwachsenen in der Umgebung des Jugendlichen und ganz besonders die der Eltern spielt die entscheidende Rolle beim Finden der eigenen Haltung.
- Das Trinken sollte nicht zu früh erlaubt werden. Alkohol kann praktisch alle Zellen des Körpers schädigen. Der jugendliche Körper be-

findet sich jedoch noch im Aufbau und benötigt jede Ressource. Darum: Je später und je weniger, desto besser.
- Alkoholkonsum lässt sich an Flaschen und Dosen, am Geruch und an dem darauf folgenden Kater am ehesten erkennen.
- Probieren bedeutet nicht gleich eine Katastrophe.
- Das Umfeld, die Freunde spielen ebenfalls eine entscheidende Rolle. Darum ist es hilfreich, wenn Eltern mit ihnen in Kontakt sind und sie so näher kennenlernen können.
- Vieles findet im Verborgenen statt, das ist auch richtig so. Dennoch kann es zu einem gemeinsamen Problembewustsein führen, wenn man über die Befürchtungen der Eltern und die gemachten Beobachtungen spricht.
- Auch hier sind bloße Vermutungen und Vorwürfe eher hinderlich.
- Am sinnvollsten ist es, gemeinsam mit dem Jugendlichen ein richtiges Maß herauszufinden und ihn beim Einhalten seiner selbst gesetzten Grenzen zu begleiten.
- Manchmal kann die Inanspruchnahme eines neutralen Dritten zu der Entkrampfung einer Krisensituation führen (siehe auch Seite 169 ff.).

Partys

Bei vielen Jugendlichen beginnt im Verlauf der Pubertät auch das »Partyfieber« auszubrechen. Sie sehnen sich nach den Gleichaltrigen und wollen gerne auch außerhalb der Schulzeit mit ihnen zusammen sein. Die ersten Partys finden meistens im Elternhaus statt. Sie bringen eine Reihe von Fragestellungen mit sich. Auch im späteren Verlauf der Entwicklung sind nicht selten Partys das zentrale Thema unter den jungen Menschen.

- Partys zu feiern ist ein normaler und wichtiger Prozess beim Heranwachsen junger Menschen. Man kann sich auch darüber freuen, wenn die ersten Schritte zu Hause unter der eigenen Obhut stattfinden dürfen.
- Durch gemeinsames Planen kann man einen auch für den jungen Menschen akzeptablen Rahmen aufstellen. Es lohnt sich, dabei um Einzelheiten zu ringen. Wenn Kompromisse gefunden werden müssen, sollte möglichst flexibel vorgegangen werden.

Umgang mit Krisen und Suchtverhalten 97

Zu Partys zu gehen gehört einfach dazu.

- Es ist wichtig, auf das Einhalten der vorher vereinbarten Bedingungen zu achten.
- Es ist ungünstig, sich bei der eigentlichen Feier ungebeten einzumischen. Sind schon einige Partys problemlos abgelaufen, kann man bei weiteren das Haus auch vertrauensvoll verlassen.
- Bei Übertretungen ist nicht ausschließlich das eigene Kind verantwortlich.
- Eventuelle Vergehen lassen sich auch großherzig, aber konsequent bearbeiten, und es ist gut, wenn eine weitere Chance zum Üben eingeräumt werden kann.
- Es ist sicher besser, sich an der Energie und der Lebensfreude der jungen Menschen zu freuen, als sich über Unverlässlichkeiten zu sehr zu ärgern.

Musik, eigenes Instrument, Stimmbruch

Musik

Wohl nie wieder im Leben wird die Musik vom Menschen so elementar und gefühlvoll wahrgenommen wie im Durchleben der Pubertät. Gerade weil der Heranwachsende für die ihn ergreifenden Gefühle, für sein schwankendes Seelenleben und die äußerlich wahrgenommenen Widersprüche noch keine ausreichenden Worte zur Verfügung hat, wird er beinahe magisch von der unausgesprochenen Ausdruckskraft der Musik ergriffen. Jede Familie weiß »ein Lied davon zu singen«, was los ist, wenn der Lautstärkeknopf aufgedreht wird und die Bässe zu befremdlichen Klängen oder schnulzigen Schlagern durch Decken und Wände dröhnen. Kein Zweifel, die jungen Menschen brauchen ihre Musik. Aber ebenso besteht kein Zweifel, dass auch die Mitmenschen ein Recht auf Ruhe und Rücksichtnahme haben.

- Der junge Mensch hat ein Anrecht auf seine ganz eigene Musik. Auch wenn sie der Umgebung im ersten Moment nicht zusagt, hilft es beiden Seiten, wenn man sich zumindest um ein Kennenlernen und ein Interesse bemüht. Es ist immer spannend herauszufinden, was der junge Mensch an seiner Musik so schätzt.
- Dann lässt sich gemeinsam herausfinden, wann, wo, wie lange und wie laut die Musik ertönen darf.
- Wenn jeder genau sein Bedürfnis äußern kann, lassen sich leichter für alle akzeptable Lösungen formulieren. Diese können auch variabel sein und von Zeit zu Zeit neu definiert werden.
- Zeiten der Lautstärke sind genauso ernst zu nehmen wie Zeiten der Stille.

Ein eigenes Instrument

Es gibt wenige Dinge, die einem jungen Menschen mehr helfen, als ein eigenes Instrument zu beherrschen. Allerdings muss die Hauptarbeit, nämlich das anfängliche Üben, lange Zeit vor der Pubertät erfolgt sein. Konnte beispielsweise zu Beginn der Schulzeit das Interesse für ein

Musik, eigenes Instrument, Stimmbruch

Musik zu machen hilft oft, Gefühle und Stimmungsschwankungen zu verarbeiten und Langeweile und Antriebsschwäche zu überwinden.

wirklich passendes Instrument geweckt werden und wurde der Grundstock durch regelmäßiges Üben angelegt, dann bietet sich dem jungen Menschen im Verlauf der Pubertät die Möglichkeit, einen großen Teil seiner Gefühle und Stimmungsschwankungen mit Hilfe des Instrumentes auszudrücken. Auch Zeiten der Langeweile, der Antriebsschwäche oder der Müdigkeit können durch die selbst erzeugte Musik in das Gegenteil verwandelt werden. Das gelingt jedoch nur, wenn der Pubertierende von sich aus Ja zu dem Instrument sagen konnte und immer noch kann.

Selbst erzeugte Musik (ebenso wie live erlebte Musik in einem Konzert) kann zudem den Konsum von »Musikkonserven«, beispielsweise in Form von komprimierten, reduzierten und damit den Gehörsinn streng genommen korrumpierenden Musikdateien beim MP3-Player, ausgleichen.

- Jeder Mensch braucht sein eigenes, zu ihm passendes Instrument.
- Je früher und je stressfreier mit dem Instrument umgegangen wird, desto besser ist die Ausgangslage in der Pubertät.
- Jede Forderung und jeder Druck von den Erwachsenen verhindert, dass ein Pubertierender sein Instrument für sich wirklich nutzen kann.
- Viele hören gerade in der Pubertät auf zu spielen und sind auch durch nichts zum Weitermachen zu bewegen.
- Es gibt aber auch junge Menschen, die genau in der Phase der pubertären Umstrukturierung zu einem anderen oder ganz neuen Instrument greifen und dadurch erst die für sie richtige Ausdrucksform gewinnen. Es lohnt sich durchaus, Pubertierende bei dieser Suche einfühlsam zu unterstützen.

Auf einem abendlichen Spaziergang bedankte sich unsere sechzehnjährige Tochter bei uns, dass wir ihr vor zwei Jahren nicht erlaubt hatten, mit dem Klavierspielen aufzuhören. Stattdessen hatten wir ein Gespräch mit der Lehrerin geführt, ob sie diese »Durststrecke« mit weniger Fingerübungen, aber mehr modernen Liedern überbrücken könne. Dieser Schritt war genau richtig. Vor einem Jahr hatte sie den Durchbruch zu sauberem Spielen mit Improvisationen schönster Art. Heute ist das Klavier für unsere Tochter der beste Begleiter in Krisenzeiten.

Der Stimmbruch –
die Metamorphose der Kinder- zur Jugendstimme

▶

Schon im Kindergartenalter sang Bernt bei jeder möglichen Gelegenheit. Nicht nur die Eltern hatten sich an seinem glockenhellen Gesang gefreut. Er lernte schnell die verschiedensten Lieder und die Freude am Singen war ihm stets anzumerken. Auch in der Schule war er von Anfang an, besonders bei vielstimmigen Liedern, eine große Stütze für alle Beteiligten.
Dann mit dreizehn war es mit dem Wohlklang plötzlich vorbei. Es krächzte, brummte und gurgelte in offensichtlich nicht bestimmbarem Wechsel. Für die Umgebung war es ein Gräuel. Was ihn je-

doch nicht davon abhielt, weiterhin bei jeder Gelegenheit ein Liedchen anzustimmen. Ob unter der Dusche, beim Rasenmähen oder auf ansonsten eher stillen Örtchen – immer wieder konnte man seinen »Gesang« vernehmen. Ganz offensichtlich schien ihn sein Stimmwandel nicht zu beschäftigen.
Bei der Verabschiedungsfeier nach dem Abitur war sein Singvermögen jedoch wieder so stabil und ausdrucksstark, dass er einen flotten Solopart vortragen konnte.

Während der Pubertät kommt es im Verlauf der seelischen und körperlichen Entwicklung zu einer Metamorphose der Stimme. Durch das männliche Geschlechtshormon Testosteron, das nun produziert wird (bei den Jungen mehr als bei den Mädchen), beginnt der Kehlkopf zu wachsen. Parallel dazu verlängern sich die Stimmlippen um etwa 10 mm bei den Jungen und ca. 3 bis 4 mm bei den Mädchen.[29] Dadurch sinkt die mittlere Stimmlage bei Jungen um etwa eine Oktave und bei den Mädchen um eine Terz bis eine Quarte. Darüber hinaus kommt es auch zu einer Änderung des Stimmklanges, zum Beispiel zu einer Abdunkelung des Timbres. Bei den Jungen folgt die Entwicklung des Stimmumfanges der mittleren ungespannten Sprechstimmlage, das heißt die Stimme wird tiefer, während bei den Mädchen eine Vergrößerung des Stimmumfanges in beide Richtungen möglich ist.

Diese große Veränderung im Stimmbereich ist ein sehr empfindlicher Wachstumsprozess. Wenn Jugendliche ihre Stimme überlasten, beispielsweise bei sportlichen Freizeitaktivitäten (Schreien) oder durch falsche Stimmgebungen, kann es zu bleibenden Schäden kommen. Aber auch der normale Einsatz in Chören oder beim Musikunterricht sollte während der gesamten Metamorphose mit größter Vorsicht betrieben werden. Allgemein sind aktive Gesangsstimmen stabiler, aber auch da sollte der Übergang bis zur vollständig ausgebildeten Stimme von Chorleitern, Eltern, Lehrern und Stimmbildnern aufmerksam beobachtet werden.

So kommt dem Erkennen und der möglichst genauen Bestimmung der Anfangsphase des Stimmbruchs einige Bedeutung zu. Die kritische

Phase ist besonders bei den Jungen durch eine rauere und behauchte, wenig steigerungsfähige Stimme charakterisiert. In vielen Fällen tritt eine plötzliche Diplophonie (Doppelklänge bzw. unwillkürlicher und sprunghafter Wechsel) auf. Wenn im Zweifelsfall eine genaue Bestimmung des Beginns nur mit fachärztlicher Hilfe möglich wäre, sollte durch eine rechtzeitige Schonung eine eventuelle Schädigung vermieden werden und nicht in die »Mutation hineingesungen« werden. Besonderes Augenmerk sollte diesbezüglich auf Jugendliche in Theatergruppen und Jugendchören oder auf anderweitig (beispielsweise solistisch) aktive Heranwachsende gerichtet werden. Bei Mädchen ist der Übergang allerdings in der Regel nicht so problematisch und wird in vielen Fällen überhaupt nicht bemerkt.

Das Ende des Umwandlungsprozesses ist ebenfalls nicht leicht feststellbar und zeigt sich in der Regel erst, wenn der junge Mann seine neue Stimmlage ganz als Teil seiner Persönlichkeit akzeptiert hat.

Welche Rechte und Pflichten haben Eltern?

Das Grundgesetz der Bundesrepublik Deutschland sagt über die Rechte aller Menschen und damit auch der Eltern Folgendes:

Artikel 1
(1) Die Würde des Menschen ist unantastbar. [...]

Artikel 2
(1) Jeder hat das Recht auf die freie Entfaltung seiner Persönlichkeit, soweit er nicht die Rechte anderer verletzt und nicht gegen die verfassungsmäßige Ordnung oder das Sittengesetz verstößt.
(2) Jeder hat das Recht auf Leben und körperliche Unversehrtheit. Die Freiheit der Person ist unverletzlich. In diese Rechte darf nur aufgrund eines Gesetzes eingegriffen werden.

Artikel 3
(1) Alle Menschen sind vor dem Gesetz gleich.
(2) Männer und Frauen sind gleichberechtigt. [...]
(3) Niemand darf wegen seines Geschlechtes, seiner Abstammung, sei-

ner Rasse, seiner Sprache, seiner Heimat und Herkunft, seines Glaubens, seiner religiösen oder politischen Anschauungen benachteiligt oder bevorzugt werden. Niemand darf wegen seiner Behinderung benachteiligt werden.

Artikel 6
(1) Ehe und Familie stehen unter dem besonderen Schutz der staatlichen Ordnung.
(2) Pflege und Erziehung der Kinder sind das natürliche Recht der Eltern und die zuvörderst ihnen obliegende Pflicht. [...]

Im bürgerlichen Gesetzbuch steht Folgendes:

§ 1626
(1) Die Eltern haben die Pflicht und das Recht, für das minderjährige Kind zu sorgen (elterliche Sorge). Die elterliche Sorge umfasst die Sorge für die Person des Kindes (Personensorge) und das Vermögen des Kindes (Vermögenssorge).
(2) Bei der Pflege und Erziehung berücksichtigen die Eltern die wachsende Fähigkeit und das wachsende Bedürfnis des Kindes zu selbstständigem verantwortungsvollem Handeln. Sie besprechen mit dem Kind, soweit es nach dessen Entwicklungsstand angezeigt ist, Fragen der elterlichen Sorge und streben Einvernehmen an.
(3) Zum Wohl des Kindes gehört in der Regel der Umgang mit beiden Elternteilen. Gleiches gilt für den Umgang mit anderen Personen, zu denen das Kind Bindungen besitzt, wenn ihre Aufrechterhaltung für seine Entwicklung förderlich ist.

§ 1627
Die Eltern haben die elterliche Sorge in eigener Verantwortung und in gegenseitigem Einvernehmen zum Wohl des Kindes auszuüben. Bei Meinungsverschiedenheiten müssen sie versuchen, sich zu einigen.

§ 1631
(1) Die Personensorge umfasst insbesondere die Pflicht und das Recht, das Kind zu pflegen, zu erziehen, zu beaufsichtigen und seinen Aufenthalt zu bestimmen.

Pubertät und Elternhaus

(2) Kinder haben ein Recht auf gewaltfreie Erziehung. Körperliche Bestrafungen, seelische Verletzungen und andere entwürdigende Maßnahmen sind unzulässig.

§ 1664
(1) Die Eltern haben bei der Ausübung der elterlichen Sorge dem Kind gegenüber nur für die Sorgfalt einzustehen, die sie in eigenen Angelegenheiten anzuwenden pflegen.
(2) Sind für einen Schaden beide Eltern verantwortlich, so haften sie als Gesamtschuldner.

§ 1666
(1) Wird das körperliche, geistige oder seelische Wohl des Kindes oder sein Vermögen gefährdet und sind die Eltern nicht gewillt oder in der Lage, die Gefahr abzuwenden, so hat das Familiengericht die Maßnahmen zu treffen, die zur Abwendung der Gefahr erforderlich sind.

Die UN-Kinderrechtskonvention vom 20.11.1989 sagt schon in der Präambel zu diesem Thema:

[Die Vertragsstaaten dieses Übereinkommens sind] überzeugt, dass der Familie als Grundeinheit der Gesellschaft und natürlicher Umgebung für das Wachsen und Gedeihen aller ihrer Mitglieder, insbesondere der Kinder, der erforderliche Schutz und Beistand gewährt werden sollte, damit sie ihre Aufgaben innerhalb der Gemeinschaft voll erfüllen kann,
– in der Erkenntnis, dass das Kind zur vollen und harmonischen Entfaltung seiner Persönlichkeit in einer Familie und umgeben von Glück, Liebe und Verständnis aufwachsen soll,
– in der Erwägung, dass das Kind umfassend auf ein individuelles Leben in der Gesellschaft vorbereitet [...] und insbesondere im Geist des Friedens, der Würde, der Toleranz, der Freiheit, der Gleichheit und der Solidarität erzogen werden sollte.

Artikel 5
Die Vertragsstaaten achten die Aufgaben, Rechte und Pflichten der Eltern [...], das Kind [...] in einer seiner Entwicklung entsprechenden Weise angemessen zu leiten und zu führen.

Artikel 18
Zur Gewährleistung und Förderung der in diesem Übereinkommen festgelegten Rechte unterstützen die Vertragsstaaten die Eltern [...] in angemessener Weise bei der Erfüllung ihrer Aufgabe, das Kind zu erziehen. [...]

Folgende Gesichtspunkte ergeben sich demnach als Pflichten und Rechte der Eltern gegenüber dem Kind: Die Grundausstattung und Grundversorgung des Kindes mit Nahrung, Kleidung und häuslicher Geborgenheit muss von den Eltern gewährleistet sein. Auch für den körperlichen und seelischen Gesundheitszustand haben die Eltern unabhängig vom Lebensalter des Kindes Sorge zu tragen.

Dem Lebensalter entsprechend müssen Eltern auf eine selbstverantwortliche Körperpflege und Hygiene des Kindes hinwirken. Der Gesundheitszustand des Kindes ist durch eine gute medizinische Versorgung zu fördern einschließlich prophylaktischer Behandlungen.

Um eine förderliche Atmosphäre zu schaffen, sollten Eltern sich verpflichtet fühlen, dem Kind so viel wie möglich mit Offenheit und Interesse zu begegnen. Für ausreichende Unterstützung, familiäre Wärme, Zuneigung und Wertschätzung sind sie ebenso zuständig wie für die Vermittlung von Werten, Verhaltensnormen, Regeln und Umgangsformen. Auf der anderen Seite sind die Eltern die Ersten, die ihr Kind mit den Gefahren des Lebens und der Umgebung vertraut machen sollten.

Ein Kind muss sich auf seine Eltern verlassen können, es darf durch sie keine Demütigungen, Kränkungen und Erniedrigungen erfahren. Vielmehr muss es durch das elterliche Vorbild zu einem verantwortungsfähigen, stabilen und sozialbewussten Menschen heranwachsen können.

Der seelenpflegebedürftige Pubertierende in der Familie

Eltern von seelenpflegebedürftigen Kindern und Jugendlichen sind anderen Herausforderungen ausgesetzt als Eltern von gesunden Kindern.

Meistens stehen die Heranwachsenden noch unter der starken Fürsorge ihrer Eltern, oftmals aus der Gewohnheit heraus, dass sie des stärkeren Schutzes und Einsatzes ihrer Eltern bisher bedurften.

In Gesprächen mit Eltern und Lehrern seelenpflegebedürftiger Jugendlicher konnte deutlich werden, dass die Phänomene der Pubertät sich bei ihren Kindern und Schülern ebenso zeigen wie bei gesunden. Aber der Umgang damit setzt immer die individuelle Betrachtung und Begleitung voraus, die sich dem Grad der körperlich-seelischen Beeinträchtigung anpassen muss, weshalb wir uns in diesem Kapitel vorwiegend auf Gespräche mit betroffenen Eltern und Pädagogen beschränken möchten.

Ein Thema, bei dem viel Unsicherheit herrscht, ist sicherlich das Erwachen der Sexualität bei seelenpflegebedürftigen Jugendlichen. Noch vor nicht allzu langer Zeit propagierte der bekannte Behindertenpädagoge Heinz Bach, man solle bei geistig behinderten Kindern ab dem achten Lebensjahr Körperkontakte und zärtliche Zuwendungen möglichst vermeiden, um ihren Sexualtrieb nicht anzuregen.[30] Hier drücken sich starke Berührungsängste mit Seelenpflegebedürftigen aus, die diese in Isolation und Einsamkeit gedrängt haben müssen.

Doch viele der Gesichtspunkte zur Pubertät sind genauso auf die seelenpflegebedürftigen Jugendlichen zu übertragen. Auch sie benötigen Einfühlung, Nähe, Austausch, Aufklärung und emotionale Unterstützung. Sie bringen uns oft viel vorbehaltloser ihre Fragen und Erlebnisse entgegen als »gesunde« Jugendliche. Sie konfrontieren uns vielleicht durch ihre geringere Schamgrenze mit unserer eigenen Scham. Während einer Gewaltpräventionsausbildung mit Schülern einer siebten Klasse kam beispielsweise eine Schülerin freudig auf mich zu und erzählte mir stolz, dass sie ihre Tage bekommen hatte. In der Anfangsrunde zeigte sie auch keine Scheu, es vor allen Mitschülern zu sagen. Diese freuten sich mit ihr. Mit solchen und anderen Verhaltensweisen fordern sie uns auf, uns mit den eigenen Themen auseinanderzusetzen. (Weiteres zum Thema Seelenpflegebedürftige in der Pubertät folgt in dem Kapitel »Schule und seelenpflegebedürftige Pubertierende«, Seite 342 ff.)

Gespräch mit einer Mutter

Wann hat sich die Pubertät bei Ihrem Sohn bemerkbar gemacht und was hat sich in der Beziehung zu Ihrem Kind dadurch verändert?
Meiner Erinnerung nach hat sich in der sehr nahen Beziehung nichts Wesentliches verändert. Später dann entwickelte mein Sohn mehr und mehr auch eine Form des Eigenlebens, das beispielsweise dadurch in Erscheinung trat, dass er sich mehr und länger in seinem Zimmer aufhielt und mit Stofftieren spielte. Nach wie vor sind wir gut miteinander ausgekommen.

Welche Bedeutung hat die Stellung Ihres Sohnes in der Geschwisterreihe in der Pubertät gehabt?
Mein Sohn ist der Erstgeborene. Er hat noch zwei Schwestern. Wir Eltern hatten mit der Pubertät noch keinerlei Erfahrungen, außer denen der eigenen Entwicklung in der Pubertät bzw. denen im familiären Umfeld. Die Pubertät eines behinderten Kindes war für uns völliges Neuland, eher jedoch Nebenschauplatz gegenüber den Zukunftsfragen und -sorgen.

Was war anders als bei Ihren gesunden Kindern? Womit mussten Sie sich besonders auseinandersetzen?
Mit unserem Sohn konnten wir behinderungsbedingt nicht ins Gespräch darüber kommen, was sich in der Pubertät körperlich und seelisch verändert. Es gab nicht die Möglichkeit, von Mann zu Mann bzw. Vater zu Sohn Fragen zu bewegen und Hilfestellung zu leisten. Insgesamt haben wir die Entwicklung unserer drei Kinder in der Pubertät als sehr individuell erlebt. Bei dem Sohn mit besonderer Aufmerksamkeit auf pubertäres Verhalten, das nicht durch Eigeninitiative geprägt war.

Haben Sie Ihren Sohn aufgeklärt?
Ein Gespräch mit Fragen, Antworten und Erklärungen war nicht möglich. Wir haben uns bemüht, im Zusammenleben natürlich miteinander umzugehen, was Zärtlichkeit innerhalb der Partnerschaft und mit den Kindern oder einen natürlichen Umgang mit Nacktheit betrifft – ohne dies bewusst herauszufordern.

Wie würden Sie die pubertären Veränderungen beschreiben?
Das Erwachen des Eigenwillens erfolgte nur schwach, ebenso war kaum etwas von Widerstand gegenüber Autoritäten zu bemerken. Das Aufleben der Sexualität war dagegen stärker ausgeprägt. Außerdem entwickelte unser Sohn neue Interessen. An einem Umgang mit Medien hat er kein Interesse gezeigt.

Hat eine Abnabelung von Ihnen als Mutter stattfinden können?
Die Abnabelung hat erst in den Jahren nach dem Auszug aus dem Elternhaus in eine Wohngemeinschaft stattgefunden (zwischen dem achtzehnten und dreißigsten Lebensjahr).

Welche Bedeutung haben Mode, Medien, Alkohol und Rauchen bei Ihrem Sohn gehabt?
In allen genannten Bereichen waren während der ersten Jahre der Pubertät keine bedeutenden Veränderungen zu bemerken. Später dann, eher im Alter ab einundzwanzig Jahren, begann das Interesse für vorabendliche Fernsehsendungen, in denen junge Frauen auftraten, zuzunehmen.

Hat Ihr Sohn eine Beziehung zum anderen Geschlecht leben können? Wie konnten Sie ihn dabei begleiten?
Durch die behinderungsbedingt vorhandenen autistischen Züge konnten Beziehungen, die über freundschaftliche hinausgingen, nicht aufgenommen werden. Unser Sohn hat sich zwar in das eine oder andere Mädchen verliebt, beispielsweise aus der Schule oder in Freundinnen der Schwestern. Diese Zuneigung konnte er jedoch nur aus der Ferne leben. Grundsätzlich zeigte er Interesse für das andere Geschlecht, ohne die eigene Grenze überschreiten zu können.

Lebt Ihr Sohn noch bei Ihnen?
Seit dem achtzehnten Lebensjahr wohnt unser Sohn in einer Lebens- und Arbeitsgemeinschaft. Inzwischen ist er dort seit über fünfzehn Jahren. Es hat viele Jahre gedauert, bis er die Wohngemeinschaft als sein »Zuhause« angenommen hat. Die Tatsache, dass er dort mit gleichaltrigen Frauen und Männern – Betreute und Begleitende – zusammenlebt und zusammenarbeitet, hat zu seinem Erwachsenwerden beigetra-

gen. Besonders zu bemerken ist, dass, wenn er sich in eine junge Frau verguckt, dieses Verliebtsein sehr beständig ist und er auch mit Eifersucht reagiert. Bisher ist es noch nicht zu einer wirklichen Paarbeziehung gekommen, da er nach wie vor die physische und psychische Nähe nicht zulassen kann. Er zeigt einen guten Blick für junge und hübsche Frauen und kann dieses Interesse auch signalisieren. Kommt ihm dann ein aufmunternder Blick entgegen, zieht er sich verschämt zurück.

Hätten Sie sich in der Zeit der Pubertät Hilfe und Unterstützung gewünscht?
Während der Schulzeit hat für unsere besonderen Kinder in bescheidenem Rahmen Aufklärungsunterricht stattgefunden. Im Wesentlichen war zum damaligen Zeitpunkt die Pubertät – weil nicht ist, was nicht sein darf – beispielsweise auf Elternabenden kein Thema. Die Meinung des Lehrers ging in die Richtung, dass das nur individuell im Elternhaus besprochen werden kann, da es keine allgemein gültigen Rezepte gibt.

Bei besonderen Fragen haben wir Hilfestellungen über unseren anthroposophischen Arzt erhalten. Dieser hatte uns auch empfohlen, bei unserem Sohn im neunten Lebensjahr die beidseitigen Leistenhoden operieren zu lassen, da es sonst zu Komplikationen bei der später beginnenden Pubertät kommen könnte.

Gibt es etwas, das Ihrer Meinung nach in unserer Gesellschaft bezogen auf den Umgang mit seelenpflegebedürftigen Heranwachsenden anders sein müsste?
In den letzten zehn bis fünfzehn Jahren ist diesbezüglich eine Menge passiert, auch dahingehend, dass heute behinderte Menschen als Paare zusammenleben können. Die Freizügigkeit der Gesellschaft überhaupt wirkt sich auch auf die Entwicklung der seelenpflegebedürftigen Mädchen und Jungen aus. Zu unterstützen sind Angebote, die Eltern und Angehörigen Hilfestellungen bei der Aufklärungsarbeit ihrer Kinder geben könnten. Auch in den Schulen sollten die Kinder altersgemäß (zum Beispiel in der Werkoberstufe) über die Pubertät und ihre Entwicklungen in angemessener Weise Unterricht von entsprechend geschulten Menschen erhalten. Geduldige Aufklärungs- und Bildungsarbeit im Familienkreis, in den Schulen und in Erwachseneneinrichtungen zu betreiben ist ein Anfang.

Homosexualität

Homosexualität hat es schon immer gegeben. Geschah es früher heimlich, weil es als Perversion galt, gehört es heute schon fast zur Normalität. Kürzlich wurde ich Zeuge einer jährlich stattfindenden Straßenaktion der Lesben, Schwulen und Transvestiten in unserer Stadt. In einem mehrere Kilometer langen Umzug mit Musik zogen einzelne Homosexuelle wie auch Pärchen Hand in Hand mit »provokanten« Transparenten durch die Innenstadt. Es ging ein Selbstbewusstsein von ihnen aus, das beeindruckend war. Meine vierzehnjährige Tochter teilte dieses Erlebnis voller Staunen mit mir, sie hatte zwar schon von Lesben und Schwulen gehört, meist allerdings im Zusammenhang mit Lästereien unter den Schülern ihrer Klasse. Und nun sah sie ein Stück Realität vor sich. Sie sah sich die Männer und Frauen genau an und erfasste schnell einige Phänomene, die so manche Frage nach sich zogen. Ich war froh über das gemeinsame Erlebnis, weil wir auf diese Weise nicht abstrakt über Homosexualität sprachen, sondern aus dem Leben heraus. Beide konnten wir beobachten, dass es keine Jugendlichen gab, die sich dem Marsch anschlossen.

Homosexualität im Pubertätsalter

Die Pubertät ist in Bezug auf die Sexualität eine Zeit der geschlechtlichen Orientierung, in der es sowohl zu Nähe mit gleichgeschlechtlichen wie mit gegengeschlechtlichen Jugendlichen kommen kann. Die homosexuelle Erotik und Sehnsucht kann als eine vorübergehende Neigung auftreten, die noch nichts mit einer Festlegung zu tun hat. In Klassenzusammenhängen wird die zarte Suche nach der Identifikation mit dem anderen auf körperlicher, seelischer und geistiger Ebene oft mit Argus-Augen beobachtet, und schnell sind Statements abgegeben, wenn Jungen sich zu weich geben und zu sanft miteinander umgehen.

Beispielsweise kam Markus eines Tages verwirrt und betroffen nach Hause, weil ein Jugendlicher von einem neuen Freund von ihm behauptete, er sei eine »Schwuchtel«. Markus war verunsichert und hatte Angst, auch als solche bezeichnet zu werden. Hier taucht die Frage auf, ob es nicht zeitgemäß wäre, den Bereich der Homosexualität im Unterricht und auch auf Elternabenden mehr zu thematisieren, damit die Tabuzone durchbrochen werden kann. Denn auch für viele Eltern ist Homosexualität ein unangenehmes Thema, das mit Perversion, Schande, Versagen der eigenen Erziehung und sozialem Handicap in Zusammenhang gebracht wird. Vor diesem Hintergrund ist es für betroffene Jugendliche umso schwerer, sich zu offenbaren.

Grundsätzlich sollte man aber Folgendes bedenken: Der Begriff Perversion ist für Kinder und Jugendliche nicht anwendbar und ist natürlich ebenso für Homosexuelle auszuschließen. »Gerade das Jugendlichenalter zeichnet sich aufgrund des Fantasiereichtums, der Experimentierfreudigkeit und der Suche nach geschlechtlicher Identität dadurch aus, triebgesteuerte Fantasien nicht nur zuzulassen, sondern auch auszuleben.«[31] Fantasie und Experimentierfreude führen nicht automatisch zu einer Fixierung.

Wodurch kann Homosexualität begünstigt werden?

Homosexualität hat nicht nur mit Enthaltsamkeit und nicht vorhandenen Möglichkeiten, mit einem heterogenen Partner eine Beziehung einzugehen, zu tun (zum Beispiel durch Kloster- und Gefängnissituationen), sondern kann ganz tief liegende Ursachen haben. So kann es Schicksalsgründe geben, die mit einer Abneigung gegen das männliche oder weibliche Geschlecht in Zusammenhang stehen. Rudolf Steiner hat des Öfteren darauf hingewiesen, dass wir durch die wiederholten Erdenleben immer wieder in die Situation kommen, wechselnd männliche und weibliche Inkarnationen anzutreten.[32] Nehmen wir diese Aussage ernst und versetzen uns beispielsweise in eine Inkarnation, in der eine Frau aus unfreiwilligen Gründen gezwungen war, sich in erniedrigender Weise an Männer hinzugeben, kann diese Entwürdigung unter Umständen dazu führen, im kommenden Erdenleben eine solche innere Abwehr gegen das Frau-Sein zu haben, dass eine heterosexuelle Beziehung nicht möglich ist. Die in diesem neuen Erdenleben nun als Mann inkarnierte Individualität wendet sich dementsprechend möglicherweise dem männlichen Geschlecht zu, und die Ursache dafür kann eventuell bereits im vorgeburtlichen Entschluss zu suchen sein. Anders herum kann ein Mann in einer vergangenen Inkarnation eine starke sexuelle Unfähigkeit im Umgang mit Frauen erlebt haben, die diesen Schaden zugefügt hat. Daraus kann in der Folge der Erdenleben eine innere Abwehr dem männlichen Geschlecht gegenüber erwachsen, die in der nächsten – weiblichen – Inkarnation zu einer Abkehr von männlichen Partnern führen kann.

Entscheidend ist darüber hinaus die Frage der Schicksalsbegegnungen, der vorgeburtlichen Verabredungen. Es kann eine so innige Anziehung zwischen zwei Menschen geben, dass es möglich wird, sich über den weiblichen oder männlichen Körper hinwegzusetzen.[33]

Gespräch mit einer Mutter

Wodurch haben Sie von der Homosexualität ihres Sohnes erfahren?
Unser Sohn hat es der versammelten Familie erzählt, als er zwanzig Jahre alt war.

Was waren Ihre ersten Gedanken und Gefühle, als Sie von der Homosexualität Ihres Kindes erfuhren?
Das erste Gefühl war zunächst Erleichterung. Unser Sohn hatte schon ein Gespräch angekündigt, das ließ auf etwas Besonderes schließen. Als wir dann von der Homosexualität wussten, kamen als Nächstes viele Gedanken und Fragen. Wie wird sein Freundeskreis damit umgehen? Bleiben sie Freunde? Wird es Probleme mit Arbeitskollegen geben? Wird er in der Öffentlichkeit aggressivem Verhalten ausgesetzt sein? Was hat sich eigentlich seit Kriegsende gesetzlich und in den Köpfen der Menschen verändert?

Mir kamen alle Vorurteile gegenüber behinderten Mitmenschen in den Sinn. Auch beschäftigte mich die Sorge um unheilbare Krankheiten wie Aids.

So stellte ich nach der anfänglichen Erleichterung über die Offenbarung unseres Sohnes doch auch Ängste fest. Ich liebe meinen Sohn, und zwar so, wie er ist. Als Mutter möchte ich nicht, dass ihm etwas zustößt oder er unnötige Unannehmlichkeiten aushalten muss. Ich selber habe mit seiner Homosexualität keine Schwierigkeiten.

Gab es Hinweise für Sie aus der Biografie Ihres Kindes?
Nein, es gab keinerlei Hinweise für uns, selbst seine Freunde waren sehr überrascht. Sie nahmen es offen auf, was für mich eine Erleichterung war.

Mit wem konnten oder wollten Sie über Ihre Erfahrungen sprechen?
Gesprochen habe ich darüber nur im engsten Familienkreis, später auch im Freundeskreis, wenn es sich ergab. Es gehört zum persönlichen Leben unseres Sohnes. Damit wollte ich nicht in die Öffentlichkeit gehen. Ich habe die Privatsphäre meiner Kinder immer zu achten versucht. Mit dem Beginn des Jugendalters war ich in allen Angelegenheiten meiner Kinder achtsam mit vertraulichen Informationen.

Waren Sie offen für den Partner Ihres Sohnes?
Für seinen Partner war ich schon offen, er wohnte auch recht bald für einige Monate bei uns. Leider gab es in der Zeit auch etliche Schwierigkeiten. Die hatten aber nicht mit der Homosexualität zu tun, sondern waren anderer Natur.

Womit hatten Sie zu ringen?
Die Probleme des Partners erschwerten ein ungezwungenes Miteinander. Auch wenn ich den Partner als Mensch annehmen kann, so ist manches Verhalten schwer nachvollziehbar für mich.

Welche Rolle haben gesellschaftliche Normen für Sie gespielt?
Gesellschaftliche Normen spielen für mich keine allzu große Rolle. Ich habe mich schon sehr frühzeitig von vielen Zwängen in dieser Hinsicht befreit. Durch andere Umstände lernte ich, mich selbstbewusst in einer Gesellschaft zu bewegen, die für Ungewöhnliches nicht immer offen ist. Meine drei Kinder waren für mich geniale Lehrmeister.

Haben Sie eine Beratungsstelle aufgesucht?
Eine Beratungsstelle aufzusuchen kam mir nie in den Sinn. Was sollte beraten werden? Homosexualität ist kein Problem, das gelöst werden muss. Es sei denn, die Gesellschaft als solche muss beraten oder besser aufgeklärt werden. Mit Vorurteilen aus vergangenen Zeiten muss aufge-

räumt werden. Es ist kein krankhaftes Verhalten. Die Kirchen sind leider erst jetzt offener, sie könnten mehr zur Integration beitragen. Sicher auch für andere Minderheiten.

Hatten Sie den Eindruck, Ihr Sohn müsste in Therapie gehen?
Eine Therapie war nicht nötig, da unser Sohn keine Probleme zeigte. Auch wenn er sich uns sehr spät anvertraute, hatte er für sich selber einen Weg gefunden und sich selber angenommen. Das war für mich das Wesentlichste. Er muss zu sich stehen. Gerne wäre ich ihm während dieses Prozesses behilflich gewesen. Sein mangelndes Vertrauen zu uns hat mich sehr betroffen gemacht, aber ich bin stolz auf ihn, wie er seine Lebensfragen zu lösen vermag.

Hat die Homosexualität die Beziehung zu Ihrem Sohn verändert?
Nein, dadurch hat sich die Beziehung zu unserem Sohn nicht verändert, wenn auch der Prozess des Erwachsenwerdens die Beziehung neu gestaltete. Das halte ich für eine gute Entwicklung.

Wie stehen Sie heute dieser Tatsache gegenüber?
Ich glaube, dass ich heute zur Homosexualität nicht anders stehe als vorher. Es ist für mich eine mögliche Lebensart, die naturgegeben vorkommt und von der Gesellschaft anerkannt werden muss. Ich denke, dass alles, was aus der Geschichte bekannt ist, nur mit Machtmissbrauch zu tun hat. Damit muss endlich Schluss sein. Dafür setze ich mich auch ein. Auch andere benachteiligte Minderheiten in unserer Gesellschaft gehören dazu, wie zum Beispiel die unwürdige Diskussion um lebenswertes Leben zeigt. Wer bestimmt auf welcher Grundlage? Da gibt es reichlich Aufklärung zu leisten in unserer Gesellschaft.

Konfliktmanagement in der Familie

Konflikte sind verkleidete Möglichkeiten,
man muss ihnen nur aus dem Mantel helfen.

Während der Pubertät steigt das Konfliktpotenzial innerhalb der Familie in der Regel beträchtlich an, weil das zunehmende Bedürfnis der Jugendlichen nach Selbstständigkeit und Eigenraum mit Abgrenzung und Widerstand einhergeht. Häufig kommt es dabei zu gegenseitigen Übergriffen, die manchmal nicht nur verbaler Art sind. Hinter jedem Konflikt verbirgt sich ein Bedürfnis, das nicht Beachtung gefunden hat. Dadurch entwickeln wir dann negative Gefühle, die in Vorwürfe, Anklagen und heftige Auseinandersetzungen münden können, besonders wenn unterschiedliche Bedürfnisse aufeinanderprallen, was ja meistens der Fall ist, sodass es dann zu »gewaltvoller Sprache« bis hin zu seelisch-körperlicher Gewalt kommen kann. Daher möchten wir Ihnen als Eltern ein Handwerkszeug mit auf den Weg geben, welches das Familienleben entlasten kann. Die Bezeichnung »Konfliktmanagement« soll zum Ausdruck bringen, dass die Familie auch eine Art »Unternehmen« ist, das der Führung und Unterstützung bedarf, damit Konflikte sinnvoll gemeistert werden können. In jedem Betrieb gäbe es bei dem Konfliktpotenzial, welches während der Pubertätszeit in einer Familie besteht, eine professionelle Krisenberatung, weil ansonsten die Arbeit unter dem Klima leiden würde. Nur in der Familie soll man es alleine schaffen und trotzdem gute Beziehungen behalten, auch wenn sich dort ebensolche Phasen wie in einem Unternehmen abzeichnen. So mag dieses Kapitel einer besseren Kommunikation zwischen Eltern und Jugendlichen dienen.

Johannas Zimmer ist seit Wochen unaufgeräumt. Der Schreibtisch ist mit Kopien, Zeitschriften, Schminksachen und anderem überladen. Auf dem Sofa stapelt sich Wäsche, die vielleicht einmal getragen ist und noch mal angezogen werden kann, auf dem Fußboden liegen jede Menge Bücher, und die Blumen auf der Fensterbank drohen zu vertrocknen. Johannas Mutter hat sie bereits mehrmals ermahnt aufzuräumen – ohne Erfolg. Während eines erneuten Konfliktes kommt es zu einer Eskalation.

Mutter: Johanna, in einer Woche ist dein Zimmer sauber und ordentlich aufgeräumt!

Johanna: Ich denke ja gar nicht daran, es ist doch mein Zimmer, da bestimme ich!

Mutter: Du hast sowieso kaum Aufgaben im Haushalt, da wirst du ja wohl dein Zimmer in Ordnung bringen können, aber nicht einmal das schaffst du! Ich habe allmählich die Nase voll von dem ewigen Reden!

Johanna: Wenn ich das will, schaff ich das, ich will aber nicht. Basta!

Mutter: Ich versteh dich nicht, du machst uns allen mit diesem ewigen Streit das Leben schwer.

Johanna: Phh, ist mir doch egal! (Sie verlässt Türen knallend die Küche.)

◄

Johannas Mutter ist seit längerer Zeit verärgert, alles hat sich in ihr angestaut, und nun kommt es mit einem Schwall von Anklagen und Abwertungen aus ihr heraus. Diese beantwortet die Tochter mit Abwehr und letztendlich mit Flucht. Lebenssituationen, die wahrscheinlich jeder kennt und keiner will! Womit mag das zusammenhängen?

Wir können davon ausgehen, dass alles, was wir tun, ob negativ oder positiv, ein ganz »egoistischer«, oft unbewusster Versuch ist, uns ein Bedürfnis zu erfüllen. Im Konflikt wird erlebbar, wie schnell wir andere (den Partner, das Kind, den Kollegen) für die Nichterfüllung unserer Bedürfnisse verantwortlich machen, denn das drückt sich in den klassischen Du-Botschaften aus: »Du hast sowieso kaum Aufgaben, da wirst du ja wohl dein Zimmer aufräumen können ...«

Hinter dieser Aussage der Mutter könnte stehen: »Ich brauche Unterstützung im Haushalt, vieles mache ich alleine, aber dein Zimmer zu pflegen möchte ich als deine Aufgabe betrachten. Mir ist Ordnung wichtig, weil ich sonst unzufrieden werde.« Stattdessen überhäuft sie Johanna mit Anklagen, gegen die sich Johanna nur wehren kann. Fühlen wir Ärger in uns, können wir dieses Gefühl als einen wertvollen Hinweis

Konfliktmanagement in der Familie 117

Habe ich dich wirklich richtig verstanden?

nehmen, um an die Quelle des Ärgers zu gelangen, an ein unerfülltes Bedürfnis.

Wie der Konflikt anders verlaufen könnte, soll der erneute Versuch der Mutter nach mehreren Beratungsstunden zeigen.

Mutter: Johanna, es ist mir wichtig, mit dir noch einmal über dein Zimmer zu sprechen.
Johanna: Mir aber nicht!
Mutter: Ich vermute, dass das Thema dir längst zum Hals raushängt, oder?
Johanna: Ja. Genau!
Mutter: Ich habe über den Konflikt um das Zimmer nachgedacht und bin zu dem Schluss gekommen, dass ich etwas falsch gemacht habe.

Johanna (hält inne und blickt die Mutter an): Ja, könnte schon sein.
Mutter: Ich merke, dass es mir sehr schwerfällt, Unordnung auszuhalten. Ich fühle mich bedrückt, wenn ich weiß, dass es in einem Zimmer im Haus so aussieht und ich darauf keinen Einfluss nehmen kann. Und ich bin besorgt, dass du dich in deiner Unordnung verlierst. Ich merke, dass ich an dieser Stelle noch Verantwortung für dich trage.
Johanna (schon milder gestimmt): Das weiß ich ja eigentlich auch. Wohl fühl ich mich auch nicht mehr in meinem Zimmer, aber wenn ihr alle immer auf mir rumhackt, dann tue ich gar nichts mehr.
Mutter: Eigentlich würdest du gerne etwas in deinem Zimmer tun?
Johanna: Ja, aber nicht nur aufräumen. Ich würde es gerne auch ein bisschen cooler haben.
Mutter: Gibt es etwas, wobei du meine Unterstützung möchtest?
Johanna (etwas zögerlich, dann offen): Wenn ich ehrlich bin, fände ich es toll, wenn du mit mir alte Sachen aussortieren würdest, denn ich habe so viele Kindersachen im Zimmer, die ich nicht mehr brauche. Aber allein weiß ich dann nicht, was weg kann. Ich hänge noch an allem und kann mich nicht entscheiden.
Mutter: Das mache ich gerne, Johanna, lass uns einen Tag am Wochenende nehmen, damit wir genug Zeit haben.
Johanna: Danke, Mami, vielleicht hätte ich dich schon eher mal fragen sollen, dann hätten wir nicht so viel Streit gehabt, aber eigentlich ist es mir erst jetzt so richtig bewusst geworden.

◀

> Je mehr wir andere hören, desto mehr werden sie uns hören.
> Marshall Rosenberg

Im Verlauf des Gespräches lässt sich beobachten, dass Johannas Mutter nun die Beziehungsebene anstelle der Sachebene gewählt hat, um sich verständlich zu machen und Johanna besser verstehen zu können. Eine wertschätzende Begegnung von Mensch zu Mensch konnte stattfinden, die zu einer Lösung führte, weil jeder im Verlauf des Gespräches bemüht war, auch die Seite des anderen wahr- und ernst zu nehmen.

Marshall Rosenberg, der Begründer der gewaltfreien Kommunikation, nennt diese Art der Verständigung auch »Erziehung, die das Leben bereichert«. Wir erfahren etwas von dem Pubertierenden und uns selbst, wenn wir aufhören, in die Beurteilung und Verurteilung zu gehen, sondern uns ihm stattdessen differenziert mitteilen und uns selbst ebenso differenziert innerlich befragen.

Schaffen wir es als Eltern, die wir in der Regel mehr Ich-Kraft zur Verfügung haben, uns im ersten Schritt in die Jugendlichen einzufühlen, indem wir versuchen, mit ihren Gefühlen und Bedürfnissen in Kontakt zu kommen und diese mitfühlend auszudrücken, öffnet sich die Tür hin zum Jugendlichen meistens leichter, mit dem Erfolg, dass auch wir mit unseren Gefühlen und Bedürfnissen besser gehört werden können. Wir nennen dies die Kraft der Empathie.

Normalerweise kennen wir die Sympathie und die Antipathie als Gefühlshaltungen dem anderen Menschen gegenüber, durch welche wir subjektive Bewertungen aussprechen. In der Neuzeit sind zwei weitere hinzugekommen: die erwähnte Empathie – eine Geste hin zum Wesen des Gegenübers, die Verbindung und Verstehen schafft. Aber immer mehr wird besonders in der Erziehung von Kindern und Jugendlichen eine Form von Apathie sichtbar, die genau das Gegenteil von Einfühlung bewirkt: Eltern lassen den Kontakt mit ihren Kindern abbrechen und oftmals leider auch den mit sich selbst, was nicht selten Depression und Gleichgültigkeit mit sich bringt. Die Jugendlichen sind dann sich selbst überlassen, erfahren keine Führung, keine Grenzen und kaum seelische Begleitung.

EMPATHIE
Einfühlung in den anderen

SYMPATHIE
positive Bewertung
des anderen

ANTIPATHIE
negative Bewertung
des anderen

APATHIE
Kontaktlosigkeit, Gleichgültigkeit
dem anderen gegenüber

In der Empathie sind wir mit unserer Aufmerksamkeit voll und ganz beim Jugendlichen, wir denken nicht darüber nach, wie wir seine Äußerungen finden, denn dann sind wir bereits wieder mit uns selbst beschäftigt. Ich verbinde mich nicht mit meinen Gefühlen und Bedürfnissen, sondern mit den Gefühlen des Heranwachsenden. Das heißt nicht, dass ich dabei einer Meinung mit ihm sein muss. Empathie heißt: Ich verstehe dich, habe Mitgefühl (nicht Mitleid) mit dir, aber ich kann trotzdem eine andere Haltung im Konflikt haben. Diese Form des Umgangs miteinander ist soziale Kunst!

Auf dem Weg dahin ist es hilfreich, sich mit Gefühlen und Bedürfnissen allgemein zu beschäftigen, um dann mit diesem ersten Handwerkszeug der gewaltfreien Kommunikation das Kommunizieren in vier Schritten zu üben, die den Weg zu einer wertschätzenden, ehrlichen Begegnung bahnen können.

1. Beobachten statt beurteilen
Was genau habe ich wahrgenommen als Handlung des Jugendlichen, was ist tatsächlich in der Situation geschehen?
Die Kunst besteht darin, dem Pubertierenden die Beobachtung, die wir gemacht haben (und zwar in einer Situation, die in uns negative Gefühle ausgelöst hat), ohne eine Bewertung zu beschreiben.
Beispiel: »Als ich heute Mittag nach Hause gekommen bin, stand das Frühstücksgeschirr noch auf dem Tisch, obwohl wir verabredet hatten, dass ihr den Tisch abdeckt.«

2. Gefühle benennen
Wie fühlt sich das, was ich gerade wahrgenommen habe, für mich an? Bin ich irritiert, gekränkt, ärgerlich oder enttäuscht?
Beispiel: »Ich bin enttäuscht, wenn ich den Tisch noch so vorfinde.«

3. Bedürfnisse mitteilen
Ich lasse den Jugendlichen wissen, was mir in diesem Zusammenhang wichtig ist, also welches Bedürfnis hinter meinen Gefühlen steht. Ist mir Verlässlichkeit, Ordnung oder Unterstützung wichtig?

Beispiel: »Wenn ich mittags nach Hause komme und das Geschirr noch auf dem Tisch sehe, bin ich enttäuscht und ärgerlich. Ich möchte mich gerne auf unsere Verabredungen verlassen können und wünsche mir eure Unterstützung.«

4. *Bitte aussprechen*
Der vierte Schritt ist ein ganz wesentlicher, weil er zu einer zufriedenstellenden Lösung beiträgt. Die Bitte sollte konkret und umsetzbar sein. Ich sage dem Jugendlichen konkret, was er tun kann, damit sich die Beziehungsqualität verändern kann, also aus Ärger wieder Zufriedenheit wird. Bei Erwachsenen und Jugendlichen bedarf es einer Zustimmung durch Nachfragen, beispielsweise: »In Ordnung?« Bleibt dies aus, wird das Gesagte meistens als Forderung aufgenommen und kann Rebellion zur Folge haben.
Beispiel: »Bitte deckt den Tisch jetzt ab. In Ordnung?« Oder: »Bitte deckt den Tisch morgen unmittelbar nach dem Frühstück ab, okay?«

Können wir den Jugendlichen im oben beschriebenen Sinne Empathie entgegenbringen, könnten die vier Schritte dementsprechend folgendermaßen aussehen:

1. *Beobachtung*
»Als ich heute Mittag nach Hause kam, stand das Frühstücksgeschirr noch auf dem Tisch, obwohl wir verabredet hatten, dass ihr den Tisch abdeckt.«

2. *Gefühle empathisch benennen*
»Seid ihr heute Morgen überfordert gewesen und hattet Sorge, zu spät in die Schule zu kommen?«

3. *Bedürfnisse empathisch erfragen*
»War euch Pünktlichkeit heute wichtiger als unsere Verabredung?«

4. Bitte oder Erfragen eines Vorschlages
»Könnt ihr bitte morgen früher aufstehen, damit ihr eure Aufgabe erledigen könnt?«
Oder : »Was denkt ihr, wie können wir in Zukunft mit dieser Aufgabe umgehen?«

Die Erfahrungen haben gezeigt, dass sich Jugendliche im letzteren Fall als kompetent erweisen und konstruktiv den Prozess mitgestalten, auch wenn es sich um ernstere Themen wie nachts zu spät nach Hause kommen oder Computerkonflikte handelt. Entscheidend ist dabei unsere aufrichtig empathische Haltung.

Im ersten Beispiel grummeln Pubertierende vielleicht noch ein bisschen in sich hinein, reagieren aber in der Regel auf diese Ansprache ebenso wertschätzend.

Diese Art von Begegnung wandelt alte Muster von Verteidigung, Rückzug oder Angriff um und schafft ein Potenzial von gegenseitigem Einfühlungsvermögen, auch bei ernsteren Themen als dem Haushalt. So kommen anstelle gewohnheitsmäßiger, automatischer Reaktionen neue Bewusstseinsprozesse in Gang über das, was wir wahrnehmen, fühlen, brauchen, und darüber, wie wir es ganz konkret im Leben umgesetzt haben möchten. Wir übernehmen auf diese Weise gemeinsam mit dem Jugendlichen die Verantwortung für unsere Beziehungsgestaltung. Und oftmals spiegeln uns die Pubertierenden unsere lebensbereichernden Versuche, indem sie sich selber um ein bewussteres Verhalten bemühen.

In vielen Städten gibt es Ausbildungs- und Übungsgruppen zur gewaltfreien Kommunikation.[34]

▬▬ Das Thema aus dem Blickwinkel der Jugendlichen betrachtet

Ich liege hier, ich bin krank und soll das Bett hüten. Als ob das Bett das nötig hätte. Ich bin in der Pubertät und verändere mich. Doch viel zu oft bin ich hier, in meinem Bett und allein mit dieser Verwandlung. Ich verändere

mich nicht wie die anderen. Ich bin nicht dort draußen und sitze zwischen Kumpels, die in dem gleichen Stadium der Entwicklung sind. Ich liege hier, mit einem kleinen Bruder, der, frech und faul, nur Comics liest, die er garantiert schon fünfmal gelesen hat, und einer Mutter, die nicht immer versteht, was in mir vorgeht, auch wenn sie alles nur gut meint.
Ich bin allein mit meiner Verwandlung, ich denke nach. Ich habe mehr nachgedacht als die meisten Vierzehnjährigen, und ich verstehe diese Veränderung meist viel besser als sie. Doch das hilft mir nicht. Meine Einsamkeit zu Hause wird zur Einsamkeit in der Schule, zur Zurückhaltung in der Welt. Ich bin jemand, der von Weitem viel zusieht, aber trotzdem all das in sich erlebt. Meine chronische Krankheit macht mich zum Außenseiter, ich fühle mich fremd in der Gesellschaft. Durch meine Krankheit bin ich allein, allein mit dem Vorteil dieser Krankheit: Geistig fortgeschrittener zu sein. Ich will nicht sagen, dass ich der Einzige dieser Art bin, doch ich bin einer unter wenigen. Mit diesem Vorteil werde ich nun versuchen, auf die Pubertät einzugehen. Vielleicht ist es gut, dass ich nicht bin, wo die anderen sind, vielleicht kann ich aus der Sicht des Menschen, der alles miterlebt und es doch von Weitem betrachtet, mehr erzählen, oder zumindest etwas anderes als die anderen.
Pubertät ist Wandlung, das habe ich ja schon erwähnt. Und diese Wandlung wird von vielem stark oder weniger stark beeinflusst. Sehr stark wird sie von der unmittelbaren Umgebung beeinflusst, das heißt von zu Hause, von den Eltern und der Schule. Oft sind diese beiden, das Zuhause und die Schule, zwei völlig verschiedene Welten. Die Schule ist der Ort, an dem man unter Gleichaltrigen lebt, die sich genauso verändern. Dort ist man weder Kind noch Erwachsener, man ist Jugendlicher. In der Schule, unter ihresgleichen, fühlen sich die meisten Jugendlichen am wohlsten. Zu Hause ist man das Kind. Dort zeigt die Pubertät ihre ganz eigene Seite. Man fängt an, über das, was man tut, und das, was man tun muss, nachzudenken, sich seine eigene Meinung zu bilden. Dies führt natürlich zu Meinungsverschiedenheiten zwischen dem Jugendlichen und den Erwachsenen. Der Erwachsene hat sich schon vor langer Zeit und sein ganzes Leben lang eine Meinung zu allem gemacht. Bisher hat das Kind getan, was die Erwachsenen sagten, sich an deren Meinung orientiert, da es noch keine eigene hatte. Das verändert sich nun; das Kind hat plötzlich seine eigene Meinung. Der Erwachsene wird dadurch irritiert; bisher hatte

das Kind getan, was er sagte. Und er macht einen großen Fehler, wenn er versucht, den Jugendlichen wieder in die »richtige Bahn« zu bringen, nämlich in die alte, gute und vertraute, mit der bis jetzt doch alles so gut gegangen ist. Doch der Jugendliche muss seinen eigenen Weg gehen dürfen; er muss sich selbstständig machen dürfen. Das verstehen viele falsch, deshalb werde ich gleich noch ein wenig mehr dazu schreiben. Da wir aber gerade beim Falsch-Verstehen sind – das ist eines der größten Probleme zwischen den Jugendlichen und den Erwachsenen: Sie verstehen falsch. Oft ist es so, das muss ich den Erwachsenen leider sagen, dass sie, in dem irrtümlichen Glauben, auf jeden Fall recht zu haben, da sie ja schon viel länger auf dieser Erde verweilen und viel mehr Erfahrung und Weisheit besitzen, jedwede Erklärung von sich stoßen oder abprallen lassen. Ich kann allen Eltern pubertierender Kinder daher nur ans Herz legen: Hört uns zu! Wir sind in einem Alter, in dem wir uns unsere Meinung bilden, und das tun wir nicht, um sie für uns zu behalten! Es ist nicht alles nur Kinderkram, rebellischer Unsinn, den wir von uns geben.

Jetzt wieder zu dem Thema, dass sich Jugendliche selbstständig machen müssen: Das geht nicht von einem Moment zum nächsten, der Jugendliche muss sich Stück für Stück lösen können. Dabei sollte der Erwachsene viel Geduld zeigen. Denn der Jugendliche wird nicht bei den Dingen anfangen, bei denen es dem Erwachsenen am leichtesten fällt, ihn loszulassen. Wenn der Jugendliche keine Lust mehr hat, bei allen Ausflügen mitzukommen, sondern lieber mit seinen Freunden abhängt, sollen die Eltern natürlich nicht aufhören für ihn zu kochen, weil er ja nun anscheinend so selbstständig ist und so etwas selber kann. Das kann er nicht immer sofort selbst. Auch wenn dies den Eltern ungerecht vorkommt und für sie mehr Arbeit bedeutet.

Waren sie nicht auch einmal jung? Sie sollten versuchen, sich in den Jugendlichen hineinzufühlen, ihn zu verstehen. Ihr Kind verändert sich nun, sein Verhalten ändert sich, und genauso muss sich das Verhalten der Erwachsenen mit verändern.

Ich bin anders als die anderen, ich habe mich verändert und ich möchte als individuelles Ich angenommen werden. Und nicht nur ich bin jetzt anders, jeder Jugendliche ist anders, als er es als Kind war, und jeder möchte so angenommen werden, wie er ist.

David, 14 Jahre

Fragen zum Thema

Meine älteste Tochter (vierzehn Jahre) hat sich im vergangenen Jahr relativ schnell körperlich entwickelt. Wir haben in letzter Zeit häufiger Konflikte bei ganz alltäglichen Dingen, wie Aufstehen, Ordnung oder Kleidung, aber auch bei Fragen des »Frau-Werdens«. Nun will sie plötzlich zu ihrem Vater nach England ziehen. Was mache ich falsch?

Die Jugendlichen betreten an der Schwelle zum Erwachsenwerden eine völlig neue und dadurch unter Umständen auch bedrohlich wirkende Welt. Oft wenden sie sich dabei von der Welt, die ihnen die Eltern vorleben, zumindest eine gewisse Zeit ab und wollen »sich nichts mehr sagen lassen«. Das ist ohne Konflikte fast gar nicht möglich. So sind Sie als Mutter, aber auch der Vater, die Geschwister, ja eigentlich die gesamte Umgebung mit einer sich verändernden Situation konfrontiert. Weil Sie als Eltern in getrennten Verhältnissen leben, ergibt sich für Ihre Tochter schnell die Frage, bei wem es sich besser anfühlt zu leben. Oft hat derjenige, der die meisten Freiheiten und Angebote gewährt, die größere Anziehungskraft für den nach Eigenständigkeit strebenden Jugendlichen.

Darum ist Ihre Fähigkeit zu einer ehrlichen Auseinandersetzung, wozu die Bereitschaft zu einer gewaltfreien Kommunikation zählt, der dünne, aber wichtigste Faden, den Ihre Tochter in dieser Umbruchsphase benötigt. Letztendlich kann sie nur schwer auf die einfühlsame Begleitung ihrer Mutter verzichten.

Gelingt es den Eltern nicht, auch nach einer Trennung in Fragen der Kinder gemeinsam verantwortlich zu handeln, so kommt es in Situationen, in welchen der Heranwachsende noch die Orientierung durch eine Grenze benötigt, dazu, dass einfach der Weg zum anderen Elternteil gewählt und ein reifendes Ringen umgangen wird. Nicht selten pendeln Jugendliche in so einer Lebenslage häufig von einem zum anderen.

Deshalb ist nicht die Frage »Was mache ich falsch?« von Belang, sondern vielmehr die Frage: Wie können Sie als Eltern trotz Trennung noch an einem gemeinsamen Strang ziehen? Sprich: Wie können Sie zu gemeinsamen Führungszielen und gleichen Orientierungsgrenzen für Ihr Kind gelangen, ohne sich gegenseitig auszuspielen und zu übervorteilen? Das setzt eine gewisse menschliche Reife und Größe von beiden Elternteilen voraus. Es erfordert über die Unstimmigkeiten hinweg, welche zur Auflösung der früheren Beziehung geführt haben, die grundsätzliche Bereitschaft zum Gespräch und zur Kooperation im Hinblick auf das Wohlergehen des Kindes. Man kann diesen Prozess unter Umständen sogar mit der Hilfe einer neutralen dritten Person üben.

Will Ihre Tochter jedoch nach gemeinsamem Ringen und nach reichlicher Überlegung immer noch zu dem anderen Elternteil ziehen, so sollte das Loslassen, welches ja in absehbarer Zeit sowieso erfolgen wird, geübt und gelernt werden, auch wenn es ein schmerzhafter Prozess sein sollte. Genauso wie es vorher Besuchsregelungen für den Vater gab, würde es diese ja auch für Sie geben.

Wir haben zwei pubertierende Kinder. Unsere Tochter ist dreizehn Jahre und unser Sohn fünfzehn Jahre alt. Es gibt oft Stress, weil ich als Mutter die Kinder gerne noch vor der rauen Wirklichkeit und Härte der Welt schützen möchte und sie langsam ins Leben entlassen will. Mein Mann jedoch sieht alles immer ganz locker und lässt vieles durchgehen. Die Kinder verbünden sich gerne mit dem Vater und wählen den leichteren Weg. Ich fühle mich dann übergangen und wir geraten als Eltern untereinander und mit den Kindern in Streit.

Wenn sich in einer Ehe zwei Menschen mit unterschiedlichen Temperamenten, Begabungen und Einstellungen zusammengefunden haben, so liegt die Chance darin, dass man sich in seinen Defiziten ergänzen und somit für die Kinder ein volleres Spektrum zur Verfügung stellen kann. Auch ergibt sich so die Möglichkeit, in dem Partner eine Spiegelung zu erkennen, welche einem hilft, an den eigenen Unfähigkeiten zu arbeiten. Man darf sich so am anderen erweitern und in seinen Kompetenzen vervollständigen. Zu einem solchen meist anstrengenden Prozess muss man jedoch auch innerlich bereit sein.

Gelingt das nicht, so ergibt sich für einen Pubertierenden, der durch den eigenen Wandel ein fast instinktives Gefühl für Widersprüche entwickelt, die Chance, die gegensätzlichen Standpunkte der Eltern für sich auszunutzen. Was letztendlich bedeutet, dass sich der Heranwachsende bei einer Fragestellung immer mit demjenigen Elternteil verbündet, der ihm den größten Gewinn zu versprechen scheint.

Deshalb ist es für Eltern gerade in der Pubertät wichtig, dass sie sich über ihre jeweilige Zielsetzung in der Begleitung der Entwicklung ihres Kindes austauschen. Dabei sollte auch die Frage geklärt werden, ob ein Schützen und Behüten vor der »harten« Wirklichkeit der beste Weg zur Förderung ist oder ob eine »lockere« Haltung eher eine Stärkung des Jugendlichen in die Wege leitet. Hinderlich ist es jedoch für alle Beteiligten, wenn die Haltung und Vorgehensweise des einen Elternteils die des anderen außer Kraft setzen. Beginnen sich die Eltern aber ernsthaft über ihre jeweilige Einstellung auszutauschen, so wird sich möglicherweise zeigen, an welchen Stellen ein Schutz durchaus noch angebracht ist und wo eher eine lockere Haltung ihre Berechtigung hat. So ist es beispielsweise sinnvoll, einen Pubertierenden vor zu schwerer körperlicher oder seelischer Anstrengung zu bewahren oder eine Begegnung mit grausamen oder perversen Angelegenheiten zu verhindern. Andererseits kann es hilfreich sein, wenn man in der Frage der Kleidung, der Frisur oder der Musik mit einer gewissen Lockerheit an die Sache herangeht.

Kann es über die wichtigsten Themen zu einem Austausch kommen, wird ein gegenseitiges Ausspielen der Eltern verhindert und ein zermürbender Streit darüber unnötig.

Wir haben einen fünfzehnjährigen Sohn mit Down-Syndrom. Er ist seit einem Jahr in der Pubertät, was sich vor allen Dingen durch seine Sympathie allen weiblichen Wesen gegenüber ausdrückt. Er streichelt Mädchen und Frauen gerne über den Busen und kennt dabei keine Scham. Mir ist das peinlich und ich werde jedes Mal sehr ärgerlich. Wie kann ich ihm begreiflich machen, dass man anderen nicht so nahe kommt?

Viele seelenpflegebedürftige Jugendliche haben kein Verhältnis zur Scham. Sie sind in ihrem Wesen offen bis hin zur Distanzlosigkeit anderen Menschen gegenüber. Ist es auch vor der Pubertät schon wichtig, dass sie die Grenzen anderer akzeptieren, wird es nun existenzieller, denn zuvor waren es meist noch süße Kinder, jetzt werden es kräftige Heranwachsende, die nicht mehr niedlich sind. Er braucht eine klare Grenze, die möglichst nicht nur von Ihnen kommt. Ermuntern Sie die Betroffenen, Ihrem Sohn unmissverständlich zu zeigen, dass sein Verhalten nicht in Ordnung ist. Aber sprechen Sie ihn auch auf seine Wünsche bezüglich des anderen Geschlechtes an. Hilfreich ist es, wenn das Thema in der Schule unter Gleichaltrigen besprochen werden kann. Vielleicht gibt es jetzt in der Schule einen Tanzkurs für die Oberstufenschüler, sodass ein natürlicher Kontakt zwischen den Jugendlichen zustande kommen kann, der dem Bedürfnis Ihres Sohnes nach Nähe und Eros entgegenkommt.

Übergänge und Krisen

Zwei Dinge sollen Kinder von ihren Eltern bekommen:
Wurzeln und Flügel.
Johann Wolfgang von Goethe

In der kindlichen Entwicklung und den jeweiligen Metamorphosen von leiblichen, seelischen und geistigen Fähigkeiten begegnen wir einem heiligen Mysterium der Menschheitsentwicklung, denn das, was heute an Entwicklung innerhalb von einundzwanzig Jahren in der Kindheit und Jugend geschieht, lässt sich in den Epochen der Menschheitsentwicklung vergangener Zeiten wiederfinden. Bei diesem Entwicklungsgeschehen geht es um ein stufenweises Einziehen des Ichs in die leiblich-seelischen Verhältnisse der kindlichen Individualität, welches mit einundzwanzig Jahren mit der Ich-Geburt zu einem Abschluss kommt. Ebenso wie es eine leibliche Schwangerschaft gibt, in der wir von einer Embryologie sprechen, lässt sich auch von einer »Embryologie des Ichs« sprechen. Alle Anlagen sind in ihren Möglichkeiten bereits vorhanden und benötigen entsprechende Zeiten und Bedingungen, um zur Entwicklung zu kommen.

Die Pubertät bildet den Abschluss der kindlichen Entwicklung und den Eintritt in die Jugend, in deren Verlauf die Individualität, welche Zukunft sucht und benötigt, immer mehr durchscheint und sich zum Ausdruck bringen will. Für Eltern und Erzieher kann es hilfreich sein, den »roten Faden« der Ich-Entwicklung menschenkundlich kennenzulernen, beim eigenen Kind nochmals rückschauend aufzusuchen und aus der Gegenwart heraus die Fragen zu entwickeln:

- Wo will dieser junge Mensch hin?
- Wonach strebt er?
- Wie kann ich ihn darin unterstützen und begleiten?

Von der kleinen zur großen Pubertät – körperliche und seelische Entwicklungen

Trotzalter

Sophia feiert gerade ihren zweiten Geburtstag. Sie hat von ihrer Mutter eine besonders hübsche, mit lauter Perlen beklebte Krone bekommen, die sie ihr auf den kleinen Lockenkopf setzen will, denn gleich kommen die kleinen Gäste. Sophia sagt fast genau mit ihrem zweiten Geburtstag »Ich« zu sich selber, was jetzt nicht zu überhören ist, denn sie hat heute ihren eigenen Kopf, und diese Krone will sie nicht aufsetzen. »Nein, ich will nicht!« Sie wirft die Krone auf den Boden, obwohl sie diese am Morgen noch bewundert hat und stolz damit durch die Wohnung gelaufen ist. Nun ist es aus unerklärlichen Gründen anders. Sophias Mutter ist unglücklich und auch ärgerlich darüber, aber sie ist einfühlsam genug, Sophia diese nicht aufzudrängen, so wird der Luftballon damit verziert und der Hausfrieden ist gerettet, kurz bevor die Gäste kommen.

Bis zum dritten Lebensjahr haben sich die Grundlagen für die drei großen Fähigkeiten – Gehen, Sprechen, Denken – entwickelt, was mit dem ersten Aufleuchten der Erinnerung und des abstrakten Denkens abgeschlossen ist. Das Tor zum eigenen Ich ist zart geöffnet und verleiht sich bis in die Sprache hinein Ausdruck: Das Kind sagt nun »Ich« zu sich selbst. Bis hierher war es ein reines Eindruckswesen, das alles Geschehen seiner Umgebung »vorbildhaft« in sich hineingelassen hat. Nun wird es zum Ausdruckswesen. Es möchte sich selber spüren, sich selber in anfänglicher Weise entscheiden können. Das kann es eben besonders gut, wenn es Widerstand gegen die Welt der Erwachsenen leistet, denn Widerstand erzeugt »Selbst-Bewusstsein«. Es wird nun mit seinem zarten Ich zum Bewohner seines Hauses. Bezeichnenderweise gelingt es uns als Erwachsenen, uns bis zum dritten Lebensjahr zurückzuerinnern, was mit dieser neu errungenen Bewusstseinsstufe zusammenhängt.

Hat sich das Selbstbewusstsein stärker entwickelt, kehrt im Gefühlsleben des Kindes mehr Ruhe ein. Es muss sich nicht mehr gegen so vieles wehren, um sich selbst zu spüren, sondern kann sich mit zunehmender Fantasie und dadurch bedingt mit reicherem Gefühlsleben mit seinen Eltern, seiner Umgebung auseinandersetzen und zu einem souveränen, zielgerichteten Eigenwillen kommen, der die Voraussetzung für das erneute Öffnen des Tores zum eigenen Ich ist. Das Kind wird schulreif.

In diesem Zusammenhang ist es hilfreich, einen Blick auf die Tatsache zu werfen, dass der Mensch nicht nur aus seinem stofflichen, sinnlich wahrnehmbaren Leib besteht, sondern dass dieser von höheren Wesensgliedern durchdrungen ist, und dies je nach Entwicklungsstand des Menschen in unterschiedlicher Weise.

Vier Wesensglieder bilden den menschlichen Organismus (siehe dazu die Skizzen nach Seite 240): Der *physische Leib* (in den Skizzen blau) besteht aus denselben Stoffen wie die leblose, mineralische Welt. Durch den feinstofflichen *Bildekräfte-* bzw. *Ätherleib* (grün) wird die Stofflichkeit des physischen Leibes von Leben durchdrungen; der Ätherleib bewirkt Wachstum und Stoffwechsel, ebenso wie bei den Pflanzen. Der *Seelenleib* (auch *Astralleib* genannt; in den Skizzen gelb) ist der Träger des Seelenlebens, von ihm gehen Gefühle wie Freude, Trauer, Sehnsucht, Lust und Unlust und alle Triebhaftigkeit aus; auch Tiere haben einen solchen Seelenleib. Das *Ich* (rot) als das höchste Wesensglied ist nur den Menschen eigen. Es ist unser geistiger Wesenskern, der im Laufe des Lebens die anderen, »niedrigeren« Wesensglieder umgestaltet und weiterentwickelt. Es ist sozusagen der Spiegel seines Vorgeburtlichen, das ewige Licht, mit dem der Mensch die Erde betritt und seine Aufgaben sucht, die er sich vorgenommen hat.

Diese vier »Leiber« des Menschen machen im Laufe der Kindheit und Jugend eine Entwicklung durch. In den Jahren nach der Geburt des Menschen, das heißt nach der Geburt des physischen Leibes, ist der Ätherleib noch in die Ausgestaltung dieses physischen Leibes bzw. der Organe eingebunden. Er wirkt förmlich noch »von außen« auf den Leib des Kindes ein, wie sich dessen Seelenleben noch ganz in der Peripherie abspielt, es lebt gewissermaßen noch in der geistigen Sphäre.

Dieser Zustand ist in Skizze I dargestellt: Im Zentrum befindet sich der physische Leib (blau), um ihn herum der Bildekräfteleib, der von außen auf die Formung und Ausbildung der Organe des physischen Leibes Einfluss nimmt. Seelenleib (gelb) und Ich (rot) sind dagegen noch ganz in der Peripherie zu erleben.

Erst zur Zeit des beginnenden Zahnwechsels und eines ersten Gestaltwandels, ungefähr mit dem siebten Lebensjahr, wird der Ätherleib von seiner leibbildenden Tätigkeit frei, er wird nun eigentlich »geboren«. Seine Kräfte stehen damit für die seelische Bildung des Menschen zur Verfügung: Das Vorstellungsdenken wird möglich, freie Gedanken werden gebildet, das Kind erlangt die Schulreife. Mit unglaublicher Formkraft werden die Kulturtechniken, das Schreiben und Rechnen, Zeichnen etc. erlernt. Auch das Seelenleben zeigt eine größere Präsenz, denn mit dem Zahnwechsel bildet sich das Fühlen des Kindes stärker aus und es erlebt eine Vertiefung seines Selbstbewusstseins mit dem Wechsel der Zähne und einem »neuen Gesicht«.

Dies wird in Skizze II (nach Seite 240) veranschaulicht: Der physische Leib (blau) ist jetzt grundsätzlich ausgebildet. Im Mittelpunkt stehen die Bildekräfte (grün), die nun für ihre seelisch-geistigen Aufgaben freigeworden sind. Das Seelenleben (gelb) tritt ebenfalls deutlicher hervor, auch wenn es – wie das Ich (rot) – noch immer in der Peripherie angesiedelt ist.

In entsprechender Weise wird der Astralleib nach weiteren sieben Jahren, also zur Zeit der Geschlechtsreife, geboren. Seine Kräfte werden nun dafür eingesetzt, dass der Heranwachsende seine Urteilskraft entwickelt.

Das Ich schließlich benötigt einundzwanzig Jahre, um sich ganz mit unserem Leib zu verbinden, dann erfolgt die sogenannte Ich-Geburt. Der junge Mensch erlangt nun seine Mündigkeit und soziale Reife, das heißt, er ist nun zu wirklich selbstverantwortlichem Handeln fähig. Mit der Ich-Geburt stehen dem Menschen nun die Kräfte aller vier Wesensglieder für seine weitere Entwicklung zur Verfügung.

Der Zahnwechsel

Ein Zeichen für die Schulreife ist also der Zahnwechsel als Ausdruck des Abschlusses von leiblichen Prozessen. Lebensbildkräfte waren am

Körperliche und seelische Entwicklungen   133

Leibaufbau tätig und damit bis zur Bildung und zum Durchbruch der zweiten Zähne leiblich gebunden. Diese werden nun frei für das vorstellende Denken, welches dem Kind mit der Schulreife zur Verfügung stehen sollte.

Dieser Übergang vom Kindergarten- zum Schulkind verläuft bekanntlich nicht ohne Irritationen. »Wackeln die Zähne, wackelt die Seele« heißt es im Volksmund. Das Zahnwechselkind verliert zeitweilig durch die Veränderungen im Mund, aber auch in seiner körperlichen und seelischen Entwicklung seine Mitte. Die Lücken, durch die der Wind bläst, und die Zunge, die ständig tastet, zeigen es uns. Dem Kind fehlt es für eine gewisse Zeit an Ich-Stärke, es wird manchmal wieder zum Kleinkind, das die Hände in den Mund steckt und auf dem Boden herumlümmelt, Weinerlichkeit und aggressives Verhalten wechseln sich ab. Es geht durch ein seelisches Chaos, und die Eltern nicht weniger, bis sich im Zahngeschehen alles wieder ordnet und eine neue Ruhe einkehren kann, die bis in das Antlitz hinein zum Ausdruck kommt. Die Eltern erleben dies als eine neue Selbstständigkeit, ein neues Selbst- bzw. Ich-Bewusstsein des Kindes.

»Ich möchte auch Taschengeld haben«, sagt die nun siebenjährige Sophia ernst, nachdem sie den Eltern kurz zuvor offenbart hatte, dass sie alleine in ihrem Zimmer schlafen möchte und der kleinere Bruder ausziehen solle. Wenige Wochen vorher war sie noch besonders anhänglich gewesen, wollte nicht alleine den kurzen Schulweg gehen, mochte nicht in ihrem vertrauten Zimmer sein und war blass und dünnhäutig anzusehen. Doch mit dem Durchbruch der Vorderzähne schaut sie die Eltern nun mit einem neuen Antlitz und Selbstbewusstsein an.

Das neunte Lebensjahr

Innerlich geschehen nun bis zur Vorpubertät, von der wir mit dem zwölften Lebensjahr sprechen, starke Reifungsprozesse. Hat das Kind im ersten Jahrsiebt seinen Willen durch Vorbild und Nachahmung entwickeln und ergreifen können, schafft es sich jetzt körperlich und seelisch eine Grundlage für sein Gefühlsleben. Bedingt durch das starke Wachstum von Herz und Lunge pendeln sich im Körper des Kindes die Atemfrequenz und die Anzahl der Herzschläge allmählich auf ein Verhältnis von 1: 4 ein, wie es auch für Erwachsene als »normal« gilt. Die Atmung hat sich vertieft, wodurch sich das Kind seelisch tiefer in sich selbst verankert erlebt und noch einmal mehr zu einem Eigenwesen wird. War es bis dahin mit seinem Seelenleben mehr peripher im Äußeren, zieht es sich jetzt stärker in sich selbst zurück, wodurch es zu einem neuen Bewusstsein seiner selbst und seiner Umgebung kommt, was nicht selten mit Gefühlen der Einsamkeit und Unsicherheit verbunden ist. Das Kind beginnt mit Fragen zu leben, die Eltern und Lehrer wie auf einen Prüfstein stellen können. Die eigene Existenz, das Vertraute mit den Eltern wird plötzlich in einer Weise hinterfragt, die bedrohliche Formen annehmen kann.

Sophia leidet in ihrem neunten Lebensjahr immer wieder unter Schlafstörungen. Sie hat wiederholt Albträume, schläft nur noch bei Licht und fühlt sich von den Eltern und Geschwistern nicht verstanden. Gleichzeitig mag sie sich auch nicht mehr mit Klassenkameradinnen verabreden, besucht andere Familien nur noch ungern und weigert sich, mit auf die bald anstehende Klassenfahrt zu gehen. Ihrer eigenen Familie gegenüber äußert sie ein plötzliches Fremdheitsgefühl, so als könnte sie nicht wirklich dazugehören. Auch klagt sie über Herzstolpern und einen Druck in der Herzgegend. Ein Kardiologe wird aufgesucht, der aber keine Diagnose stellen kann.

Sophias Beschwerden lassen einen Zusammenhang mit der sich entwickelnden Herz- und Lungenreife herstellen, denn diese ist erst im Laufe des zwölften Lebensjahres wirklich abgeschlossen, sodass es in den Übergangszeiten tatsächlich zu einer Art Herz-Rhythmus-Störung kommen kann. Der oben beschriebene Vorgang des Tiefer-in-sich-selbst-verankert-Seins kann auch als eine »kleine Ich-Geburt« bezeichnet werden. Rudolf Steiner hat dieser den Namen »Rubikon« gegeben. Nun verbindet sich das Ich des Kindes deutlich mit dem Stoffwechsel im Organismus. Der Blutzuckerspiegel als Kraftspender für das Ich beginnt anzusteigen, was sich auch im stärkeren Verlangen nach Süßigkeiten ausdrücken kann. Seelisch lässt sich eine Verbindung mit der Puls- und Atementwicklung beobachten, denn diese ist stark mit unserem Gefühlsleben verbunden. Wir sagen beispielsweise »Es stockt mir der Atem« oder »Mir bleibt vor Schreck das Herz stehen«, wenn uns ein Geschehen seelisch sehr berührt.

Die leiblichen Unregelmäßigkeiten können demnach auch als Irritationen im Gefühlsleben erlebbar werden. Sie sind ein markanter Ausdruck für diese Entwicklungsphase, welche insgesamt vom Kind als eine Vereinsamung erlebt und mit Trauer beantwortet wird. Es ist in der Tat eine erste Abschiedsphase: der langsame Abschied von der Kindheit. Sie stellt damit eine erste mehr oder weniger bewusst erlebte biografische Krise für die Kinder dar. Weiß man als Eltern von deren Verlauf, kann man das Kind besser verstehen und vertrauensvoll unterstützen, denn das braucht es in dieser unsicheren Zeit am meisten.

Für das Kind ist nun die liebevolle Autorität der Eltern und Erzieher besonders wichtig, die sich in dieser Entwicklungsphase vor allem an sein Herz richten sollte. Daran kann sich das Ich, das sich erstmalig bewusst mit seiner Umwelt verbinden will, stärken und das Kind kann auf diesem Wege zunehmend mehr Halt in sich selber finden.

Das zwölfte Lebensjahr – die Vorpubertät

Seit einigen Jahrzehnten beginnt die körperliche Reifung immer früher. Mit dem Rubikon, dem Abschied von der Kindheit, durchschreiten besonders die Mädchen das Tor zum Frau-Werden häufig sehr schnell. Eine Tatsache, der sie seelisch oft gar nicht folgen können. Ein rasches Wachstum der Gliedmaßen, das besonders die Jungen ab dreizehn bis vierzehn Jahren groß, dünn und schlaksig erscheinen lässt, stellt meistens die Vorstufe der hormonellen Veränderungen im Körper der Jugendlichen dar, die zum Eintreten der Menstruation und dem Wachsen der Brüste und der Scham- und Achselbehaarung bei den Mädchen führt, bei den Jungen oft etwas später zum Wachsen des Adamsapfels

Die Vorpubertät ist eine Zeit der Ablösung und Vorbereitung.

und zum Stimmbruch. Die Hormone sind es auch, die für Stimmungsschwankungen bei den Vorpubertierenden sorgen (siehe auch das Kapitel »Sexualität und Aufklärung«, Seite 74 ff.).

Die Heranwachsenden beginnen sich nun verstärkt von den Eltern, meist besonders von den Müttern, zu lösen, und nicht selten führen Konflikte im Elternhaus zu einer zeitweiligen »Entzweiung« mit Mutter oder Vater. Aber es gibt auch eine »innere Entzweiung« im Jugendlichen, der sich zwischen den Empfindungen, noch Kind sein zu wollen und doch schon Jugendlicher zu sein, hin und her gerissen fühlt. Das Gefühlsleben wandert auf einer Skala von Sympathie und Antipathie auf und ab, um sich wehenartig auf eine neue Geburt vorzubereiten: die Geburt des Seelenleibes (siehe auch Seite 132), kraft dessen der Jugendliche seine neuen Entwicklungsschritte in die Pubertät hinein vollziehen kann. Die Phase der Vorpubertät ist eine Zeit der Ablösung und Vorbereitung zugleich, welche von uns als Eltern mit Einfühlsamkeit und Respekt dem Werdenden gegenüber begleitet werden will.

Selbst wenn die Töchter und Söhne bereits körperlich zur Frau bzw. zum Mann geworden sind, bedeutet dies nicht, dass sie es seelisch auch schon sind.
Wie bereits erwähnt geht das Kind nun menschenkundlich gesehen auf die Geburt seines Seelenleibes zu. Wir können in Skizze III (nach Seite 240) eine deutliche Metamorphose erkennen. Jetzt tritt uns das Gelb-Strahlige des Seelischen besonders deutlich entgegen und füllt den Innenraum aus. Äußerlich machen die Kinder ein starkes Längenwachstum durch. Sie fangen an, anders zu gehen, anders aufzutreten, und das auf zweifache Weise: leibbezogen und geistig-seelisch-bewusst. Rudolf Steiner spricht davon, dass das Knochensystem des Kindes jetzt »seelisch erwacht«.[35] Der Jugendliche ist bis in seinen Körper hinein mit den sachlichen Gesetzmäßigkeiten des Lebens beschäftigt, denen er einerseits in der Außenwelt in dem Unterrichtsstoff der Oberstufe wieder begegnet, denen er aber auch auf seinem seelischen Entwicklungsweg mit den Eltern und Lehrern sachlich und oftmals fachlich begründet begegnen will, auch wenn es ihm selber häufig noch nicht möglich ist.

Phänomene der Pubertät

Pubertät bedeutet Aufbruch zu neuen Ufern. Vergleichen wir diese Lebensphase noch einmal anhand verschiedener Bilder mit den beiden anderen Jahrsiebten, dann können wir das Kind bis zum Schulalter mit seinen Eltern in einem gemeinsamen Boot auf einem See oder Fluss rudern sehen. Die Eltern halten die Ruder fest in der Hand und geleiten das Boot mit dem Kind sicher an das Ufer. Mit dem Anlegen des Bootes beginnt ein neuer Reise- und Lebensabschnitt, den wir die Reise übers Land nennen wollen. Das Schulkind beginnt eigenständig Kontakte zu pflegen, es entfernt sich zunehmend von seinem vertrauten Zuhause und vergrößert seinen Radius. Werte und Normen werden an den anderen Elternhäusern gemessen und die Zeit des Kritisierens am eigenen Elternhaus beginnt, womit eine soziale Umwertung einsetzt, die stark durch das erwachende Gefühlsleben bestimmt wird. Die Seele verbindet sich über die Gefühle erstmalig eigenständig mit der Außenwelt, was nicht selten zu schwankenden Gefühlsäußerungen führt, von stür-

138 Übergänge und Krisen

mischer Begeisterung zu tiefem Zweifel führen kann. Hier sei noch einmal auf das neunte Lebensjahr als die erste Autoritätskrise und der erste Abschied von der Kindheit verwiesen (siehe Seite 133 ff.). Wenn das Kind mit dem zwölften Lebensjahr sozusagen die Vorpubertät betritt, haben sich bereits eigene Gewohnheiten, das vorherrschende Temperament und erste soziale Kompetenzen entwickelt. Mit diesen Kräften ausgestattet beginnt der dritte Lebensabschnitt von der Kindheit in die Jugend: die Reise ins Gebirge. Für diesen Reiseabschnitt packe man sich als Eltern für die Begleitung der Jugendlichen einen guten Rucksack, zu dem auf jeden Fall Karabinerhaken und Steigbügel, Seile und Gurte zum Absichern gehören. Die Seele der Jugendlichen ist nun frei geworden (siehe Skizze III, nach Seite 240) und die Gefühle können stärker zum Ausdruck kommen.

Lisa-Marie kommt aus der Schule nach Hause, wirft ihren Rucksack in die Ecke und flucht vor sich hin. Wieder einmal fühlt sie sich von ihren Klassenkameradinnen ungerecht behandelt, alle lästern über sie, über ihre Kleidung, ihre Haare, überhaupt alles an ihr muss wohl doof sein. Als die erste Wut verraucht ist, kullern die Tränen bei der Dreizehnjährigen nur so über die Wangen. Ein enormer Weltschmerz bricht sich Bahn: Die anderen Mädchen sind so cool, die schminken sich schon, stehen immer mit den Jungen herum, und manche haben sogar schon das Rauchen angefangen. Sie möchte dazugehören, fragt sich aber, ob sie dann wohl auch rauchen muss. Manchmal sieht ihre Mutter sie vor dem Spiegel stehen, sich hin und her drehend, leise musternd, so als klinge die Frage aus ihr heraus: »Was ist gut an mir und was sollte anders sein?« Verstohlen nimmt Lisas Mutter wahr, wie sie neue Gesten und eine andere Art des Lächelns ausprobiert. Sie zieht sich beschämt zurück. Betroffen erzählt sie am Abend ihrem Mann von dieser Beobachtung. Sie hätte sich für ihre Tochter gewünscht, dass sie selbstsicherer und mehr »bei sich« wäre.

Wie anders war doch die Pubertät von Jan, der inzwischen schon achtzehn Jahre alt ist. Jan kam später in die Pubertät als Lisa-Marie, auch er durchlebte Veränderungen, besonders der Stimmbruch machte ihm zu schaffen. Wahrscheinlich hat er damals auch deshalb plötzlich weniger geredet und wurde oftmals so muffelig und einsilbig. Ihm musste man alles »aus der Nase« ziehen, während Lisa-Marie oft geradezu in einen Redeschwall verfällt. Wenn Jan mal mehr redete, dann waren es meistens konkrete Erlebnisse aus dem Schulalltag. Er konnte einem haarklein von chemischen und physikalischen Versuchen berichten oder gezeichnete Pläne für sein neues Bett vorlegen. Darin war er ebenso enthusiastisch wie Lisa-Marie, die mit Hingabe über die sozialen Konflikte in der Klasse berichten kann.

◀

Veränderter Schlaf in der Pubertät

Wenn der Jugendliche seine Pubertät durchschreitet, verändert sich das Wachen und Schlafen. Bis dahin hatte er jede Nacht eine innige, erfrischende Verbindung mit den höheren Mächten aufgenommen, die seine Seele mit der Kraft des geistigen Lichtes und des geisterfüllten Fühlens beleben und erfüllen konnte. Nun erlischt diese zugunsten der Wachstumsentwicklung seiner Gliedmaßen, die einen Gegenpol zu allem Übersinnlichen bilden. Der Jugendliche vereinigt sich mit seinen Willenskräften, er wächst gewissermaßen mit den Gravitationskräften der Erde zusammen. Diese haben die Tendenz, alles in Verdichtung und Verhärtung zu führen und aus dem Kosmos abzusondern, wodurch der Jugendliche aber auch das Erlebnis seiner Selbstständigkeit erringen kann. Er wird in seinem Vorstellungsleben und in seinem Willen ein Eigenwesen. So ist er nicht mehr so einfach zu beeindrucken wie als Kind in den Jahren zuvor. Er fällt tatsächlich körperlich und seelisch-geistig in die Schwere, was sich nicht selten in einem größeren Schlafbedürfnis ausdrückt. Schaut man Jugendlichen nach zehn Stunden Schlaf ins Gesicht, so sehen sie selten erfrischt aus, sondern eher schwer und etwas dumpf und mürrisch, dahingegen wirkt ein Zehnjähriger erfrischt und verjüngt.

Mag in dem vermehrten Schlafbedürfnis beim Jugendlichen eine unbewusste Sehnsucht nach Geistberührung liegen? Wie können wir als Eltern, aber vorwiegend auch als Lehrer in der Schule das Wachen und Schlafen in der Pubertät beeinflussen? Wie können wir im Alltag Kräfte im Jugendlichen ansprechen, die ihn nachts in Verbindung mit dem Übersinnlichen kommen lassen? Was geschieht in dieser Hinsicht in der Pubertät?

Wir haben gesehen, dass mit der Pubertät der Seelenleib des Menschen geboren wird (siehe Skizze III, nach Seite 240). Es tritt uns nun mehr und mehr sein subjektives, persönliches Wesen entgegen, das sich einerseits willenhaft in den Trieben, Begierden und Instinkten zum Ausdruck bringt, bei dem aber andererseits auch bereits vergeistigte, willensbetonte Kräfte beteiligt sein können. Wenn wir diese als Erwachsene anregen, erwacht im Innern des Jugendlichen zusammen mit den sinnlichen Trieben der Idealismus.

Gehirnentwicklung in der Pubertät

Im Laufe der Pubertät verändert sich der gesamte Hormonhaushalt, verbunden mit der Entwicklung einer eigenen Sexualität des Heranwachsenden. Männliche und weibliche Hormone, welche vorher keine oder nur eine geringe Funktion hatten, geraten immer mehr in den Mittelpunkt des Geschehens und beeinflussen so das Verhalten und den Körperbau des Jugendlichen in hohem Maße. Der junge Mensch wird fortpflanzungsfähig. Diese Hormone wirken sich auch auf das Verhalten der Pubertierenden aus, die am Anfang dieses Reifeschrittes noch nicht alle Werkzeuge zur Verfügung haben, mit den neuen hervordrängenden Kräften umgehen zu können. Kommt es zu Konflikten und damit zur Frage des Warum und Wieso, drängt sich schnell der Satz auf: »Das liegt alles an den Hormonen.« Womit gesagt sein soll, dass ein innerer Stoffwechselprozess das Verhalten beinahe eigenmächtig steuert und der junge Mensch erst durch eine Reifung der Persönlichkeit lernen wird, mit dem neuen Phänomen umzugehen.

Mit der Veränderung des Hormongefüges im Laufe der Pubertät geht aber auch eine erst in letzter Zeit erforschte Wandlung bestimmter Teile des Gehirns einher. So kann man heute nicht mehr vom alleinigen Einfluss der Hormone auf den Werdegang innerhalb der Pubertät, sondern eher von einem Wechselspiel unterschiedlicher Einflüsse sprechen (zu welchen übrigens neben den gerade genannten Aspekten auch die Zunahme der Fettleibigkeit, die Zuspitzung der Außenreize, der Klimawandel oder erhöhter Stressanteil im Leben gezählt werden).

An vier Stellen macht sich der Wandel des Gehirns im Verlauf der Pubertät am deutlichsten bemerkbar: Obwohl das Gehirn in den ersten 18 Lebensmonaten den stärksten Aufbau erlebt und mit sechs Jahren schon über 90% des Volumens bei einem Erwachsenen besitzt, findet gerade in der Pubertät noch einmal ein deutlicher Wandel statt. Dabei lässt sich im präfrontalen Cortex (einem Teil des Frontallappens der Großhirnrinde) ein Neuaufbau registrieren, dem ein Abbau (das sogenannte »Pruning«, bei dem sich nicht genutzte Nervenzellen auflösen) gegenübersteht. Was gebraucht wird, verstärkt sich, und was nicht benutzt wird, löst sich auf. Bei Mädchen mit elf Jahren und bei Jungen mit zwölf Jahren fand man die größte Verdickung dieses Gehirnteiles, welcher für die Urteilsbildung, den planenden Verstand und die Moral verantwortlich ist. Mit anderen Worten: Jetzt entscheidet sich, ob und welche Verknüpfungen im Gehirn angelegt werden. Beschäftigt sich ein Jugendlicher mit Literatur oder Kunst, so werden diese Leitungsbahnen aufgebaut, sitzt er viel am Computer oder gibt sich der Langeweile hin, werden die dementsprechenden Verflechtungen verstärkt. Es werden somit Weichen für die ganze nächste Zukunft gestellt. In dieser Phase der Umstrukturierung des Gehirns ist deshalb der Einfluss von Drogen und Alkohol besonders schädigend und, wie sich gezeigt hat, zum Teil irreversibel.

Des Weiteren fand man bei Jugendlichen im Verlauf der Pubertät eine deutliche Zunahme der Leitfähigkeit der Nervenzellen. Für die Übertragung von Impulsen sind in den Nervenzellen sogenannte Axone verantwortlich. Das sind fadenförmige Verlängerungen an den Nervenzellen, welche – einer mikroskopisch kleinen Stromleitung ähnlich – einen Ladungsstoß weiterleiten und so für die Übertragung sorgen. Diese Axone sind von einer Schutzschicht (der sogenannten Schwann'schen Scheide) umgeben, deren Zellen Myelin, eine fettähnliche weiße Substanz, enthalten. In der Pubertät wird vermehrt Myelin eingelagert; im Alter von zehn bis zwanzig Jahren verdoppeln sich diese Myelinumhüllungen und verstärken dadurch die Effektivität der Reizleitung um ein Dreißigfaches.

Interessant ist auch, dass sich im Verlauf der Pubertät die Faserbündel zwischen den Gehirnhälften, der sogenannte Balken, verstärkt. Diese Verknüpfungsstelle zwischen den beiden Gehirnhälften entwickelt sich offensichtlich hauptsächlich genetisch bedingt. Die Entwicklung des Kleinhirns (Cerebellum) während der Pubertät und der darauf folgenden Jahre wird dagegen mehr durch die Umwelt geprägt. Das Kleinhirn ist an unserer Bewegungsfähigkeit beteiligt. Es bestimmt entscheidend mit, wie wir innerlich koordiniert sind. Wird im Verlauf der Entwicklung und noch einmal ganz besonders im Verlauf der Pubertät das geschickte körperliche Bewegen geübt, so entsteht auch eine intellektuelle Beweglichkeit. In dieser Qualität des Kleinhirns wird erkennbar, wie eng körperliche und geistige Entwicklung miteinander verbunden sind. Der Grundsatz, dass die Förderung der körperlichen Fähigkeiten die Bildung eines aufnahmefähigen und beweglichen Geistes begünstigt, hat übrigens in allen Altersstufen seine Berechtigung.

Als Letztes kann der Blick auf die Kontaktstellen zwischen den einzelnen Nervenzellen, die Synapsen, gelenkt werden. Die meisten Synapsen werden bereits im Verlauf des ersten Lebensjahres aufgebaut. Ab dann erfolgt ein langsamer, stetiger Abbau (Pruning). Nur in dem Teil des Gehirns, der sich am spätesten entwickelt, dem sogenannten Frontallappen, geht die Synapsenbildung noch weiter, und erst nach der Pubertät kommt es auch hier zu einem Abbau.

Anhand der geschilderten Untersuchungsergebnisse kann man erahnen, welche Verknüpfungen zwischen dem Gehirn, diesem wichtigen Organ des Bewusstseins, und den Verhaltensweisen der Jugendlichen bestehen. Teilweise lassen sich daraus auch manche Schwierigkeiten erklären, die in der Begegnung zwischen den Generationen auftauchen können. Als Beispiel seien hier die Veränderungen im Erkennen des Gesichtsausdruckes angeführt. »Viele Jugendliche können plötzlich Gesichtsausdrücke nicht mehr deuten und verstehen daher Anweisungen oder allgemeine Bemerkungen falsch. Bei der Frage, welche Gesichtsausdrücke von Erwachsenen auf Fotos zu erkennen sind, wurden die Angaben dazu, ob jemand traurig, fröhlich oder ärgerlich aussieht, schwierig und Gesichtsausdrücke wurden fehlgedeutet. Diese vorher vorhandene Fähigkeit, Gesichter zu deuten, geht offenbar mit dem Umbau des Gehirns [...] ab dem elften, zwölften Lebensjahr [...] zurück. [...] Mit dreizehn bis vierzehn Jahren verbessert sich diese Fähigkeit wieder, mit sechzehn ist der vorpubertäre Stand wieder erreicht.«[36]

Wen kann es da noch wundern, wenn die freundlich gemeinte Frage nach dem Wohlergehen der Tochter mit einem zornigen Türenknallen beantwortet wird oder wenn der Sohn dem Vater bei einer zornigen Predigt wegen seines Zuspätkommens frech ins Gesicht lacht?

Der zentrale Punkt dieser ganzen Umstrukturierung ist jedoch die zu übende Urteilsbildung, welche in dieser Altersstufe ihre Basis erhalten muss. Der präfrontale Cortex (siehe oben) ist zwar das in diesem Zusammenhang geeignete Werkzeug, er ist jedoch von seinem Gebrauch abhängig. Wird er nicht genutzt, kann er sich nicht in der gewünschten Weise entwickeln. Die Art und Weise seiner Nutzung bildet die Grundlage für seine spätere Anwendung.

Das Wissen um diesen Zusammenhang hat selbstverständlich weitreichende Folgen für den Umgang mit dieser Altersstufe. Es lenkt den Blick von rein Kognitivem, das heißt auch vom reinen An- und Aussprechen von Problemzusammenhängen, hin zum mehr Erlebnishaften, hin zu zwischenmenschlichen Kontakten, zu mehr körperlichen, bewegenden Erfahrungen und Übungen und zu einem gemeinschaftlichen Ringen um eine wachsende Urteilsfähigkeit.

Formen der Pubertät

Die Pubertät des Denkens

Jeder Jugendliche durchlebt seine Pubertät auf ganz individuelle Weise. Immer sind die Lebensumstände anders, ist die Familiensituation verschieden. Auch bringt der junge Mensch seine ganz speziellen Besonderheiten mit auf die Erde. Obwohl es so gesehen genauso viele Formen der Pubertät gibt, wie es Jugendliche gibt, schlägt Jeanne Meijs drei charakteristische Pubertätsformen zur Unterscheidung vor: die Pubertät des Denkens, des Fühlens und des Wollens.[37]

Genau genommen kommen diese Formen nicht isoliert vor, aber die meisten Jugendlichen neigen schwerpunktmäßig zu einer dieser Ausformungen und durchleben die anderen in geringerem Maße.

Die Gedankenpubertät ist häufig die erste deutlich zutage tretende Form. Der junge Mensch wächst in die neue, ihm noch unbekannte

Welt der Erwachsenen hinein und wird so mit Umständen konfrontiert, die ihm zuvor wegen der Führung durch seine Eltern und Lehrer in dieser Art noch nicht begegnet sind. Bisher durfte er sich auf das Urteil und die Anleitung der Erwachsenen verlassen, ihm wurde aufgezeigt, wie er sich zu verhalten und was er zu tun hat, er bekam Antworten auf die noch kindlichen Fragen. Jetzt aber tut sich eine neue Welt auf, eine Welt der Widersprüche und der Abgründe, der Begegnung mit den dunklen Mächten und den tiefen Fragen nach dem Sinn des Lebens. Dadurch steht er vor der Aufgabe, selbst die für ihn richtigen Antworten zu formulieren. Er kann und will sich nicht mehr auf das Überlieferte verlassen, ist angesichts der von den Erwachsenen nicht zufriedenstellend gelösten Probleme der Zeit nicht willig, alles als gegeben hinzunehmen.

Aus dieser Situation heraus bewegen ihn die unterschiedlichsten Fragen wie:

- Gibt es einen göttlichen Schöpfer?
- Warum gibt es nur auf der Erde Leben, ist es auch anderswo denkbar?
- Warum gibt es so viele verschiedene Religionen?
- Warum können die Menschen nicht friedlich miteinander auskommen?
- Was kann ich von der Zukunft erwarten?
- Habe ich in der bestehenden Welt eine Bedeutung und Aufgabe?
- Sind meine Lehrer wirklich so, wie sie vorgeben zu sein?
- Haben meine Eltern tatsächlich ein so erfülltes Leben, wie sie immer sagen?
- Wie finde ich den zu mir passenden Menschen?
- Wie kann ich reich werden?
- Wodurch könnte Gerechtigkeit unter den Völkern der Erde entstehen?

Auch Erwachsene bewegen in bestimmten Augenblicken solche Fragen. Und genauso wie der Jugendliche sind sie nicht in der Lage, eine erschöpfende Antwort zu finden.

Jugendliche, die sich in der Gedankenpubertät befinden, umgeben sich dauernd mit diesen tiefsten Fragen, kreisen um sie herum und strengen ihre Gedankenkräfte aufs Äußerste an, ohne in der Lage zu sein, befriedigende Antworten zu formulieren. Ihr Sein ist von dieser Kopfarbeit bestimmt und verhindert, dass es zu ausgleichendem Tätigsein kommt. Sie versinken im Grübeln und Denken (und auch Darüber-Reden) und können sich damit bis zur völligen Untätigkeit lähmen.

Im Zusammenspiel mit den Erwachsenen treffen sie oft auf Unverständnis. Welcher Vater oder welche Mutter würde sich nicht überfordert fühlen, wenn das Kind ihn bzw. sie beim Frühstück oder beim Abendbrot mit der Frage nach dem Sinn des Lebens konfrontiert, gleichzeitig aber auch sein noch ausstehendes Taschengeld einklagt. So kann es passieren, dass die Eltern ihre pubertierenden Kinder nicht mehr ganz ernst nehmen und sich so nur noch weiter von ihnen entfernen. Erschwerend kommt hinzu, dass Jugendliche sich oft auf provozierende, ja sogar verletzende Weise verhalten. Sie legen den Finger genau in die empfindlichste und wundeste Stelle der Erwachsenen und lösen so eine trennende Reaktion aus, welche die Lage nur noch verschärft.

Schafft der Erwachsene es, sich nicht so schnell provozieren zu lassen, bewahrt er die Ruhe und gelingt es ihm, einen Moment mit den Augen des Jugendlichen zu sehen, so kann sich über das Trennende hinaus eine neue Beziehungsebene öffnen, die ganz unbekannte, spannende Aspekte der Begegnung zwischen Jung und Alt zulässt.

Voraussetzung dafür ist, dass der Erwachsene nicht von den Idealen, nach denen er lebt und nach denen er auch sein Kind erzogen hat, sofort abrückt, wenn es zu Spannungen kommt. Hinter der provokanten Art des Jugendlichen verbirgt sich sein Bedürfnis nach Sicherheit und Kontinuität. Er braucht bei seiner Suche nicht die Antwort von den Eltern, aber er braucht die Möglichkeit zu testen, zu untersuchen, zu erfahren.

Günstig ist es auch, wenn die Eltern sich nicht dazu verleiten lassen, den komplizierten Gedanken auch mit komplizierten Reaktionen zu begegnen. Günstiger ist es, wenn der Knoten im Gedankengerüst durch eine handfeste gemeinsame Tat oder durch ein gemeinsames gefühlvolles Erleben gelöst werden kann, wenn man sich also in scheinbar verfahrenen Situationen auf die anderen Formen der Pubertät – die Gefühls- und die Willenspubertät – als entlastendes Element besinnt.

▶

Hanna schwärmt für Mahatma Gandhi, in ihrem Zimmer hängt ein fast lebensgroßes Poster von ihm. Seit ihrer Konfirmation hat sie sich vom Christentum distanziert und beschäftigt sich mit dem Buddhismus. Ständig kreisen ihre Gedanken um die möglichst zu erlangende Erleuchtung und das für sie damit verbundene Nirwana. Obwohl sie einen Jungen aus der Parallelklasse »ganz nett« findet, vertritt sie die Meinung, dass die Menschen eigentlich keine Ehen mehr schließen und keine Kinder mehr in die Welt setzen dürften. Außerdem ist sie sehr wegen der Veränderungen des Klimas und der Verschwendung der Naturreserven besorgt. Nachts kann sie manchmal nicht schlafen, weil sie keine Lösung für diese bedrohlichen Probleme weiß.

Die gesamte Familie ist genervt von ihrem ständigen Gerede über Verantwortung und die in Aussicht gestellte Erlösung durch den buddhistischen Weg.

Mit dem jüngeren Bruder kommt es regelmäßig zu heftigen Auseinandersetzungen. Aber ganz oft zieht sich Hanna auch in ihr Zimmer zurück und gibt sich ihrem melancholischen Weltschmerz hin. Die Eltern sind ratlos und fragen den Priester, der während der Konfirmandenzeit ein sehr gutes Verhältnis zu Hanna hatte, um Rat. Zu ihrem Erstaunen bekundet dieser großes Interesse an den Erkenntniswegen des Buddhismus und rät den Eltern, sich mit den entsprechenden Hintergründen zu beschäftigen. Zum Studium gibt er ihnen ein Buch, das dem westlichen Verständnis die geistigen Grundlagen und den Schulungsweg dieser Religion zugänglich macht.

Skeptisch beginnen die Eltern in dem Buch zu lesen, werden aber von den Inhalten ergriffen, und schon nach kurzer Zeit kommt es zu für beide Seiten interessanten Gesprächen zwischen Hanna und ihren Eltern. Antworten auf die großen Fragen der Welt finden sie dabei nicht, aber die Begegnungen in der Familie sind längst nicht mehr so nervenaufreibend wie zuvor.

◀

Die Pubertät des Fühlens

Ein markantes Phänomen der Pubertät ist der rasche Stimmungsumbruch, dem der Jugendliche und damit auch seine Mitmenschen ausgesetzt sind. Zwischen »himmelhoch jauchzend« und »zu Tode betrübt« schwankt das innere Gefühlsbarometer besonders mancher Mädchen in der ersten Phase ihrer Pubertät. Sie können mitten in einer lustigen Situation aus nicht nachvollziehbarem Anlass in bitterste Tränen ausbrechen. Aber auch so mancher Junge pendelt bei Themenbereichen, für die er sensibel ist, von einem Extrem ins andere. Die Seele dieser jungen Menschen kann sich nicht in einer Tat ausdrücken und es kommt auch nicht zu einem Nachdenken über die Hintergründe. Sie bleiben im gefühlsmäßigen Bereich, in der jeweiligen Stimmung stecken, es wallt und wühlt in ihrem Inneren und sie können sich nicht selbst davon befreien.

Jugendliche, die zu diesem Pubertätsphänomen neigen, haben in gewissem Sinne eine zu dünne Schutzhaut um ihre Seele. Sie können antipathische Kräfte nur bedingt aushalten und reagieren mit einem starken Gefühlsausbruch. Nicht selten steigert sich ein junger Mensch aber nur für kurze Zeit in diesen Gemütszustand hinein, und während die Eltern noch damit beschäftigt sind, auf die von ihnen selbst hervorgerufene Situation zu reagieren, hat der Jugendliche die Szene schon wieder vergessen.

Beispielsweise wird ein Mädchen bei einem bestimmten Lied im Radio jedes Mal von einer Weinattacke ergriffen, weil der sehnsüchtige Text sie daran erinnert, dass sie noch keinen Freund hat. Beim nächsten Song ist es jedoch schon wieder gut. Ein Junge bricht immer einen Streit vom Zaun, wenn die Mutter ihn auffordert, sein Messer nicht so genussvoll abzulecken. Ein anderer gerät in Wut, wenn seine Umgebung sein unklares »Genuschel« nicht versteht. Oder ein Mädchen schwärmt heute für den einen Rockstar und morgen schon für den nächsten. Derartige Beispiele gibt es wohl in unbegrenzter Zahl. Sie sind für den Jugendlichen in dem jeweiligen Augenblick von größter Bedeutung, spielen im nächsten Moment jedoch nur noch eine untergeordnete Rolle.

Die Schwankungen in der Gefühlslage können aber durchaus auch

148 Übergänge und Krisen

ernstere Auswirkungen zeigen und fordern dann eine sensible Achtsamkeit der Erwachsenen, wie das folgende Beispiel veranschaulichen soll.

▶

Maria war eigentlich immer ein recht lebensfrohes Mädchen gewesen. Viel hatte sie mit ihren Freundinnen unternommen und Langeweile oder Trübsinn waren ihr unbekannt. Je mehr sich jedoch die Pubertät bemerkbar machte, desto häufiger überfielen sie regelrechte Naschattacken und sie wurde immer rundlicher. Durch die Unzufriedenheit mit ihrem Äußeren zog sie sich mehr und mehr zurück, konnte das Naschen aber nicht lassen. Sie mochte einen Jungen aus der nächsthöheren Klasse gerne, der zeigte jedoch kein sonderliches Interesse an ihr. In ihrem Kummer stopfte sie eines Tages so viele Süßigkeiten in sich hinein, dass ihr schlecht wurde und sie sich übergeben musste. Seltsamerweise fühlte sie sich danach besser, und so fasste sie den Entschluss, von nun an alles Gegessene wieder auszuspucken, um dadurch ganz schlank und attraktiv für ihren »Liebsten« zu werden. Äußerlich zäh und konsequent arbeitete sie an ihrem Plan. Innerlich wurde sie immer wieder von Zweifeln geplagt. Nach einem halben Jahr konnte sie erleben, dass der Junge sie auf dem Schulhof anlächelte, und mehrere Tage schwebte sie wie auf Wolken. Sie glaubte sich kurz vor dem Ziel und aß noch weniger.

Zwei Monate später sah sie »ihn« mit einem anderen Mädchen am Bahnhof, und ihre ganze Welt brach zusammen. Essen konnte sie nach diesem Erlebnis nur noch weniger, und erst eine regelrechte Therapie brachte ihre Seelenlage wieder ins Gleichgewicht.

Die Pubertät des Wollens

Charakteristisch für die Willenspubertät ist das Bedürfnis der Jugendlichen, neue Erfahrungen ganz direkt und unmittelbar machen zu wollen. Sie bedenken nicht erst das Für und Wider, auch neigen sie weder vorher noch nachher zu schwankenden Gefühlsausbrüchen. Sie besitzen ein großes Reservoir an Energie und verlangen durch ihr Vorgehen von den Eltern und anderen Mitmenschen ebenfalls einen großen Krafteinsatz.

Erwachsene wollen die Gegebenheiten meist erst einmal im Kopf bewegen, wollen die Risiken und Vorteile im Vorfeld klären und erst dann einen »überlegten« Entschluss fassen. Leider bleiben diese Vorüberlegungen aber oft »im Kopf hängen« und finden nicht den Weg in die Wirklichkeit. Darum ist es auch so schwer auszuhalten, wie ein junger Mensch in kürzester Zeit das, was ihm wichtig ist, in die Tat umsetzt.

Der Jugendliche, bei dem die Willenspubertät dominiert, geht ganz direkt auf sein Ziel zu und setzt das sofort um, was ihm als wichtig erscheint. Ein solcher Jugendlicher wird, wie jeder andere auch, in seinem Inneren mit einer Vielzahl von Gefühlen konfrontiert, die sich den Weg nach außen bahnen wollen. Aber er hat noch nicht gelernt, angemessen damit umzugehen. In manchen Fällen kann es deshalb zu so impulsiven Taten kommen, dass man an eine Explosion erinnert wird. Aus diesem Grunde schießt ein solcher Jugendlicher auch oft über das Ziel hinaus und richtet dabei den einen oder anderen handfesten Schaden an.

Es muss jedoch nicht zwangsläufig zu so einem Überschwang an Tatkraft kommen. Gemäßigtere Persönlichkeiten bringen es in der Willenspubertät vielleicht nur bis zum Tragen extrem bunter oder zerrissener Kleidung, weil sie genau wissen, dass sie so den Protest ihrer Eltern hervorrufen. »Ich möchte nicht, dass du als mein Kind so heruntergekommen herumläufst. Ich muss mich ja beinahe schämen. Was sollen die Leute denn von unserer Familie denken?«

Wer auf das Äußere seines Kindes in dieser Weise reagiert, wird nur noch buntere oder zerrissenere Kleidung vorgeführt bekommen, denn den Widerstand durch seine Tat will der junge Mensch ja gerade provozieren. Wenn die Eltern es jedoch in der Begegnung mit Jugendlichen in der Willenspubertät wagen, einmal etwas distanzierter hinzuschauen, werden sie feststellen, dass hinter dem provokanten Auftreten nicht selten auch eine nachzuvollziehende Haltung und Zielrichtung zutage tritt. Wenn ein Mädchen seine bis dahin geliebten Jeans auf einmal mit Löchern in den Knien und sonstwo versieht, kann dahinterstehen, dass es sich mit dem Star einer Popgruppe identifiziert, der gerade solche zerrissenen Hosen trägt. Verstehen die Eltern, dass es um das Experimentieren geht, um das Ausprobieren neuer Wege, so müssen sie nicht so stark die Auseinandersetzung suchen, sondern können hinter dem ganzen konfliktträchtigen Verhalten sogar sympathische Züge erkennen. Ist es nicht im Grunde beneidenswert, mit welcher Kraft und Beharrlichkeit junge Menschen auf ihr Ziel zugehen, und wünscht sich nicht so mancher Erwachsene selbst ein bisschen mehr von diesem »jugendlichen Elan«?

Derartige Sympathiegedanken sollten jedoch nicht zu einer Haltung führen, die alles zulassen will. Der junge Mensch, besonders derjenige in der Willenspubertät, braucht zwar die Freiheit des Handelns, ihm jedoch alles und jedes in seine Willkür zu stellen würde ihn überfordern. Man muss ihn vielmehr schrittweise an das Ziel der uneingeschränkten Handlungsautarkie heranführen. »Wenn du heute Vormittag mit uns zusammen das Haus putzt und es dabei keinen Streit gibt, dann kannst du heute Abend bis um zwölf auf die Party gehen.« Oder: »Wenn du dir die Hälfte des Kursgeldes selbst verdient hast, geben wir die andere Hälfte für den Surfkurs dazu.«

Finn ist schon von klein an ein Hitzkopf. Mit vierzehn wird er von Neonazis verprügelt, weil er sie auf offener Straße als Faschisten beschimpft. Als es auch in der Folgezeit immer wieder zu gefährlichen Zusammenstößen kommt, entschließen sich die Eltern, ihn in eine Pflegefamilie zu geben. Dort versteht er sich mit der Pflegefamilie zwar recht gut, in der Schule jedoch gibt es immer wieder Stress mit den Lehrern. Auf der einen Seite strengt er sich nicht besonders an, auf der anderen Seite gibt er ständig »altkluge Kommentare« von sich, die immer auch einen stichelnden Aspekt haben. Strafen, Gespräche und Absprachen bringen keine Besserung und die Situation spitzt sich immer mehr zu.
Im Verlauf einer Schulfeier mitten im elften Schuljahr erhebt sich Finn und eröffnet der neben ihm sitzenden Pflegemutter, dass er diese Schule von jetzt an nicht mehr betreten wird.
Tatsächlich ist er auch später nicht zu einer Rückkehr zu bewegen.

Konsequent geht er seitdem seinen Weg durchs Leben als Gartengestalter ohne Schulabschluss.
Sein inneres Wollen brauchte »die Luft der Freiheit«.³⁸

Jetzt können wir den Blick auf Skizze IV (nach Seite 240) richten. Im Alter von ungefähr einundzwanzig Jahren wird auf wunderbare Weise die Ich-Geburt sichtbar (siehe auch Seite 132). Das Ich (rot) durchdringt die anderen Wesensglieder, es hat sich mit dem Leiblichen des jungen Menschen verbunden und »gibt die Richtung an«. Mit seinem Ich wird der junge Erwachsene nun zum Dirigenten seines Seelenlebens. Die Erziehung und Begleitung der Jugendlichen hat ihren Abschluss gefunden und mündet jetzt in die verantwortungsvolle Aufgabe der Selbsterziehung.

Krisen

Auf den ersten Blick erscheint es den meisten Menschen als erstrebenswert, Krisen aus dem Weg zu gehen. Diese bedeuten Schwierigkeiten, Stress, Kummer, Sorgen und andere Unannehmlichkeiten. Gerät ein Unternehmen in eine Krise, machen sich die Angestellten Sorgen um ihren Arbeitsplatz, der Geschäftsführer um den Absatz der Produkte und der Besitzer befürchtet den Verlust seines Eigentums.

Oft sieht es bei Krisen in der jugendlichen Biografie nicht sehr viel anders aus. Freunde und Mitschüler haben Angst um das Fortbestehen der Beziehung, Eltern und Lehrer sehen ihre Aufgabe in der Begleitung des jungen Menschen gefährdet und der Pubertierende selber kann sich an den Rand seiner eigenen Existenz gedrängt fühlen.

Auf der anderen Seite können wir oftmals im Rückblick feststellen, dass wir gerade an den durchgestandenen Krisen gewachsen und gereift sind. Sie haben uns an die Grenzen unserer Kräfte geführt und uns Aspekte des Lebens abgefordert, die wir aus freien Stücken so niemals gewählt hätten. Manche erscheinen uns in der Rückschau auch als zu hart und als zu große Schicksalsaufgaben, andere wirken jedoch wie »geführt« genau am richtigen Ort und zur richtigen Zeit.

Übergänge und Krisen

Die Pubertät verläuft nicht immer ohne Krisen. Im Rückblick können durchgestandene Krisen oft als Zeiten erkannt werden, in denen man innerlich gewachsen und gereift ist.

So hilft es, sich auch bei der Betrachtung von möglichen Krisen im Verlaufe der Pubertät darüber im Klaren zu sein, dass diese zum Teil genau so ihren Sinn haben, dass einige vermeidbar sind und dass es auch unter Umständen einige geben kann, die das Maß des Verarbeitbaren überschreiten.

Der Übergang von der Kindheit zur Jugend

Der Weg von der Kindheit in die Jugend kann ganz verschiedene Verlaufsformen annehmen, die wir als eine Transition (Übergang) oder im schweren Verlauf dann als eine Krise bezeichnen. Es ist eine Phase des Abschiedes, die man nicht von heute auf morgen vollzieht, sondern stufenweise durchschreitet. Oftmals gehen in der Pubertät die körperlichen Veränderungen den seelischen voraus, sodass wir eine Außenseite und eine Innenseite des Jugendlichen vor uns haben. Die Außenseite ist deutlich sichtbar für die Mitmenschen und sorgt bei provokantem Styling nicht selten für Aufregung und Kritik. Diese äußere Seite ist auch deutlich spürbar für den Jugendlichen, denn er kann seine körperlichen Veränderungen nicht verstecken. Kaum sichtbar sind allerdings die inneren Prozesse, die er ja meist auch zu verbergen versucht, die aber einen großen Stellenwert in seinem Innenleben einnehmen.

In alten Kulturen und in den Kulturen mancher Dritte-Welt-Länder wurde und wird der Übergang von der Kindheit in die Jugend rituell hervorgehoben, was der Pubertät einen ganz anderen Stellenwert und dem Jugendlichen ein anderes Selbstbewusstsein gab bzw. gibt (siehe auch das Kapitel »Pubertätsrituale«, Seite 41 ff.). Diese Rituale schaffen ein Bewusstsein dafür, dass wir zuerst das Alte loslassen müssen, bevor wir etwas Neues beginnen können. Dazu gehört, dass ein Ende auch einen Abschied, ein Verlustgefühl bedeutet, dem eine chaotische Zwischenphase folgt, bevor es einen neuen Anfang geben kann.

Ein solcher Übergang ist die Zeit der Pubertät. Die alte Identität geht verloren, die neue Identität muss erst entwickelt werden. Plötzlich ist die Kindheit jäh zu Ende. Wie oft wollte das Kind schon so groß wie die Jugendlichen aus der Oberstufe sein, nun geht es selber darauf zu.

Manchmal werden die Veränderungen der Körperlichkeit als so eingreifend erlebt, dass es zu einem Schock kommt. Für viele Jugendliche kann auch heute noch die Menstruation oder der erste Samenerguss solch ein Schockerlebnis sein. Der Jugendliche ist jetzt immer mehr den hormonellen Veränderungen seines Körpers ausgeliefert, was sich im Auf und Ab seines Gefühlslebens ausdrückt. Während eines solchen Überganges, stärker noch im Verlauf einer Krise, durchläuft der Jugendliche (aber auch Erwachsene, beispielsweise in der Midlife-Crisis) verschiedene Phasen, die unbewusst bewirken, dass er die Transition aushalten kann.

Lilly ist vierzehn, körperlich noch wenig entwickelt, seelisch einerseits wach, andererseits auch noch »verspielt«. Sie ist das letzte Kind von dreien. Die Geschwister ziehen sie manchmal liebevoll auf, weil sie noch ihre Puppe auf dem Bett liegen hat, wenig Interesse an Musik zeigt und sehr mutterbezogen ist. Mit ihr pflegt sie geradezu kindliche Rituale. Lilly ist sich der Pubertät und ihrer zarten körperlichen Veränderungen bewusst, spielt das aber vehement herunter. Sie will von Pubertät nichts wissen!

Diese Phase nennt man das Bagatellisieren, auch Leugnen oder Verharmlosen, ähnlich wie bei einem Schockerlebnis nach einem Unfall: Der Betroffene blutet sichtbar, spricht man ihn aber darauf an, um Hilfe anzubieten, wehrt er diese ab. Er brauche nichts, ihm gehe es gut!

Einige Wochen später ist Lilly plötzlich nicht mehr zu genießen. Sie regt sich besonders gern über ihre Klassenkameradinnen auf, die bereits voll in der Pubertät stehen. Diese bilden innerhalb der Klasse eine Clique, flirten gern mit den Jungs, geben sich Küsschen hier und da, einige rauchen bereits heimlich. Lilly reagiert mit Ärger und möchte sich von den anderen absetzen. Gleichzeitig möchte sie neue Kleider haben, ein eigenen Stil finden, aber sie traut sich nicht so recht. Bei jedem peppigen Stück, das ihr die Mutter im Kaufhaus anbietet, antwortet sie: »Nein, das kann ich nicht anziehen, das haben schon Inga und Maya. Die denken, ich mache ihnen was nach.« Es hilft kein Überreden, Lilly ist unsicher und misstrauisch ihren Klassenkameradinnen gegenüber. Zu guter Letzt wird sie auch noch wütend auf die Mutter. Von keinem fühlt sie sich verstanden, Wutausbrüche wechseln sich mit Tränen ab.

◀

Lilly ist einen Schritt weiter auf die neuen Bedürfnisse zugegangen. Sie überträgt ihre Unsicherheit, vielleicht auch ihr Unvermögen auf die Eltern und Geschwister und die anderen Mädchen, so bleibt ihr noch die Auseinandersetzung mit sich selbst erspart. Wir sehen das im Ärger, in der Wut und im Misstrauen den Klassenkameradinnen gegenüber. Diese Gefühle verhelfen Lilly dazu, noch im alten Zustand zu verharren, aber eigentlich darin nicht glücklich zu sein. Sie versucht einen Weg zu finden, der ihr den Zugang zu den anderen, aber auch zu der »sich verwandelnden Lilly« ermöglicht, und zwar über die Kleidung. Im

Übergangsverlauf spricht man vom Verhandeln oder Feilschen. Doch so leicht geht es in der Pubertät nicht. Der Jugendliche versucht natürlich, über das Äußere an das Innere zu kommen, aber meistens geschehen die wesentlichen Veränderungen im Inneren, und dazu bedarf es oftmals noch stärkerer Gefühle. So auch bei Lilly!

Als Lilly kurz vor den Sommerferien ihre erste Monatsblutung bekommt, bricht sie ganz offen in Tränen aus. Sie weint, klagt und schluchzt laut, dass es an die Trauer um einen Verstorbenen erinnert. Dazu hat sie sich in ihr Zimmer zurückgezogen. Alle in der Familie halten den Atem an, denn es ist herzzerreißend, sie so zu hören. Besonders gut kann sie plötzlich die ältere Schwester verstehen, obwohl sie ihre erste Blutung damals als nicht so dramatisch erlebt hat. Aber auch ihr Bruder erinnert sich an die »schwierige Zeit«, in der er sich so einsam gefühlt hat, dass er manchmal daran dachte, wie es wohl wäre, tot zu sein. Ja, Lilly scheint einen kleinen Tod zu sterben, sie betrauert ihre »verlorene Kindheit«, und das tut erst einmal weh!

Am Abend kann Lilly es zulassen, dass ihre Mutter und die Schwester ins Zimmer kommen. Sie haben ihr einen Kuchen gebacken, schöne Blumen gekauft, und ihre Schwester schenkt ihr ein silbernes Etui für die späteren Tampons. Lilly ist in den Kreis der Frauen aufgenommen.

Lilly hat den tiefsten Punkt des Übergangs, der schon einer kleinen Lebenskrise ähnelt, erreicht. Erst als sie die Trauer um die beendete Kindheit zulassen und sich ganz mit sich allein auseinandersetzen konnte, fand das Alte einen Abschluss. Sie wurde von der Mutter und der Schwester aufgefangen und über die Schwelle in das Reich der Frauen liebevoll begleitet. In dieser Phase beginnt der Jugendliche, den neuen Lebensabschnitt zu akzeptieren, und lernt, sich neu zu orientieren. Aber auch das dauert seine Zeit!

▶

Lilly genießt die beginnenden Sommerferien und freut sich auf die Reise mit der Cousine auf den Reiterhof. Sie hat in den letzten Wochen für sich etwas errungen. Zaghaft zeigt sie der Mutter ein Gedicht, das sie nach ihrer Krise geschrieben hat. Lilly wirkt etwas selbstbewusster, das liest ihre Mutter am erneuten Einkauf für die Ferienreise ab. Sie braucht ein paar neue T-Shirts und leichte Sommerschuhe. Zielstrebig greift sie in die Regale und wählt sicher ein paar schöne Stücke. Am Ende geht sie in die Kosmetikabteilung und kauft sich die erste eigene Wimperntusche. Vermutlich wird sie in den Ferien genügend Zeit und Abstand zu den Klassenkameraden haben, um mit ihren neuen Fähigkeiten zu experimentieren, und dann als eine gestärkte Persönlichkeit in die neunte Klasse gehen.

◀

Nach dem tiefsten Punkt des Überganges braucht der Jugendliche noch einmal Zeit, sich in die nun akzeptierte neue Lebensphase einzuleben. Es kann auf allen Ebenen zu einem Experimentieren kommen, was nicht selten für Beunruhigung im Elternhaus sorgt. Kleidungsstil, Haarfarben, Freundschaften, Geschmacksrichtungen aller Art sowie Lebensgewohnheiten und Meinungen können kurzfristig wechseln. Der Heranwachsende fällt in die tiefe Sehnsucht nach dem neuen Menschen in sich, nachdem er einen Teil seiner selbst durch den Verlust der Kindheit hinter sich lassen musste. Irgendwann – die Zeitpunkte sind so individuell wie die Jugendlichen selber – werden diese Experimente zu einem Ganzen zusammengefügt und in die Persönlichkeit integriert. Ein gereifter junger Mensch steht dann vor uns.

Diese Phasen einer Krise oder eines Überganges lassen sich auf jede Pubertätsform übertragen (siehe das Kapitel über die Formen der Pubertät, Seite 143 ff.). Anhand der biografischen Schilderung von Lilly konnten die Stufen erlebbar werden. Der Leser wird in diesem Buch andere Jugendbiografien kennenlernen, bei welchen der Pubertätsverlauf stärkeren Ausdruck hat. Auch auf sie lassen sich die Stationen des Übergangs übertragen. Diese Biografien bieten Eltern und Pädagogen eine Hilfestellung im Verständnis den Jugendlichen gegenüber.

Nicht alle Jugendlichen kommen glatt durch einen Übergang, sondern können gerade auf dem Weg in eine neue Entwicklungsstufe stehen bleiben. Sie »feilschen« vielleicht um alte Muster und weichen dadurch einer Entwicklung aus. Eine mögliche Variante für ein solches Verhalten ist der Umgang mit Rauschmitteln. Diese können aber ebenso Ausdruck des Experimentierens sein.

Sucht und Pubertät

Das Suchtverhalten und insbesondere der Drogenkonsum von Jugendlichen im Pubertätsalter kann nur im Zusammenhang mit den gesellschaftlichen Verhältnissen unserer heutigen Zeit verstanden werden. Wir leben in einer Periode, die auch als Krisenzeit angesehen werden kann. Kriege, zunehmende Gewaltbereitschaft, wachsende soziale Kälte im menschlichen Miteinander und parallel dazu ständig größerer Zeitmangel trotz zunehmender Freizeit führen dazu, dass immer mehr Menschen glauben, den Aufgaben des Lebens nicht mehr gewachsen zu sein.

Das Bedürfnis, durch ein äußerliches »Allheilmittel« einen Ausweg aus diesem Dilemma zu finden, ist darum sehr groß. Glaubt jemand erst einmal eine solche Möglichkeit der Erleichterung entdeckt zu haben, ist er gerne bereit, sie zu jeder Gelegenheit wieder einzusetzen. Wirkt sie nicht mehr richtig, wird einfach der Aufwand erhöht, und es dauert meist gar nicht lange, bis sich eine Abhängigkeit manifestiert.

Diese Möglichkeit ist in allen materiellen Angeboten mehr oder weniger vorhanden. Man denke nur an den Gebrauch des Fernsehers, der scheinbar die Einsamkeit erträglicher macht, an das Handy, das den Kontakt unter den Menschen zu intensivieren scheint, an den Konsum von Alkohol, der die Sorgen mäßigen und das Leben leichter machen soll, oder an das Kiffen zur Beruhigung und Entspannung. Diese Liste ließe sich beinahe endlos verlängern, die auf ihr genannten »Mittel« durchziehen alle Bereiche unserer Gesellschaft. Den meisten liegt ein großes Suchtpotenzial zugrunde und sie werfen zudem für die »Beschaffer« noch einen großen Profit ab.

Unter diesem Blickwinkel wird deutlich, dass sich die Lebensumstände junger Menschen sehr verändert haben. Sie sind wie nie zuvor von allen Seiten mit Angeboten zum Süchtigwerden umringt.

Im Hinblick auf die sie umgebenden Erwachsenen sieht es mit der Vorbildfunktion meist auch nicht besonders gut aus. Man kann davon ausgehen, dass in unserer Gesellschaft die meisten Erwachsenen in irgendeiner Form mit Suchtverhalten zu tun haben, wenn man so verhältnismäßig harmlose Süchte wie Süßigkeiten, Kaffee oder auch Sexsucht hinzuzählt. Harmlos insofern, als sie nicht sofort in eine Art Krankheit münden. Was aber nicht heißt, dass sie nicht auch große Probleme hervorrufen können.

Wenn diese Tendenz so tief in die Erwachsenenwelt eingedrungen ist, darf es nicht verwundern, dass auch die Pubertierenden von diesem Trend ergriffen werden. Viele Jugendliche leiden sehr unter ihrer materiell eingestellten Umwelt und bekommen den damit verbundenen Zeitmangel und die soziale Kälte intensiv zu spüren. Das hat zur Folge, dass sie ständig eine starke Sehnsucht nach Begegnung haben, Begegnung mit den nahen Erwachsenen, aber auch mit sich selbst.

Wenngleich das Wort Sucht sprachgeschichtlich in Zusammenhang mit dem alten Begriff für Krankheiten wie Gelbsucht oder Schwindsucht steht, so bringen es doch heute viele Menschen gerade mit dem Aspekt der Suche bzw. der Sehnsucht in Verbindung.

Gelingt es dem Pubertierenden nicht, seine Sehnsüchte wenigstens zu einem Teil aus eigener Kraft zu befriedigen, greift er zu den Mitteln, die ihm unsere materialistische Welt als Ersatz zu bieten hat. Pubertierende neigen jedoch nicht von heute auf morgen zum Suchtverhalten. Nicht selten liegen die Wurzeln in den ersten Kindheitsjahren, denn schon da setzt oft eine Entfremdung von lebensnotwendigen Grundbedürfnissen ein. Wird der Entdeckerfreude, dem Tatendurst und dem Bewegungsbedarf von Kindern nicht ausreichend Gelegenheit geboten, können sie sich auch nicht in harmonischer Weise entwickeln. Den Kräften der Natur, des Wachstums und Vergehens und den Einflüssen des Wetters und der Jahreszeiten entfremdet, wachsen sie in einer künstlich reizüberfluteten Welt heran, ohne eine gesunde Beziehung zum eigenen Leib entwickeln zu dürfen. Das gewandelte Zeiterleben tut ein Übriges, sodass gesunde Rhythmen nur noch rudimentär angelegt werden. Man denke an die permanente Beleuchtung unserer Straßen,

Krisen

die den Tag- und Nacht-Rhythmus außer Kraft setzt, die verlängerten Einkaufszeiten oder die Mahlzeiten in sogenannten »Schnellimbissen« und das Feiern bis in den frühen Morgen.

Auf diese Weise sind die seelischen Kräfte vieler Kinder – sowohl in der Auseinandersetzung mit sich selbst als auch mit den Mitmenschen – schon sehr geschwächt. Freie Begegnungen mit Gleichaltrigen könnten durch das Üben von Sympathie und Antipathie einiges wieder wettmachen. Der häufige Medienkonsum lässt bei vielen jedoch nur noch wenig Zeit dafür übrig, sodass eine zunehmende seelische Erkaltung zu beobachten ist.

Ist das vertrauensvolle Verhältnis zu dem gesamten Lebensraum nicht genügend aufgebaut, fällt es dem Kind schwer, ein gesundes Verhältnis zu sich selber zu bekommen. Wo jedoch keine gefestigte Beziehung zu sich selber vorhanden ist, wird ein Mensch für äußere, aber auch seelisch-geistige Übergriffe anfällig.

Die Auswirkungen dieser »Negativbilanz« machen sich in aller Deutlichkeit im Jugendalter bemerkbar. Wenn eine gesunde Beziehung zu den Mitmenschen nicht mehr gelebt werden kann, sind Unverbindlichkeit, Überdruss oder sogar Lebensmüdigkeit die Folge. Gerade Jugendliche erleben den Verlust von Begegnungsmöglichkeiten und Idealen als besonders schmerzlich und finden so keine richtige Orientierung im Leben. Die Konsequenz daraus ist eine hohe Anfälligkeit für die Flucht in eine Scheinwelt, auch die der Drogen. Dabei wird die Illusion durch eine Einwirkung von außen hervorgerufen (Außenstimulation).

Je nach den Auswirkungen lassen sich drei Gruppen von Drogen unterscheiden:
- Amphetamine und Weckamine, die sich auf den mentalen Zustand auswirken. In diese Gruppe gehört beispielsweise Ecstasy.
- Halluzinogene, die sich hauptsächlich auf das rhythmische System, wie Herz und Lunge, auswirken, zum Beispiel LSD oder Haschisch.
- Drogen, die eine Auswirkung auf den Stoffwechsel haben, wie die verschiedenen Opiate.

Alle diese Stoffe haben die Tendenz, süchtig zu machen. Felicitas Vogt hat eine eingängige Definition des Begriffs Sucht gegeben: »Sucht ist ein sich steigernder, zwanghafter Drang, durch Außenstimulation, gleich welcher Art, Konflikte zu verdrängen und dasjenige zu ersetzen, was sonst nur durch bewusste Eigenanstrengung zu lösen wäre.«[39] Daraus geht hervor, dass nicht nur der Missbrauch von Drogen zur Abhängigkeit führt, sondern dass Sucht viel weiter gefasst werden muss. Die Suchttendenz beispielsweise durch die Außenstimulation von Computer oder Handy spielt heutzutage eine immer größere Rolle.

Deutlich wird auch, dass nicht primär Jugendliche und schon gar nicht nur Pubertierende für Suchtverhalten anfällig sind. Suchttendenzen sind uns vielmehr allen bekannt. Man denke nur an den oben erwähnten Fernsehkonsum, den Griff zur Süßigkeit oder den Konsum von Alkohol usw.

In unserem Gesellschaftssystem ist Suchtverhalten keine Ausnahme, sondern eher die Regel. In der Auswirkung besteht jedoch ein entscheidender Unterschied. Beispielsweise schädigt auch ein erwachsener Raucher mit jeder Zigarette seine Lungen, erhöht das Krebsrisiko und verkürzt damit seine potenzielle Lebenszeit. Bei Pubertierenden ist der »Genuss« von Nikotin aber um ein Vielfaches schädlicher, einfach schon dadurch, dass die Organe noch im Aufbau und Wachstum begriffen sind.

Der Früherkennung von wirklichem Suchtverhalten ist demzufolge eine genauso große Bedeutung zuzumessen wie der Vorbeugung. Woran jedoch kann man ein wirkliches Suchtverhalten an einem Pubertierenden erkennen?

Selbst für Spezialisten ist es nicht immer leicht, von außen genau zu beurteilen, ob ein Jugendlicher in ein Suchtverhältnis abgerutscht ist, zumal sich die Abhängigkeit von Cannabis beispielsweise anders ausdrückt als die von Alkohol. Sie benötigen aus diesem Grund Testverfahren wie »Pusten« beim Alkohol oder Urinuntersuchungen bei Hasch, um ihren Verdacht abzusichern.

Haben Erwachsene den Pubertierenden nicht direkt beim Konsum beobachtet, wie das zum Beispiel Eltern bei ihren am Computer oder Fernseher sitzenden Kindern könnten, sollten sie sich nur an die wirklich äußerlich wahrgenommenen Phänomene halten. Solche Phänomene können sich schleichend Stück für Stück entwickeln und sind deshalb schwerer zu erkennen, oder sie offenbaren sich massiv wahrnehmbar innerhalb kürzester Zeit.

Zunächst einmal sind der Nikotingeruch, der Geruch von Alkohol oder Hasch auch äußerlich feststellbare Phänomene, wie auch der Joint bzw. die leere Bierdose im Mülleimer. Niemand, der sich in der Auseinandersetzung mit Pubertierenden befindet, sollte sich scheuen, diese Beobachtungen mit zu benennen. Nur sollten sie nicht als Beweis für eine angeblich drohende Abhängigkeit missbraucht werden.

Ist ein junger Pubertierender schon am frühen Morgen unkonzentriert, fahrig und wie geistig abwesend, verhält er sich immer aggressiver ohne rechten Anlass, kommt es zu Lügerei oder auch Diebstahl, ist eine wachsende Unzuverlässigkeit, vielleicht sogar Verwahrlosung zu beobachten, so sind das alles Zustände, die auch in einer »normalen« Pubertätsentwicklung vorkommen können. Auf der anderen Seite treten diese Tendenzen oft im Zusammenhang mit Drogen oder übermäßigem Konsum von Gewaltcomputerspielen oder -videos auf.

In jedem Fall ist es gut, dem Jugendlichen die gemachte Beobachtung zu schildern. Denn sie zeigt, dass er sehr wohl wahrgenommen wird und dass sein Verhalten nicht ohne Bedeutung für die Umgebung ist.

Händezittern, Blässe im Gesicht, gerötete, blutunterlaufene Augen (sogenannte »Kaninchenaugen«), Schlappheit, Kreislaufschwäche, Schwindel, Gewichtsabnahme, zu viel oder auch zu wenig Schlaf, schnelle und häufige Stimmungsschwankungen, exzessives Von-zu-Hause-Wegbleiben, ständiger Geldmangel, Kontakt zu bestimmten Cliquen- bzw. Typen-Szenen, gelesene Literatur, gesehene Filme, Symbole am Körper, an der Kleidung oder auf Wandpostern können als weitere Phänomene angesehen werden, die ebenso gut normale wie beunruhigende Signale sein können.

Neben der objektiven äußeren Beobachtung spielt die Art des Gespräches darüber eine entscheidende Rolle. Darf eine Situation entstehen, in welcher der Pubertierende sich beobachtet und wahrgenommen fühlt, in der Raum für die gegenseitige Haltung und Gefühlslage ist und in der auch der Jugendliche seinen Standpunkt unkommentiert zum Ausdruck bringen kann, ist eine der wichtigsten Bedingungen in der Begleitung gewährleistet. Wichtiger als alles andere ist nämlich, dass der Gesprächsfaden zwischen dem Erwachsenen und dem Pubertierenden nicht abreißt, egal in welchem Zustand sich der junge Mensch auch befindet.

Im Rahmen dieses Buches können nicht alle Süchte und Drogen genauestens beschrieben werden. Trotzdem soll auf einige der zur Zeit am häufigsten auftretenden etwas detaillierter eingegangen werden. Zur weiteren Vertiefung sind unter anderem die Bücher von Felicitas Vogt, Ron Dunselman oder Olaf Koob zu empfehlen (siehe die Literaturliste im Anhang).

Nikotin

Bezüglich des Rauchens hat sich in den letzten Jahren ein großer Bewusstseinswandel vollzogen. Kampagnen von Ministerien, Krankenkassen oder Beratungsinstitutionen haben die Schäden, die durch die Zigaretten verursacht werden, öffentlich gemacht. Niemand, der heute eine Zigarette raucht, kann behaupten, er wisse nichts über die Gefahren, die damit verbunden sind.

Dennoch scheint auch heutzutage für viele Jugendliche der Griff zur Zigarette noch zu bedeuten, endlich nach außen zeigen zu können, wie erwachsen, cool und selbstständig sie schon sind. Durchschnittlich wird mit dreizehn Jahren die erste Zigarette geraucht, mit sechzehn Jahren bezeichnet sich rund ein Drittel selbst als Raucher, wobei Jungen und Mädchen ungefähr den gleichen Anteil haben.[40]

Angesichts der enormen Schädigung, welche Teer, Nikotin und andere Inhaltsstoffe dem jungen Organismus zufügen, kann mit dieser Problematik nicht locker umgegangen werden. Der Grundsatz: »Wenig ist gut, später ist besser, gar nicht ist am besten!« sollte Erwachsene in der gemeinsamen Bearbeitung dieses Themas mit den Pubertierenden leiten.

Es kann davon ausgegangen werden, dass fast alle Heranwachsenden das Rauchen irgendwann einmal probieren. Je später dieser Zeitpunkt ist, desto größer ist auch ihre Fähigkeit, sich selber kritisch dabei zu beobachten und so eine wirklich eigene, für sie richtige Entscheidung zu treffen. Aus diesem Grund ist es sinnvoll, wenn die Erwachsenen die Entscheidung über das Rauchen nicht zu früh in die Freiheit eines Her-

Krisen **163**

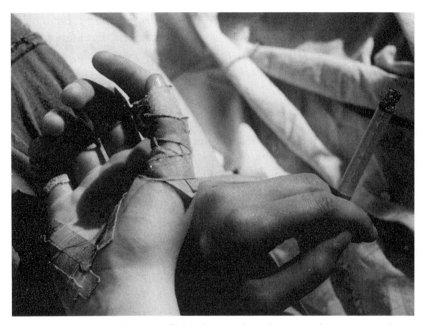

Noch immer sehen viele Jugendliche das Rauchen als ein Zeichen an, erwachsen, cool und selbstständig zu sein.

anwachsenden stellen. Eine eindeutige Grenze ist angemessen, zumal auch der Gesetzgeber den Kauf und »Genuss« von Zigaretten in der Öffentlichkeit erst ab achtzehn Jahren erlaubt.

Wird dennoch jemand beim Rauchen erwischt, gilt es den eigenen Standpunkt in aller Deutlichkeit noch einmal zu erläutern und möglichst eine gemeinsame Lösung für den Gegensatz der Meinungen zu finden. Diese Lösung kann von Fall zu Fall recht unterschiedlich aussehen. Zum Beispiel kann man erlauben, am Abend bei einer Party eine oder zwei Zigaretten rauchen zu dürfen, dabei möglichst nicht zu inhalieren und im Anschluss über die gemachte Erfahrung zu berichten. Auch eine Belohnung durch eine gemeinsame Wochenendfahrt im Wert der eingesparten Ausgaben für nicht gerauchte Zigaretten kann das Ergebnis einer solchen Auseinandersetzung sein, eventuell aber auch das Verbot, zu einer Party gehen zu dürfen.

Hat sich ein Jugendlicher trotz allen Bemühens zu einem abhängigen Raucher entwickelt, hilft für den Ausstieg einer der zahlreich angebotenen Antirauchkurse. Für eine Umkehr ist es nie zu spät, und jede nicht gerauchte Zigarette ist ein Gewinn für die Gesundheit.

Handy

Beim Mobiltelefon handelt es sich um einen verhältnismäßig jungen Nachfolger des klassischen Telefons. Während sich das Telefon nur allmählich für das ganz persönliche Gespräch durchsetzen konnte – lange wurden nur wichtigste Absprachen über dieses Medium vermittelt –, eroberte sich das Handy in kürzester Zeit eine Spitzenstellung im Austausch sowohl profaner als auch wichtiger oder sogar geheimer Nachrichten. Daneben entwickelte es sich zu einem Multifunktionsinstrument auf höchstem technischem Niveau und ist auf dem Markt zu günstigen Preisen von jedem zu bekommen. Integrierte Spiele, digitale Foto- oder auch Filmeinrichtungen, Speichermöglichkeiten und Abspielfunktionen von Filmen, SMS-Nachrichtenübermittlung, Internetzugang und Computerfunktionen sind in den Geräten fast schon Standard. Angesichts der so breit angelegten Einsatzmöglichkeiten spricht Günter Burkart in seinem Buch *Handymania* von einem sozio-technischen Handeln, womit er zum Ausdruck bringen will, wie weit wir uns vom klassischen sozialen Handeln als Ausdruck des menschlichen Miteinanders entfernt haben und dass wir an beinahe allen Stellen unseres Kontaktes die Hilfe technischer Geräte benötigen. Fernseher, Computer und Auto stehen hier in gleicher Reihe wie das Handy.

Dadurch begibt sich der Mensch in eine ständig anwachsende Abhängigkeit von technischen (und gewinnträchtigen) Hilfsmitteln und glaubt schließlich, ohne sie gar nicht mehr zu Kontakten und Erfahrungsaustausch fähig zu sein.

In der Schweiz hat man Jugendliche danach befragt, ob sie eher auf ein Handy oder auf einen Freund verzichten würden. Die Mehrheit gab an, eher ohne Freund auskommen zu können. Auf die Frage nach dem Grund für diese Haltung meinten viele, ohne Handy könnten sie diesen Freund ja ohnehin nicht erreichen.

Zu Beginn des Jahres 2007 besaßen 2,7 Milliarden Menschen, also etwa ein Drittel der Weltbevölkerung, ein Handy. In den Jahren von 1998 bis 2002 stieg in Deutschland die durchschnittliche Anzahl von Handys pro 100 Einwohner von 20 auf 70. Im Jahr 2006 gab es mit durchschnittlich 100,7 erstmalig mehr Handys als Einwohner. Zunächst wurde das Mobiltelefon hauptsächlich von Männern, und zwar überwiegend beruflich, genutzt, heute ist es bei Männern und Frauen nahezu gleich vertreten. Auch galt das Handy anfänglich als eine Art Statussymbol. Durch die technische Innovation und die allgemeine Erschwinglichkeit hat sich diese Profilierungsmöglichkeit aufgelöst.[41]

Unter Jugendlichen ist der Besitz eines besonderen Modells auch heute noch mit dem Wunsch nach einem aufwertenden Image verbunden. Diejenigen, welche ein besonderes Handy haben, gelten mehr, und solche, die es sich nicht leisten können, fühlen sich unterlegen.

Während es immer mehr Geräte gab, sank der Einzelpreis ständig, nicht zuletzt durch aggressive Vermarktungsstrategien. Im Jahr 2000 lag er durchschnittlich bei 37 Euro je Handy (bei einem Listenpreis von durchschnittlich 335 Euro).[42] Diese Preisentwicklung macht es Jugendlichen leicht, selbst bei einem bescheidenen Taschengeld im Handytrend mitzuschwimmen.

Dennoch stürzen sich viele Menschen in große Schulden, um mobil telefonieren zu können, und eine nicht zu übersehende Zahl ist von einer wirklichen Sucht befallen, ständig das Handy benutzen zu müssen.

Ein Ziel und Signum moderner Zeit ist mit dem Stichwort Mobilität verbunden. Autos, Flugzeuge und Handys sind scheinbare Garanten für größtmögliche Beweglichkeit. Das Kabel des alten Telefons bindet uns zwangsläufig an einen ganz bestimmten Ort. Über das Handy hingegen ist jeder zu jeder Zeit erreichbar, zumindest durch das gesprochene oder »ge-sms-te« Wort. Ideales Ziel scheint es dabei zu sein, dass weder im Urlaub noch bei der Arbeit oder nicht einmal in intimen Situationen diese Erreichbarkeit unterbrochen wird. Besitzt jemand kein Handy, kann ihm der Vorwurf begegnen, dass es unmöglich sei, mit ihm in Kontakt zu kommen.

In den Diskussionen um die Vor- und Nachteile der Handynutzung wird völlig außer Acht gelassen, dass bei dieser Art der Übermittlung von Nachrichten hochenergetische Strahlung freigesetzt wird, die nachgewiesenermaßen sowohl organisch als auch seelisch große Belastungen für den Organismus darstellen. Nicht nur das Gerät am Ohr verursacht diese Strahlung, auch die Sendeantennen haben einen schädlichen Strahlungsradius. Insofern gilt die Empfehlung, sich nicht im Strahlungsbereich von Sendetürmen aufzuhalten und beim Telefonieren mit dem Handy mit Hilfe eines Ohrhörers oder externen Mikrofons schädliche Strahlen möglichst weit vom Körper und speziell vom Gehirn fernzuhalten. Bei Jugendlichen haben die Strahlen noch bedeutend negativere Auswirkungen, weil der Körper sich noch im Wachstum befindet.

Ein weiterer wichtiger Aspekt ist die Gewöhnung an die Beliebigkeit. Eine getroffene Vereinbarung kann schnell über das Handy widerrufen werden, genauso ist noch in allerletzter Minute das Arrangieren eines Treffpunktes möglich. Die meisten Jugendlichen finden sich an Fetenabenden über zahlreiche Handy-»Kontakte« an vorher nicht geplanten Orten zusammen, und »Tschau, wir telefonieren!« ist zum Standardabschiedsgruß junger Menschen geworden.

Durch das Handy und die ständige Erreichbarkeit eröffnen sich aber auch bisher ungeahnte Kontrollmöglichkeiten. Das wichtigste Argument für das Handy scheint immer noch die Erreichbarkeit im Notfall zu sein. Vielen Menschen hat das Handy schon das Leben gerettet, wenn sie in ausweglosen Situation Helfer herbeirufen konnten, beispielsweise Bergsteiger oder Unfallopfer. Niemand wird diese Vorteile leugnen wollen. Dennoch zeigen neueste Untersuchungen, dass die Gewissheit, in letzter Minute noch Hilfe rufen zu können, zu einer erhöhten Risikobereitschaft besonders jüngerer Menschen führt. Eine realistische Einschätzung der Gefahren wird so untergraben und im Ernstfall kann es dann für ein rechtzeitiges Eingreifen zu spät sein.

In der Begleitung Jugendlicher in der Pubertät tragen wir noch immer ein Stück Verantwortung für ihre Gesundheit mit. Eine entsprechende Aufklärung über die Schattenseiten der Handys gehört hier vielleicht mit hinein. Darüber hinaus wirken wir als Vorbild mit auf die Jugendlichen. Die Frage nach dem eigenen bewussten Umgang mit dem Mobiltelefon prägt also auch das Verhalten der Jugendlichen mit diesem zweifellos zeitgemäßen Kommunikationsmittel.

Computer

»Obwohl der Computer nur eine Maschine ist, werden ihm (oft) menschliche Eigenschaften zugesprochen«, schreibt Uwe Buermann in seinem Buch über moderne Medien[43] und trifft dabei genau die Problematik der »Computergläubigkeit« nicht nur der jungen Menschen. In vielen Kreisen hat es sich eingebürgert, das menschliche Gehirn und seine Denkprozesse mit den Funktionen eines Computers zu vergleichen.

Die Nutzung dieses verhältnismäßig jungen Mediums ist aus unserer Gesellschaft nicht mehr wegzudenken. Zweifellos bietet der Computer in vielen Bereichen große Vorteile. Für die meisten Jugendlichen (und Kinder) sind jedoch Spiele der Hauptanlass, sich mit dem Computer zu beschäftigen. Waren die ersten Spiele ausschließlich Geschicklichkeitsspiele mit ständig gesteigerten Schwierigkeitsgraden und Geschwindigkeiten, so kamen bald Abenteuer-, Rollen-, und Simulationsspiele unter der Bezeichnung »Edutainment« heraus, womit suggeriert werden soll, dass den Jugendlichen eine Mischung von Education und Entertainment (Erziehung und Unterhaltung) geboten wird. In Wirklichkeit kann von Erziehung gerade bei Spielen mit Gewalt- und Kriegsinhalten nur im negativen Sinne gesprochen werden. Der Antrieb, die jeweils im Spiel geforderte Aufgabe zu lösen, entspringt nicht einem freien Entschluss, sondern wird nur aus dem Wunsch gespeist, das Spiel-Ende zu erreichen. Ist dieses Ziel errungen, verliert das Spiel den Anreiz und ein anderes wird ausprobiert (und gekauft). Darin liegt ein großes Abhängigkeitspotenzial (und darauf sind die Spiele wegen der größeren Profitstabilität auch ganz bewusst vom Hersteller angelegt).

Bei manchen Spielen kann der Spieler so lange Antworten eingeben, bis die Antwort stimmt, er braucht den Inhalt der Aufgabe dabei gar nicht zu durchschauen. Auf diese Weise wird ein konditioniertes Lernen angelegt, welches mit wirklich lebendigem Lernen nur wenig zu tun hat. Das ist umso schlimmer, je fragwürdiger der Inhalt des Spieles ist.

Inzwischen nimmt jedoch die Nutzung des Internets per Computer einen ebenso großen Stellewert ein wie die Spiele. Da ist zum einen die Informationssuche über das world wide web zu nennen. Um die dabei zutage tretende Datenflut bewältigen zu können, stehen spezielle Programme zur Verfügung. Trotzdem ist die Informationsfülle meist so immens, dass so mancher Suchende überfordert ist, die für ihn passende Information zu finden. Jugendliche neigen dann dazu, sich eine ganz willkürliche Auswahl herunterzuladen und diese dann als Ergebnis ihrer Recherche anzusehen. Dass sie sich im Verlauf der Suche mit dem Computer beschäftigt haben und nicht mit der eigentlichen Frage, bleibt ihnen meistens verborgen. Somit ist der Erkenntniszuwachs bei der Nutzung des Internets nicht selten gleich null.

Auch das bei vielen Jugendlichen beliebte »Surfen« gehört in diese Kategorie der angeblichen Informationssuche. Dabei begeben sie sich per »Mausklick« in das unüberschaubare Angebot des world wide web und suchen ohne eigentliches Ziel nach aufregenden, zeitvertreibenden oder auch verbotenen Sensationen oder Bildern. Von Veralberungen über Gewaltszenen bis hin zu primitivstem Porno steht so gut wie alles Denkbare zur freien Verfügung und wird zudem so gut wie nie von Erwachsenen kontrolliert.

Des Weiteren gehen viele Jugendliche gerade auch während der Pubertät »ins Netz« oder »on«, wie sie es nennen, um den Kontakt untereinander zu pflegen. Tatsächlich können sie sich mit jedem Jugendlichen auf der ganzen Welt, vorausgesetzt er ist ebenfalls gerade »on«, in sogenannten Chatrooms über für sie interessante Themen austauschen. Das Gespräch erfolgt dabei hauptsächlich über die Buchstaben der Tastatur, obwohl es inzwischen auch sogenannte Headsets und Kameras gibt, die so etwas wie ein wirkliches Gespräch ermöglichen könnten. Interessanterweise erfreuen sich diese neueren Errungenschaften keiner größeren Beliebtheit, weil sie ein wichtiges Kriterium des bisherigen Chatrooms verhindern. Und das ist die Anonymität und die damit verbundene Unverbindlichkeit. Denn nur unter diesen Bedingungen kann man sich für jemand ganz anderen ausgeben, als man in Wirklichkeit ist. Name, Geschlecht, Interessen, Herkunft, Größe, Können oder Wissen, alles kann nach Belieben wahrheitsgemäß beschrieben oder ausgedacht werden. Ohne eine persönliche Begegnung hat niemand die Möglichkeit, die Wirklichkeit zu überprüfen. Es gibt Jugendliche (und genauso viele Erwachsene), die sich auf diese Weise eine andere oder sogar mehrere Identitäten zulegen. Es liegt auf der Hand, dass der »Anmache« und der Grenzüberschreitung durch solche Unverbindlichkeiten Tür und Tor geöffnet sind und dass sie permanent auch stattfinden.

In der Pubertät sind Jugendliche ganz besonders auf der Suche nach ihrer wahren Identität. Dabei sind Erfolge und Niederlagen unbedingt erforderlich und stärken den inneren Kern des Ichs. Diese aber können nur in einer verbindlich realen Lebenssituation geschehen. Wenn ein Pubertierender dagegen häufig die Unverbindlichkeit einer ausgedachten Identität praktiziert, kann das zu einer Verwirrung und Schwächung der Persönlichkeit führen.

Genauso wichtig ist in dieser Phase des Lebens der Wunsch nach ersten Begegnungen mit dem jeweils anderen Geschlecht. Viele Ängste, vergebliche Versuche und abwechselnde Erfolge und Misserfolge sind dabei die Regel. Für einen freien Umgang im gegengeschlechtlichen Miteinander im ganzen weiteren Leben ist das Erüben von Verbindlichkeit eine der tragendsten Grundvoraussetzungen.

Alkohol

Alkohol ist die Kulturdroge Nummer eins in unserer Gesellschaft. 50% aller Kinder zwischen zwölf und vierzehn Jahren haben schon Alkohol getrunken, ab dem sechzehnten Lebensjahr ist das Konsummuster das gleiche wie bei den Erwachsenen. 1993 trank durchschnittlich jeder Bewohner Deutschlands 11,5 Liter Reinalkohol! Rund ein Viertel aller Verbrechen geschieht unter Alkoholeinfluss. Etwa 40.000 Menschen sterben in Deutschland jährlich durch Alkoholmissbrauch (dem stehen 2.000 Rauschgifttote gegenüber), knapp 33.000 Unfälle wurden im gleichen Zeitraum durch Alkoholeinfluss verursacht.[44]

Alkohol ist die gefährlichste und meistverwendete harte Droge der Welt. Er entsteht durch Vergärung aus dem Saft der Weintrauben, einer der ältesten Kulturpflanzen der Menschheit. Schon von alters her wurde der Alkohol bei religiösen Riten verwendet. Dabei spielte seine Fähigkeit, andere Bewusstseinszustände hervorzurufen, eine entscheidende Rolle. Wein war das vorherrschende Getränk im Dionysoskult der Griechen in der Antike. »Sie wissen alle, wie der Dionysoskult in Zusammenhang gebracht wird mit dem Wein [...] der Alkohol [...] hatte nämlich eine Mission im Laufe der Menschheitsentwickelung; er hatte – so sonderbar das erscheint – die Aufgabe, sozusagen den menschlichen Leib so zu präparieren, dass dieser abgeschnitten wurde von dem Zusammenhang mit dem Göttlichen, damit das persönliche ›Ich-bin‹ herauskommen konnte. Der Alkohol hat nämlich die Wirkung, dass er den Menschen abschneidet von dem Zusammenhang mit der geistigen Welt, in der der Mensch früher war.«[45] In diesen Worten Rudolf Steiners kommt das gespaltene Verhältnis unserer Kultur zum Alkohol zum Ausdruck. Auf der einen Seite ist er nötig, um unser »Ich-bin« der Persönlichkeit hervorzubringen. Man weiß heute, dass der Körper auch eigenen Alkohol produziert – möglicherweise genau aus diesem Grund. Auf der anderen Seite schneidet uns der Alkoholgenuss von den höheren, geistigen Kräften ab und lässt so das Bedrohliche, Enthemmte und Zerstörerische des Menschen zum Vorschein kommen.

Ganz besonders in der Zeit der Pubertät, wenn die tief sitzenden, dunklen Kräfte dem Heranwachsenden schon genug zu schaffen machen können, liegt in dem Konsum von Alkohol eine große Gefahr, ganz abgesehen davon, dass Alkohol die Droge mit der am deutlichsten zutage tretenden Schädigung ist.

Bei der Umwandlung von Alkohol entsteht ein giftiges Abbauprodukt, welches sich schädigend und sogar zerstörend auf alle Zellen auswirken kann. In erster Linie wird die Leber angegriffen, aber auch das Herz, die Gefäße und die Gehirnzellen sind diesen Zerstörungskräften ausgesetzt. Angesichts der enormen Schädlichkeit sollten Eltern nicht zögern, ihren gerade zu pubertieren beginnenden Kindern den ersten Schluck zu versagen.

Beim Genuss von Alkohol gilt der gleiche Grundsatz wie beim Zigarettenrauchen: Je später ein Jugendlicher damit beginnt und je weniger er dann konsumiert, desto besser. Der jugendliche Körper befindet sich noch im Aufbau, die Entwicklung der inneren Organe ist noch nicht abgeschlossen. Darum ist die schädigende Auswirkung bei jungen Menschen gravierender.

In unserer Kultur ist es unrealistisch, für Abstinenz zu plädieren, wenngleich unser heutiges Wissen um die Gefahren einer schleichenden Abhängigkeit diesen Weg durchaus nahezulegen scheint. Somit kann die Perspektive nur sein, die Jugendlichen so stark zu machen, dass sie Zeitpunkt und Maß für sich selbst festlegen können. In der Broschüre einer staatlichen Präventionseinrichtung für Schulen heißt es wörtlich: »Saufen will gelernt sein!«

Krisen **171**

Nur ein winziger Schluck ...

Die Grundlage für eine kluge Entscheidung ist das freie »Ich«. Das allerdings will ja im Verlauf der Pubertät erst Stück für Stück zum Vorschein kommen. Jugendliche brauchen noch eine ganze Zeit die Hilfe durch Begrenzung, ehe sie wirklich zu eigenen, freien Entschlüssen gelangen können. Das sieht auch der Gesetzgeber, der den Kauf von alkoholischen Getränken erst ab achtzehn Jahren erlaubt!

Ein kleines Glas Bier (0,25 Liter) enthält zehn bis zwölf Gramm reinen Alkohol. Bei drei Flaschen Alcopops nimmt man etwa 36 Gramm Alkohol zu sich, das entspricht etwa sechs Gläsern Tequilla mit 2cl und 35% Vol. Experten sehen täglich 12 Gramm bei Frauen und 24 Gramm bei Männern als kritische Grenze an, in eine Abhängigkeit zu rutschen (siehe auch Seite 95 f.).

▶

Sogar die eigene Clique findet Annas Verhalten irgendwann nicht mehr lustig. »Meine Freunde haben sich Sorgen gemacht und mir ins Gewissen geredet. Ich bin total erschrocken. Irgendwie war mir ja schon klar, dass ich zu viel trinke. Aber darauf dann angesprochen zu werden war ganz schön heftig«, erzählt sie nachdenklich. »Aber sie hatten leider recht. Ich war auf jeder Feier zugedröhnt und habe nach wenigen Stunden nichts mehr um mich herum mitbekommen. Oft konnte ich mich an peinliche Dinge, die ich getan hatte, nicht mehr erinnern. Das wollte ich nicht mehr.«
Anna hatte Glück, dass sie rechtzeitig gemerkt hat, was der Alkohol anrichten kann. Denn die Grenze zur Sucht ist fließend. Eine klare Trennlinie gibt es nicht. Regelmäßiger hoher Alkoholkonsum steigert die Gefahr, süchtig zu werden. Heute trinkt Anna ab und zu mal ein Glas Sekt – und belässt es dabei. »War gar nicht so leicht, eine Grenze zu finden. Ich war der Meinung, ohne Alkohol käme ich nicht in Feierstimmung. Aber ehrlich gesagt finde ich heute die Partys viel besser. Denn es ist schöner, wenn man sich am Morgen noch an den netten Jungen erinnert, den man abends kennengelernt hat und mit dem man am nächsten Samstag ein festes Date hat.«[46]

◀

Komasaufen

Schon im Dionysoskult war es das erstrebenswerte Ziel, trotz reichlichen Alkoholgenusses noch »Herr seiner Sinne« zu sein. Es galt, den Kampf mit der betäubenden und desorientierenden Seite des Weines aufzunehmen und bewusst Gleichgewicht, Sprachfähigkeit und Gedankenverknüpfung aufrechtzuerhalten. Den Menschen ging es darum, so lange wie möglich ein selbstbeherrschtes und bewusstes Wesen zu bleiben.

Anders als in der skandinavischen Tradition, in der man so schnell wie möglich (und so billig wie möglich) »voll« sein will, galt es bis vor Kurzem auch in unserer Gesellschaft noch als erstrebenswert, »viel abzukönnen«. Was – wie schon bei den Griechen – bedeutet, gegen die machtvolle Seite des Alkohols so lange wie möglich anzukämpfen. Wer bei einer Party nach einer durchzechten Nacht morgens noch auf den Beinen steht und womöglich sogar noch weitertrinken kann, findet in den meisten Fällen positive Anerkennung.

Im Laufe der letzten Jahre hat sich unter Jugendlichen jedoch eine neue Tendenz beim Alkoholkonsum entwickelt: »Beim Komasaufen haben die meisten jungen Leute das Gefühl, dass sie etwas ganz Besonderes machen. Sie sind sich dabei aber in den allermeisten Fällen nicht ganz bewusst, dass dies auch zum Tod führen kann. Doch vielleicht ist das auch gerade der Reiz daran: etwas Riskantes zu tun oder auch etwas gemeinsam zu machen und dabei zu sehen, wer vielleicht mehr aushalten kann an Alkohol oder wer schneller ins Koma fällt.« So berichtet die fünfzehnjährige Mona.

Bei diesem neuen Trend wollen die Trinkenden also nicht mehr die Auseinandersetzung mit der sich bei jedem Glas verstärkenden Beeinflussung ihrer Wahrnehmung. Vielmehr steuern sie geradlinig auf das Ende der Wirkungen zu. Sie wollen ihr Bewusstsein verlieren, sie wollen ins Koma fallen. »Wir feiern nicht, wir eskalieren!« war die entsprechende Aussage von jungen Menschen, die mit einem geplanten Exzess im Ausland ihren Schulabschluss feierten.[47]

Deshalb geht es auch nicht mehr um einige Gläser. Oft werden ganze Flaschen, bevorzugt Wodka, förmlich heruntergestürzt. Erfahrungen über das Hineinfallen in die Bewusstlosigkeit, das Gefühl wieder aufzutauchen und schließlich das unangenehme, oft eklige Erleben des Katers werden sensationslustig aufgenommen und reichlich diskutiert und ausgemalt. So schafft sich dieses Phänomen unter den jungen Menschen selbst die Basis für eine vielfältige Nachahmungsbereitschaft.

Die geringe Chance, etwas wirklich Neues und Prickelndes zu erleben, was dann auch im Rückblick als eine prägende, sinnvolle Erinnerung haften bleiben kann, treibt junge Menschen immer mehr dazu, bis an den Rand von Todeserfahrungen zu gehen. Heute erscheint auf der einen Seite nahezu alles als machbar und das meiste ist auch schon probiert worden. Andererseits ist das Sammeln von kraftvollen, lebensnahen und wirklich persönlichkeitsstärkenden Erfahrungen für Heranwachsende nur noch in sehr geringem Umfang möglich. Es gibt fast keine Gelegenheiten, in den Lebensbereichen junger Menschen entsprechende freie Erlebnismöglichkeiten wahrzunehmen. Im Gegenteil haben sich die Reglementierungen und gesetzlichen Einschränkungen auf nahezu allen Gebieten verschärft.

Deshalb ist es im Grunde nicht allzu verwunderlich, wenn junge Menschen angesichts so vieler für sie nicht nachvollziehbarer »Gängelungen« in unserer Wohlstandsgesellschaft auf die Idee kommen, dieser bedrückenden Realität zu entfliehen und sich selbst bewusstlos zu machen. Wenigstens für einen kurzen Moment wollen sie »den Ernst des Lebens« vergessen. Danach müssen sie wieder für unbegrenzte Zeit in die Realität bzw. in das Elternhaus zurückkehren, bis sie irgendwann einmal in der Lage sind, alleine für sich zu sorgen.

Wenn das Komasaufen auch von der Erwachsenengeneration zunächst als sinnlos und nicht nachvollziehbar angesehen wird und man erschrocken und machtlos auf dieses Phänomen starrt, dessen lebensgefährdende Seiten für uns im Vordergrund stehen, so offenbart sich doch im Hintergrund eine gewisse Folgerichtigkeit hinsichtlich der gesellschaftlichen Umstände, mit denen Jugendliche heutzutage fertigwerden müssen. Auf jeden Fall wird ihnen die ersehnte Aufmerksamkeit eher zuteil, wenn sie bewusstlos ins Krankenhaus eingeliefert werden, als wenn sie entsprechend der gängigen Norm so lange wie möglich gegen die Wirkung des Alkohols anzukämpfen versuchen.

Versteht die Erwachsenenwelt das Phänomen jedoch als Ruf und Aufforderung, den Jugendlichen mehr Achtsamkeit zu schenken und mehr Zukunftsperspektiven anzubieten, so kann sich dieser Trend möglicherweise wieder in Luft auflösen.

Cannabis

Der Konsum von Cannabisprodukten wird auch heute von vielen Menschen (alt und jung) als relativ harmlos angesehen. In Bezug auf die körperliche Schädigung mag so ein Vergleich beispielsweise mit dem Alkohol auch richtig sein. Sieht man jedoch auf die seelischen Auswirkungen, besonders bei jungen Menschen, so kann diese Sichtweise nicht aufrechterhalten werden.

Cannabisprodukte werden aus der Hanfpflanze gewonnen. Sie gedeiht am besten in sehr sonnigen Lagen, in denen die Pflanze sich gegen zu große Austrocknung durch eine Harzschicht zu schützen versucht. Dieses Harz wird gesammelt und zu Plättchen gepresst. Es kommt dann als Haschisch auf den Markt, je nach Herkunftsland unterschiedlich gefärbt (»schwarzer Afghane«, »grüner Türke« oder »roter Libanese«), oder die Pflanzenteile werden geerntet, klein geschnitten und (wie auch Haschisch) als Marihuana (»Kongo-Gras«, »Kenia-Gras«) geraucht, seltener verbacken gegessen oder mit Tee, Kaffee oder Wein vermischt getrunken.[48]

Der Wirkstoff ist THC (Tetrahydrocannabinol). Es gelangt beim Rauchen zunächst in die Lunge und wirkt von da aus auf das Herz (anfänglich erhöhter Puls), die Bronchien (diese reagieren mit einer Erweiterung), die Blutgefäße (die sich ebenfalls erweitern, sichtbar besonders im Auge: Der Betroffene hat rote, blutunterlaufene Augen, sogenannte »Kaninchenaugen«) und schließlich gelangt es ins Gehirn. Dort wirkt es hauptsächlich in den Basalganglien (den Zentren unter anderem für das Erleben von Lust und Unlust) und lagert sich im Fettgewebe ab. Noch vier Wochen nach einem Joint kann man THC im Urin nachweisen.

Durch den Konsum von Cannabis wird die Wirkung der Bilde- und Wachstumskräfte auf den physischen Leib auf massive Weise gestört und der gesunde Aufbau des Körpers nachteilig beeinflusst. Dies betrifft in erster Linie den Bereich der Fortpflanzung. Heutzutage gilt es als erwiesen, dass sich durch THC die Spermienzahl deutlich verringert, die Potenz abnimmt und die Beweglichkeit der Samenzellen eingeschränkt wird. Auch treten missgebildete Spermien in erhöhter Zahl auf. Bei Mädchen kommt es zu Menstruationsschwankungen und die Ovulation (Eisprung) fällt zum Teil ganz aus. Der Anteil von Milchbildungshormonen nimmt bei Schwangeren, welche Cannabis konsumieren, ab und Erbschäden können nicht ausgeschlossen werden. Das Geburtsgewicht sinkt, die Kinder sind bei der Geburt kleiner. Durch den Konsum von THC können außerdem Immunschädigungen auftreten, wie auch die Synapsen (die Verknüpfungspunkte der Reizleitungen) und im Gehirn das Limbische System (wo sich auch das Zentrum des Kurzzeitgedächtnisses befindet) bei häufigerem Gebrauch geschädigt werden. Auch bei sonst geistig gesunden Menschen tritt oft ein psychischer Verfall ein, und schließlich können starke Schäden an der Lunge das Krebsrisiko deutlich erhöhen.[49]

Die wichtigsten Wirkungen des »Kiffens«, wie das Rauchen von Cannabis oft auch genannt wird, sind Veränderungen der Sinneseindrücke, des Denkens und Fühlens sowie des Zeit- und Raumempfindens, eine Einschränkung von Willensimpulsen bis hin zum Tagträumen und Müdesein. Der Kater ruft ein Gefühl von Apathie, Interesselosigkeit und Erschöpfung hervor und bildet nicht selten den Anlass für einen nächsten Konsum.

Angesichts dieser Fülle von negativen Wirkungen und Folgen kann die These, dass der Konsum von Cannabis harmlos sei und doch legalisiert werden sollte, nicht aufrechterhalten werden.

Oft stellt der Konsum bei jungen Menschen scheinbar einen Ersatz für Geborgenheit, Fürsorge, Liebe und anregende Erlebnisse dar. Er ist letztendlich als ein Ruf an die Umgebung zu verstehen, ihnen Aufmerksamkeit zu schenken, ein geborgenes Zuhause zu schaffen und für echte Begegnungen von Mensch zu Mensch zu sorgen (siehe auch Seite 94 f.).

Mit den hier beschriebenen Suchtgefahren ist das Spektrum der Möglichkeiten bei Weitem nicht ausgeschöpft. Eine ausführliche Vertiefung des Themas würde jedoch den Rahmen eines solchen Buches sprengen. Deshalb sei noch einmal auf die Literaturliste im Anhang verwiesen.

Wenngleich scheinbar überall Gefahren lauern, um Pubertierende in ihren Bann zu ziehen, so sei doch deutlich hervorgehoben, dass es das Recht jedes Heranwachsenden ist, die Dinge, die ihm wichtig sind, auch selbst auszuprobieren. Nur so kann ein eigenes Urteil und eine freie Entscheidung für das Leben getroffen werden. Worauf Erwachsene jedoch hinwirken können, ist, den Zeitpunkt so weit wie möglich hinauszuschieben, denn je älter ein Pubertierender bei dem »ersten Versuch« ist, desto weniger Schaden wird körperlich angerichtet und desto gestärkter ist das junge Ich, auch eine richtige Entscheidung zu treffen.

Ansätze für eine Suchtprophylaxe

Das Wort Prophylaxe beinhaltet genauso wie das deutsche Wort Vorbeuge die Vorsilbe pro – vor. Daraus ergibt sich: Wenn man etwas gegen ein Süchtigwerden unternehmen will, muss man das tun, *bevor* dieses aufgetreten ist. Damit allerdings kann man nicht früh genug anfangen. Schon die Lebensführung der Eltern während der Schwangerschaft hat eine direkte Auswirkung auf die spätere Anfälligkeit des noch Ungeborenen für Suchtverhalten. Viele Drogen wirken bei einem Konsum der Mutter sogar direkt auf den embryonalen Organismus.

Genauso wichtig für die spätere Stabilität sind die ersten drei Lebensjahre, in denen das Kind Gehen, Sprechen und Denken als die drei fundamentalsten menschlichen Qualitäten erlernt. Ebenso erfahren die noch nicht ausgereiften Sinne ihre wichtigste, lebenslang geltende Ausprägung. Je fördernder, lebensbejahender, abwechslungsreicher und naturnaher dieser Lernprozess stattfinden kann, desto größer ist der Schutz gegen spätere »lebensbremsende«, süchtig machende Verlockungen.

Im weiteren Verlauf des Heranwachsens hat das soziale und natürliche Umfeld eine große Bedeutung für die innere Sicherheit und Ausgeglichenheit eines Kindes. Sind die Angebote für ein kindgerechtes Spielen nicht vorhanden, muss sich das Kind, wenn es alleine draußen ist, vor Übergriffen fürchten, und sieht es nur enge Gassen und Häuserfronten als einzige Kulisse für den Aufenthalt im Freien, so sind nicht die besten Bedingungen für eine weitere Schulung der Sinne gegeben, was jedoch nicht heißt, dass ein Kind, das so aufwachsen muss, später zwangsläufig süchtig wird.

Im Verlauf der Schulzeit spielt der Lehrer bzw. die Lehrerin eine ebenso wichtige Rolle wie das Angebot an Fächern. Der Erlebnisinhalt und die Freude am Lernen haben einen entscheidenden Einfluss auf das Suchtverhalten der Schüler.

In diesem Sinne strebt eine erfolgreiche Suchtvorbeugung nicht an, die Begegnung mit dem Suchtmittel zu verhindern. Sie ist vielmehr darauf aus, den jungen Menschen so zu stärken, dass er – mit oder ohne Ausprobieren – gegen die Verlockungen standhält und sich nicht zu einer Abhängigkeit bringen lässt.

Diese starke Haltung kann sich nur durch eindrückliche Erlebnisse und echte Erfahrungen entwickeln, die einen jungen Menschen dazu befähigen, zwischen der Scheinwelt (beispielsweise der Drogen) und der Realität zu unterscheiden und daraufhin eine richtige Entscheidung zu treffen. Wenn ein junger Pubertierender die fremdbestimmte Wirkung und seine eigene Unfreiheit bei der Anwendung einer Außenstimulation (im Sinne der Definition von Felicitas Vogt, siehe Seite 160) erkennt und daraufhin das starke Verlangen nach echten Erlebnissen in sich verspürt, ist eine erfolgreiche Prävention gelungen.

Junge Pubertierende mit ihrem scharfen Blick hinter die Kulissen in dieser Hinsicht auf den rechten Weg zu bringen gelingt nur, wenn der Erwachsene zu Selbstbegegnung und Selbsterziehung bereit ist. Sehen die Eltern, Lehrer und andere nahe Erwachsene nicht auf ihr eigenes Suchtpotenzial, sind sie nicht bereit, ihre Haltung zu den wichtigsten Angelegenheiten des Lebens und der Umwelt immer wieder kritisch zu überprüfen und kreativ zu verändern, dann werden sie die ihnen anvertrauten Heranwachsenden nicht erfolgreich über die gefährlichen Klippen des noch jungen Lebens bringen können.

Letztendlich lassen sich alle Suchtprobleme – und im Besonderen das der Jugendlichen – auf den Wunsch nach innerer Wärme, hervorgerufen durch echte Begegnung, zurückführen. Ganz deutlich tritt dieses Phänomen beim Alkohol zutage. Im ersten Augenblick scheint er die Wünsche zu erfüllen, man fühlt sich innerlich aufgewärmt und kommt leichter in Kontakt zueinander. Aber es ist eine Scheinwärme, denn in Wirklichkeit erkaltet der Körper bei Alkoholgenuss schnell. Auch hat die Begegnung unter Alkoholeinfluss einen schalen Beigeschmack. Um dieses äußere Erkalten nicht wahrzunehmen, muss dann weiterkonsumiert werden. Denn nur so kann der Schein gewahrt bleiben.

Was liegt da näher, als durch echtes Interesse an diesem jungen Menschen eine wahrhaftige Begegnungswärme in ihm hervorzurufen? Eine erfolgreiche Vorbeugung geschieht nicht durch den warnend erhobenen Zeigefinger, sondern durch das ganz persönliche Opfer, durch die wirkliche Hingabe an den Jugendlichen. Das aber erfordert Zeit, Anstrengung, guten Willen und Interesse.

Neben diesen auf Stabilisierung ausgerichteten Vorgehensweisen darf die rein erkenntnismäßige Aufklärung über Schadstoffe, Auswirkungen, Gefahren und gesetzliche Grundlagen nicht vergessen werden. Selbst wenn die Pubertierenden an so manchen Stellen schon mehr wissen als die Erwachsenen, sollte nie versäumt werden, diesen rein kognitiven Teil ernsthaft und in aller Deutlichkeit vorzubringen.[50]

Zur Anregung für die Suchtpräventionsarbeit an der Schule siehe das Kapitel »Praktische Hilfen«, Seite 439 ff.

Ess-Störungen

In der Pubertät treten mit der Geschlechtsreife auch ein besonderer Wachstumsschub, ein Wandel des Körperbaus und eine Veränderung des Seelenlebens ein. Das führt zu einer Veränderung der Eigenwahrnehmung und zu einer anderen Einschätzung der Umwelt. Dadurch wandelt sich die Beziehung zu den Menschen der Umgebung genauso wie die Beziehung zu unbelebten Teilen der Umwelt. Die aufkeimende Ich-Kraft wächst zu der erforderlichen Erdenreife heran.

In dieser Phase kommt es bei Jugendlichen, die zu Ess-Störungen neigen, durch die Ahnung von unbekannten, für bedrohlich eingeschätzten Dimensionen zu einer Art fassungsloser Erstarrung. Es fehlt der Mut, sich auf das Neue mit Eroberungswillen und Improvisationsfreudigkeit einzustellen. Stattdessen machen sich Angst, Verzweiflung oder sogar Panik breit.[51] So klammern sie sich an das Gewohnte, Regelhafte und schwächen dadurch den erforderlichen Anstoß, zu neuen Ufern aufzubrechen.

Ess-Störungen sind ein Phänomen von Wohlstandsgesellschaften, in denen keine direkte existenzielle Bedrohung vorhanden ist. Wenn Perfektionismus, Rationalismus und Manipulierbarkeit täglich greifbare Symptome des menschlichen Miteinanders sind, kann sich der seelisch-geistige Wesenskern bei manchen Heranwachsenden nicht in gesundender Weise an Konflikten und Erfahrungen stärken, sondern fühlt sich in die Zwanghaftigkeit eingeengter Handlungen gedrängt.

Anorexie, Magersucht (besser wäre wohl der Ausdruck Hungersucht) und Bulimie (das heißt Anfälle von Heißhunger mit anschließendem Erbrechen, auch Fress-Brechsucht genannt) treten nicht urplötzlich auf, sondern entwickeln sich durch nebensächliche, oft nur wenig beachtete »Kleinigkeiten«. 95% der Kranken sind weiblichen Geschlechts.

Häufig sind solche Kinder in der Säuglingsentwicklung beschleunigt. Sie passen sich gut an, werden als »pflegeleicht« empfunden. Oft sind sie der Stolz der Eltern und werden gerne »vorgezeigt«. Die Trotzphase als erster wichtiger Schritt des Selbstständigwerdens tritt kaum in Erscheinung.[52] So wird die Möglichkeit, »Nein« sagen zu können, sehr wenig geübt. Das Kind vermeidet lieber jeden Konflikt und passt sich den offensichtlich erwünschten Verhaltensregeln an.

Die Nachahmungskräfte dauern bei solchen Kindern oft unverändert bis weit über das siebte Lebensjahr an. Auch fallen sie dadurch auf, dass sie Tätigkeiten bevorzugen, die ihnen das meiste Lob zu versprechen scheinen. Ihr Selbstwertgefühl ist stark von den erzielten Ergebnissen abhängig. Konflikte werden gemieden und Verantwortung übernehmen sie nur, wenn sie absolut sicher sind, dass sie ihr auch gewachsen sind.

Beginnt sich dann um das zehnte Lebensjahr der Körper zu verändern, die Schultern, das Becken, die Hüften und der Brustkorb zu erweitern, versuchen sie diese notwendige Entwicklung durch intensive sportliche Aktivität zu verhindern. Auch beginnen sie schon bei den leisesten Irritationen zu verzweifeln, weil sie nicht geübt haben, mit Enttäuschung umzugehen und sich um eine Sache zu bemühen. So reagieren sie mit Resignation und Depression. Sie vermeiden den Kontakt zu anderen Menschen und spüren in sich eine Empfindungsleere. Ratlosigkeit, Hilflosigkeit, Angst- und Panikgefühle machen sich bemerkbar, besonders während der Mahlzeiten. Das Verhältnis zur Wahrheit beginnt zu wanken und entsprechend dem inneren Wunschbild wird gemogelt, schöngeredet und auch gelogen. Jedes Risiko, jede Blamage wird vermieden. Angst, Ekel, Misstrauen und eine Über- oder Unterbewertung der Lust bestimmen das Empfinden. Dabei wird eine äußerste Sensibilität gegenüber Kränkungen an den Tag gelegt. Die Selbstständigkeit geht verloren und oft wird eine starke Todessehnsucht erlebt. Im Willensbereich sind diese jungen Menschen auf den ersten Blick durchaus geschickt und einsatzbereit. Bei genauerem Hinsehen entdeckt man jedoch, dass dies innerhalb starrer, ritualisierter Bedingungen geschieht und die Aktivitäten letztendlich nur dem Einhalten des gewünschten Gewichtes dienen sollen. Der Bereich des Denkens steht glasklar und sicher zur Verfügung und wird oft sogar von Eltern oder Lehrern für vorbildlich gehalten. Allerdings findet darin keine Freiheit oder gar Kreativität Platz, das Denken ist kalt und leistungsbezogen.

Alle diese »kleinen« Hinweise sind für sich genommen vielleicht nicht problematisch. Aber insgesamt und im Rückblick betrachtet bilden sie die Kettenglieder, die zu der dann »plötzlich« ausbrechenden Krankheit führen.

Die Phase der Pubertät bildet also nur den krankheitsauslösenden, nicht aber den krankheitsverursachenden Hintergrund. Eltern, Lehrer und Freunde, aber auch Ärzte, Therapeuten und Betreuer sehen sich mit einem Krankheitsbild konfrontiert, das wegen seiner engen Verknüpfung von seelischen und körperlichen Faktoren größte Sensibilität erfordert. Auf der einen Seite sind die betroffenen Jugendlichen unauffällig und entsprechen in vielerlei Hinsicht den gängigen Leistungserwartungen unserer Gesellschaft. Auf der anderen Seite sind sie in ihrem krankheitsverursachenden Verhalten auf das engste mit ihren nächsten Mitmenschen verbunden, sodass ein frühes Erkennen und sauberes Trennen von Ursache und Wirkung oft nur schwer möglich ist. Erschwerend kommt hinzu, dass die betroffenen jungen Menschen es oft lange Zeit schaffen, ihre Krankheit beispielsweise durch das Tragen weiter Kleidung zu verstecken. Wird diese dann doch erkannt, ist oft schon ein Zustand eingetreten, der nur unter fachlich kompetenter Therapie zu stoppen ist. Je früher er entdeckt wird und je jünger der Patient ist, desto größer sind die Heilungsaussichten.

Eine Familientherapie bietet am ehesten die Chance, eine für alle gesundende Form des Umgangs mit der Krankheit zu gewährleisten. Auch Lehrer und Freunde sollten in diesen Prozess mit einbezogen werden können. Wichtig ist dabei ein breit angelegter Ansatz, der den Persönlichkeitsentwicklungsstörungen des Patienten entspricht und nicht eine isolierte Vorgehensweise verfolgt.[53]

In vielen Fällen ist der Zustand schon beim Entdecken der Krankheit so extrem, dass eine Intensivtherapie erforderlich ist, um die nötigen lebenserhaltenden Körperfunktionen zu gewährleisten. Psychotherapie, künstlerische Therapien, Heileurythmie und auch die medikamentöse Behandlung bilden einen weiteren Rahmen für den Umgang mit einem möglichen Genesungsprozess.

Trotz aller Erfahrung in den letzten Jahren mit diesem Krankheitsbild sind Ärzte und Therapeuten auch heute noch vor schwierige Aufgaben gestellt, wenn sie dem Verlauf Einhalt gebieten wollen.[54]

Aus diesem Grund bilden die Früherkennung und damit der Versuch einer Prophylaxe ein wichtiges Kriterium bei Ess-Störungen. Versuch insofern, als die verursachenden Gründe hinter einem Verhalten wie Strebsamkeit, Anpassungsfähigkeit oder Fleiß für Eltern und Lehrer zugleich erstrebenswert erscheinen. Schulärzte und Hausärzte sind als Aufklärer und Beobachter gleichermaßen gefordert. Dadurch kann eventuell früh genug eine Beratung über einen möglichen Krankheitsbeginn zustande kommen.

Nicht selten liegen familiäre Streitigkeiten der Entstehung zugrunde. Darum ist es nicht hilfreich, nur auf die Krankheit zu blicken, sondern es ist nötig, diese häusliche Situation zu verwandeln. So sind die Bereitschaft und Offenheit für Kritik und der Wille zur erforderlichen Veränderung Grundelemente für einen möglichen Vorbeuge- oder Heilungsprozess.

Für ein erfolgreiches Vorbeugekonzept ist demgemäß ein umfangreiches, aber dennoch sehr individuelles Vorgehen erforderlich. Eine intensive Aufklärung durch fachkompetente Menschen, das Erkennen des Schicksalsstromes des jungen Menschen, das Herausfinden von seinen individuellen Grenzen und Möglichkeiten sowie das Eingehen auf seine Intentionen und Zielvorstellungen bilden den Rahmen für eine solcherart angestrebte Prophylaxe. Daraus wird aber gleichzeitig auch deutlich, wie schwierig ein solcher Ansatz bezüglich dieser Krankheit zu verwirklichen ist.

Sekten

Die Suche nach einem Idealbild der Welt spielt bei vielen Jugendlichen im Verlauf der Pubertät eine ganz entscheidende Rolle. Durch das erwachende Ich-Bewusstsein tauchen Fragen nach den Zusammenhängen der Schöpfung, nach den Ursachen von Gut und Böse und nach Wegen zu einem sinnerfüllten Leben oft in sehr drängender Weise auf. Die Jugendlichen sehen zum ersten Mal mit aller Deutlichkeit die Widersprüche im gesellschaftlichen Zusammenleben und spüren das große Verlangen, aus dem Strom der traditionellen Gewohnheiten auszuscheren. Sie glauben zu erkennen, dass sich »etwas« ändern muss, dass es so eigentlich nicht weitergehen kann.

Bei dieser Suche nach einleuchtenden, richtigen Wegen sind sie für eingängige Ideale sehr offen. Viele Jugendliche saugen in dieser Phase ihres Lebens förmlich alle möglichen Angebote in sich auf, welche eine den Menschen gemäßere Zukunft versprechen oder eine gerechtere und für das Fortbestehen der gesamten Schöpfung einleuchtende Lebensform erhoffen lassen. Nur haben sie noch kein ausreichendes kritisches Bewusstsein, welches für das Abwägen ideeller Wege erforderlich ist. Sie sind ja gerade erst dabei, diese Werkzeuge ihrer Persönlichkeit zu entwickeln und auszuprobieren, machen gerade die ersten Schritte in Richtung eigener Erfahrungen und pendeln darum nicht selten von einem für sie erstrebenswerten Ideal zum anderen.

Aus diesem Grund sind junge Menschen nicht selten besonders empfänglich für Phänomene, die im Allgemeinen als Sekten bezeichnet werden. Damit sind Gruppen gemeint, die religiös erscheinende Fragen auf einfache Weise beantworten wollen. Sie verfolgen dabei jedoch nicht immer wirklich ideelle, religiöse Ziele, sondern werden verdächtigt, Persönlichkeitskulte, Macht- und Gewinnstreben als versteckten Hintergrund zu betreiben. Bekannt geworden ist in diesem Zusammenhang die »Scientology«-Sekte.

Jugendliche (wie auch Erwachsene) können dadurch in einen Teufelskreis geraten, der mit absoluter Abhängigkeit, Unfreiheit und Ausbeutung bezahlt werden muss. Der junge Mensch verliert sein ehemaliges soziales Umfeld und kann bis in den Selbstmord getrieben werden.

Aus diesem Grund ist es gut, ein wachsames Auge auf die ideelle, suchende Seite der heranwachsenden Jugendlichen zu haben und rechtzeitig ein Hineingleiten in schwer umkehrbare Tatsachen zu verhindern. Auf der anderen Seite ist es wichtig, dem jungen Menschen bei seiner Suche nach seiner Richtung im Ideellen und Religiösen nicht im Wege zu stehen.

Woran lässt sich eine als gefährlich zu bezeichnende Sekte erkennen?
- Oft gibt es ein »Oberhaupt«, welches mit »prophetischer« Autorität seine Lehre verkündet.
- Durch Schulungsmethoden werden die neuen Mitglieder vorbereitet.
- Es herrscht ein starker Gruppenzwang, der kritische Gedanken nicht mehr zulässt.
- Es tritt eine zunehmende Isolierung von anderen Jugendlichen ein.

- Oft entsteht ein »Elitebewusstsein«, verbunden mit dem Glauben, ein besserer Mensch zu sein.
- Die Gruppe baut ein Feindbild den Außenstehenden gegenüber auf.
- Die Aufnahme kann zwar herzlich und warm erscheinen, später ist eine Umkehr jedoch nur schwer möglich.

Es ist sinnvoll, schon vor einer Berührung mit einer derartigen Sekte mit dem Jugendlichen ausführlich über all diese Dinge zu sprechen. Der Erwachsene kann dabei aufgrund seiner Lebenserfahrung dem Heranwachsenden sein Ich förmlich »leihen« und ihm so Kriterien zur Verfügung stellen, mit welchen er seinen eigenen Weg in Glauben und Religion finden kann. Entscheidend ist dabei das Element der Freiheit und der Grad, in welchem ein Wachstum der Persönlichkeit zugelassen wird. Besteht bereits ein Kontakt zu einer Sekte oder taucht der Verdacht auf, sollten Eltern und Lehrer unbedingt das Gespräch suchen. Empfehlenswert ist auch der Kontakt zu einer öffentlichen Beratungsstelle.[55]

Fragen für die Einschätzung der Situation können sein:
- Benenne deine eigenen Ideale und prüfe, ob sie in der kontaktierten Gruppe erfüllt sind.
- Kannst du dort in einzelnen Fragen eigene Entscheidungen treffen?
- Wirst du wirklich freigelassen im Handeln, Kommen und Gehen?
- Darfst du Zweifel und Ängste äußern?
- Stehen die anderen neben dir oder über dir?
- Gewinnst du tiefes Vertrauen oder große Sehnsucht?

Borderline-Störungen

Eine Borderline-Erkrankung lässt sich als eine tiefe Identitäts- und Orientierungsstörung beschreiben, die eigentlich erst im Erwachsenenalter in vollem Maße auftritt, dann, wenn sich die Ich-Geburt vollzogen hat und das Ich in der Empfindungsseele gestaltend tätig werden will. Aber bereits in der Pubertät können deutliche Anzeichen auf eine Borderline-Störung hinweisen. Deshalb haben wir uns entschlossen, dieser eine größere Aufmerksamkeit zu schenken, da sie in der Zukunft sicher mehr zutage treten wird, als uns lieb ist.

Menschen mit Borderline-Störungen verfügen über wenig inneren Halt und eine geringe seelische Belastbarkeit, was sich in einem schlechten seelischen Gleichgewicht ausdrücken kann. Sie erleben eine Zerrissenheit in ihrem Gefühlsleben mit oft unvermittelten Wutausbrüchen und haben ein Grundgefühl der Leere und Langeweile. Sie wissen nicht, wer sie sind und was sie im Leben wollen. Menschliche Beziehungen sind wechselhaft und unbeständig, wobei die anderen Menschen schnell idealisiert oder abgewertet werden; ein schneller Wechsel von Nähe und Distanz ist die Folge.

Tiefe Angst vor Einsamkeit ist ein Grundgefühl in der Seele von Menschen mit einer Borderline-Störung, was nicht selten zu Selbstmordgedanken bis hin zu Selbstmordversuchen oder selbstverletzendem Verhalten (siehe Seite 199 ff.) führen kann.[56]

Diese Beschreibung passt natürlich auch auf pubertäre Phasen, unterscheidet sich aber im Ausmaß bzw. in der Ausdrücklichkeit dieses beschriebenen Verhaltens.

Die genannten Merkmale sind auf eine elementare Beziehungs- und Bindungsstörung im ersten und zweiten Jahrsiebt zurückzuführen, die sich im dritten Jahrsiebt bereits als Ausdruck einer späteren Borderline-Störung zeigen kann.

Wenn ich einsam war, habe ich mir Freunde ausgedacht, wenn ich Angst hatte, dass mir Monster in die Zehen beißen, habe ich beschlossen, dass in meinem Zimmer nur Monster leben, die keine Zehen mögen, wenn mich alle in der Klasse doof fanden, habe ich mir vorgestellt, ich wäre woanders und total beliebt, wenn meine Eltern mal wieder etwas von mir wollten, habe ich mir vorgestellt, ich wäre ihre Angestellte, und habe es getan, wenn sie mich verletzt haben, habe ich mir vorgestellt, sie wären gar nicht meine Eltern und ich würde meine wirklichen Eltern irgendwann, bald kennenlernen und dann würde alles gut, wenn mich ein Junge, den ich mochte, nicht wollte, habe ich mir vorgestellt, ich wäre eine Königin, die darüber entscheidet, ob er hingerichtet wird oder nicht – ich hatte alle nur denkbaren Krankheiten und Verletzungen, Migräne, Schlafstörungen, Hautausschläge.

Als ich nicht mehr weinen konnte, habe ich angefangen, mich selbst zu verletzen, als ich nicht mehr brav und allein gelassen sein wollte, bin ich schlecht in der Schule geworden, als mir nichts mehr einfiel, um mir selber zu helfen, habe ich versucht, mir das Leben zu nehmen.[57]

Wie bereits verschiedentlich benannt, arbeitet sich das Ich des Kindes in den verschiedenen Jahrsiebten in den Leib ein, es inkarniert sich. Dieser Vorgang ist eine tiefe Notwendigkeit, um später zu einer gesunden seelischen Entwicklung zu kommen. Im Bilde gesprochen muss das Kind bis tief in seine Leiblichkeit hinein verwurzelt sein, um ein gesundes Blattwerk und eine Blüte entfalten zu können.

Kann es sich in den ersten Lebensmonaten bis Lebensjahren nicht genügend mit der Mutter oder dem Vater seelisch verbinden, sind diese im Umgang mit dem Kleinkind abweisend und verletzend, sodass keine emotionale Bindung entstehen kann, kommt es beim Kleinkind zu einer elementaren Störung des Tast- und Lebenssinns. Denn »erst an der tastenden Berührung der Umwelt erlebt das Ich sich in seinem innersten Leibe. Von dieser Warte aus entwickelt das Ich im weiteren Leben seine Weltwahrnehmung und ergreift daran anschließend seine Erdenaufgaben.«[58]

Arno Gruen hat sich mit den Folgen verzerrter Wahrnehmung und emotional gespaltener Fürsorge Säuglingen und Kleinkindern gegenüber intensiv beschäftigt. Ihm zufolge beeinflussen folgende Qualitäten elterlicher Fürsorge die kindliche Entwicklung im Hinblick auf eine spätere Borderline-Störung:[59]

- abgespaltene, aber intensive Gefühle von Ärger und Wut dem Säugling gegenüber
- Sorge oder tiefe Depression
- eheliche Spannungen und Konflikte
- emotionale Kälte und innere Ablehnung des Säuglings.

Derartige Erlebnisse erzeugen bei Säuglingen und Kleinkindern eine Bezugsleere, die sie aus tiefer Not heraus – da existenzielle Ängste im Kind entstehen – immer wieder neu mit Kontakt zu den Eltern »füllen« wollen, aber sie werden ständig abgewiesen. Die Eltern erleben ihre Kinder als »klammernd« und lästig und fühlen sich dadurch noch mehr überfordert – ein Teufelskreis für alle Beteiligten. Im Kind führt dies zur Entwicklung eines »porösen«, durchlässigen Tastsinns im ersten Jahrsiebt. Das Ich des Kindes erlebt sich teilweise, bei Angst- und Spannungszuständen sogar völlig außerhalb des Leibes, es kann nicht in den Leib einziehen, da es nicht über tiefe Tasterfahrungen durch die Eltern in den Leib »eingeladen« wird. Eine erwachsene Frau berichtete, dass sie sich als Siebenjährige die Haut an Hausmauern aufgerieben hat, weil sie sich wie ausgelöscht empfand.[60]

»Man muss sich die Situation so vorstellen, dass die Borderline-Persönlichkeit nur schwach und ›unter Vorbehalt‹ bis in die Tiefen der Körperlichkeit inkarniert ist und zu dieser keine lebendige, durch die unteren, inneren Sinne übermittelte Verbindung hergestellt hat. Dies bedeutet, dass die Fähigkeit zu Vertrauen, Beständigkeit und sicheren, festen Entschlüssen ebenso wie weitere Ich-Qualitäten aufgrund der eigenen Konstitution ständig in Gefahr sind, in das bodenlose ›Borderline-Entsetzen‹ zu versinken.«[61]

Für Eltern, Pflegeeltern, Adoptiveltern und Lehrer ist es wichtig zu wissen, welche Faktoren in der Adoleszenz (selten direkt in der Pubertät) das ›Borderline-Entsetzen‹ auslösen können, denn dann wird das Verhalten des Heranwachsenden verständlicher und einschätzbarer, sodass gegebenenfalls die nötige Unterstützung oder therapeutische Schritte eingeleitet werden können.

Auslöser des ›Borderline-Entsetzens‹ können sein:
- Missachtung, Verleumdung oder Kränkung des Selbstes durch existenziell wichtige Bezugspersonen
- Unverständnis oder Missverständnisse, Desinteresse und Zurückweisung, besonders in seelischen Notsituationen
- von anderen erzwungene Entgrenzung des Selbstes oder
- Verweigerung von existenziellen Wünschen und Bedürfnissen
- Übersehen- oder Verleugnetwerden der ganzen Person des Betroffenen oder seiner Absichten
- Situationen, in denen eine schwere Anklage oder starke Schuldgefühle empfunden werden
- Überlastung durch Erwartungen oder Verpflichtungen
- unvorhergesehene Reaktionen oder Handlungen anderer
- Ohnmachtsgefühle in Gesprächssituationen
- drohender oder realer Verlust einer wichtigen Bezugsperson
- Aufdeckung eines erlittenen Missbrauchs.[62]

▶

Marie war das erste von zwei Kindern, der ein Jahr jüngere Bruder kam behindert auf die Welt. Die Eltern waren überfordert mit der Situation, der Vater zog sich immer wieder aus beruflichen Gründen und durch Alkohol von der Familie zurück. Als Marie fünf Jahre alt war, trennten sich die Eltern und die Kinder kamen kurzfristig in ein Heim, von dort aus in ein Wohnghetto zur Mutter zurück. Als Marie sieben Jahre alt war, nahm sich der Vater das Leben, kurze Zeit danach kam der behinderte Bruder in eine Vollzeit-Behinderteneinrichtung. Die Mutter musste den Lebensunterhalt verdienen und Marie blieb in der Obhut einer alkoholabhängigen Nachbarin. Eine neue Verbindung der Mutter verhalf zu einem sozialen Aufstieg, aber gleichzeitig zu einem emotionalen Abstieg. Der spätere Stiefvater trank und es kam häufig zu Streit und Handgreiflichkeiten. Marie besuchte die Realschule und machte auch einen Abschluss. Im Laufe ihrer Pubertät kam es zu wechselnden Beziehungen, die immer wieder in Enttäuschungen mündeten. Mit siebzehn Jahren zog sie mit Einwilligung der Mutter in eine Wohngemeinschaft nach München. Die wechselnden Beziehungen, vorwiegend sexueller Art, führten Marie in tiefe Einsamkeit, immer wieder spielte sie mit dem Gedanken, sich das Leben zu nehmen, und experimentierte mit Schlaftabletten. Als eine länger anhaltende Beziehung vom Partner beendet wurde, erlitt sie einen körperlichen und seelischen Zusammenbruch. Sie beschreibt später, wie sie sich selber wie bei einer Inszenierung zugesehen hat. Sie versuchte den Freund mit einem erdachten Suizidversuch ihrer Mutter (der zeitlich verschoben auch einige Jahre zuvor stattgefunden hatte) zu erpressen. Als dies nicht gelang, setzten immer wiederkehrende Angst- und Unruhezustände ein, die sie letztendlich bewogen haben, sich in therapeutische Behandlung zu begeben.

◄

Hilfen für Menschen mit Borderline-Symptomen sind verlässliche Beziehungen, was aber nicht so leicht zu verwirklichen ist, da diese Menschen alle Beziehungen stark auf den Prüfstand stellen.

Man kann das Borderline-Syndrom auch als eine Inkarnationsstörung ansehen: Dem jungen Menschen fehlt die basale leibliche Grundlage, um vertrauensvoll in die Welt zu gehen. Hier hilft eine Nachreifung auf körperlich-seelischer Ebene, sodass sich der Betroffene eingeladen fühlt, auch jetzt noch, sozusagen verspätet, seinen Leib mit seiner Seele und seinem Ich zu beziehen. Pressel-Massage, Rhythmische Massage, Heileurythmie, Ergotherapie oder Sport können dabei sehr hilfreich sein.

Missbrauch, Gewalt und Mobbing

Während man bei Kindern davon ausgehen kann, dass sie bei Missbrauch, Gewaltanwendung und Mobbing immer der erleidende Teil sind, trifft das für Jugendliche, auch im frühen Pubertätsalter, nicht mehr zu. Sie können entweder von anderen bedrängt werden oder durch ihr Verhalten anderen Schaden zufügen, sie können Täter oder Opfer sein. Aus diesem Grund möchten wir uns dem Thema von zwei unterschiedlichen Standpunkten aus nähern.

Der Jugendliche wird durch die Pubertät bzw. in ihrem Verlauf immer mehr mit kaum zu bewältigenden Fragen konfrontiert. Zugleich aber erwachen in dem jungen Menschen im Zuge seiner Reifung auch ungeahnte und noch nicht beherrschbare Kräfte. So können sich starke Emotionen in seinem energiegeladenen Körper zu überschäumender Tatkraft entwickeln und ihn zu Taten verführen, deren Folgen für ihn noch nicht einschätzbar sind. Eine erfahrene, bewusste Ich-Stärke steht einem Pubertierenden noch nicht zur Verfügung. Doch wenn das Gesetz auch eine volle Verantwortlichkeit in diesem Alter noch nicht vorsieht, so sind die Folgen für das Opfer unter Umständen doch von lebenslanger Auswirkung.

Ist das Verhalten, der Umgang untereinander oder im weiteren sozialen Umfeld nicht durch vorbildhaftes Verhalten älterer Menschen, durch die bisherige Erziehung und Bildung positiv gefestigt, so können triebhafte Energien durch Medien oder gewaltbereite Vorbilder in bedrohlicher Art und Weise entfesselt werden. Gewaltanwendung, Missbrauch und Mobbing in ihren schlimmsten Auswirkungen können die Folge sein. Solche Übergriffe gehen zwar noch viel häufiger auf das Konto Erwachsener, aber die Problemlage, die durch und für Jugendliche entsteht, benötigt ebenso viel Aufmerksamkeit.

Aus diesem Grund sollten soziale und menschliche Fähigkeiten so früh und so gut wie möglich angelegt werden. Will man erst in der Pubertät damit beginnen, ist es oft zu spät.

Genauso wichtig ist das Begleiten und Beobachten des Heranwachsenden. Zu welchen Gleichaltrigen besteht Kontakt, welche Idole werden gewählt oder welche Medienangebote genutzt? Der Konsum von Gewaltvideos oder das Spielen von Computerspielen mit Gewaltszenen führt zu einer größeren Bereitschaft, selbst Gewalt anzuwenden oder grenzüberschreitendes Verhalten überhaupt nicht mehr erkennen zu können.

Hat sich ein solches Verhalten erst einmal bei einem jungen Menschen manifestiert, ist es sehr schwer, dem entgegenzuwirken. Je intensiver die Erwachsenen, Eltern, Verwandte, Nachbarn, Lehrer oder Freunde der Familie, einen Pubertierenden in seinen Entwicklungsschritten begleiten, desto eher kann unguten Tendenzen frühzeitig entgegengewirkt werden. Dabei sollte sich deren Blick nicht so sehr auf die Kontrolle richten, sondern vielmehr von der Gewissheit geprägt sein, dass es für den jungen Menschen keine wahre Zufriedenheit und nur wenig wirkliche Reifungsmöglichkeit bietet, wenn sein unachtsames Vorgehen zu Übergriffen und Verletzung der Mitmenschen führt. Gelingt es, dem Jugendlichen in dieser Haltung zu begegnen, besteht die Möglichkeit, in einem Gespräch gemeinsam nach Handlungsalternativen zu suchen.

Die andere Seite des Problems von Missbrauch, Gewalt und Mobbing betrifft Übergriffe auf Kinder und Jugendliche. Sie sind in diesem Fall die Opfer. Kinder und Jugendliche brauchen für ihr Wohlergehen positive Zuwendung und die Liebe ihrer Umgebung. Es gibt aber immer auch Eltern, Erzieher und Lehrer, die mit ihrer Aufgabe nicht zurechtkommen, sich überfordert fühlen. Sie kommen unter Umständen seelisch, gesundheitlich und auch körperlich dermaßen in die Enge, dass sie mit Aggression, Übergriffen, Gewaltanwendung oder Vernachlässigung reagieren. Einer solchen Tendenz kann man durch rechtzeitige und gemeinschaftliche Vorgehensweise von Ärzten, Therapeuten, Pädagogen und Eltern entgegenwirken. Aufklärung und Fortbildung spielen hierbei eine wichtige Rolle.

Gewalt

Was ist unter dem Begriff Gewaltanwendung zu verstehen?

Gewaltanwendung ist »eine nicht zufällige (bewusste oder unbewusste) Schädigung, die in Familien oder Institutionen (zum Beispiel Kindergärten, Schulen, Heimen) geschieht, die zu Verletzungen, Entwicklungsverzögerungen oder sogar zum Tode führt und die somit das Wohl und Rechte eines Kindes [oder Jugendlichen] beeinträchtigt oder bedroht.«[63] In diesem Sinne ist mit Gewalt gemeint, dass durch Taten, Gefühlsäußerungen oder Interaktionen die vertrauensvolle Beziehung zum Kind und Jugendlichen schwer beeinträchtigt oder sogar unmöglich gemacht wird. Dadurch wird die seelisch-geistige Entwicklung zu einer autonomen und lebensbejahenden Persönlichkeit erschwert oder sogar verhindert.

In vier Bereichen können Übergriffe stattfinden:

- **Körperliche Gewalt**
Dabei erfolgen auf verschiedene Art körperliche Übergriffe gegenüber Kindern, die sich zum Teil auch noch im Jugendalter auswirken. Verbreitet sind Prügel, Schläge mit Gegenständen, Kneifen, Treten und Schütteln. Auch kommen Stichverletzungen, Vergiftungen, Würgen und Ersticken sowie thermische Schäden (Verbrennungen, Verbrühen, Unterkühlung) vor. Es können dabei Verletzungen und bleibende seelische und geistige Schäden entstehen oder in Extremsituationen sogar Todesfälle auftreten. Im Jugendalter kommt es jedoch nur selten und dann nur noch bei Mädchen zu körperlichen Angriffen, weil sich Jungen zunehmend zur Wehr setzen.

- **Seelische Gewalt**
Von einer seelischen Gewaltanwendung kann man sprechen, wenn dem Kind oder Jugendlichen ein Gefühl von Ablehnung vermittelt wird. Dies kann durch Demütigung genauso geschehen wie durch Liebesentzug, Zurücksetzen und Ignorieren oder Gleichgültigkeit. Vor allem in der frühen Kindheit wirkt es sich ebenfalls negativ aus, wenn mit Angst »gearbeitet« wird. In diesen Bereich fällt das Einsperren in dunkle Räume, Alleinlassen, Isolation, Beschimpfungen oder Drohungen. Jungen und Mädchen werden aber auch dann missbraucht, wenn sie am elterlichen Streit teilnehmen müssen oder durch unangemessene Schul- bzw. Sportleistungen oder überzogene künstlerische Ansprüche überfordert werden. Ebenso können überbehütendes und überfürsorgliches Verhalten von Erwachsenen zu einer Art seelischer Gewalt werden und ein Gefühl von Ohnmacht, Wertlosigkeit oder Abhängigkeit hervorrufen.

- **Sexuelle Gewalt**
Darunter ist eine sexuelle Handlung eines Erwachsenen oder Jugendlichen zu verstehen, bei der jemand als Objekt für die sexuelle Stimulation oder Befriedigung benutzt wird, der nicht imstande ist, sich dagegen zu wehren bzw. abzugrenzen oder eine solche Situation in irgendeiner Weise zu kontrollieren. Kindesmisshandlungen gehen gleichermaßen von Männern und Frauen aus, während sexuelle Übergriffe überwiegend von Männern und männlichen Jugendlichen begangen werden.

Häufig nutzen die Erwachsenen und Jugendlichen eine Machtposition innerhalb eines Abhängigkeitsverhältnisses für ihr eigenes sexuelles Ziel aus (Vater, Lehrer, Sporttrainer, Ausbilder, Chef u.a.). Dabei wird nicht selten emotionaler Druck ausgeübt und es kommt in der Folge zur Erpressung, um das Geschehene zu verschleiern.

Das Berühren von Geschlechtsteilen, überhaupt die Aufforderung, den Täter zu berühren, Zungenküsse oder manuelle Penetration sowie analer, vaginaler oder oraler Geschlechtsverkehr gehören in diesen Bereich ebenso wie exhibitionistische oder pornografische Darstellungen oder eine sexualisierte Sprache. Bei Formen des sexuellen Übergriffs spielt das Internet eine immer größere Rolle.

K.-o.-Tropfen
Im Zusammenhang mit Missbrauch muss das Augenmerk auch auf eine gefährliche Variante der Anbahnung einer solchen Tat gelenkt werden: Aus einer Vielzahl unterschiedlicher Substanzen, welche illegal im Internet angeboten werden, oder aber aus legal erworbenen Lackierungszusätzen mischen die Täter ein als K.-o.-Tropfen bekannt gewordenes Mittel zusammen. Die Tropfen werden dem Opfer in einem unbemerkten Augenblick in das Getränk gemischt und schalten dann innerhalb kurzer Zeit jede Wahrnehmung und Erinnerungsfähigkeit aus. Der Zustand ähnelt einem Vollrausch und wird von der unwissenden Umgebung auch so eingeschätzt. Auf diese Weise willenlos gemacht, wird das Opfer dann weggeführt und oft von mehreren Tätern vergewaltigt. Lediglich Unterleibschmerzen, blaue Flecken oder der Geruch körperfremder Flüssigkeiten deuten auf den Missbrauch hin. Da die Frauen jedoch keinerlei Erinnerung mehr haben, trauen sie sich oft nicht oder erst sehr spät, über ihren Verdacht zu sprechen. Oft ist eine juristische Beweisführung dann nicht mehr möglich und es kommt nicht zu einer Verfolgung des oder der Täter. Untersuchungen haben ergeben, dass die Täter oft sogar aus dem engeren Kreis des Opfers stammen und dieses dann dadurch erpressen, dass sie androhen, gemachte Fotos ins Internet zu stellen. Aus Scham und Unsicherheit kommt es darum nur in sehr wenigen Fällen zu einer Aufdeckung der Tat und anschließenden Strafverfolgung.

Wachsame Begleitung der Jugendlichen untereinander ist wohl der wirksamste Schutz gegen diesen gewaltsamen Übergriff. Die Jugendlichen müssen dazu allerdings erst einmal von den Erwachsenen über diese Möglichkeit informiert werden. Erst dann können sie untereinander Absprachen treffen, wie sie sich gegenseitig am besten schützen können. Sie können zum Beispiel gegenseitig ganz gut einschätzen, ob eine Volltrunkenheit überhaupt schon möglich ist anhand der getrunkenen Menge. Auch können sie sich gegenseitig so gut es geht im Blick behalten und den anderen nie von Unbekannten wegführen lassen.

Sollte dennoch der Verdacht eines Übergriffs bestehen, ist die schnelle Aufdeckung der beste Garant dafür, dass der bzw. die Täter dingfest gemacht und weitere Taten verhindert werden können. An vielen Orten gibt es deshalb mittlerweile spezielle Berater und Begleiter der Opfer. Auch unter der Frauen-Helpline, Tel. 0700-999 11 444, besteht die Möglichkeit, fachlichen Rat zu bekommen.

- **Vernachlässigung**

Hierbei handelt es sich um eine seelische wie auch körperliche Misshandlung. Vernachlässigung kann durch den Entzug von Zuwendung, Akzeptanz, Betreuung, Schutz und Unterstützung entstehen. Mangelnde Ernährung, unzureichende Pflege und fehlende Gesundheitsfürsorge bis hin zu völliger Verwahrlosung können zu gravierenden, möglicherweise irreparablen Entwicklungsstörungen und Schäden führen. Mangelndes Selbstbewusstsein, schlechte Krankheitsresistenz und geringe seelische Widerstandskraft haben oft lang anhaltende Auswirkungen auf die gesamte Lebensperspektive des betroffenen Menschen.

Nicht unerwähnt bleiben sollte in diesem Zusammenhang der Übergriff auf Menschen mit einer Behinderung. Kinder und Jugendliche, die mit einem Handicap leben müssen, sind einem viel größeren Risiko ausgesetzt, Opfer eines Übergriffs zu werden. Es bedarf einer sorgfältigen Beobachtung und einer interdisziplinären Zusammenarbeit, um derartige Übergriffe zu verhindern oder zu erkennen, denn die Folgesymptome werden nicht selten der Behinderung zugeschrieben.

Mobbing

Mobbing ist im oben genannten Sinne eine Form von seelischer Verletzung. Wird jemand aufgrund seines Äußeren, seines Verhaltens, seiner

Krisen 195

Mobbing kann nicht nur Jugendliche in extreme seelische Not bringen.

Herkunft, Fähigkeit oder Persönlichkeit verlacht, geärgert, ausgeschlossen oder verfolgt, hat dies sehr schmerzliche Folgen. Geschieht es öfter und von vielen Menschen, wird dem Betroffenen unter Umständen jegliche Lebensgrundlage entzogen. Ein Heranwachsender, aber auch noch so mancher Erwachsene, orientiert sich, wenn ein reifes Ich nicht zur Verfügung steht, gerne am Urteil der Mehrheit. Der Mensch offenbart sich hier als »Herdentier« und will nicht gerne aus dem Rahmen fallen. Jugendliche Cliquenbildung hat hier oft ihre Wurzeln. Wenn man dazugehört, fühlt man sich sicher, ist »in«. So gibt die Clique durch ihre vorgegebene Form Sicherheit, macht aber auch unfrei in individuellen Entscheidungen. Nicht selten wendet sie sich mehr oder weniger aggressiv gegen Jugendliche, die nicht dazugehören. Derartig gemobbte und verfolgte junge Menschen können dadurch in große seelische Not geraten und benötigen die Hilfe von fachlich qualifizierten Erwachsenen, um aus einer solchen Situation wieder herauszukommen.

Übergänge und Krisen

Alle genannten Fälle von Übergriffen können auch von vertrauten und lebenswichtigen Erwachsenen, ja sogar nächsten Verwandten ausgehen. Gleichzeitig sind zur Verhinderung, Aufdeckung und Gesundung Erwachsene unbedingt erforderlich. Die Verquickung von möglichen Tätern und Opfern, von Vertrauen und Vertrauensbruch, von gutem Schein und böser Tat macht den Umgang mit diesem Thema so schwierig. Ist erst einmal eine Situation des Misstrauens entstanden, erscheint eine hilfreiche Klärung oft unmöglich. Rechtzeitig auf die Problematik aufmerksam zu machen, den Austausch untereinander zu üben und das offene Einbeziehen von fachkompetenten Persönlichkeiten bieten die beste Möglichkeit, Vorbeugung und Aufklärung zu leisten. Hierzu ist eine »interdisziplinäre« Zusammenarbeit von Freunden, Bekannten, Nachbarn, Eltern, Lehrern, Jugendämtern, Therapeuten, Ärzten und Justizanstalten usw. unbedingt erforderlich.

Je mehr Bereiche den fürsorglichen Blick auf dieses Problemfeld wenden, desto eher wird ein Ursachenherd aufgedeckt und desto weniger kann sich jemand trauen, seinen unguten Trieben nachzugehen. Außerdem kann beim Offenbarwerden von misslichen Umständen eine schnelle Hilfe oft schlimmere Folgen noch verhindern und so anstatt Strafe Hilfe gewährleistet werden (siehe auch das Kapitel »Mobbing unter Jugendlichen«, Seite 335 ff.).

Alexander und Susanne lebten seit vielen Jahren mit der Mutter allein. Der Vater war bei einem Verkehrsunfall ums Leben gekommen. Als die drei wegen eines Umzugs die Schule wechseln mussten, fiel Susanne wegen häufiger Fehltage auf. Der Klassenbetreuer sprach sie daraufhin an. Susanne erklärte, dass sie ihre kranke Mutter versorgen müsse. Der Lehrer bat daraufhin eine andere Mutter aus der Klassenelternschaft, zusammen mit ihm für eine Unterstützung zu sorgen.

Alexander und Susanne reagierten auf das Angebot erschrocken und versuchten glaubhaft zu machen, dass sie keine Hilfe benötigten. Dies machte jedoch die beiden Erwachsenen hellhörig und sie verabredeten einen unvorbereiteten Besuch.

Sie fanden eine völlig abgemagerte, volltrunkene kranke Frau auf dem Wohnzimmersofa liegend vor. Als Alexander und Susanne sich von der ersten peinlichen Situation erholt hatten, packten sie erleichtert ihre ganze Lebensgeschichte aus. Es stellte sich heraus, dass sie wegen der Trunksucht ihrer Mutter schon unangenehme Erfahrungen mit dem Jugendamt hinter sich hatten und aus diesem Grund schon mehrfach umgezogen waren.

Die andere Mutter, die mitgekommen war, und der Lehrer durchschauten die Lage sofort und fassten gemeinsam mit den Kindern den Entschluss, ohne offizielle amtliche Hilfe tätig zu werden. Sie riefen einen befreundeten Hausarzt zu Hilfe, der eine sofortige Einweisung in das städtische Krankenhaus veranlasste. Daraufhin räumten sie mit Alexander und Susanne die Wohnung so gut es ging auf und nahmen jeder eines der Kinder für die nächste Nacht mit zu sich nach Hause. Für die Folgezeit wurde dann gemeinsam mit anderen Klasseneltern ein Betreuungsdienst für die beiden Kinder organisiert, wozu auch regelmäßige Besuche der alkoholkranken Mutter im Krankenhaus gehörten. Diese konnte zum ersten Mal mit anderen Menschen über ihre Lebenslage sprechen und es wurde schnell deutlich, dass für ihre Familie der einzige Ausweg in einem Entzug lag. Mithilfe des Hausarztes konnte so eine Vermittlung in eine Spezialklinik für Abhängigkeitserkrankungen organisiert werden. Nach einem halben Jahr durfte die Mutter ihre beiden Kinder wieder zu Hause selbst versorgen und eine berufliche Tätigkeit in der Buchführung einer Firma übernehmen. Beide Kinder verließen die Schule mit einem guten Abschluss, ohne dass eine breitere Öffentlichkeit die für sie peinliche Periode der Verwahrlosung zur Kenntnis genommen hatte.

In einer siebten Klasse war bei mehreren Jungen die Pubertät voll zum Ausbruch gekommen. Diese früher entwickelten Jungen fühlten sich den »Babys« gegenüber weit überlegen und es kam zu häufigen verbalen, aber auch körperlichen Übergriffen. Der Klassenverband drohte auseinanderzubrechen und der Klassenlehrer holte sich Hilfe von einem geschulten Kollegen. Dieser begann eine kleine Serie von Gesprächs- und Übungsstunden. Es änderte sich aber zunächst wenig an der brisanten Situation, im Gegenteil, weil sie den Fokus auf sich gerichtet sahen, trugen einige Jungen noch mal extra auf – wenn keine Erwachsenen dabei waren.

Weil der Lehrerkollege ihnen zeigen wollte, dass eine Grenzübertretung Verletzungen der anderen nach sich zieht, entschloss er sich zu einem krassen Experiment. Für das nächste Treffen bereitete er für jeden Jungen ein schweres, über zwei Meter langes Brett vor, welches noch scharfe Sägekanten aufwies. Er ging mit der gesamten Jungengruppe in einen sehr kleinen Raum und teilte jedem der Jungen ein Brett aus. Dann gab er als einzige Anweisung zu verstehen, dass sich alle, auch er selber, mit senkrecht gehaltenem Brett frei durch den Raum bewegen sollten. Die erstaunten Jungen schritten nun mehr oder wenig fröhlich und frei durch den Raum, und der eine oder andere wurde dabei angerempelt. Dann ordnete der Lehrer als nächsten Schritt an, jeder solle vorsichtig sein Brett waagerecht schwenken und dabei weiter durch den Raum schreiten. Sofort wurde es in dem kleinen Raum bedenklich eng. Überall ragten den Jungen spitze Bretter entgegen, und auch wenn einige versuchten, ihre Hölzer sehr hoch über die Köpfe zu halten, so waren immer noch viele Kanten in Augenhöhe oder darunter. Es waren immerhin sechzehn Jungen plus Lehrer auf engstem Raum versammelt. Ohne Worte wurde deutlich, dass jede Unachtsamkeit jemanden verletzen kann. Aber auch man selbst war der Unachtsamkeit eines anderen völlig ausgeliefert. Nach wenigen Minuten kamen die Jungen selbst auf die Idee, das Ganze auch mit geschlossenen Augen zu probieren. Mit etwas bangem Herzen erlaubte es der Lehrer. Wer mochte, durfte sich die Augen zubinden und das Experiment so weiterführen. Schließlich gingen alle mit verbundenen Augen und horizontal gehaltenen Brettern durch den Raum, tastend und lauschend, mit angespannten Sinnen und äußerster Achtsamkeit.

Es ging in dieser Stunde keine von den niedrig hängenden Lampen kaputt und es wurde niemand verletzt. Eine kurze Ausklangrunde konnte die lebendig erfasste Erfahrung nur noch wenig mehr auf den Punkt bringen.

Ob dies eine messbare Veränderung gebracht hatte, blieb offen. In der achten Klasse waren Grenzüberschreitungen jedenfalls kein zentrales Thema mehr. Aber das Erlebnis bleibt sicher nicht nur dem Lehrer als unverrückbare Erfahrung im Gedächtnis.

◂

Selbstverletzendes Verhalten (SVV)

Nach den Aussagen von Betroffenen[64] tritt selbstverletzendes Verhalten häufig bei Menschen auf, die nicht mit ihren Gefühlen umgehen können. Solche Menschen neigen zu leichter Aggressivität, und zum Zeitpunkt der Selbstverletzung kommt offensichtlich eine seit Langem angelegte innere Seelenhaltung zum Vorschein. So scheinen länger anhaltende Angst und Ärgergefühle im Moment der Handlung oft die beherrschenden Gefühle zu sein. Häufig handeln selbstverletzende Persönlichkeiten in solchen Situationen eher ihrer augenblicklichen Seelenstimmung entsprechend, anstatt sich auf ihre längerfristigen Ziele oder Wünsche zu konzentrieren. Oft fühlen sie sich als Außenseiter, obwohl kein wirklicher Grund dafür vorliegt. Sie leiden unter einer grundlosen Angst und können sich nur durch ihr selbstverletzendes Verhalten Erleichterung verschaffen. Viele haben den Eindruck, ihre Gefühle nicht zum Ausdruck bringen zu können – oder zu wollen – und die Emotionen der anderen Menschen nicht richtig wahrnehmen zu können. So kommt es bei ihnen zu einem Leben in Isolation, in dem es durch ihr defensives Verhalten letztendlich nur ums Überleben geht.

Selbstverletzendes Verhalten tritt bei Menschen auf, die sich selbst nicht leiden können und sich verneinen. Sie reagieren empfindlich auf Ablehnung, sind leicht reizbar und neigen dazu, ihre Angst zu unterdrücken. Viele sind chronisch ärgerlich, meist auf sich selber. Sie sind häufig auch sehr impulsiv, leiden jedoch unter diesem Mangel an Selbstkontrolle. Solche Menschen glauben, keine Möglichkeiten zu besitzen, mit ihren Lebenssituationen und Emotionen umgehen zu können, und neigen dazu, den »Kopf in den Sand zu stecken«. So fühlen sie sich überall allein gelassen und machtlos und glauben, sich auf niemanden verlassen oder sich niemandem anvertrauen zu können. Sie können insgesamt nur schwer Vertrauen fassen.

Nach Schätzungen gibt es in Deutschland derzeit 800.000 Mädchen, die sich selbst verletzen, während für Jungen kaum genauere Zahlen vorliegen. Es wird jedoch vermutet, dass es bedeutend weniger Jungen sind, etwa im Verhältnis 1 : 5.

Häufig liegt der Beginn von selbstverletzendem Verhalten in der Pubertät, in einer Phase, in welcher das auftretende Aggressionspotenzial nicht genügend nach außen gebracht werden kann. Auch wenn der Versuch, Liebe und Anerkennung zu bekommen, misslingt, wird der Grund dafür im eigenen Versagen gesucht; die Jugendlichen reagieren depressiv und autoaggressiv.[65]

Selbstverletzendes Verhalten tritt in verschiedenen Formen auf:
- Schneiden mit scharfen Gegenständen wie zum Beispiel Rasierklingen und Messern
- mit Scherben die Haut einritzen
- wiederholtes Kopfschlagen
- ins Gesicht schlagen
- in die Augen bohren
- Beißen in die Hände, Lippen und andere Körperpartien
- oberflächliche Hautverletzungen
- Verbrühungen
- sich mit Zigaretten oder einem Bügeleisen Verbrennungen zufügen
- Abbeißen der Fingerkuppen
- exzessiver Sport
- ungesunde Ernährung
- zu wenig Schlaf.[66]

Ich habe lange gezögert, bis ich geschrieben habe, denn ich habe bis jetzt noch nie mit jemand über mein Leben / meine Lebensgeschichte gesprochen.
Also dann will ich mal anfangen. Ich denke, alles begann, als ich noch klein war; mein Vater hat mich oft geschlagen, und wenn ich geweint habe,

tat er es meist noch schlimmer (ich werde dir einen Grund zum Weinen geben ...). So habe ich schon früh gelernt, meine Gefühle vor anderen zu verbergen, in mich hineinzufressen.
Als ich sieben Jahre war, trennte sich meine Mutter dann von ihm und zusammen mit meiner kleinen Schwester zogen wir weg, aber es wurde nicht besser; meine Mutter musste die Schulden von ihm bezahlen und musste daher von sieben Uhr morgens bis neun Uhr abends arbeiten, von mir verlangte sie dasselbe.
Wenn ich etwas nicht gut gemacht oder sogar falsch gemacht habe, wurde ich beschimpft. Meistens taten ihre Worte mehr weh als die Schläge meines Vaters. Schon früh, mit acht Jahren, fing ich damit an, mich zu verletzen, biss mich selbst oder schlug mich. Eine Zeit lang bin ich jede Nacht weg gewesen, weil ich solchen Stress hatte, aber inzwischen ist mir alles egal.

hopeless[67]

Entdecken Eltern, Freunde oder Bekannte selbstverletzendes Verhalten, reagieren sie verständlicherweise meist schockiert. Unverständnis, Ablehnung oder sogar Ekel ziehen jedoch einen unüberwindbaren Graben und bestätigen damit die Gefühle und Verhaltensweisen der Betroffenen. Auch zwingt diese Erfahrung sie, ihr Vorgehen vor den Mitmenschen geheim zu halten. Allerdings gibt es auch einige, die es unbedingt zeigen wollen.

Auf der anderen Seite sehnen sich die Betroffenen nach echter Begegnung, nach verständnisvoller Zuwendung. Diesen Kreislauf der Vereinsamung kann nur derjenige durchbrechen, der bereit ist, echtes Interesse am Kern des jungen Menschen zu zeigen, der es schafft, vertrauenerweckend mit den zum Teil erschütternden Seiten der jungen Persönlichkeit offen und nicht ablehnend umzugehen. Das bedeutet nicht, dass man den Jugendlichen zu seinem Vorgehen ermuntert. Aber schon das Bemühen, die Beweggründe des jungen Menschen kennenlernen zu wollen, durchbricht das gängige Muster und bietet die Möglichkeit eines Wandels und einer Heilung. Das Thema darf genauso wie beispielsweise Magersucht nicht tabuisiert werden. Der Austausch mit anderen betroffenen Menschen und die Hilfe von fachlich versierten Therapeuten sind ebenfalls zu empfehlende Schritte.

- Wenn Sie entdecken, dass ein Jugendlicher sich selbst verletzt, bewahren Sie Ruhe!
- Versuchen Sie, den Jugendlichen direkt auf Ihre Beobachtung anzusprechen.
- Überlegen Sie gemeinsam weitere Schritte (Therapeut, Arzt, Selbsthilfegruppe ...).
- Wenn der Jugendliche nicht gesprächsbereit ist, suchen Sie sich »Verbündete«, das heißt, tauschen Sie sich mit anderen Erwachsenen aus, um gemeinsam Wege zu finden, wie Sie sich dem Jugendlichen helfend nähern können.
- Zeigen Sie weiter Ihre Anteilnahme.

Ignorieren und Leugnen oder ängstliches Vermeiden des Themas helfen nicht, weil dies die Schuld- und Schamgefühle des Jugendlichen nur noch verstärkt. Gefährliche Gegenstände wegzunehmen oder zu verstecken ist ebenso wenig hilfreich wie ein Ultimatum zu stellen oder Vorwürfe auszusprechen. Wenn man Versprechungen macht, die man nicht einhalten kann (»Ich bin Tag und Nacht für dich da«), oder eigene Grenzen nicht beachtet, ist man ebenfalls keine Stütze für den Betroffenen.

Aber auch der Betroffene selbst kann erste Schritte zu einer Entlastung, vielleicht sogar zu einer Heilung tun. Dazu ist er am ehesten bereit, wenn er eine offene Atmosphäre für sich und seine Belange spüren kann.

A., ein feinfühliger, stiller Schüler, schaffte diesen Schritt, sich freiwillig nach außen zu öffnen. In dem Moment, als er begann, über seine Erfahrungen mit anderen zu sprechen, durchbrach er den Käfig der Isolation und war dann sogar in der Lage, durch das Thema seiner Jahresarbeit der ganzen Schulöffentlichkeit von den weit verbreiteten selbstverletzenden Vorgehensweisen junger Menschen zu berichten. Sein Entschluss, öffentlich über seine Probleme zu

reden, half auch seiner Freundin, dem Drang, sich selbst Schmerzen zufügen zu müssen, zu entkommen. Als Betroffener nennt er folgende Schritte, mit der Problematik umzugehen:
»Es ist gut, wenn du es schaffst, deine Gefühle anderen mitzuteilen und sie nicht herunterzuschlucken. Schreibe deine Enttäuschung und deine Gefühle auf. Wenn du dich nicht traust, sie an die Person zu senden, die dich verletzt, enttäuscht oder wütend gemacht hat, mache die Aufzeichnungen für dich selbst. Verfasse Kurzgeschichten oder Gedichte über deine Erfahrungen. Kreatives Vorgehen ist stärkend, darum mache Musik, male ein Bild. Wenn du glaubst, es nicht zu können, erlerne es. Mache dir laut Musik an und singe mit, lass dich von der Musik wegtragen. Mache Sport oder tue etwas mit deinen Händen, auch wenn es nur Abwaschen oder Aufräumen ist. Erlaube dir zu weinen. Wenn du dich nur da traust, gehe auf einen Friedhof, denn da wundert sich niemand über deine Tränen. Fahre an einen einsamen Strand und erlaube dir, laut zu schreien. Versuche aber so wenig wie möglich alleine zu sein und umgehe die Situationen und den Ort, wo du den Drang spürst, dich zu verletzen.
Nimm einen roten Filzstift und mache dir rote Striche an die Stelle, an der du dich ritzen möchtest, oder presse Eisstücke an diese Stelle. Das tut zwar weh, verletzt dich aber nicht. Warte eine kleine Weile, zum Beispiel fünf oder zehn Minuten, bevor du ritzt. Versuche diese Zeit zu verlängern, zu verdoppeln, verdreifachen usw. Nehme ein warmes Bad und reibe dich mit einem gut riechenden Öl ein, wenn du spürst, dass du dich verletzen musst.
Versuche dir in dem Moment klarzumachen, warum du dir Schmerzen zufügen willst. Frage dich, ob du es auch wirklich willst, und erlaube es dir erst, wenn du merkst, dass du es nicht ohne schaffst. Setze dir aber eine Grenze, wie weit du gehen darfst.
All diese ›Maßnahmen‹ bringen keine Heilung, sind aber ein erster Schritt, mit der augenblicklichen Situation umzugehen und darauf eventuell mit der Hilfe fachkundiger Therapeuten in einen wirklichen Heilungsprozess zu kommen.«

Also, irgendwie war mir gerade langweilig, und ich hab ein bisschen im Internet herumgeklickt ... und durch Zufall bin ich auf diese Seite [www.rotetraenen.de] gekommen. Weil ich mich selbst mal geritzt habe, habe ich ein paar Erfahrungsberichte gelesen ... inzwischen ist mir schlecht ... ich verabscheue dieses »Sich-selbst-kaputt-Machen«.
Na ja, das klingt jetzt mies, aber Leute:
WACHT AUF!
Ich selber habe mich geritzt, ich weiß genau, wie sich das anfühlt, warum man es tut ... Fast jeder, der auf diese Seite geht, hat eine eigene Geschichte, deshalb muss ich meine nicht erzählen, aber eines will ich euch doch erzählen: wie meine Geschichte endet. Denn ein Ende hat wohl kaum einer gefunden.
Ich lag in meinem Zimmer (das wie immer ein Chaos war) und [...] habe mir meine blutigen Arme und Narben angeschaut, gleichzeitig habe ich an die letzten anderthalb Jahre gedacht, in denen ich mich geritzt habe. [...] Und plötzlich hat es »klick« gemacht. In meinem Kopf war eine Stimme, die alles übertönt hat. [...] »Willst du wirklich aufgeben? Du? Wenn du dich ritzt, dich verkommen lässt, in der Schule durchfällst, bringt es das? WACH AUF! Hör auf, faul herumzuliegen und dich hinter Ausreden zu verstecken!!! Hör auf, dir einzubilden, dass alle anderen an deinem Schicksal schuld sind oder dass du nix daran ändern kannst! Du bist selber schuld!!! All der Scheiß von wegen ›Mir geht es soooo schlecht‹ ist doch nur eine faule Ausrede. Wer genug Kraft hat, sich selbst zu zerstören, der hat auch Kraft genug, zu kämpfen, zu gewinnen! Du hast dich genug auf deinem sogenannten Unglück ausgeruht! Jetzt ist es Zeit, etwas zu tun. Jetzt – bevor es zu spät ist!«
Seitdem habe ich nie wieder geritzt. Ich hatte Kraft, um zu arbeiten, meine Situation zu verbessern und besonders:
Ich hatte Kraft glücklich zu sein. [...]
Inzwischen bin ich völlig normal. [...]
Natürlich geht es mir manchmal schlecht, jeder hat mal 'ne schlechte Phase, aber ich bin nicht annähernd auch nur auf die Idee gekommen, mich wieder selbst zu verletzen. [...]
Zwischen Worten und Taten liegt das Meer
Hört auf, euch selbst einzureden, dass andere schuld sind!
Hört auf, euch selbst zu belügen!

Ihr seid schuld! Ihr verletzt euch!
Wacht auf!
Lebt!
Hört auf, euch zu verletzen!
Don't worry, be happy!
Toi,toi, toi, jeder, der will, schafft es.

Fine[68]

Ich sage meinen Namen nicht, da ich ihn hasse, meinen Vornamen, wie auch meinen Nachnamen, der mich an meinen »Vater« erinnert. Ich war ungefähr ein halbes Jahr, als meine Eltern sich getrennt haben. Obwohl mein Vater und wir in derselben Stadt wohnten, kam er nur einmal pro Woche für drei Stunden. [...] Mittlerweile hat er auch neu geheiratet. [...] Seit sie zwei kleine Kinder haben, hat mein Vater noch weniger Zeit, kam manchmal noch nicht einmal zum Geburtstag. [...] Heute fahre ich nicht mehr dorthin, ich will mit meinem Vater nix mehr zu tun haben.
Seit einem Jahr macht meine Mutter eine Ausbildung, weswegen sie nur noch am Wochenende zu Hause ist. Zu Hause. Was ist das? Ich lebe hier, ich wohne hier, aber mein Zuhause ist es nicht. Eigentlich konnte ich mit meiner Mutter immer über alles reden. Aber jetzt geht das nicht mehr. Sie hat nur noch ihrer Schule im Kopf. [...] Bin ich falsch, nur weil wir unterschiedliche Interessen haben? Weil ich nun mal Fußball mag? [...]
Ich habe »erst« sieben Mal geritzt. Ich habe mich so allein gefühlt und dass keiner mich versteht.
Seit ich denken kann, werde ich in der Schule geärgert. Ich war schon auf fünf verschiedenen Schulen und wurde immer geärgert, also liegt es an mir. Es muss ja an mir liegen.
Ich habe Angst davor, dass ich wieder ritze. Und wenn meine Mutter das merkt. Wenn sie es merkt, steckt sie mich sofort in so eine Klinik. Und als ich meiner Freundin das erzählt habe, hat sie mich angemeckert und gesagt, ich sei verrückt. Bin ich verrückt?
Sie wollte den Grund wissen. Wenn ich über den Grund nachdenke, denke ich, dass es vielleicht gar kein Grund ist, dass ich nur zu blöd bin, damit fertigzuwerden. Viele haben es schlechter als ich und machen es nicht. Aber ich bin nicht so stark, aber anstatt mich zu unterstützen, hat mich

meine Freundin angemeckert. [...] Daraufhin habe ich es wieder getan. Ich will nicht sagen, dass es ihre Schuld ist.
Wenn sie mich jetzt fragt, wie es mir geht, lache ich fröhlich. [...] Ich lüge sie an, ich hasse Lügen, aber ich schäme mich dafür, dass ich nicht stark genug bin, die ganze Scheiße durchzuhalten. [...] Wer will denn wirklich wissen, wie es einem geht? [...] Und wenn es wirklich jemand wissen will und man erzählt es, wird man für verrückt abgestempelt, und damit ist die Sache für denjenigen erledigt.
Einer meinte mal: »Wenn es dir hilft, mach weiter, wenn du es nicht willst, dann hör auf.« Das klingt so einfach, ich wünschte, es wäre so einfach.

Kim[69]

Piercing und Tätowierungen

Die Haut hüllt unseren Körper ein, gibt ihm Schutz und Begrenzung. Sie ist aber auch ein empfindliches Tastorgan und spielt eine große Rolle in der Wahrnehmung unserer Umwelt. Wird jemand von einer besonders freudigen Nachricht überrascht, kann es sein, dass er ausruft: »Kneif mich mal, ich glaube, ich träume!« Manchmal meinen wir »vor Wut aus der Haut fahren« zu müssen, auf der anderen Seite darf uns keiner zu nahe »auf die Pelle« rücken. Damit es uns als Einzelindividuum gut geht, müssen wir uns »wohl fühlen in unserer Haut«, denn in der Haut eines unglücklichen Menschen »wollen wir nicht gerne stecken«. Unsere Körperhülle ist eng mit unseren Gefühlen verbunden, wir erröten bei Scham oder werden blass vor Schrecken.

Aus diesem Grund spielt bei jeder Manipulation der Haut, auch durch Piercing oder Tätowierungen, der innere, seelische Aspekt für den Träger eine Rolle, selbst wenn dieser im Unbewussten verborgen bleibt. »Seht mich an. Ich bin ein besonderes Wesen«, »Ich gehöre mit dazu«, »Ich trage das gleiche Zeichen wie mein Idol« – all das können Aspekte sein, die ohne Worte mitgeteilt werden sollen.

Der heutige Begriff des Tattoos geht auf das tahitianische Wort »tatau« zurück und bedeutet eigentlich »schlagen«. Daraus hat sich im europäischen Raum die Bezeichnung Tatauierung, dann Tätowierung und schließlich auch Tattoo eingebürgert. Damit ist das Einritzen der Haut mit anschließendem Einbringen von Farbstoffen gemeint. Nach der Vernarbung bleibt ein so geschaffenes Bild ein Leben lang erhalten. Früher waren es hauptsächlich Seeleute, die von ihren Reisen in die Südsee zunächst christliche Symbolritzungen mitbrachten, um im Todesfall als Christ identifiziert werden zu können. Im Laufe der Zeit kamen dann aber auch Bilder aus der Seefahrt und erotische Motive hinzu. Jemand, der ein solches Körperbild trug, versuchte sich dadurch auch als etwas Besonderes zu präsentieren und umgab sich gerne mit einem Hauch von Magie, Mystik, Fremde und Abenteuer. Diese Wirkung scheint bis heute lebendig zu sein und macht sicher einen wesentlichen Teil der Popularität bis in unsere Zeiten aus.

Waren früher die hygienischen Bedingungen, unter denen die Körperbilder entstanden, oft katastrophal und kam es nicht selten zu unangenehmen Entzündungsherden und Infektionen, so ist in heutiger Zeit die Gefahr, welche von einem derartigen Eingriff ausgeht, relativ gering.

Mit Piercing, von englisch »to pierce« gleich »durchstechen, durchbohren«, ist das erst vor wenigen Jahren populär gewordene Anbringen von Schmuckgegenständen, Steckern, Ringen oder Stäben, an den unterschiedlichsten Körperstellen gemeint. Auch hierbei ist heute durch eine gut entwickelte Hygiene und geschulte Fachkräfte die Gefahr einer Infektion oder anderer Komplikationen eher gering.

Nicht selten greifen junge Menschen im Verlauf ihrer Pubertät zu den Ausdrucksmitteln Tätowierungen oder Piercing. Sie erleben zum ersten Mal mehr oder weniger deutlich die äußere Begrenzung ihrer gerade erwachenden Persönlichkeit. Sie stoßen fast ständig mit ihren Gliedmaßen an, stolpern über ihre Füße oder sind mit ihrer pickeligen Haut beschäftigt. Viele befinden sich mit ihrem Äußeren noch nicht im Einklang, erleben sich nicht als attraktiv genug. So hoffen sie, durch eine derartige Manipulation interessanter zu erscheinen und von ihrem selbst erlebten Mangel ablenken zu können. Auch hilft es ihnen, sich von der Erwachsenenwelt abzusetzen, denn nur wenige Eltern werden den pubertierenden Jugendlichen mit Freuden eine Tätowierung oder ein Piercing erlauben. Ohne die Erlaubnis der Erziehungsberechtigten darf aber ein solcher Eingriff eigentlich nicht erfolgen. Konflikte mit den Erwachsenen oder geheime Übertretungen sind so beinahe zwangsläufig vorprogrammiert.

Auf der anderen Seite vermitteln Piercings oder Tattoos den jungen Menschen das Gefühl, schon unabhängiger und erwachsener zu erscheinen. Weil auch öffentlich bekannte Persönlichkeiten als Vorbilder wirken oder bestimmte Gruppierungen damit in Verbindung gebracht werden, helfen Piercings und Tattoos den jungen Menschen offensichtlich, sich selbst zuzuordnen. Sie können damit zeigen, wo sie hingehören und wem sie nachstreben. So sind sie nach ihrem Selbstverständnis auch mehr wert und fühlen sich sicherer.

Vieles in unserer kommerzialisierten Welt ist mehr auf das Äußere gerichtet als auf innere Werte. Wenn man bedenkt, wie wichtig ein angemessenes Haus, wie bedeutsam die Innenausstattung der Zimmer für uns ist und welche Bedeutung die Kleidung in unseren gesellschaftlichen Zusammenhängen einnimmt, so kann es nicht verwundern, dass auch die uns nächste Hülle, unsere Haut, zur Statusbildung mit herangezogen wird. Das gilt auch für viele Erwachsene, die glauben, durch die Tätowierung oder ein Piercing schöner und attraktiver zu erscheinen.

Beide Formen der Hautmanipulation müssten Eltern heute also nicht mehr unbedingt in Panik versetzen. Allerdings ist es hilfreich, zu versuchen, über die Motivationen in ein klärendes Gespräch zu kommen und dabei gemeinsam das Für und Wider abzuwägen.

Bei der Diskussion um die Tätowierung ist es wichtig zu wissen, dass heute bereits eine gewisse Möglichkeit besteht, durch Laserstrahlen eine Tätowierung auch wieder zu entfernen. Schwieriger ist es schon, wenn ein Jugendlicher wünscht, ein Piercing an intimen, besonders empfindsamen Körperstellen anzubringen. Er wird dabei fast nie zu einem Gespräch bereit sein und ein derartiger Eingriff rückt deshalb in die unmittelbare Nähe von selbstverletzendem Verhalten. Darum erfordert das Annähern an diese Problematik größtes Einfühlungsvermögen und besondere Achtsamkeit. Wichtig ist es jedoch, sich erst einmal um Verständnis und um Mitgefühl zu bemühen und nicht gleich mit Angst, Ablehnung und Verurteilung zu reagieren. Weil die meisten Erwachsenen sich in einer solchen Situation vermutlich überfordert fühlen, sollten sie sich nicht scheuen, fachlich kompetente Hilfe zurate zu ziehen. Praxen für Kinder- und Jugendpsychiatrie können genauso die erste Anlaufstelle sein wie ambulante Psychotherapeuten oder ein Elterntelefon.

Suizid

Viele Jugendliche leiden heutzutage ganz besonders in der Zeit der Pubertät sowohl unter einem Mangel an Kontakt zu den eigenen Seelenkräften als auch zu den seelischen Kräften der sie umgebenden Menschen. Die beflügelnden, innerlich erwärmenden Erfahrungen sind dabei auf ein Minimum geschrumpft und das aktive Tun an und in der Welt hat sich in ein Erdulden gewandelt. Sie sind zu passiven Zuschauern geworden, wo sie in Wirklichkeit die Welt selbst erfahren wollen.[70] Darin kommt eine seelische Erkaltung zum Ausdruck, in deren Folge viele Jugendliche nur noch im Selbstmord einen Ausweg sehen können. Selbstmord und Unfälle sind die am häufigsten auftretenden Todesursachen bei Jugendlichen.[71] Lediglich die wirkliche Erfahrung von Begegnung und Freundschaft kann, wie eine Umfrage in Amerika ergab, Jugendliche von ihrem Selbstmordversuch abbringen. Diese wurden gefragt, warum sie den Selbstmordversuch im letzten Augenblick doch noch abgebrochen haben. Die meisten Jugendlichen gaben an, dass die Erinnerung an die tiefe Beziehung zu einem Menschen sie von der Ausführung abgehalten hätte.[72] Begegnungsmangel und Beziehungslosigkeit, Einsamkeit und Kontaktarmut, aber auch Hoffnungslosigkeit und Zukunftsangst scheinen die Hauptauslöser für den Gedanken an Selbstmord bei Jugendlichen zu sein.

Suizid, auch als Selbstmord, Selbsttötung oder Freitod bezeichnet, ist die vorsätzliche und gewaltsame Beendigung des eigenen Lebens. Das Motiv für eine solche Tat liegt meist in einer für unüberwindbar gehaltenen Diskrepanz zwischen Lebensanspruch und Realität, dem subjektiven oder objektiven Scheitern eines Sinnstrebens oder einem schicksalhaften, als unerträglich eingeschätzten Leidensdruck (zum Beispiel bei einer unheilbaren Krankheit). Auch kann der Suizid für ein äußeres Mittel zur Verwirklichung bestimmter Ziele durch Selbstopfer gehalten werden.

In unserem Kulturkreis wird Selbstmord aus religiöser und gesellschaftlicher Sicht als Mord und damit als strafbare Handlung angesehen. Das ist nicht in allen Gesellschaftsformen so; beispielsweise beim Harakiri in Japan oder bei Selbstmordanschlägen im Islam ist die Tat in ein normatives, regelhaftes Sozialverhalten eingegliedert.

Nach Ansicht der soziologischen und psychologischen Forschung wird die Suizidneigung zum einen durch die Abhängigkeit von einer zu festen Bindung des Individuums an die Gemeinschaft und die innere Geschlossenheit des sozialen Wertesystems hervorgerufen. Zum anderen kann es sich um eine nach innen verdrängte, ursprünglich gegen andere Personen gerichtete Aggression handeln, bei der Schuldgefühle oder Selbstbestrafung eine Rolle spielen. Selbstmordneigungen treten zudem in Zusammenhang mit allen seelischen Krankheiten auf.

Der Jugendliche befindet sich im Verlauf der Pubertät in der vielleicht schwierigsten Phase seiner Entwicklung. Durch den erforderlichen Blick in die Zukunft entsteht nicht selten ein Gefühl der Überforderung und der Machtlosigkeit angesichts der übergroß erscheinenden Aufgaben. Der Pubertierende fühlt sich wie blind in der Welt und auch seinem Inneren gegenüber und erkennt sich selbst nicht mehr. Gleichzeitig kann auch ein gewisser Reiz von dieser Ungewissheit ausgehen. Eine Art Todesahnung oder sogar Todessehnsucht ist dann unter Umständen die Folge. Der Jugendliche beginnt zu ahnen, dass genau an dieser Nahtstelle zwischen Leben und Tod, zwischen Licht und Dunkelheit, zwischen dem rein Materiellen und dem rein Geistigen die Stelle der wahren Ich-Erkenntnis liegt.

Gerne beginnen Pubertierende sich in dieser Periode schwarz zu kleiden, denn Schwarz hat eine nahe Beziehung zum Tod. Darin drückt sich der Wunsch aus, wie betäubt aus der Sichtbarkeit in das undurchdringbare Dunkle entfliehen zu können. Dieser Trend zum Schwarz und damit zur Todesnähe ist jedoch nicht erst für die heutige Generation typisch, sondern hat schon immer eine gewisse Rolle gespielt.

Ob allerdings die plötzliche Kleidung in Schwarz schon gleichbedeutend mit der Gefahr eines Suizidgedankens ist, mag dahingestellt bleiben. Klar ist jedoch, dass eine lichte Kleidung auch lichtere Gedanken provoziert. Darum empfiehlt Michaela Glöckler, auf die Farbsehnsucht der jungen Menschen zu vertrauen und bei passender Gelegenheit vorsichtig und ohne die Opposition hervorzurufen auf lichtere, freudigere Farben bei der Kleidung hinzuwirken, »und sei es auch nur zu ganz bestimmten Anlässen, zum Beispiel einer Kindertaufe«.[73]

Es gibt offensichtlich kein sicheres Merkmal, an dem man den möglichen Todeswunsch rechtzeitig erkennen könnte. Die Tat erfolgt eher aus einer Art Affekt in einem augenblicklichen Seelentief. Das kann eine schlechte Note in der Schule ebenso sein wie eine zerbrochene Freundschaft oder der unerträgliche Weltschmerz über massives Mobbing. Auf der anderen Seite spielt die Temperamentsanlage eine gewisse Rolle. Ein melancholischer Pubertierender gibt sich der Ausweglosigkeit eher hin als ein Sanguiniker. Nicht selten äußern Jugendliche den Gedanken an den Freitod schon lange im Vorfeld, ohne dass jemand aus der Umgebung ihn ernst nimmt. Erst wenn es »passiert« ist, wacht die Umgebung auf.

Dementsprechend ist es wichtig, die menschliche Begegnung wach zu üben und keine Gelegenheit wahrer menschlicher Begegnung und echten Interesses ungenutzt vorbeiziehen zu lassen. Wie oben erwähnt ist der Gedanke an einen lieben Menschen hilfreich, doch nicht freiwillig aus dem Leben zu scheiden.

Nicht immer ist die Selbstmordabsicht für die Umgebung erkennbar, zumal Jugendliche gerne auch ihre Scherze damit machen. Sätze wie »Ich werfe mich vor den Zug« oder »Komm, wir springen von der Brücke« gehen ihnen schnell als Spruch über die Lippen. Auch suchen, wohl durch Medienspektakel gefördert, immer mehr junge Menschen nahtodliche Erfahrungen, um sich so angeblich erst ganz erfahren zu können. Der wirkliche Tod ist dabei zwar möglich, aber im Sinne von bewusstem Suizid nicht eingeplant. Für die Hinterbliebenen ist die wirkliche Motivation nachher nicht mehr erkennbar, zumal diese Jugendlichen ihre Gedanken und Erfahrungen nur selten Erwachsenen mitteilen.

Unfälle

In einen Unfall kann jeder Mensch zu jeder Zeit verwickelt werden. Obwohl immer ein Eigenanteil an der Verursachung vorliegt, kann man eine schicksalhafte und nicht vorhersehbare Komponente nicht ausschließen. Andererseits kann durch eine gewachsene Erfahrung so mancher Unfall rechtzeitig verhindert werden.

Jugendliche verfügen noch nicht über diese Erfahrung, sie sind ja im Gegenteil gerade erst dabei, sie aufzubauen.

Neigen Erwachsene dazu, immer besonders vorsichtig und umsichtig vorzugehen, kann man bei Jugendlichen eine ausgesprochene Risikobereitschaft beobachten.[74]

> Eine Gruppe von Jugendlichen unternimmt mit ihren Snowboards extreme Wettsprünge. Das gegenseitige Übertrumpfen bringt einen Jugendlichen dazu, einen so weiten Anlauf in einer so riskanten Haltung an einer gefährlichen Sprungstelle zu wählen, dass es zum Unfall kommen muss. Dabei wurden alle Sicherheitsmaßnahmen außer Acht gelassen, denn hinter dem Schanzentisch befindet sich kein ausreichender Auslauf, sondern eine steile und abschüssige Halde. Der Jugendliche verletzt sich schwer.

Man könnte zahllose andere Beispiele dieser Art aufzählen, die deutlich machen, wie viel ein junger Mensch sich zutraut, welches Extrem er bereit ist, von sich zu fordern. Sie zeigen aber auch, wie unüberlegt und riskant erste Schritte zu eigener Erfahrung gegangen werden, wodurch schlimmste Unfälle, oft sogar mit tödlichem Ausgang, regelrecht herbeigezwungen werden. Auf der anderen Seite sind wirkliche Erfahrungen nur im Umgang mit tatsächlichen Gefahren zu machen. »Trockenübungen« im sicheren Bereich geschützter Rahmenbedingungen führen den Heranwachsenden nicht sehr viel weiter. Heranwachsende benötigen dieses Übungsfeld für den Umgang mit prägenden Lebensmomenten.

Aus diesem Grund erscheint es sinnvoll, den jungen Menschen möglichst viele kleinere Schritte echter Erfahrung zuzugestehen. So kann Schritt für Schritt der Umgang mit dem Risiko geübt und eine Grundlage geschaffen werden, welche das Eingehen gefährlichster unfallträchtiger Umstände so unwahrscheinlich und unnötig wie nur möglich machen.

Die Erwachsenen müssen dabei üben, nicht immer nur auf das allgemeine Gefahrenmoment zu starren, sondern den Blick zu schärfen für die extreme Situation und nur bei dieser für Vorsicht zu werben. Sind die Warnungen jedoch schon vorher bei allen möglichen Umständen »verbraucht« worden, kommen sie, wenn es dann wirklich notwendig ist, nicht mehr bei dem Jugendlichen an.

Langeweile, Chillen, Abhängen

Langeweile ist ein typischer und wohl auch notwendiger Zustand im Verlauf der Pubertät. Der Begriff des Chillens ist dagegen neueren Datums und spielt für die heutige Jugend eine wichtige Rolle. Um dessen Bedeutung besser zu verstehen, muss man sich zunächst mit dem Phänomen der Zeit ganz allgemein befassen.

Die Abfolge von Geschehnissen innerhalb eines bestimmten Rahmens wahrzunehmen und in ihrem Umfang zu beurteilen ist unter den Lebewesen nur dem Menschen vorbehalten. Wenngleich auch Pflanzen nur in einem gewissen Zeitrahmen zu Wachstum und Reifung in der Lage sind oder Tiere, beispielsweise Zugvögel, engen Grenzen von Ankunft, Nestbau, Brutgeschehen, Aufzucht der Jungen und Wanderung in die Überwinterungsgebiete unterliegen, so ist ihnen weder eine Veränderung im Zeitablauf noch eine Einschätzung von langsam oder schnell möglich. Goethe schreibt in seinen Maximen und Reflexionen: »Wenn die Affen es dahin bringen könnten, Langeweile zu haben, so könnten sie Menschen werden.«[75] Somit leben Tiere und Pflanzen zwar in der Zeit, aber dennoch zeitlos. Lediglich der Mensch scheint in der Lage zu sein, das Maß für den Ablauf der Zeit zu erleben und festzulegen, ja Zeit als solche überhaupt bewusst zu erleben.

Dieses Erleben wandelt sich jedoch im Verlauf des Lebens, ja sogar in einzelnen Situationen. Für ein kleines Kind beinhaltet ein Tag eine nahezu unbegrenzte Fülle von Zeit. Es kann immer wieder von Neuem versuchen sich aufzurichten, wenn es umgefallen ist. Auch geliebten Spielen oder neu entdeckten Gesten kann es sich im wahrsten Sinne des Wortes nahezu unermüdlich immer und immer wieder widmen. So lange, bis Müdigkeit oder Hunger auftritt. Dann nämlich duldet es keinen einzigen Augenblick lang Aufschub. Entweder es schläft mitten aus der Bewegung ein oder es macht so lange Geschrei, bis es die benötigte Nahrung erhält. Für ein junges Schulkind können die Sommerferien einen fast unüberschaubaren Zeitraum voller Erlebnismöglichkeiten darstellen, das Warten auf das Pausenzeichen kann jedoch unerträglich lange sein. Alte Menschen hingegen können Tag um Tag am gleichen Ort in die Natur blicken, ohne den geringsten Fortgang der Monate oder gar Jahre für wichtig zu halten.

Grundsätzlich scheinen diejenigen Zeiten, die von interessanten Eindrücken erfüllt sind, immer besonders schnell zu vergehen; geschieht jedoch wenig oder muss man auf etwas warten, so kann selbst eine Minute wie eine Ewigkeit erscheinen. Daraus wird deutlich, dass es ein allgemeines Gleichmaß für das Empfinden und Erleben von Zeit auch für den Menschen nicht gibt.

Niemand wird daran zweifeln, dass eine Stunde sechzig Minuten hat und eine Minute wiederum nach sechzig Sekunden vergangen ist. Dennoch ist es lediglich die Mechanik der Uhr und deren technische Ausreifung, welche die unter den Menschen vereinbarte genaue Länge bestimmt. Noch bis ins 19. Jahrhundert teilte man in Frankreich Tag und Nacht nach hell und dunkel bzw. nach Sonnenaufgang und Sonnenuntergang ein. Daraus ergab sich, dass die zwölf Tagesstunden im Sommer viel länger waren als diejenigen im Winter.

Das entsprach zwar dem Erleben der damaligen Menschen, war aber mit einer mechanischen Uhr nur schwer zu vermitteln, denn sie kann sich nicht nach hell und dunkel oder nach Frühjahrs- oder Wintertageslänge richten.

Mit der Ausreifung der Uhrentechnik und dem wachsenden Anspruch von Industrie oder Verkehr an die Genauigkeit wurde die Länge einer Minute oder Stunde immer genauer festgelegt. Auch heute noch gibt es eine Kommission, die anhand der Umlaufzeiten der Erde um die Sonne und der Schwingung von Atomen das genaueste Maß des Ablaufs der Uhr für die Völkergemeinschaft verbindlich vorgibt. Woraus genau genommen ersichtlich wird, dass ein gemeinsames Maß für die Länge der Zeit erst durch eine künstliche Absprache zustande kommt.

In unserer Gesellschaft sind wir es gewohnt, das menschliche Miteinander in starkem Maße vom Lauf der Uhr bestimmen zu lassen. Die komplizierte Verflechtung der unterschiedlichsten Lebensbereiche und der hohe Grad an Technisierung machen eine möglichst genaue Übereinstimmung erforderlich. Schon ein geringer Unterschied in der Uhrzeit kann beispielsweise im Flugverkehr oder bei der Bahn zu verhängnisvollen Katastrophen führen.

Diese Genauigkeit der zeitlichen Absprachen stimmt jedoch ganz und gar nicht mit dem subjektiven Wunsch des Jugendlichen in der Pubertät überein. Befindet er sich doch gerade erst an der Schwelle der

Auseinandersetzung mit der durchorganisierten Welt der Erwachsenen. Elternhaus und Schule haben über Jahre den genauen Verlauf der Dinge mehr oder weniger vorgegeben, und mehr oder weniger selbstverständlich ist der junge Mensch gefolgt. Jetzt aber erkennt er zunehmend seine Eigenständigkeit, will sein Leben immer mehr selbst in die Hand nehmen und »sich nichts mehr sagen lassen«. Da kann er anfänglich nicht anders, als sich zunächst einmal von den alten Normen und Vorgaben abzusetzen, ohne aber schon eine Alternative für sich zu erkennen.

Schleppende Langsamkeit, häufige Unpünktlichkeit, permanente Verspätungen, provozierendes Trödeln oder ständiges Wechseln der Geschwindigkeiten haben oft ihre Ursache in dieser Suche nach dem eigenen Tempo. Gerade während der Pubertät ist der junge Mensch mit seiner eigenen Wahrnehmung der Zeit konfrontiert. Häufig erlebt er Situationen, in denen er sich zeitlich neu orientieren muss.

In dieser Neuorientierung ist der Wunsch des Jugendlichen nach »Chillen« oder auch »Abhängen« begründet. Damit bringt der Jugendliche zum Ausdruck, dass er sich wünscht, von jeglicher – nicht nur zeitlichen – Verpflichtung freigestellt zu sein. Er will über sein Tun und Lassen ganz und gar selbst entscheiden.

Auf einer Achtklassfahrt wünschen sich die Schüler einen Tag Pause. Auf die Frage, was sie denn an dem freien Tag gerne tun würden, war die eindeutige Antwort: »Chillen!« Der nächste Tag wird wunschgemäß dafür eingeplant.
Schon das längere Schlafen klappt nicht, weil in einigen Zelten eine so laute Unruhe herrscht, dass nicht viel später als zu den normalen Zeiten alle auf den Beinen sind.
Daraufhin entsteht eine rege Aktivität bei der Suche nach einer Möglichkeit, das nächste Dorf zu erreichen. Per Handy werden die unterschiedlichsten Informationen eingeholt. Die Diskussionen um das weitere Vorgehen wogen hin und her und nehmen über eine Stunde in Anspruch. Es bilden sich unterschiedliche Interessensgruppen. Als klar ist, dass es dort einen Laden gibt, machen sich einige zu Fuß auf den etwa acht Kilometer langen Weg. Andere erwägen, sich ein Taxi zu bestellen.

Inzwischen nähert sich schon langsam der Mittag und einige beginnen hungrig zu werden. Mit Hilfe verschiedenster Handygespräche wird schließlich ein Pizzaservice ausfindig gemacht, und nachdem im Laufe einer halben Stunde eine Liste der gewünschten Pizzen erstellt worden ist, geht die Bestellung hinaus. Jetzt heißt es nur noch warten, bis das Essen ankommt. Einige gehen dem Serviceauto schon mal entgegen. Als es schließlich ankommt, sprinten sie ihm in freudiger Erwartung fast einen Kilometer hinterher.

Das Austeilen des Essens wird wie der Höhepunkt des Tages gefeiert. Höchstens eine Viertelstunde ist nun jeder mit seinem Essen beschäftigt. Darauf beginnt eine Gruppe mit leeren Colaflaschen Fußball zu spielen, während andere mit dem Kanu eine Fahrt auf eigene Faust unternehmen. Einige Mädchen machen einen Spaziergang.

Beim gemeinsamen Abendbrot, als auch die Fußgänger erschöpft von ihrem Dorfbesuch zurückkommen, sind alle ganz zufrieden und tauschen ihre »Erlebnisse« unter viel Gelächter und Geschwatze aus.

◀

Chillen ist also offenbar kein Synonym für Faulenzen. Fragt man Jugendliche nach der Bedeutung des Wortes, sagen sie zwar meistens: »Nichtstun.« Sie meinen aber offensichtlich: »Nichts zu tun, was einer bestimmten Erwartung entspricht.«

Mit Erwartungen sind ganz besonders die Vorgaben der Erwachsenenwelt gemeint, die Ansprüche und Normen der Gesellschaft oder die Vorstellungen der Schule und der Lehrer. So wirkt dann auch das Vorgehen der Jugendlichen für den beobachtenden Erwachsenen oft sinnlos und unkoordiniert, ganz besonders, wenn über längere Zeit nichts Bedeutendes passiert. Genau das scheint jedoch dem Wunsch der Jugendlichen zu entsprechen. Sie wollen, wie in dem Beispiel beschrieben, einen gewissen Zeitrahmen uneingeschränkt zur Verfügung haben, um dann je nach der Zusammensetzung der Gruppe spontan über die Art der Aktivitäten oder die Länge der Pausen entscheiden zu können.

Einfach mal in den Tag hineinleben ohne Erwartungen und Pflichten – auch das brauchen Heranwachsende.

Ganz anders sieht es im Hinblick auf die Langeweile aus. Langweilig wird es, wenn äußere Anregungen wegfallen, wenn leidenschaftliche Eindrücke, denen der junge Mensch normalerweise seine Seelentätigkeit verdankt, ausbleiben und er sich in einem Zustand der inneren Leblosigkeit und Antriebslosigkeit befindet.

Eine gesunde Seele pendelt wie das auf- und ablaufende Wasser im Gezeitenstrom des Meeres zwischen innerer Ruhe und äußerer Tätigkeit hin und her. Sie lebt dabei abwechselnd in Phasen des Lauschens auf innere Impulse und solchen des aktiven Umsetzens durch die Tat. Ist ein junger Mensch gezwungen, seinen Wunsch nach tätigen Impulsen zurückzuhalten, wie beispielsweise im Unterricht oder wenn die Familie Besuch hat und er still dabeisitzen soll, entsteht Langeweile.

Zu Langeweile kommt es, wenn ein äußerlicher Impuls nicht so tief an die Seele herandringt, dass daraus eine ausfüllende Tätigkeit erwächst.

Das Phänomen Langeweile ist aufs Innigste mit unserer aufgeklärten Wohlstandsgesellschaft verknüpft: Geht man durch eine Stadt, sieht man – wie schon Schopenhauer beschrieb – eine »auf zahllosen Gesichtern ausgeprägte, wie durch die beständige rege Aufmerksamkeit auf alle, selbst die kleinsten Vorgänge der Außenwelt sich verratende innere Leerheit, welche die wahre Quelle der Langeweile ist und stets nach äußerer Anregung lechzt, um Geist und Seele in Bewegung zu bringen.«[76] Das ist heute nicht anders als zu Schopenhauers Zeiten. Durch Fernseher, Computer, Vergnügungsreisen, Shopping, Animateure und Entertainer versuchen Milliarden von Menschen dem Aufkommen von Langeweile entgegenzuwirken. Nicht zuletzt durch die ständig steigende Beanspruchung und Rastlosigkeit der Menschen im beruflichen Leben hat sich der Wunsch nach ausgleichender Entlastung ins Unermessliche gesteigert. Das notwendige Bedürfnis nach Innerlichkeit verwandelt sich in eine Suche nach äußerer Abwechslung.

Auch der Pubertierende befindet sich auf der Suche nach seinem eigenen Inneren. Er spürt seine heranreifende Unabhängigkeit und will seine Eigenständigkeit ausprobieren. Das kann er zunächst nur, indem er sich von den Normen und Vorgaben der Erwachsenen abwendet, ohne schon eine sichere Basis für eigene Entscheidungen gewonnen zu haben. Ein Gefühl von Unsicherheit, Einsamkeit und Angst kann die Folge sein.

Die Jugend wächst heute in einer Welt der Zerstreuung, der Abwechslung und Hast auf. Wir alle sind von der »Event- und Spaßgesellschaft« geprägt, in der Burnout-Syndrom, Stress und psychosomatische Krankheiten zum Alltag gehören. Jugendliche erleben oft, dass durch den zunehmenden Zeitdruck Unruhe, Hektik und das Gefühl, etwas zu versäumen, entstehen. Sie lernen nicht die Prämisse der Knappheit kennen, sondern das Diktat des Überflusses und des Erlebnishungers. Kommt Leere auf, wird Geld investiert, unter Umständen viel Geld, und es wird selbstverständlich der marktwirtschaftliche Gegenwert, das gewünschte Erlebnis erwartet, und zwar möglichst schnell.

Tritt in seiner derzeitigen Lebensphase immer wieder Langeweile auf, kann es nicht verwundern, wenn der Pubertierende so, wie er es gelernt hat, versucht, dem Gefühl der Ohnmacht und Leere und der damit verbundenen tieferen Selbstbegegnung zu entfliehen. So kommt es dazu, dass er ständig zwischen Hyperaktivität, Zerstreuung, der [...] Abwechslung bis hin zur Betäubung durch Alkohol oder Dro[gen auf der] einen Seite und Niedergeschlagenheit, Antriebslosigkeit und gähnender Langeweile auf der anderen Seite hin und her pendelt.

Beides gilt es jedoch auszuhalten. Öffnet doch das bewusste Zulassen und Erleben von wirklicher Langeweile nach Rudolf Steiner die Möglichkeit, »in die geistige Welt hineinzukommen«.[77] Im wirklichen Erleben der Leere und durch die anfängliche Begegnung mit seinem Inneren kann sich der Jugendliche (genauso wie der Erwachsene) Stück für Stück kennenlernen. So erlangt er die Fähigkeit zu entscheiden, ob er sich für Geistiges öffnen will und ob er durch bewusst ergriffene Tätigkeit der inneren Hohlheit zu entkommen versucht. Tätigsein und innere Leere stehen dadurch nicht mehr einander ausschließend gegenüber, sondern gewinnen jedes für sich seine lebenswichtige Bedeutung.

▶

Johanna kann sich nicht so recht damit abfinden, dass die Ferienfahrt nun beendet ist. Immer wieder erzählt sie von ihren besonderen Erlebnissen und klagt dann über die Eintönigkeit bei sich zu Hause. »Es ist so langweilig!« wird zu ihrem meistgebrauchten Satz. Die Eltern und Geschwister machen ihr anfänglich einige Vorschläge, als diese aber nicht aufgegriffen werden, offenbar weil sie die Ferienerlebnisse nicht ersetzen, sind schließlich alle nur noch genervt von ihrem ständigen Genörgel. Nach zwei anstrengenden Tagen zieht sie sich schließlich in ihr Zimmer zurück, und auch am dritten Tag dringt zunächst kein Laut der Aktivität nach außen, sie will auch nicht zum Essen kommen. Kurz vor dem Abendbrot holt sie sich aus der Küche einen großen Müllsack, und bis spät am Abend und auch noch die restlichen Ferientage hört man sie in ihrem Zimmer arbeiten und räumen. Sie hat sich entschlossen, endlich für Ordnung zu sorgen.

◀

Die bewusst erlebte Langeweile schafft einen inneren Freiraum, aus dem heraus eine eigenständige Entscheidung des Tätigseins ergriffen werden kann. Durch das Durchleiden der inneren Leere konnte Johanna das Bedürfnis nach äußerer Ordnung erkennen und umsetzen. Wäre sie den Ratschlägen der Umgebung gefolgt, hätte sie nicht herausfinden können, was sie selbst gerade benötigte. So ist sie jedoch tiefen Schichten ihrer Persönlichkeit begegnet und konnte aufgrund ihrer eigenen Entscheidung die richtige Wahl treffen.

Beim Umgang mit der Langeweile kommt aber auch dem Wiederentdecken der Muße mehr und mehr Bedeutung zu. Beinahe ganz aus der Mode gekommen, bedeutet sie doch, dass der Mensch sich nach getaner Arbeit, dem Aktivitätspol, entspannen darf, indem er »nichts« tut. Tätigsein und Nicht-Tätigsein sollten für die Gesunderhaltung des Menschen in einem ausgewogenen Verhältnis stehen. Früher war das den Menschen bekannt und sie »gönnten« sich an den richtigen Stellen die Muße.

Man kann deshalb die Frage stellen, ob die Jugendlichen während ihrer Pubertät mit dem Erleben der Langeweile und ihrem Wunsch nach »Chillen« dem wahren Bedürfnis des heutigen Menschen nicht näher sind als die Erwachsenen, die mit kritischem Auge auf das Verhalten der Jugend blicken.

Spannend ist in diesem Zusammenhang die Beobachtung, mit welcher Kraft, Ausdauer und Hingabe die jungen Menschen nach der Überwindung der Pubertätsphase aktiv werden können. Wohl niemals im späteren Leben wird der Topf der körperlichen Kräfte und des Lebenspotenzials so voll sein wie gerade jetzt.

Extremismus, Radikalismus

Die Pubertät ist eine Zeit der körperlichen und seelischen Reifung mit dem Ziel der Ich-Entwicklung und Ich-Befreiung. Wenn auf der einen Seite alte Führungsbindungen zu Eltern, Lehrern oder sonstigen Persönlichkeiten immer mehr wegbrechen und auf der anderen Seite neue, eigene Entscheidungen gesucht oder zumindest geübt werden müssen, dann ist es im Prinzip nicht verwunderlich, wenn immer wieder auch radikale und extreme Positionen bezogen werden. Prinzipiell betrachtet ist es geradezu ein Privileg junger Menschen, noch nicht gebremst durch ein skeptisches, an Lebenserfahrungen abgeschliffenes Persönlichkeitsprofil vehement und in aller Deutlichkeit neue, außergewöhnliche Forderungen aufzustellen.

Der Begriff »radikal« kommt von dem lateinischen Wort »radix«, zu Deutsch »Wurzel«. Radikalismus meint darum im Ursprung eigentlich, dass ein politisches Ziel, eine Gesellschaft grundlegend, »von der Wurzel her«, verändert werden soll. Dementsprechend kann man mit diesem Begriff prinzipiell die Vorstellung einer entschlossenen und konsequenten Politik verbinden. Historisch waren Menschen auch bereit, dafür Gewalt und Kampf zu riskieren.

Heute hat sich für eine solche Haltung immer mehr der Begriff »Extremismus« eingebürgert, wobei drei Hauptrichtungen eine Rolle spielen:

- der Linksextremismus, der sich zum Ziel gesetzt hat, den Kapitalismus zu überwinden. Amerika stellt für die Anhänger dieser Richtung den Erzgegner dar. Die »RAF« mit ihrem Terror war in den 70er-Jahren ein Hauptverfechter solcher Ziele, heute beziehen »Anarchisten« und »Autonome« diese Position. Die Vorgehensweise richtet sich dabei nicht nach den legalen politischen Gremien oder Gesetzen, sondern erfolgt in der Agitation »auf der Straße«.
- Im Rechtsextremismus wird die soziale Gleichstellung aller Menschen, unabhängig von Herkunft, Hautfarbe und Einkommen, abgelehnt. Rassistisch nationale Überbewertung der eigenen Abstammung und Ablehnung alles Fremden, Ausländischen sind Hauptideale für diese »rechts« von den konservativen Parteien angesiedelten Gruppierungen. Die NPD ist ein politisch tätiger Zweig dieser Färbung. Ihre Argumente und politischen Ziele bewegen sich dabei auf niedrigem Niveau und werden eher durch Parolen, Gerüchte und Legenden gespeist. In der Vorgehensweise vieler Menschen in diesem Umfeld kommt eine äußerste Brutalität und Härte zum Vorschein. Angesichts der geschichtlichen Erfahrungen in und mit Deutschland in Zeiten des »Dritten Reiches« stoßen solche Auswüchse auf äußerste Sorge, sowohl innerhalb wie auch außerhalb der Landesgrenzen.
- Der islamische Extremismus, zum Beispiel vertreten durch die Al-Qaida, bildet durch weltweite Agitation, Terroreinsätze und Selbstmordanschläge ein Gefahrenpotenzial, dem heutzutage niemand mehr entgehen kann. Durch die religiöse Verbrämung werden besonders ganz junge Menschen in eine Handlungskette verknüpft, die sie unter moralisch-menschlichen Gesichtspunkten sonst unter keinen Umständen akzeptieren würden. Die Frage der Religionsfrei-

heit, der Gleichheit von Mann und Frau oder der politischen Vorgehensweise bei den anstehenden Weltfragen werden in keiner Weise von diesen Extremgruppierungen diskutiert und unsere gesellschaftliche Entwicklung auf ein mittelalterlich anmutendes Menschenbild reduziert.

Sowohl der Begriff Extremismus als auch der des Radikalismus wird heutzutage umgangssprachlich synonym für »große Gefahr und Chaos« verwendet, politische oder religiöse Hintergründe und Ziele der jeweiligen Gruppierungen finden dabei so gut wie keinen Raum. So ist es nicht verwunderlich, dass Eltern zutiefst erschrocken reagieren, wenn sie beobachten müssen, wie ihre Tochter, ihr Sohn Interesse an extremem Gedankengut zeigt. Für die Jugendlichen selber stellt genau das »Exotische«, das Außergewöhnliche, Geheimnisumwitterte und vielleicht sogar Ungesetzliche einen ganz besonderen Reiz dar. Nur wenig skeptisch schauen sie sich die Sache zunächst einmal an und werden oft erst durch die jeweiligen Umstände oder auch durch die Reaktionen der Eltern, Lehrer und anderen Menschen der Umgebung in eine verfestigte Position gedrängt.

Nani ist ein frühreifes, stilles Mädchen und geht in die achte Klasse. Sie ist von allen wegen ihres großen Einfühlungsvermögens anerkannt. Im Sommer lernt sie einen einundzwanzigjährigen Palästinenser kennen, verliebt sich in ihn und konvertiert zum Islam. Aus diesem Grund trägt sie fortan ein Kopftuch. Klassenlehrer, Eltern und auch einige Klassenkameraden reagieren zunächst auf dieses Kopftuch mit Skepsis oder sogar Ablehnung. Nach kurzer Zeit jedoch scheint man sich an dieses von Moslems häufig als religiöse Pflicht angesehene Kleidungsstück gewöhnt zu haben, zumal Nani sich im täglichen Umgang wenig verändert gibt.
In einer Englischstunde fordert der Lehrer einen Jungen aus der Klasse auf, seine Mütze abzunehmen. Dieser empfindet das als Provokation und erklärt sich nur dazu bereit, wenn auch Nani ihr Tuch abnimmt. Es kommt zum Streit mit dem Jungen, als der Englischlehrer versucht, den Unterschied zwischen religiösen

Grundsätzen und »reiner Bequemlichkeit« zu verdeutlichen. Auch andere Schüler mischen sich mit ein und die Sache wird in eine der nächsten Lehrerkonferenzen gebracht. Erst jetzt kommt es zu einer Grundsatzdiskussion innerhalb der Lehrerschaft, in deren Verlauf auch erstmalig Sorgen um das noch unmündige Mädchen und dessen Beziehung zu ihrem Freund geäußert werden. Auch sehen einige die Rolle der Frau insgesamt durch die Bereitschaft zur Unterordnung unter den Mann bedroht. Befürchtungen verschiedenster Art werden geäußert, ohne jedoch anschließend weiter verfolgt zu werden.

Man beschließt, ein Gespräch mit den Eltern zu führen, und macht dem Jungen die Auflage, die Mütze im Unterricht abzunehmen. Diesem ist es die Sache nicht wert und er folgt der Aufforderung.

Im Gespräch mit den Eltern kommt heraus, dass sie die Entscheidung der Tochter akzeptieren. Damit sieht die Lehrerschaft keinen Handlungsbedarf mehr.

Die Gemüter beruhigen sich genauso schnell, wie sie sich erhitzt haben, und noch heute, nach über zwei Jahren, trägt Nani ihr Kopftuch im Schulgeschehen, ohne dass sich jemand darum kümmert. Nichts an ihrem Auftreten lässt auf eine Unfreiheit oder Seelennot schließen. Sie ist immer noch eine ganz normale, lebenslustige und aufmerksame Schülerin.

Mathias Wais beschreibt in seinem Buch *Suchtprävention beginnt im Kindesalter* die Begegnung eines jungen fünfzehnjährigen Mädchens mit der Neonaziszene:

> Lucy war ein sensibles, etwas ängstliches Mädchen. In der Nähe ihres Wohnblocks wurde eines Tages eine junge Frau von drei Marokkanern überfallen und vergewaltigt. Lucy traute sich kaum noch auf die Straße. – Auf einer Party einer Schulfreundin erscheinen drei Skinheads, nur flüchtig bekannt mit einem der Gäste. Lucys erster Gedanke, als die jungen Männer, offensichtlich schon angetrunken, zur Tür hereinkamen, war: »Ich will weg hier!« Mit dem Instinkt

jagender Raubtiere für das schwächste Herdenmitglied gingen die drei Skinheads sogleich auf Lucy zu, umstellten sie und grinsten sie an. Schweiß, Suff und Übergriff lagen in der Luft. Da sagte einer der jungen Männer: »Lasst sie in Ruhe, sie ist eine von uns.«
Lucy war erleichtert und dankbar, dass sie verschont blieb. Wenn ich geschützt sein will, muss ich mich an diese da halten, schoss es ihr durch den Kopf. Ganz gegen ihre Art grinste sie komplizenhaft zurück – und war ihre »Braut« für diesen Abend.
Seitdem geht Lucy mit den Skins und ist bei jedem Gelage dabei. Vor Kurzem ließ sie sich ein Hakenkreuz auf den Oberarm tätowieren. Denn: »Der Hitler war auch gegen die Marokkaner.«[78]

Die unvorbereitete Begegnung mit dem Extremen oder Radikalen wirkt zunächst abschreckend, wie die beiden Beispiele verdeutlichen. Gelingt es aber, die Hintergründe zu verstehen, zum Beispiel warum Nani zum Islam konvertierte oder was Lucy zur Skinhead-Szene brachte, lösen sich manche Bedenken auf oder lassen sich, wie bei Lucy, aus einer objektiveren Sicht zumindest besser einordnen.

Musikszene, Idole

Seit in den 50er-Jahren des 20. Jahrhunderts die Teenager zunächst in Amerika, dann aber auf der ganzen Welt vom Rock'n'Roll-Fieber ergriffen wurden, spielt bis heute die Musik, spätestens zu Beginn der Pubertät, eine ganz zentrale Rolle für die Identifikation junger Menschen.

Damals pflegten die schwarzen Südstaatenarbeiter eine Musik, in der sich die Traditionen ihrer afrikanischen Heimat ihren neuen Lebensumständen angepasst hatten. Sie wurde mit ungeheurer Kraft, aber auch mit einem Gemisch aus Sentimentalität, Religiosität, Einfühlungsvermögen und Protest vorgetragen. Als einige Radiosender herausfanden, dass viele junge Teenager es leid waren, die harmlose Musik der Plattenfirmen zu hören, sendeten sie den »Rhythm and Blues« der Schwarzen und hatten sofort einen enormen Erfolg. Bald mischte sich diese Musik mit der amerikanischen Countrymusik. Durch Elvis Presley, der als erster Weißer »schwarz« sang, entstand

Spätestens in der Pubertät nimmt Musik einen ganz zentralen Stellenwert für die Identifikation junger Menschen ein.

ein ungeheurer Wirbel um die neue Form der Musik, die sich nun »Rock'n'Roll« nannte.

Elvis Presley, die Beatles, die Rolling Stones, Eric Clapton, David Bowie, Deep Purple, Elton John, Jimi Hendrix wurden schnell zu Idolen von ganzen Generationen Heranwachsender. Immer spielten die Musik und der Text, aber auch der Mythos, der einen Rockstar umgab, eine ganz entscheidende Rolle. Drogen, Protest, die Abkehr vom »Bürgerlichen« und der Hauch von Ungesetzlichkeit zogen die jungen Menschen magisch an.

Heute ist die Musikszene in unzählige Teilbereiche mit ihren jeweiligen Hintergründen, Symbolen und Anhängern aufgespalten, sodass es nahezu unmöglich ist, sich einen Überblick zu verschaffen. Ungebrochen ist jedoch der Einfluss, den Musikgruppen und einzelne Musikidole auf junge Menschen, gerade auch während der Pubertät, haben.

▶

Felix war ein unauffälliger Junge. Er spielte sehr gut Tischtennis in seinem lokalen Verein, joggte ein- bis zweimal die Woche, um sich fit zu halten, und ging gerne an Wochenenden mit Freunden zum Angeln. Er bekam gute Zeugnisse und seine Eltern waren mit ihm zufrieden.

Als er in die Pubertät kam, begann er sich für Musik zu interessieren und kaufte sich von selbst erarbeitetem Geld eine Stereoanlage. Von nun an war das Haus zu jeder Zeit von Musik erfüllt und ein Kampf zwischen Felix und seinen Eltern um die Lautstärke und vor allem um die Bässe (»Mach das Wummern leiser!!!«) entbrannte. Es wurden verschiedenste Gespräche über das Leben in einem gemeinsamen Haushalt und die Grenzen der Mitbewohner, über die Schäden von lauter Musik und die Verschiedenartigkeit von Musikgeschmack geführt (die Eltern hörten nur klassische Musik).

Felix drehte auch immer die Lautstärke herunter, wenn das so gewünscht wurde, aber meistens nur dann.

Eines Tages teilte Felix seinen Eltern mit, dass er mit Freunden eine Band gründen wolle. Die Eltern witterten Entlastung im Haus, unterstützten seinen Plan und schenkten ihm zum Geburtstag eine E-Gitarre. Jetzt spielte Felix bei jeder Gelegenheit mit drei Klassenkameraden in einem Gartenhaus, hörte auf zu joggen und hatte auch keine Lust mehr zum Angeln. Dennoch wirkte er ganz ausgeglichen. Nach einem Jahr des Übens ging die Gruppe zu einem Bandtreffen und lernte dort einen älteren Bassisten aus der »Heavymetallszene« kennen, der fortan ihr »Coach« wurde. Ab jetzt wurde nur noch Hardrock geübt. Die Kleidung, das Auftreten, die Schulleistungen, der gesamte Lebensstil veränderte sich und mit siebzehneinhalb Jahren verließ Felix das Elternhaus, nachdem die Lage sich dort unüberbrückbar zugespitzt hatte.

Mit fünfundzwanzig lernte er seine jetzige Frau kennen, machte das Abitur nach, studierte Sozialpädagogik und arbeitet seitdem als erfolgreicher Streetworker in einer Kleinstadt.

◀

Es gibt wohl kaum ein Thema, das die Gemüter so stark bewegt und das in so vielen Familien im Zusammenhang mit der Pubertät zum Problemfeld wird, wie die Musik. Sie dringt direkt in das Seelische des Menschen ein und man kann sich ihrem Einfluss nicht entziehen. Man kann nicht »weghören«.

Wenn Felix seine Bässe auch nur auf halber Kraft laufen ließ, ging schon das so sehr auf das Gemüt der Eltern und der anderen Hausbewohner, dass sie sich unfrei und sogar belästigt fühlten. Mit Hilfe der modernen Technik kann der Mensch durch den Beat (die Schläge pro Sekunde) und den Sound bis in die Herzschlagfrequenz beeinflusst werden. Und dieser Rhythmus teilt sich über Autokarosserien und Häuserwände auch noch über größere Entfernungen mit. Genau das war jedoch auch der Reiz für Felix. Er wollte sich über die Lautstärke, über das Schlagen des Beats so weit wie möglich mit seiner Musik und mit seinen Idolen verbinden. Unbewusst wollte er sich aber auch absetzen von der »biederen Klassikwelt« seiner Eltern und neue, eigene Wege probieren. Je mehr es zu Konflikten kam, desto mehr entdeckte er das Abgrenzungspotenzial, das der von ihm eingeschlagenen Richtung zugrunde lag. Je größer das Unverständnis seiner Umgebung war, desto mehr fühlte er sich in seinem Weg bestätigt, bis es zu dem – von ihm wohl benötigten – völligen Bruch kam.

Man kann den übergreifenden Einfluss, den Musik in heutiger Zeit hat, nicht ohne die heutige Technik, nicht ohne die Festivals und nicht ohne den Einfluss des Geldes verstehen. Berühmtheiten der Musikszene haben heute Einkommen, welche die Grenzen des Vorstellbaren überschreiten. Auch Felix träumte wohl in seinem tiefsten Inneren davon, einmal berühmt und »ganz oben« zu sein.

Bei aller Verschiedenartigkeit ist die Musik auch heute noch genauso ein Ausdruck für Lebensqualität wie für Freude und Begeisterung. Hier wäre vielleicht ein Anknüpfungspunkt für Felix' Eltern gewesen. Sie waren nur mit der Abgrenzung beschäftigt und zeigten überhaupt kein Interesse für diese ihnen fremde Musik und für die Motivation ihres Sohnes. So haben sie außer den Bässen und der Lautstärke von diesem Stück Kultur nichts Neues aufnehmen können.

Subkultur

Mit dem Begriff Subkultur ist die Abkehr vor allem der Jugendlichen von den gängigen, allgemein anerkannten Normen einer Gesellschaft gemeint. In den 60er-Jahren waren es Rocker, die Beatgeneration, Marxisten oder Hippies, später dann Punks, Skinheads, Neonazis oder »Alternativkulturen«. Zu unterscheiden sind Gruppierungen, die sich durch ihr Verhalten, ihre Kleidung, Musik oder ihr Auftreten absetzen wollen von der Elterngeneration und von Alternativen träumen, und solche, die mit ihren Einstellungen, Handlungen, Zielen und Vorgehensweisen allen gesellschaftlich verankerten Rahmenbedingungen diametral gegenüberstehen. Diese werden oft als »Gegenkultur« bezeichnet und sind zumeist auch politisch motiviert.

Wohl schon zu allen Zeiten hat es dieses Absetzen von der älteren Generation gegeben. Vielleicht ist es eines der wichtigsten Garanten für Fortschritt, Weiterentwicklung und Veränderung. Auch entspricht dieses Absetzen, das Demonstrativ-anders-Machen, der Seelenhaltung der Pubertierenden. Sie spüren genau, dass sie auf dem Sprung sind, neue Ufer zu erobern. Wohin es geht, wissen sie zwar nicht genau, aber dass es nicht den alten Weg entlanggeht, ist ihnen nur zu deutlich. So taucht das eigentliche Problem erst dann auf, wenn die Erwachsenengeneration diesen Schritt nicht als natürlich und selbstverständlich empfindet, sondern sich provoziert, ungerechterweise kritisiert und abgelehnt fühlt. Der Schmerz des Verlustes von Einflussmöglichkeiten und der Zorn über die offene Ablehnung führen auch heute noch nicht selten zu einer unüberbrückbaren Konfrontation der Generationen.

Ist das denn nicht auch verständlich? Man denke sich einen Violinisten an einer Staatsoper, dessen Sohn von heute auf morgen den härtesten Hardrock zu Hause erschallen lässt, oder an einen engagierten Gewerkschaftler, dessen Tochter sich mit einem Jungen aus der Neonaziszene treffen will, oder an eine Modeboutiquebesitzerin, deren Tochter dauernd Süßigkeiten in sich hineinstopft und jeden Monat eine neue Piercingnadel in ihrem Gesicht etabliert. Es gibt zahllose Geschichten solcher Art, und nur wenigen Eltern wird es erspart bleiben, in dieser oder ähnlicher Weise von jugendlichen Pubertierenden provoziert zu werden.

Immer jedoch zieht eine vehement geführte Konfrontation durch die Älteren eine Verfestigung der Situation und damit Stress, Kummer oder sogar Entzweiung nach sich. Je deutlicher die Jugendlichen auf Widerstand stoßen, desto fester beharren sie auf ihrer Position, selbst dann, wenn sie zunächst noch gar nicht so sicher hinter ihren provokanten Schritten gestanden haben.

Die Alternative ist jedoch nicht opportunistisches Anpassen an die oft unerklärlichen Vorgehensweisen der Jugend, sondern eine offene Frage nach dem »Warum«. Werden die Jugendlichen damit konfrontiert, Stellung beziehen zu können, sich erklären zu dürfen, findet nicht selten auch der Erwachsene eine Gelegenheit, seine Position erläutern zu können. Das ändert zwar an dem Standpunkt der jungen Menschen zunächst gar nichts, bringt aber die Möglichkeit des Austausches, des Gespräches mit sich. Offenbart sich hier doch ein allgemein menschliches Urphänomen: dass unterschiedliche Menschen, egal ob jung oder alt, immer auch verschiedenste Auffassungen vom Leben, vom Miteinander und vom Sinn des Handelns haben.

Zum größten Teil beruhen die gängigen Verhaltensmuster der Alten auf dem Wunsch, nicht aus der Menge herauszufallen, nicht alleine gelassen zu werden, nicht aufzufallen: Was mag denn nur der Nachbar (Chef, Freund, Schwiegervater …) dazu sagen, dass mein Kind so ungepflegt und verkommen herumläuft? So stellt man die Meinung »der anderen« über die eigene und der Kontakt zum eigenen Kind, dem Jugendlichen, geht verloren.

Zu einem solchen Gespräch gehört Mut: Ich muss über meinen eigenen Schatten springen und nach etwas fragen, was ich eigentlich ablehne. Es erfordert aber auch Stärke, denn ich muss die Bereitschaft zu einem Gespräch höher einstufen als die scheinbar allgemeingültige Meinung meiner Umgebung, und letztendlich braucht es auch Vertrauen, Vertrauen in mein eigenes Kind, in meine bisherige Erziehung, in die Zukunftskräfte dieses jungen Menschen.

Mit solch einer Vorgehensweise konfrontiert, fällt es einem jungen Menschen ganz sicher leichter, zu seiner wirklichen Haltung, zu seinen Lebenszielen zu finden und den gerade eingeschlagenen Weg unter Umständen auch wieder zu verlassen.

Mira war ein aufgewecktes, fröhliches Mädchen. Sie hatte breit gestreute Interessen und kam mit ihren Klassenkameraden gut zurecht. Im Verlauf ihrer heftigen Pubertät begann sie sich für den Tod zu interessieren, las viele Bücher zu dieser Thematik und kam schließlich in Kontakt zu sogenannten »Gruftis«, jungen Leuten, die sich schwarz kleiden, Totenkopfsymbole auf ihrer Kleidung tragen und sich gerne zu Totenkultveranstaltungen verschiedenster Art treffen. Auch Mira begann sich totenkopfähnlich zu schminken, dunkle Kleidung zu tragen und hin und wieder zu solchen Treffen zu gehen. Die zunächst sehr erschrockenen Eltern schafften es jedoch, ihre Sorge zurückzuhalten. Sie erkundigten sich nach dem Ablauf dieser Treffen, ließen die Tochter die neuen »Freunde« zu sich einladen und konnten so den Gesprächsfaden zu ihr erhalten. Sie erkannten dabei, dass ihre Tochter »wirkliche Fragen« zur Bedeutung des Todes und damit auch über den Sinn des Lebens hatte. So begannen auch sie, sich ernsthafter als bisher mit dieser Frage zu beschäftigen, und konnten darüber ganz neue Gesichtspunkte für sich entdecken. Nach einer längeren Periode der Kontakte zu diesen Kreisen hatte Mira offensichtlich ihren Bedarf abgedeckt und wandte sich anderen, neuen Fragen zu. Ab und zu traf sie sich noch weiter mit einem Jungen aus der »Szene«, hatte aber auch viele Kontakte zu anderen jungen Menschen.

◀

Jugendliche erproben ihre Handlungsfähigkeit individuell oder in der Gruppe unter wechselnden, manchmal aber auch konstant bleibenden Bedingungen der Selbstdarstellung. Das kann sich in Bewegungs-, Körper-, Kleidungs- und Sprachspielen ausdrücken. Sie bilden gemeinsam szenebezogene Umgangsformen wie Begrüßungs-, Beschimpfungs- oder Berührungsrituale aus. Diese Formen der Selbstdarstellung geben den Jugendlichen die erforderliche Sicherheit im Auftreten bei dem Übergang ins Erwachsenenalter. Dieser Übergang hat in den letzten Jahren eine starke Veränderung durchlaufen, er ist riskanter und ungewisser geworden. Junge Menschen haben viele Bereiche ihrer Entwicklungsschritte selbst zu bewältigen und selbst zu gestalten. Auch die sich verändernden Familienbeziehungen und -strukturen (siehe das Kapitel »Pubertät in der Patchworkfamilie«, Seite 37 ff.) fordern junge Menschen zu immer mehr Selbstgestaltung heraus, was nicht selten in Überforderungen mündet. Diese Tendenz setzt sich auch später in den Ausbildungs- und Berufsprozessen noch fort.

Weil viele Jugendliche glauben, dass sich ihre Probleme und Anforderungen im pubertären Übergang nicht mehr real lösen lassen, suchen sie nach anderen Ebenen für Lösungen. Dazu sind Ausdrucksformen der Selbstdarstellung hilfreich, um in entscheidenden biografischen Fragen zu einem Gefühl der Sicherheit und Zugehörigkeit zu kommen. Aaron Antonovsky nennt es das Kohärenzgefühl.[79]

> Über ihre jeweilige Art der Selbstdarstellung verschaffen sich Jugendliche
> - mehr Handlungsfähigkeit: Sie können relativ frei über ihre Potenziale verfügen, können provozieren, sich abgrenzen, sich als selbstwirksam erleben.
> - Zugehörigkeit: Über die Art ihrer Selbstdarstellung setzen sie sich zu realen Gruppen oder zu virtuellen Kollektiven in Beziehung; jedes Element kann dabei für einen solchen Bezug stehen.
> - Sinnhaftigkeit: Handlungsfähigkeit und Zugehörigkeit vermitteln – wenn vielleicht auch nur kurzfristig – Sinn.

Selbstdarstellungen können somit helfen, zu einer größeren Kohärenz in der Bewältigung des Alltags zu kommen.[80]

Klauen und Lügen

Es gibt im menschlichen Zusammenleben nur wenige Grundsätze, die eine gewisse Allgemeingültigkeit haben. Sie gelten in allen Ländern und Kulturen und werden in vielen Religionen als »von Gott gegeben« angesehen. Darunter fällt das Gebot der Achtung vor Gott und seiner Schöpfung oder vor den Eltern genauso wie das Verbot zu töten, zu lügen und zu stehlen.

Wen kann es da wundern, dass Eltern und Lehrer (aber auch andere Mitmenschen) erbost und entsetzt reagieren, wenn sie entdecken müssen, dass ein junger Mensch im Verlaufe seiner Pubertät ihnen dauernd frech ins Gesicht lügt oder dass immer wieder Geld oder andere kleinere oder größere Dinge plötzlich wie vom Erdboden verschwunden sind. Manchmal kann selbst eine eindeutige Überführung noch kein Einsehen oder Bedauern hervorrufen.

Selbstverständlich gelten solche allgemeingültigen Grundsätze oder Gebote für jedes Alter und dementsprechend auch für Pubertierende. Übertretungen können von niemandem wirklich akzeptiert werden. Eine angemessene Reaktion ist darum auch unvermeidlich. Dennoch lohnt es sich, den Blick einmal schärfer auf dieses Phänomen zu richten.

Leon lebt seit der Trennung seiner Eltern allein mit seiner Mutter, hat aber regelmäßigen Kontakt zu seinem Vater. Auch nach der Trennung streiten sich die Eltern oft um Unterhalt, Ferienaufenthalte oder alte Geschichten. Leon ist bis zum Beginn seiner Pubertät ein hilfsbereiter und aufgeschlossener Junge mit einem leichten Hang zur Melancholie. Er beginnt als einer der Ersten in der Klasse zu pubertieren und bekommt schnell großen Stress mit seiner Mutter. Da beide sehr feurig reagieren, spitzt sich die Lage bald zu, was die Mutter an die Grenzen ihrer Kräfte bringt. Leon wünscht sich, zu seinem Vater ziehen zu können. Der aber lebt inzwischen in einer neuen Beziehung und erwartet zusammen mit seiner neuen Frau ein Kind. Leon kann deshalb erst am Ende des Schuljahres dort hinziehen. Man sucht nach einer Zwischenlösung: Er darf für die verbleibenden drei Monate zu einer früher befreundeten Familie ziehen. Leon versteht sich anfänglich ganz gut mit den Kindern, aber je näher der Umzug heranrückt, desto mehr kommt es zu Unstimmigkeiten. Alle haben den Eindruck, als ob Leon den Streit förmlich suche. Auch in der Klasse isoliert er sich immer mehr, indem er Sprüche klopft und den großen Macker spielt. »Bald bin ich hier sowieso verschwunden. Wofür soll ich mir da noch Mühe machen?«, lässt er des Öfteren vernehmen.

Auf der Wochenendklassenfahrt direkt vor seinem Abschied verschwinden zwei der modernsten Handys. Die Klasse ist bestürzt, und schnell gerät Leon in Verdacht. Der leugnet jedoch vehement mit den Worten: »Ich klaue doch nichts von meinen Freunden.« Es stellt sich heraus, dass auch in der Familie, die ihn vorübergehend aufgenommen hat, einiges »abhanden« gekommen ist. So bleibt der Verdacht latent bestehen, als Leon am nächsten Tag zu seinem Vater zieht. Er wird bei späteren Besuchen hin und wieder mit ähnlich erscheinenden Handys gesehen, findet aber immer wieder plausible Erklärungen.

In seiner alten Klasse wird das Problem intensiv bewegt und viele seiner ehemaligen Klassenkameraden schwanken zwischen Loyalität und Verdächtigung hin und her. Schließlich schreiben die beiden »Opfer« ihm einen Brief, der den Verdacht noch einmal deutlich ausspricht, und geben ihm die Chance, die beiden Handys anonym zurückzuschicken, damit die Sache endlich aus der Welt geschafft werden kann. Leon reagiert jedoch mit Empörung.

Schließlich klärt sein Vater zusammen mit dem neuen Lehrer die Sache durch Zufall auf und Leon bricht zusammen. Unter erleichternden Tränen gibt er diese Tat und noch mehrere andere zu. Er kann den beiden Erwachsenen keinen Grund für sein Klauen und Lügen nennen, ist aber sehr erstaunt darüber, dass ihn zum ersten Mal in seinem Leben jemand danach fragt, wie es ihm damit denn gegangen sei.

Es folgt eine schmerzliche Aufarbeitung aller Vorkommnisse. Leon ist bereit, alles zurückzugeben, für den Schaden aufzukommen und sich bei den Betroffenen persönlich zu entschuldigen. Fast alle nehmen diese Entschuldigung an und es kommt nicht zu einer Strafanzeige.

◀

Leon ist das einzige Kind seiner Eltern. Er liebt sie beide und hat nie verstanden, warum sie sich getrennt haben, auch nicht, warum sie sich immer wieder streiten. Er trägt eine ungestillte Sehnsucht nach einem »heilen« Zuhause in sich und hat oft den Wunsch, mehr bei seinem Vater zu sein. Aber erst mit dem frühen Eintritt in die Pubertät wird ihm die Unabwendbarkeit seiner Lage deutlich. Er ist neidisch auf seine Klassenkameraden, die es aus seiner Sicht besser haben. Schließlich nimmt er sich auf andere Weise etwas von dem, wovon die anderen mehr haben als er selbst. Mit der Pubertät wächst aber auch sein Bewusstsein für die eigene Verantwortung und er kann sich nur durch Lügen vor der Offenbarung retten. Er verstrickt sich immer tiefer in seine Geschichten, und als ihm deutlich wird, dass auch der Umzug zu seinem Vater keine wirkliche Erfüllung seiner Herzenswünsche nach Geborgenheit bei beiden Eltern ermöglicht, gerät er in eine Art Fatalismus und versucht sich den Wechsel unbewusst durch provokante Übertretungen erträglicher zu machen. So gerät er immer mehr in die Sackgasse und kann sich erst erleichtern, als alles aufgedeckt ist.

Erst der durch die Pubertät erweiterte Blick hat Leon also die Tragweite seines Schicksals verdeutlicht. Zunächst richtet er seine Wut und Enttäuschung darüber gegen seine Mutter, dann auch gegen die anderen Mitmenschen. Das wachsende Bewusstsein hat ihm jedoch noch nicht das Werkzeug für eine innere Führung und Beschränkung gegeben. Dieses muss er ja erst noch erüben. So handelt er immer wieder aus dem momentanen Gefühl, ohne die Folgen abschätzen zu können. Somit ist sein Klauen und anschließendes Lügen nicht als eine klassische kriminelle Tat anzusehen, sondern liegt in seiner für die Pubertät typischen mangelnden Übersicht begründet. Das rechtfertigt sein Verhalten zwar nicht, zeigt aber einen Tatbestand auf, den auch der Gesetzgeber mit berücksichtigt, wenn er junge Menschen für ihre Tat noch nicht als voll verantwortlich ansieht.

Eltern, Lehrer und Bekannte sollten den Blick schärfen für ein wirklich aufbrechendes kriminelles Element und dieses von Handlungen unterscheiden, die aufgrund der jeweiligen Umstände als pubertärer Wachstumsschub wenn nicht erforderlich, so doch zumindest erklärbar sind.

Wichtig ist, dass das Vertrauen in den »guten Kern« des jungen Menschen nicht verloren geht, selbst wenn die Tragweite des Geschehens und die Umstände dies auf den ersten Blick nahelegen wollen. Stets sollte um die Möglichkeit der Wiedergutmachung und der Vergebung gerungen werden, denn dadurch ist ein wirkliches Lernen für einen Heranwachsenden am ehesten gewährleistet. Leon hat seine Lektion jedenfalls begriffen und ist an der Erfahrung gereift.

Das Thema aus dem Blickwinkel der Jugendlichen betrachtet

Wenn ich insgesamt auf die Krisen blicke, die in diesem Buch geschildert werden, denke ich, dass nicht alle beschriebenen Punkte Krisen sind. So geht es vielen Jugendlichen, sie sehen die sogenannten Krisen der Erwachsenen gar nicht als Krisen an, weshalb es in diesen Bereichen auch oft zu großen Meinungsverschiedenheiten kommt. So würde ein Jugendlicher zum Beispiel nicht darauf kommen, dass Piercings etwas mit Krisen zu tun haben. Aber vielleicht sind ja auch die Auseinandersetzungen, welche durch Piercing, laute Musik oder Alkohol auf einer Party entstehen können, mit »Krisen« gemeint.

Ich finde jedenfalls, dass Musik an sich noch keine Krise ist. Ich fühle mich von dem Thema sehr angesprochen, weil ich mich viel mit Musik und auch mit den dazugehörigen Szenen beschäftigt habe. Musik kann einem vor allem in der Pubertät helfen, Stress abzubauen und einen Ausgleich zu finden. Dabei ist es egal, um welche Musikrichtung es sich handelt, jeder hat seine eigenen Vorlieben, und diese sollte auch niemand zu verändern versuchen. Außerdem kann man durch die Musikszene neue Kontakte knüpfen, zu Leuten, die den gleichen Musikgeschmack haben und mit denen man sich gut anfreunden kann. Oft passiert es, dass die Erwachsenen Vorurteile gegenüber Musikrichtungen haben und diese nicht gutheißen, jedoch sollte man nur urteilen, wenn man sich schon mit der entsprechenden Musikrichtung beschäftigt hat. Was sich anfangs nur wie Krach oder Gegen-den-Fußboden-Treten anhört, hat auch Hintergründe und eine Entstehungsgeschichte, und man sollte die Musik mindestens tolerieren.

Allerdings hat die Musik doch manchmal mit Krisen zu tun oder Krisen entstehen durch die Musikszene. Es gibt zum Beispiel Metal, der extremistische oder radikale Texte enthält, oder Musikszenen, in denen fast jeder Tattoos oder Piercings trägt. Es gibt auch Musikszenen, in denen häufig Drogen genommen werden, wie in der Reggaeszene, wo oft Cannabis konsumiert wird, oder die Technoszene, in der viele Ecstasy nehmen oder Speed ziehen. Zwar sind diese mit der Musik verbundenen Krisen weder notwendig, um die Musik zu hören oder zu mögen noch um zu der Musikszene zu gehören, wenn es allerdings wirklich schwierig wird und jemand in die Abhängigkeit rutscht, ist es schon nötig, dass die Freunde oder die Erwachsenen rechtzeitig aufpassen.

Ich persönlich war zum Beispiel viel auf Raves und habe zu Hause fast nur elektronische Musik gehört und fühlte mich der Technoszene zugehörig, habe aber nie Drogen genommen, auch wenn dies in dem dortigen Umfeld oft passierte. Die Musik hat mir viel geholfen, meine Probleme kurzzeitig zu vergessen und mich vollkommen zu entspannen, und ich habe durch die Szene neue Freunde gefunden, mit denen ich dann auch außerhalb der Szene Kontakt hatte.

Auch wenn meine Musik zu Hause nicht erwünscht war und es des Öfteren Streitigkeiten gab, da die Musik angeblich zu laut war, zu monoton und der Bass zu störend, blieb ich trotzdem bei meinem Musikgeschmack und musste mich den Auseinandersetzungen stellen. Mittlerweile gibt es kaum noch solchen Stress und mein Musikgeschmack wird respektiert.

Anfangs gab es auch oft kurze Gespräche über die Drogen, für die die Szene populär ist, jedoch war für mich selber klar, dass ich niemals solche Aufputschmittel konsumieren würde, und das brachte ich auch deutlich zum Ausdruck. So gab es bald auch diese Gespräche nicht mehr und ich fühlte mich deutlich besser und verstanden. Ich hatte die Musik gefunden, die mir selber hilft, die zu Hause respektiert wird und in deren Szene ich mich geborgen fühle.

Jorim, 17 Jahre

Fragen zum Thema

Ich bin alleinerziehende Mutter und verstand mich bisher sehr gut mit meiner Tochter. Seit sie in der Pubertät ist, haben wir jedoch viel Stress miteinander. Sie interessiert sich nur noch für Jungen und Partys. »Du hast ja überhaupt keine Ahnung, was abgeht«, schimpft sie mit mir. Ich mache mir auch Sorgen um ihren Alkohol- und (möglichen) Drogenkonsum. Wie kann ich sie dennoch in dieser Umbruchphase begleiten?

Besonders solche Kinder, die sich mit den Eltern bis dahin gut verstanden, haben es in der Pubertät schwer, sich zu lösen und einen eigenen, unabhängigen Weg zu suchen. Der dabei auftretende Stress ist nicht unbedingt ein Ausdruck für eine wirkliche Abkehr, sondern kann auch als ein Beweis dafür angesehen werden, dass der Jugendliche es seinen Eltern zutraut, diesen wichtigen Ablöseprozess auch über den auftretenden Konflikt hinaus zu unterstützen. Was ein junger Mensch in dieser Phase am allermeisten von den Erwachsenen braucht, ist Vertrauen.

Bei aller täglichen Auseinandersetzung, bei allem Kämpfen um Freiheit und Grenzen darf dem Jugendlichen nicht das Gefühl verloren gehen, dass er von seiner Umgebung getragen wird, dass er in seinem Kern in Ordnung ist und dass er geliebt wird. Wenn er erleben darf, dass hinter dem Ringen mit den Erwachsenen nicht Misstrauen und Ablehnung stehen, sondern aufrichtiges Interesse an seiner Person, wird selbst über die alltäglichen Streitereien hinaus ein wirkliches Begleiten des Jugendlichen in dieser Umbruchzeit möglich sein.

Wenn der Verdacht eines Drogenkonsums auftritt, ist es ein wichtiger Schritt, das direkte Gespräch darüber zu suchen, in dem Befürchtungen und Gefahren deutlich zum Ausdruck kommen dürfen. Offenheit und Anteilnahme sind dabei allerdings bessere Ansätze als Anschuldigungen, Verdächtigungen und Mutmaßungen. Läuft sich ein solches Gespräch fest, muss man nicht davor zurückschrecken, die Hilfe von Personen anzunehmen, die in diesen Fragen geschult sind. Denn je früher die Verhältnisse offengelegt sind, desto größer sind die Chancen der Umkehr.

Mein Sohn lebt die Woche über bei seiner Mutter und ist nur am Wochenende bei mir. Seit er so rapide gewachsen ist, trifft er sich mit Kumpels auf der Straße und vertrinkt sein ganzes Taschengeld. Ich glaube, er hat auch schon etwas aus meinem Portemonnaie gestohlen. Ich habe versucht, ihm das Trinken zu verbieten, das hat aber nicht geklappt. Ich kenne die heutige Einstellung seiner Mutter in dieser Frage nicht, weil wir nichts miteinander besprechen können.

Es kommt nicht selten vor, dass Eltern nach einer Trennung nicht mehr miteinander reden können. Für die Kinder und ganz besonders im Verlauf der Pubertät hat das allerdings sehr negative Auswirkungen. Die Heranwachsenden durchschauen immer mehr die Zusammenhänge und erkennen, ob die innere Haltung und das Gesagte ihrer Eltern übereinstimmen. Wenn sie sich dann von den Eltern nichts mehr sagen lassen wollen, hat das nicht selten mit solchen von ihnen erkannten Widersprüchen zu tun.

Darum ist es ein wichtiger Schritt der Eltern, den erneuten Versuch zu unternehmen, über gegensätzliche Haltungen, zum Beispiel in Bezug auf den Alkoholkonsum, zu sprechen und die Einstellung offenzulegen. Auch der eigene Konsum spielt dabei eine wichtige Rolle.

Weil davon ausgegangen werden darf, dass beide Elternteile das Wohl ihres Jugendlichen im Blick haben, kann durch eine Aussprache und die darin gemachten Verabredungen häufig eine offenere Orientierung für das gemeinsame Kind entstehen. Bei der Suche nach Lösungen ist allerdings zu bedenken, dass einfache Verbote kein richtiger Weg mehr sein können. Jugendliche wollen ausprobieren, auch den Alkohol. Es geht deshalb eher um die Frage des »Wann und Wieviel« als um die Frage des »Ob überhaupt«. Dieses vorsichtige, aber eindeutige Begleiten kann man als Erwachsener nur mit großer Sensibilität und wirklichem Interesse und durch das Signalisieren von Gesprächsbereitschaft ohne Vorwürfe und Anklagen erreichen. Eine hohe Kunst, welche zu üben sich jedoch ganz sicher lohnt.

Kleine und größere Diebstähle kommen im Verlauf der Pubertät nicht selten vor. Die Grenzen für Recht und Unrecht werden ausgekundschaftet und die gängigen Normen nicht immer akzeptiert. Es ist darum wichtig, darauf zu achten, dass der Heranwachsende nicht unnötig in Versuchung geführt wird. Ist etwas »weggekommen«, so sollte man jedoch den Fakten sorgfältig und offen nachgehen und nicht hinter vorgehaltener Hand einen unausgesprochenen Verdacht hegen. Hier hilft am ehesten der klare und deutliche Dialog mit dem Jugendlichen, bei dem die Befürchtungen genauso wie die exakten Beobachtungen ausgesprochen werden. Erst dann kann eine gemeinsame Klärung erfolgen.

Ich bin Klassenbetreuerin einer neunten Klasse. Ein Mädchen wirkt in letzter Zeit immer sehr blass und »durchsichtig«. Es scheint, dass sie sich nicht gut ernährt. Ich habe den Verdacht, sie könnte magersüchtig werden. Soll ich sie darauf ansprechen oder eventuell erst mit den Eltern reden?

Viele Mädchen wirken in der Pubertät sehr dünnhäutig und durchlässig. Das kann auf der einen Seite mit der Stoffwechsel- und Hormonumstellung zu tun haben. Auf der anderen Seite stellt die seelische Belastung, die durch den wechselhaften Kampf mit dem erwachenden Ich zusammenhängt, einen so großen Stressfaktor dar, dass sich manchmal das Leben zurückzuziehen scheint. Blässe und Überempfindlichkeit, ja sogar Depression können die Folge sein.

Auf den ersten Blick ist eine solche Gestimmtheit nicht von der Magersucht zu unterscheiden. Das gängige Ideal einer jungen, schlanken Frau, dem viele Pubertierende bewusst oder unbewusst nachstreben, führt im Extremfall jedoch dazu, dass bei einem jungen Mädchen das Gefühl entsteht, zu dick zu sein, obwohl dafür objektiv gar kein Anlass besteht. Eine verlässliche Selbsteinschätzung und -wahrnehmung ist noch nicht vorhanden, sie muss erst noch geübt und gelernt werden.

Aus diesem Grund ist die Rückmeldung von Eltern, Lehrern und Freunden ein wichtiger Spiegel für das Erlernen einer Eigenorientierung. Allerdings darf eine solche Rückmeldung über das Aussehen eines jungen Mädchens nur mit äußerster Sensibilität und Einfühlung geschehen, will man nicht genau das Gegenteil, nämlich ein Verschließen und eine Abkehr, erreichen. Gelingt es jedoch, Objektivität walten zu lassen, und kommt eine wirkliche Einfühlung beim jungen Menschen an, kann sich daraus ein Austausch ergeben, der die seelischen Hintergründe des Heranwachsenden beleuchtet. Erst dann kann eine wirkliche Begleitung einsetzen.

Führt ein Lehrer aber als Erstes mit den Eltern ein Gespräch über seinen Verdacht, ohne dass der Jugendliche davon weiß, wird das in den meisten Fällen zu einem Vertrauensverlust führen. Der junge Mensch möchte selbst ernst genommen werden, er will seine eigenen Belange mitbestimmen und wird kein Gespräch hinter seinem Rücken akzeptieren.

Skizze I (siehe Seite 132).

Skizze II (siehe Seite 132).

Skizze III (siehe Seite 137).

Skizze IV (siehe Seite 151).

Nicht nur in der Pubertät unersetzlich: wirklich gute Freunde.

Die Suche nach der eigenen Identität bedeutet auch, sich mit seinem Äußeren auseinanderzusetzen.

Sprechende Gesichter ...

Sprechende Gesichter ...

Die Pubertät ist glücklicherweise auch eine Zeit, in der man enorm viel Spaß haben kann.

Pubertät und Schule

Erziehung ist nicht, einen Eimer zu füllen,
sondern ein Feuer zu entfachen.
Herodot

Ist das Elternhaus für das Kind anfangs der wichtigste Ort der Beheimatung und Erziehung, so tritt dessen Bedeutung Stück für Stück, in besonderem Maße jedoch im Zuge der Pubertät zurück. Die Schule mit ihrem Anspruch an das Lernen und die Begegnung mit Lehrern und Klassenkameraden gewinnen zunehmend an Einflussmöglichkeit.

Im Häuslichen der Familie erkennt der Jugendliche mehr und mehr die Unzulänglichkeiten und Widersprüche in den Elternpersönlichkeiten und sehnt sich danach, woanders einen Ausgleich zu schaffen. Er möchte sich mit den anderen Gleichaltrigen von dem Bisherigen absetzen und sein Leben immer mehr in die eigene Hand nehmen. Einen großen Teil des Tages verbringt der Jugendliche in der Schule zusammen mit anderen Schülern, und die täglichen Erfahrungen sind zwangsläufig ganz andere als die zu Hause.

Hat sich einerseits der schulische Anspruch an die reine Wissensvermittlung durch die PISA-Studie und Forderungen von Wirtschaft und Arbeitsmarkt in den letzten Jahren drastisch verändert, so ist andererseits auch im Selbstverständnis junger Menschen und in ihren Erwartungen an die Zukunft ein deutlicher Wandel zu bemerken.

Was brauchen die Jugendlichen heutzutage von der Schule und von den Lehrern? Wo liegen im Zeitalter der Globalisierung, der Arbeitslosigkeit, der Klimaveränderung und der Ausbeutung unersetzlicher Naturreserven die Anforderungen und Ziele einer angemessenen Pädagogik für junge Menschen im Verlauf der Pubertät, einer Entwicklungsstufe, in der Heranwachsende ganz massiv mit der Frage des Drogenkonsums, des allgemeinen Suchtverhaltens und auch dem Verfall sozialer Werte konfrontiert sind?

Wenn auch eine allumfassende Antwort darauf nicht zu leisten ist, so wird doch schnell deutlich, dass das aus früheren Zeiten Überkommene nicht mehr so ohne Weiteres anwendbar ist. Veränderte Lebenszusammenhänge erfordern das Suchen, Erproben und Üben von neuen Zielsetzungen, Denkweisen und Methoden.

Gebraucht wird eine Schule, die neben dem notwendigen Blick auf die reine Wissensvermittlung und die damit verbundenen Abschlussprüfungen genügend Raum lässt für die Vorbereitung auf das weitere Leben. Ein Jugendlicher darf nicht das Gefühl bekommen, seine Schule nehme die Entwicklung der Welt nicht wahr und das eigentliche Leben spiele sich außerhalb ab. Ganz im Gegenteil muss die Schule ein Ort sein, an dem der Heranwachsende durch weltoffene Lehrer Möglichkeiten der kritischen Auseinandersetzung mit Fragen zur allgemeinen Weltlage genauso haben kann wie echte Begegnungen mit verschiedensten Schicksalen und den Umgang mit persönlichkeitsprägenden Unterrichtsinhalten.

Hierbei kommt obligatorischen Auslandsbesuchen und Spracherfahrungen als Austauschschüler genauso große Bedeutung zu wie dem Kennenlernen von handwerklichen oder landwirtschaftlichen Berufen oder dem umfassenden Eintauchen in künstlerisch-kreative Zusammenhänge. In diesen Bereichen steht das Tun im Vordergrund und nicht das rein kognitive Vermitteln von Wissen mit anschließendem Abfragen von Inhalten.

Deshalb muss es das zentrale Ziel einer zeitgemäßen Bildung sein, in dem Jugendlichen ein »sich selbst bewusst werdendes Ich«, eine mündige Persönlichkeit heranwachsen zu lassen. Das erfordert eine Schule, die nach Möglichkeiten sucht, Weltzusammenhänge wirklich erfahrbar zu machen, echte Schicksalsbegegnungen herbeizuführen, und die dem Heranwachsenden das Gefühl vermittelt, auf die Anforderungen des Lebens vorbereitet zu werden.

Dazu braucht es eine Lehrerschaft, die alte, eingelaufene Pfade verlässt. Die sich auf den Weg macht, neue Unterrichtsinhalte zu entdecken, zu gestalten und altersgemäß an die Schüler heranzubringen. Nur mit einem eigenen Interesse an der Zukunft der Welt und genügender Begeisterung ist eine derartige Aufgabe zu lösen. Hierbei kommt es auf die echte Begegnung von Schüler und Lehrer an, welche in jedem Fall

Pubertät und Schule 243

Zeitgemäße Bildung kann nicht allein aus kognitivem Vermitteln von Wissen bestehen.

ihren speziellen Charakter hat und sich nicht in ein fest gezimmertes Konzept pressen lässt.

Immer mehr fordert wahre Zukunft individuelle Lösungen, und oft ist ein richtiger Fortgang der Dinge nur durch ganz persönliche »Opferbereitschaft«, auch des Lehrers und der Eltern, möglich. Der heranwachsende Jugendliche, durch seinen Entwicklungsschritt für soziale Zusammenhänge sensibilisiert, benötigt in dieser Umbruchphase ganz besonders eine Schule und Lehrer, die in der Lage sind, förderlich mit seinen Erwartungen umzugehen. Er braucht das, was man als eine »gute Schule« bezeichnen könnte.

Schule heute – was braucht der Jugendliche in heutiger Zeit?

In Deutschland besteht für die Zeit vom sechsten bis zum achtzehnten Lebensjahr Schulpflicht. Noch diskutieren Politiker und Fachleute kontrovers über die Einschulung mit fünf Jahren, aber in einigen Bundesländern und in Ländern des europäischen Auslandes wird sie bereits praktiziert (beispielsweise in Holland und Frankreich). In jedem Fall aber befinden sich unsere Kinder und Jugendlichen eine beträchtliche Zeit in der mehr oder weniger großen Gemeinschaft der Schule.

Nicht nur das Verhältnis des Schülers zum Lehrer, auch das der Lehrer zu den übergeordneten Aufsichtsinstitutionen (Schulrat, Ministerium usw.) war über viele Generationen stark hierarchisch und administrativ angelegt, man war auf Kontrolle aus. Inzwischen ist man sich jedoch einig, dass die typischen Arbeitsabläufe einer Schule von der direkten und unmittelbaren Beziehung zwischen Schülern und Lehrern geprägt sind und sich somit einer Reglementierung und Kontrolle zu einem guten Teil entziehen.

Die Lehrer sind durch ihren Vorsprung an Wissen und Alter genauso wie durch die Autorität, die ihnen ihr Amt zugesteht, in einer überlegenen Position. Die charakteristische Situation der schulischen Arbeit aber ist die Unterstützung der Kinder und Jugendlichen bei der Entwicklung ihrer individuellen Persönlichkeit, die Förderung ihrer Fähigkeiten, ihrer Kompetenzen und Möglichkeiten. Ein jeder benötigt mehr oder weniger eine individuelle Vorgehensweise. Gelöst werden kann das nur, wenn der Umgang zu einem Prozess des Gemeinsamen und Wechselseitigen wird. Die Aufgabe des Lehrers kann sich nur in der direkten Beziehung zu dem jeweiligen Schüler erfüllen. Für eine Befehl- und Gehorsam-Mentalität ist da kein Raum. Das heißt aber auch, dass jede Unterrichtssituation ein spezielles Vorgehen und eine neue Arbeitsweise erfordert, je nachdem, welche Kinder in der Klasse sitzen, welches Fach unterrichtet wird und in welcher Verfassung Lehrer und Schüler sich befinden.

Selbstverständlich muss ein Lehrer auch auf alte, bewährte Unterrichtsabläufe zurückgreifen dürfen. Er könnte sonst der Belastung und Anforderung gar nicht gerecht werden. Stützt er sich aber zu sehr auf vorher festgelegte oder gar »von oben« angeordnete Vorgehensweisen, ist ein lebendiger Unterricht nicht mehr möglich. Eine qualitativ hochwertige pädagogische Arbeit an der Individualität des Schülers ist nur zu leisten, wenn es zwischen Schüler und Lehrer zu einer ernst gemeinten Suche nach dem gemeinsamen Ziel kommt.

Eine wichtige Voraussetzung für das Gelingen dieser Zielsetzung ist die Unabhängigkeit und Freiheit des einzelnen Lehrers im Umfeld seiner pädagogischen Tätigkeit. Soll er der jeweiligen Situation zwischen sich und dem Schüler gerecht werden, kann er sich nur selbst mit ihm auf den Weg machen. Jedes Eingreifen von außen, jede Vorschrift oder jede Forderung würde sich schnell als aufgesetzt und hemmend erweisen. Die Suche nach der richtigen Lösung sollte sich auf die Wahl der Methode und des Unterrichtsmaterials genauso erstrecken wie auf die Beziehungsaufnahme, welche durch das jeweilige Fach geprägt sein wird.

Diese Freiheit der Unterrichtsgestaltung muss jedoch auf einem allgemeinen, kollegial abgestimmten Grundkonsens beruhen. Der Gestaltungsspielraum wächst, wenn es gelingt, sich gemeinsam fachlich, pädagogisch und didaktisch auszutauschen und abzustimmen. Dies gilt auch für die Zusammenarbeit mit den Eltern. Kann man die Klassenkollegen und die Elternhäuser für eine Absicherung und Begleitung der jeweiligen Unterrichtsschritte gewinnen, erspart man sich manchen Widerstand, schont die Kräfte und schafft ein förderliches soziales Klima. Dazu ein Beispiel aus dem Klassenlehrergeschehen:

Es handelte sich um eine sehr lebendige, unruhige Klasse. Schon im ersten Schuljahr musste der Klassenlehrer an manchen Tagen »Einfangdienste« mit benachbarten Achtklässlern organisieren, um die wildesten Schüler, die während des Unterrichtes einfach nach draußen stürmten, wieder »einfangen« zu lassen. Inzwischen in der dritten Klasse angekommen, hatte sich der Sturm bei den meisten gelegt. Ein Schüler jedoch, der längste aus der Riege der großen Jungen, wurde immer wieder von Unruhephasen ergriffen und sein Umfeld dadurch sehr in Mitleidenschaft gezogen.

Die Englischlehrerin fand heraus, dass der Junge ein begeisterter Radfahrer war und einen großen Teil des freien Nachmittags mit seinem Rad im Gelände herumfuhr. Das teilte sie dem Klassenlehrer auf einer Klassenkonferenz mit. Kurz entschlossen besorgte dieser ein heruntergekommenes Geländerad in passender Größe für seine Klasse, besonders aber für diesen Schüler. In der folgenden Zeit ließ er immer einige Schüler während der Hauptunterrichtszeit das Rad auseinanderbauen, vom Rost befreien und neu lackieren. Mit besonderer Begeisterung war natürlich auch derjenige dabei, für den die ganze Aktion gedacht war, obwohl er das gar nicht wusste. Schon jetzt zeigte sich allerdings, dass er an den Tagen, an denen er selbst am Fahrrad bauen durfte, zufriedener und ausgeglichener wirkte. Auch ließ seine Unruhe deutlich nach.

Als das Rad fertig war, es war inzwischen Frühjahr geworden, durften täglich drei Schüler nacheinander den Unterricht verlassen und sich auf einem vorher festgelegten Parcours erproben. Schließlich legte die Klasse für das Sommerfest eine Geländestrecke an, auf welcher der geschickteste Fahrer ermittelt werden konnte. Es wunderte den Klassenlehrer nicht, dass sein »Radfahrerschüler« der Beste der Konkurrenz war. Im Herbst durfte der Schüler das Geländerad ausleihen und mit zu sich nach Hause nehmen. Seine Unruhe im Unterricht war inzwischen auf ein nicht mehr störendes Maß geschrumpft. Zu Beginn seiner Oberstufenzeit war aus ihm ein begeisterter Querfeldeinfahrer geworden, der seine pubertär aufkeimenden Kräfte über die Pedale ableiten konnte.

Bleibt nur noch zu erwähnen, dass besagter Schüler, nachdem er die Schule bereits verlassen hatte, ein so guter Fahrer wurde, dass er am Ausscheidungswettkampf für die deutsche Meisterschaft im Geländemotorradfahren teilnehmen konnte.

◀

Nach altem Denken, wie es aber auch heute noch in manchen Köpfen herumspukt, sind für das Vermitteln von Wissen ausschließlich die Schule und der Lehrer verantwortlich und die Eltern werden lediglich bei Übertretungen der Schüler zum Verkünden von »Maßnahmen und

Konsequenzen« hinzugebeten, damit man rechtlich auch abgesichert ist. Die neuere (und wohl auch richtige) Sichtweise rückt jedoch die gemeinsame Verantwortung von Eltern und Lehrer in der Erziehung der Kinder ins Zentrum. Es ist fatal für einen Heranwachsenden, wenn Vorgehensweisen oder Unterrichtsinhalte zu Hause in völlig anderer Weise behandelt oder kommentiert werden. Wem soll das Kind trauen, auf wessen Aussage kann es sich verlassen? Es ist darum angebracht, sich zu bemühen, die jeweilige pädagogische Vorgehensweise miteinander zu besprechen und abzustimmen. Das kann am besten auf Elternabenden geschehen, weil sie die Gelegenheit bieten, die verschiedenen Persönlichkeiten von Eltern und Lehrern kennenzulernen. Hier können Ansichten, Hoffnungen und Befürchtungen miteinander ausgetauscht und behandelt werden, sodass ein gemeinsames Vorgehen ermöglicht wird. Aktivitäten wie Klassenfahrten, ein Klassenspiel oder Feierlichkeiten können ebenso besprochen werden wie die gerade anstehenden Unterrichtsinhalte. Schafft es die Gemeinschaft von Lehrer und Eltern, eine vertrauensvolle, kritikfähige Einheit zu bilden, welche ein gemeinsames Ziel hat, nämlich die Kinder zu reifen und freien Persönlichkeiten werden zu lassen, dann ist ein großes Potenzial für Entwicklung, Kreativität und Zukunftskraft eröffnet.

Auf solchen Elternabenden kann der Lehrer den didaktischen und methodischen Aufbau des Unterrichtes sowie die menschenkundlichen Hintergründe erläutern, um für eine unterstützende Vorgehensweise im Elternhaus zu werben. Aber genauso sollten Probleme, die in irgendeiner Weise aufgetaucht sind, hier besprochen und behandelt werden.

Persönliche und intimere Probleme brauchen allerdings einen geschützteren Rahmen und sollten zum Schutz der Betroffenen höchstenfalls angedeutet, aber nicht im großen Kreis bearbeitet werden. Ergebnisse und Rückschlüsse sind wieder Themen für einen gemeinsamen Elternabend, auf dem dann Erfahrungen und Anregungen ausgetauscht werden können. So lässt sich verhindern, dass einzelne Schüler vorschnell zu »schwarzen Schafen abgestempelt« werden.

Folgende Themen könnten sich auf Elternabenden im Verlauf der Pubertät stellen:
- Wie erleben die jeweiligen Eltern ihre pubertierenden Kinder zu Hause?
- Wie sehen die Lehrer die Kinder im Schulalltag?
- Welche positiven Entwicklungsschritte und welche Probleme treten auf?
- Wie ist der menschenkundliche und pädagogische Hintergrund in diesem Alter?
- Wer setzt welche Grenzen, zum Beispiel in Bezug auf Computer, Alkohol, Rauchen, Partys, häusliche Mitarbeit, nächtliches Ausbleiben, Hausaufgaben, Lautstärke der Musik, Auswahl der Kleidung, der Frisur, des Outfits, Freundesbesuch, Ordnung, Sauberkeit, Körperpflege … und welche Erfahrungen sind damit verbunden?
- Wie sehen die Maßnahmen aus, die beim Nichteinhalten von Verabredungen ergriffen werden, und wie ist deren Auswirkung in Schule und Elternhaus?
- Wie verhalten sich die Schüler während der unterschiedlichen Unterrichte und im Verhältnis zu verschiedenen Lehrerpersönlichkeiten?
- Welche Grenzen und Rahmenbedingungen sollen auf gemeinsamen Veranstaltungen gelten und wie sollen sie durchgesetzt werden?
- Wie war das Verhalten bei gemeinschaftlichen Aktionen?

Rudolf Steiner hielt 1924 in England seinen letzten pädagogischen Vortrag. Dabei fasste er die Grundgedanken seiner Pädagogik in sehr kurzer Form zusammen:

- Gestaltende Erziehung – vor dem Zahnwechsel,
- Belebende Erziehung – zwischen Zahnwechsel und der Geschlechtsreife,
- Erweckende Erziehung – nach der Geschlechtsreife.[81]

Womit er darauf hinweisen wollte, dass im ersten Jahrsiebt ein großer Teil der Lebenskräfte in den Aufbau und die Gestaltung der Organe einfließt, um dann mit Beginn der Schulreife auch für das Denken frei zu werden. Im nächsten, dem zweiten Jahrsiebt kann tatsächlich noch eine Erziehung durch geliebte Autoritäten, Lehrer wie Eltern und andere Erwachsene, erfolgen. Kommen die Kinder dann jedoch in die Pubertät, hat der eigentlich erziehende Teil mehr oder weniger seinen Abschluss gefunden. Jetzt, im dritten Jahrsiebt, kommt es darauf an, die Heranwachsenden für das spätere Leben wach zu machen. Immer mehr geht es darum, die in den Jugendlichen schlummernden Qualitäten an die Oberfläche zu bringen, ihre Kräfte wachzurufen, das heißt immer weniger erziehend und immer mehr begleitend den »Ich-Kern« des Pubertierenden zu befreien, zu erwecken.

Schule und Pubertät – im Wechsel von Freiheit und Anspruch

Immer wenn sich ein Wandel vollzieht, entstehen neue Möglichkeiten, aber auch Notwendigkeiten. Darum ist der erste Schritt, sich über den Wandel möglichst genaue Rechenschaft abzulegen. Was war vorher und was ist jetzt? Anhand der Erkenntnis der Veränderung kann sich dann eine Sicht des Neuen entwickeln, wobei es in sozialen Zusammenhängen gut ist, die nötigen Konsequenzen auch deutlich und allgemein verständlich zu definieren.

Wir haben bei uns die allgemeine Schulpflicht. Das heißt, jeder Jugendliche muss bis zu seinem achtzehnten Lebensjahr eine Schule besuchen, sei es, um den Realschulabschluss oder das Abitur zu erwerben oder eine Berufsausbildung zu absolvieren.

Das war nicht immer so. Früher war es üblich, dass nur derjenige, der ein Studium oder eine höhere Ausbildung anstrebte, auch einen höheren Abschluss benötigte und dass die anderen, der überwiegende Teil der jungen Menschen, »hinaus ins Leben« gingen und einen Beruf erlernten. Der Zeitpunkt für den Antritt einer Lehre lag um das vierzehnte Lebensjahr und fiel somit in den Reifeprozess der Pubertät. Bis dahin mussten die Jugendlichen sich das nötige schulische Wissen angeeignet haben, denn ein Lernen im Sinne von schulischer Unterweisung war danach nicht mehr möglich. Man lernte von nun an durch das Tun. Nur wer genügend »Verstand« hatte, besuchte eine höhere Schule als Vorbereitung für das Studium oder eine gehobene Ausbildung.

Heute sieht die Situation ganz anders aus. Die wichtigste Voraussetzung für eine Ausbildung, ja für eine berufliche Erwerbstätigkeit überhaupt ist ein möglichst guter Abschluss. Nur wer über einen ausreichenden Notendurchschnitt verfügt, kann sich gewisse Hoffnungen machen, eine von den immer knapper werdenden Lehrstellen zu bekommen. Erschwerend kommt die Tatsache hinzu, dass für die traditionellen Lehrberufe immer häufiger Abiturienten genommen werden. Darin drückt sich die Hoffnung aus, mit einem jungen Menschen, der in der Lage ist, das Abitur zu machen, jemanden zu bekommen, der auch besser arbeiten kann.

Schon sehr früh setzt deshalb der Druck ein, sich auf die nötigen Prüfungen vorzubereiten. Es gibt Eltern, die sich schon bei der Einführung der Buchstaben Sorgen machen, die Art, wie man das Schreiben und Lesen erlernt, könnte Auswirkungen auf die späteren Abschlüsse haben. Dieser Erwartungsdruck im Hinblick auf abfragbares Wissen und dessen möglichst objektive Einstufung durchzieht heutzutage die gesamte Schulzeit. Dabei tritt die Frage in den Hintergrund, ab wann die Vorbereitung auf eine Abschlussprüfung überhaupt sinnvoll ist und ob das jeweilige Alter der Schüler nicht möglicherweise ganz andere Unterrichtsinhalte und Methoden erfordert.

Warum gingen denn die jungen Menschen früher ungefähr im Pubertätsalter von zu Hause fort und in eine Lehre? Die Pubertät als eine Phase der Neuorientierung, der kritischen Betrachtung familiärer Traditionen und des Absetzens von den bis dahin gewohnten Beziehungsmustern bei gleichzeitigem Erwachen von ganz neuen Kräften und körperlicher Heranreifung schien genau der richtige Zeitpunkt zu sein, sich von dem Alten zu verabschieden und aktiv auf die Suche nach dem Neuen, ganz Persönlichen zu gehen. Man musste sich dazu von zu Hause trennen, das Elternhaus verlassen und das Vertrauen haben, bei dem neuen Lehrherrn gut aufgehoben zu sein, das Erforderliche vermittelt zu bekommen und im Rahmen der Möglichkeiten gut und umfassend auf das zukünftige Berufsleben vorbereitet zu werden. Die Ansprüche des Berufsstandes waren dabei ziemlich genau umrissen und bestanden zum Teil schon seit Generationen. Auch das Verhältnis von Lehrherr und Lehrling war genau festgelegt und folgte in seinem hierarchischen Prinzip den überlieferten Formen.

Nicht anders ging es im Schulischen zu. Der zu vermittelnde Lernstoff lag mehr oder weniger über lange Zeiträume fest und der Lehrer hatte die Aufgabe, mit Strenge und Autorität dessen Inhalt in die Schüler »hineinzutrichtern«.

Zwei Signaturen haben diesbezüglich in unserer Zeit eine große Veränderung hervorgerufen:
- Zum einen haben wir es mit einer rasanten Beschleunigung von Wandlungsprozessen zu tun. Vergingen von der Erfindung der Glühbirne bis zur gesamten Elektrifizierung fast 150 Jahre, so dauerte es vom ersten Mobiltelefon bis zur nahezu lückenlosen Handyvernetzung noch nicht einmal zehn Jahre. Neue Medien, Mobilität zu Lande, Luft und Wasser, marktwirtschaftliche Vernetzung usw. sind die Stichworte für eine neue Situation, welche sich zum Zeitpunkt ihrer Offenbarung schon wieder selbst überholt haben kann.

Es zeigt sich deutlich, dass diese schnelle Veränderlichkeit unserer Lebenszusammenhänge auch eine Anpassung im Schulischen erfordert. Immer schwerer wird es, die Hintergründe des Wandels, ja sogar nur die rein technischen Bedingungen von neuen Produkten zu erkennen und im Rahmen des Unterrichtes auch so zu vermitteln, dass daraus eine kritische, distanzierte Betrachtungsweise erfolgen kann. Die Produkte, mit denen wir uns täglich umgeben, werden immer kleiner, schneller und in ihrer Funktionsweise mysteriöser und unerkennbarer.

Wie aber sollen wir ein kritisches Wissen und damit eine freiheitliche Entscheidungsfähigkeit vermitteln oder vermittelt bekommen, wenn wir die inneren Zusammenhänge von Funktion und Notwendigkeit der uns umgebenden Technik immer weniger durchschauen? Sind wir einem Phänomen auf die Spur gekommen, so hat sich ein neues schon an seine Stelle gesetzt und konfrontiert uns mit weiteren Aufgaben.

Von Bedeutung ist dabei die Tatsache, dass die Entwicklung neuer Produkte nicht dem wahren Bedürfnis des Menschen nachempfunden ist, sondern ausschließlich nach »marktwirtschaftlichen Kriterien« erfolgt. Im Klartext bedeutet das: Ein Produkt muss Profit abwerfen. Eine kritische Betrachtung der Ware vom Konsumenten ist dabei eher hinderlich und somit nicht vom Hersteller gewollt.

Nimmt eine Schule die Aufgabe einer wirklichen Bildung im Sinne des Erkennens der wahren Zusammenhänge jedoch ernst und versucht sie dem Schüler eine eigenständige Sicht der Hintergründe und der Funktionsweise der uns umgebenden Dinge des täglichen Gebrauchs zu vermitteln, haben wir von Herstellerseite nur wenig zu erwarten und laufen zudem den Neuerungen ständig hinterher.

Ähnlich verhält es sich mit geschichtlichen und politischen Zusammenhängen und Entwicklungen. In kürzester Zeit kann ein Wechsel eintreten, und eine klare und eindeutige Einordnung gesellschaftlicher Verhältnisse wird immer schwerer.

Ein immer schneller sich vollziehender Wandel der Gegebenheiten und eine immer undeutlicher werdende Struktur sind also ein ganz wesentlich hervortretendes Merkmal unserer Zeit.

• Zum Zweiten hat sich in den letzten Jahren der Blick auf die eigene Persönlichkeit deutlich verändert. Normen, Umgangsformen und Traditionen haben früher das Verhalten der Menschen in viel stärkerem Maße bestimmt, als es heute der Fall ist. Die Sitten und Gebräuche innerhalb eines Volkes oder einer Familie, die Verhaltensnormen eines Berufes oder Gesellschaftsstandes wurden kritikloser hingenommen als heute. Jeder Mensch fühlt sich jetzt als einzelnes Ich, das seinen ganz individuellen Entscheidungsprozess einfordert und praktizieren will.

Diese immer früher einsetzende Ichhaftigkeit hat auch Auswirkungen auf den schulischen Alltag und ganz besonders auf den Umgang mit Pubertierenden und deren Anforderungen an die Schule und den Lehrer.

Auf der anderen Seite führt diese Entwicklung zu einer immer größeren Freiheit des einzelnen Menschen. Eine wirklich eigene Entscheidung kann nur derjenige treffen, der sich ganz von vorgeprägten Urteilen und Traditionen löst. Erst wenn ihm die jeweiligen Vor- und Nachteile, das Leichte und Schwere oder das Gute und Böse einer Handlung frei vor Augen stehen, kann er wirklich frei und reif vorgehen.

Genau dieses Absetzen von Traditionellem und das Erproben neuer, notwendiger Freiheiten übt der Jugendliche in seiner Pubertät erstmalig und anfänglich mehr oder weniger bewusst. Es ist ein ununterbro-

Schule und Pubertät – im Wechsel von Freiheit und Anspruch

Die Kernfrage ist: Was steckt dahinter?

chenes Spielen zwischen dem Erkennen des Überlieferten, Alten und dem Versuch, schon eigene freie und ganz neue Entscheidungen zu treffen. Dass dabei noch nicht die ganze Reife eines Erwachsenen vorhanden ist, versteht sich von selbst.

Hat sich ein Lehrer zum Ziel gesetzt, das Verhalten seiner pubertierenden Schüler in positiver Weise zu beeinflussen, erntet er für sein ehrliches Bemühen oft nur Ablehnung und Widerstand, und das in einer Weise, die alten Umgangsformen völlig entgegengesetzt ist. Mädchen reagieren in diesem Alter oft »zickig« und Jungen »flegelig«. Beides kann sich von Mal zu Mal steigern und so auf ein für den Erwachsenen unerträgliches Maß anwachsen, wenn diese Entwicklung nicht rechtzeitig und in der rechten Form gestoppt wird. Es ist für den Erwachsenen jedoch günstig, hinter diesem provokanten und durchaus auch verletzenden Verhalten den fragenden und suchenden Jugendlichen zu sehen. »Bist du, Erwachsener, bereit, dich mit mir über die erforderlichen Maßstäbe menschlichen Umgangs auseinanderzusetzen?« Mit dieser Sichtweise kann der Lehrer den Heranwachsenden in einem ernsthaften Gespräch auf sein unangemessenes Verhalten hinweisen. Schließlich will der Jugendliche ja auch immer mehr als vollwertiges Gegenüber angesehen werden. Auch muss man sich als Erwachsener unverschämte Verhaltensweisen weder von anderen Erwachsenen noch von Pubertierenden bieten lassen.

Dennoch gibt es durchaus vielfältige Bereiche, in denen eine ganz eigene Wahl der Möglichkeiten für den Jugendlichen genauso wie für den Lehrer nicht nur möglich, sondern sogar durchaus wünschenswert ist. Genau diese Bereiche sollte man aufsuchen und kultivieren. Hierfür einige Beispiele aus dem Bereich des handwerklichen, des künstlerischen und des Biologie-Unterrichtes.

Für die Ausstattung neuer Unterrichtsräume wurden Schränke, Regale und sonstige Einrichtungsgegenstände benötigt. Eine Gruppe Zehntklässler sollte im Rahmen der Schreinerepoche Schubladen herstellen. Von den jungen Menschen wurde also erwartet, dass sie ihre Arbeitskraft für die Schule zur Verfügung stellen, damit das Geld, welches sonst für den Kauf ausgegeben werden müsste, eingespart werden konnte.

Normalerweise ist es üblich, traditionelle Holzverbindungen an einem kleinen Werkstück zu üben, welches der Schüler anschließend mit nach Hause nehmen darf. Auf diesen Vorteil sollte die Gruppe nun verzichten. Auch bei der Entscheidung, welchen Gegenstand er herstellen möchte und wie er ihn gestalten will, hat der Schüler normalerweise einen gewissen Spielraum. In diesem Fall waren Form und Größe jedoch schon vorgegeben. Die Freiheit war damit beinahe ganz eingeschränkt und der Unmut der Schüler über die von außen an sie herangebrachte Anforderung war vorprogrammiert.

Um die Schüler dennoch in den Entscheidungsprozess mit einzubeziehen, wurde ihnen die Aufgabenstellung in ihrer Bedeutung für die Schule und deren Budget gleich zu Beginn der Epoche mit allen Angaben zur Ausführung verdeutlicht. Dann jedoch wurde der Entschluss, die Arbeit anzunehmen oder aber ein persönliches Werkstück herzustellen, wieder in die Freiheit jedes Einzelnen gestellt.

Das Resultat dieses Entscheidungsprozesses, das nach einer kurzen Diskussion untereinander gefällt wurde, lautete folgendermaßen: Nur ein Schüler wünschte sich, ein kleines Tischchen für sein Zimmer herzustellen. Die anderen waren einhellig der Meinung, eine solche Aufgabe sei sehr sinnvoll, und sie wollten gerne auf sie zugehen. Der Schüler mit dem Tischchen machte sich zuerst an die Planung und Ausführung seines individuellen Projektes, gab aber sein Vorhaben nach zwei Doppelstunden auf und beteiligte sich ebenfalls an dem Schubladenbau.

Mit gewissem Stolz kommen nun nach Jahren immer mal wieder Schüler aus der Gruppe vorbei und sehen nach, wie es »ihren« Schubladen geht.

Im Rahmen des Kunstunterrichtes ging es darum, sich mit der Technik des Kupferstechens vertraut zu machen. Der größte Teil der Schülerschaft – und auch der Eltern – ging davon aus, dass die Schüler nach einer gewissen Einführung in die Arbeitsweise zu individuellen Entwürfen und zu deren Ausführung kommen sollten. Der Lehrer ließ sie jedoch Stiche alter Meister studieren und mit dem spitzen Bleistift kopieren. Bald schon machte sich Unmut über diese »unkünstlerische« Vorgehensweise bei den Schülern und ebenfalls auf einem gerade stattfindenden Elternabend breit. Dem Lehrer wurde vorgeworfen, die Freiheit der Schüler durch das »stumpfe Nachäffen« des Alten zu untergraben.

Es gelang ihm nur mit Mühe, die Gemüter zu beruhigen, indem er seine Sicht der Aufgabenstellung und der Anforderungen an das Auge, die Hand und das Verständnis der Schüler deutlich zu machen versuchte. Er bat die Eltern ausdrücklich, doch erst am Ende der Epoche zu urteilen.

Im Folgenden ließ er nur die Hälfte der Schüler weiter kopieren und die andere Hälfte gleich nach eigenen Ideen arbeiten. Die Gruppe, die sich erst genügend an den alten Meisterwerken geübt

hatte, brachte ausgeprägtere Resultate zustande als der zu früh in die Freiheit entlassene Teil der Schülerschaft.
Auf einer kleinen die Epoche abschließenden Ausstellung konnte die Bedeutung des Anspruchs an die Qualität einer Arbeit und des Bedürfnisses nach Freiheit, die so von den Schülern noch gar nicht genutzt werden konnte, deutlich gemacht werden.

Im Biologie-Unterricht ging es um den Knochen und das menschliche Skelett. Der Lehrer bereitete den Unterricht anhand von Literatur und des in der Biologiesammlung vorhandenen Materials vor. Er musste aber nach wenigen Stunden feststellen, dass ein großer Teil der Schüler (es handelte sich um eine Förderklasse) dem Unterrichtsinhalt nicht so recht folgen wollte oder konnte. Auch eine lebensgroße Übersichtskarte mit realistischer Darstellung der jeweiligen Knochen, ja selbst die Anschauung an dem aufgestellten Originalskelett brachte nur einen kleinen Fortschritt.
In seiner Suche nach einer Lösung ließ der Lehrer die Schüler Elle und Speiche an ihrem eigenen Körper abtasten. Mit einem Mal wurde der Unterricht lebendig. Jeder Schüler tastete an sich herum, und die Freude, die jeweiligen Knochen an sich zu entdecken, war deutlich zu bemerken. Für die nächste Stunde brachte der Lehrer Zollstöcke mit, damit die Schüler die Länge der entdeckten Knochen an sich selbst messen konnten. Dass nun von den Schülern der Wunsch kam, nach den gemessenen Durchschnittsmaßen ein Skelett selbst herzustellen, war wohl eine notwendige Folge des eingeschlagenen Weges. Neben das Messen und Tasten trat nun noch die Suche nach den geeigneten Materialien für den Stück für Stück entstehenden Knochenmenschen. Die Röhrenknochen wurden von verschiedenen Rundhölzer gebildet und mit Klebeband verbunden; der Schädel entstand aus einer Kokosnuss und die Rippen wurden aus dünnen Gardinenleisten gebogen. Am Ende bekam das Werk noch einen eigenen Namen und einen Ehrenplatz im Klassenzimmer.
Aus dem Ringen zwischen dem Anspruch, Wissen über den Knochenbau des Menschen lernen zu müssen, und der Freiheit, den

Weg dahin selbst mitzubestimmen, war für diese Klasse ein ganz neuer Weg entstanden.

Die Beispiele zeigen, dass es sich lohnt, wenn man sich als Lehrer intensiv mit alten und neuen Strukturen beschäftigt, wenn man herauszufinden versucht, was jugendliche Pubertierende in heutiger Zeit benötigen. Die letztendliche Vorgehensweise kann dann zwar von Lehrer zu Lehrer und auch von Klasse zu Klasse unterschiedlich sein, entscheidend ist das Hinterfragen des Alten und der sich daran anschließende freie Entschluss für die jeweilige Vorgehensweise.

Welche Fragen bewegen den Pubertierenden an der Schule?

Bei der Suche nach der jeweiligen Vorgehensweise im Unterricht kann es lohnenswert sein, sich mit den Fragen der heutigen jugendlichen Pubertierenden zu beschäftigen. Drei Fragenkomplexe tauchen immer wieder auf:

- *Der Bereich des ganz Persönlichen*
  Was ist Liebe, was ist Freiheit? Bin ich ein einzigartiges Wesen oder habe ich einen oder gar mehrere Doppelgänger? Wo komme ich her und wo führt mich mein Weg hin? Was sind das für dunkle, unheimliche Kräfte, die mich ab und zu ergreifen? Wie kann ich meine eigenen Ziele erkennen und wie kann ich sie verwirklichen?

- *Der Bereich der Auseinandersetzung mit der Gesellschaft*
  Wo liegt meine Bedeutung und Aufgabe in der Welt? Werde ich überhaupt noch gebraucht, wo alles doch schon da ist? Muss ich mich den Erwartungen der Gesellschaft anpassen, wenn ich einen Platz darin beanspruche? Bin ich nur ein unbedeutendes Nichts in der unendlichen Vielfalt der Menschen? Lohnt es sich

überhaupt, die Schwierigkeiten des Lernens und der Ausbildung auf mich zu nehmen, wenn am Ende doch nur die Arbeitslosigkeit folgt?

- *Der Bereich der Zukunft, der Welt als Ganzes*
  Hat die Erde, wie sie sich heute zeigt, überhaupt eine Zukunft, die lebenswert erscheint? Geht die Menschheit nicht wie blind Schritt für Schritt auf den selbst verursachten Untergang zu? Lohnt es sich, für eine bessere Welt zu kämpfen?

Der Pubertierende unserer Zeit hat eine schwere Aufgabe zu lösen. Er muss sich von der Bindung an Elternhaus und Tradition befreien, den eigenen Weg finden. Dabei erkennt er die Widersprüchlichkeit unserer Wohlstandsgesellschaft immer deutlicher. Er sieht, wie die Menschen im gemütlichen Fernsehsessel die schlimmsten Verbrechen und Auswirkungen von Klimakatastrophen auf sich einrieseln lassen, wie sie angesichts der knapper werdenden Rohstoffe immer weiter rücksichtslos Energien verschleudern. Obwohl sich jedermann inzwischen über die Zusammenhänge im Klaren sein könnte, ist anscheinend niemand zur Umkehr bereit. Auf der anderen Seite muss der Jugendliche irgendwie in seine Zukunft hineinwachsen und mit dem von den Alten übergebenen Zustand klarkommen.

Aus dieser Grundstimmung ergeben sich weitere Fragen der Heranwachsenden an die Elterngeneration und damit auch an die Lehrer:

- Wie weit können wir angesichts der widersprüchlichen Lebenssituation, die ihr uns überlasst, Vertrauen in eure Zuverlässlichkeit haben?
- Habt ihr selber noch Visionen von der Zukunft oder überlasst ihr resigniert der neuen Generation die Lösung der Probleme und steckt den Kopf in den Sand?
- Wie glaubwürdig seid ihr in Bezug auf den Umgang mit uns?
- Habt ihr noch genügend Mut, neue Formen des sozialen und gesellschaftlichen Umgangs zu entwickeln und zu probieren?

- Seid ihr mit den Zeitphänomenen vertraut, sucht ihr nach der Besonderheit des Zeitgeistes?
- Habt ihr neben der Verbindung zum Materiellen auch eine offene Beziehung zum Spirituellen?
- Könnt ihr euch noch für neue Dinge begeistern oder haben die Mühen des Alltags euch schon in die Knie gezwungen?
- Seid ihr bereit, euch auf die Vielgestaltigkeit der gesamten Welt einzustellen und über den Tellerrand eurer eigenen Heimat hinauszublicken?

Es wird auf den ersten Blick deutlich, dass keine allgemeingültige Antwort von einem Lehrer bzw. von einem Erwachsenen gegeben werden kann. Eine Antwort fordert Qualitäten, die wohl nur wenige in vollem Umfang besitzen. Qualitäten, die es aber doch zu entwickeln gilt, wenn man sich den Anforderungen einer zeitgemäßen Pädagogik stellen will.

Interessant ist in diesem Zusammenhang, was Rudolf Steiner als eine Voraussetzung für Pädagogen nannte: »Wir dürfen nicht bloß Pädagogen sein, sondern wir werden Kulturmenschen im höchsten Grade, im höchsten Sinne des Wortes sein müssen [...] Durch das Interesse für die Welt müssen wir erst den Enthusiasmus gewinnen, den wir gebrauchen für die Schule und für unsere Arbeitsaufgaben. Dazu sind nötig Elastizität des Geistigen und Hingabe an unsere Aufgaben.«[82]

Immer haben die Lehrer genauso wie die Eltern einen Vorsprung an Wissen und Lebenserfahrung. Sie gehen damit den Jugendlichen kundig voran und leiten daraus auch den Anspruch für sich ab, zur Erziehung und zum Unterrichten berechtigt zu sein. Ihr Vorsprung ist jedoch eigentlich rückwärts gerichtet, er basiert auf Vergangenem.

Bei der Entwicklung neuer Qualitäten kann man sich wenig auf das Alte verlassen. Antworten lassen sich nur mit den Heranwachsenden gemeinsam entwickeln. Beide Seiten kennen den Weg noch nicht, der sie gemeinsam zum Ziel führen kann. Unwahrscheinlich ist es allerdings, dass eine Seite alleine zu einem sicheren Ergebnis gelangen kann.

Daraus ergeben sich ganz neue Perspektiven der Zusammenarbeit mit den jungen Menschen. Es kommt auf die zwischenmenschliche

Ebene an, auf die Bereitschaft, sich einzulassen auf einen Prozess, in dem der erfahrene Alte und der suchende Junge gemeinsam neue Wege der Erkenntnis und der Gestaltung von Unterricht und Wissensvermittlung suchen.

Immer wenn ein Lehrer auf angeblich erfolgreiche Methoden und Erfahrungen zurückgreift, sie jahrein, jahraus wieder anwendet, kommt irgendwann der Zeitpunkt, an dem er von den Schülern nicht mehr ganz ernst genommen wird, an dem sie sich innerlich abkehren, mit ganz anderen Dingen beschäftigen und den gewohnten Verlauf des Unterrichtes unmöglich machen. Sucht ein solcher Lehrer dann auch noch die Schuld für das Scheitern »seiner Pädagogik« bei den Störenfrieden, schließt er sich selbst und seinen Unterricht von jeder zeitgemäßen Weiterentwicklung aus.

Nicht umsonst spricht Rudolf Steiner in seinen Empfehlungen an die Lehrer immer wieder davon, dass sie ihre Methodik künstlerisch gestalten müssen, dass die gesamte Erziehung eine Erziehungskunst ist. Kunst zeichnet sich durch Originalität aus, ist nicht reproduzierbar, kann nicht ein zweites Mal wiederholt werden. Kunst ist immer auch ein Prozess, eine Entwicklung, deren Ausgang offen ist, selbst wenn man vorher ein Ziel angepeilt hat. Auf der anderen Seite genießt man das Künstlerische immer wieder, nicht nur das eine Mal.[83]

Der Genuss ist die eine, nährende und belebende Seite. Die andere ist, dass der Künstler immer wieder üben muss, dass er eigentlich nie fertig ist mit seiner Entwicklung. Geht jemand den Weg des Künstlerischen, so befindet er sich immer im Prozess, er ist immer fortschreitend. Hat er einen gewissen Grad von Fähigkeiten erlangt, erkennt er die nächste Stufe, welche errungen werden muss, sogleich mit aller Deutlichkeit und ist bestrebt, ihr nachzukommen. Dieses unausgesetzte Streben nach Weiterentwicklung und Vervollkommnung macht das lebendige Element aus, welches die Kunst und die Pädagogik gleichermaßen benötigen.

Ein künstlerischer Unterricht bedeutet jedoch nicht, vage und chaotisch vorgehen zu dürfen. Auch ein suchender Künstler geht systematisch und konzentriert an seinen Entwicklungsweg heran, wenn er erfolgreich sein will. Zur Unterrichtsgestaltung gehört ein klarer Aufbau, der den Schülern bekannt ist und den sie nachvollziehen können. Gerade schwächere Schüler brauchen genaue Vorgaben über die Kriterien des Unterrichtsverlaufes. Jeder Schüler muss wissen, welche Maßstäbe angelegt werden, wie die Abfolge der einzelnen Schritte ist und welche Gewichtung die jeweiligen Zielvorgaben haben. Der Lehrer sollte seine fachlichen und genauso seine sozialen Vorstellungen für den Ablauf des Unterrichtes möglichst transparent machen, damit sich alle darauf einstellen können.

Aufgaben des Lehrers im Umgang mit Pubertierenden

Lehrerseminaristen gaben auf die Frage, was ihnen als markantester Eindruck in Erinnerung geblieben ist, wenn sie an ihre eigene Schulzeit während der Pubertät denken, Folgendes an:

- Unsicherheit gegenüber den Mitschülern
- starke innere Abkehr von der Institution Schule; das Leben findet woanders statt
- Austritt aus dem Religionsunterricht
- Schule geschwänzt
- kritische Abgrenzung
- starke Unlust, was die Schule und das Lernen betrifft
- alles wurde kritisiert und über alles wurde sich lustig gemacht
- Aggressivität
- die Bedeutung der Clique hatte enorm zugenommen
- kein Vertrauen in das Gute der Schule
- Rückzug in die Natur
- nach Abschluss der Schule alle Hefte verbrannt
- ich habe erkannt, dass etwas mit mir gemacht wird, ohne dass ich selber entscheiden kann
- »Eitelkeit setzt ein« war mein erster Gedanke, den ich theoretisch entwickelte
- ich wollte etwas über das Leben lernen.

Nimmt man solche Rückerinnerungen ernst, so ergeben sich bestimmte Aufgabenfelder, mit denen sich ein Lehrer mit Willen zur Veränderung beschäftigen kann:
- Kommunikation, Autorität und Partnerschaft, Gesprächsbereitschaft
- Authentizität, Beziehung, Begegnung, Kritikfähigkeit
- Grenzen ziehen, strafen, verzeihen, vertrauen
- Humor
- die Bereitschaft, bei Problemen persönlich zu begleiten.

Diese Aufgabenfelder sollen im Folgenden betrachtet werden.

Kommunikation, Autorität und Partnerschaft, Gesprächsbereitschaft

Zu Beginn des zweiten Jahrsiebtes arbeitet der Klassenlehrer noch stark mit den Nachahmungskräften seiner Schüler. Stand zu Anfang der Grundsatz: »Die Welt ist gut« im Vordergrund, so wandelte er sich im Laufe der Zeit in: »Die Welt ist schön«, um dann zu: »Die Welt ist wahr« zu werden. Bis zum Ende des zweiten Jahrsiebtes brauchten die Heranwachsenden die »liebevolle Autorität«, der sie bereit waren zu folgen. Durch das Erleben von einer gewissen Einheitlichkeit möglichst ohne Widersprüche zwischen Eltern und Lehrern fand das Kind die richtige Orientierung.

Mit dem Beginn der Pubertät will und muss der junge Mensch sich jedoch Stück für Stück von der Autorität des Klassenlehrers lösen. Der Prozess des Erwachsenwerdens bedeutet ja, dass die eigenen Kräfte und Fähigkeiten mehr und mehr selbstverantwortlich zur Verfügung stehen sollen. Das Bestreben, der geliebten Autorität zu folgen, wird abgelöst von einer Selbsterziehung, bis schließlich mit der Ich-Reife die ganze individuelle Persönlichkeit zutage getreten ist.

Wenn der junge Mensch in der Phase der Pubertät jedoch »führungslos« bleibt, ist er schnell überfordert. Die wichtigen Übungen eigener Entscheidungen können sich am ehesten an Grenzen, am Widerstand messen. Noch ist der eigene Wille stark vom Gefühl geführt und muss sich die wirkliche Urteilskraft erst erwerben. Zwar wird die Autorität des Erwachsenen infrage gestellt, aber gerade darin liegt auch die Orientierungsmöglichkeit für den Jugendlichen.

Aufgaben des Lehrers im Umgang mit Pubertierenden 263

Um diese Orientierung geben zu können, muss der Erwachsene einerseits fest in seiner Haltung stehen, andererseits darf er kein »autoritäres Gehabe« an den Tag legen. Der Jugendliche muss vielmehr erleben können, dass er vom Erwachsenen in seinem Bemühen um Selbstständigkeit ernst genommen wird. Deshalb sollte man jetzt in wachsendem Maße Kompromisse anstreben. Je älter der Jugendliche wird, desto zugänglicher wird er auch für die berechtigten Argumente des Erwachsenen, und je mehr Bereitschaft zu beiderseitigen Kompromisslösungen vorhanden ist, desto mehr kann die Eigenverantwortung des Heranwachsenden zum Tragen kommen, bis schließlich Erwachsene und junge Menschen beinahe gleichberechtigte Partner sind.

In dieser Phase spielt die Gesprächsführung eine ganz entscheidende Rolle. Schafft der Erwachsene es, seinen Standpunkt ohne Angriff und Vorwurf vorzubringen, stößt er auf viel größere Offenheit und Austauschbereitschaft beim jungen Menschen.

Soll beispielsweise eine Klassenfahrt unternommen, ein Klassenspiel aufgeführt oder auch nur eine neue Lektüre gelesen werden, so können sich größte Probleme auftun, wenn den Schülern im Pubertätsalter eine detaillierte Planung, vielleicht sogar intensiv mit den Eltern vorbereitet, als fertiges Ergebnis einfach nur noch präsentiert wird. Sie werden sich nicht ernst genommen fühlen und können das ganze Projekt durch diese im Hintergrund mitschwingende Stimmung wenn nicht zum Scheitern, so doch zu einem unbefriedigenden Ablauf bringen.

Am besten ist es, wenn der Lehrer aufgrund der pädagogischen Zielsetzung mehrere alternative Möglichkeiten vorbereitet und diese dann mit einer konkreten Beschreibung der Hintergründe den Schülern erläutert. Je deutlicher die persönlichen und pädagogischen Beweggründe für den jeweiligen Vorschlag zutage treten, desto mehr Bereitschaft wird er hervorrufen. Sollten dann von den Schülern noch sinnvolle Änderungswünsche geäußert werden, wird es nicht schwierig sein, auf diese einzugehen.

Selbstverständlich kann man mit den Schülern nur bei Projekten nach Lösungen suchen, die nicht zur reinen Stoffvermittlung gehören. Will ein Schüler über seine Haltung zum Sinus- und Cosinus-Satz, die Notwendigkeit der Rechtschreibung oder den Sinn des Vokabellernens diskutieren, so mag die persönliche Meinung eventuell interessant sein, für den Ablauf der Stunden und das Unterrichtsziel hat sie aber keine Bedeutung.

In der Frage nach der Autorität und Partnerschaft des Lehrers kommt es also auf das jeweilige Thema an. Es gibt eine ganze Reihe von Gebieten, in denen die Autorität eines Lehrers auch für junge Menschen in der Pubertät wirksam sein muss. Allerdings sollte dem jungen Menschen der Grund für diese Autorität deutlich gemacht werden. Partnerschaft darf jedoch in mehr Bereichen geübt werden, als auf den ersten Blick angenommen wird. Das Wort »üben« kann sich dabei auf den jungen Menschen beziehen, weil er auf seinem Weg in die Selbstständigkeit die Partnerschaft erst erlernen muss. Der Lehrer sollte den Blick für die möglichen Variablen im Unterrichtsgeschehen schärfen und das Einbeziehen der Schüler dabei üben. Auf der anderen Seite darf nicht vergessen werden, dass der Erwachsene schon allein durch sein längeres Leben zwangsläufig mehr Erfahrung und damit Autorität erworben hat. Somit kann ein partnerschaftlicher Umgang mit Schülern an bestimmten Stellen immer nur ein für beide Seiten angemessener Übungsweg sein.

Es ist deshalb auch richtig, durch die Autorität des Erwachsenen Grenzen und Richtlinien aufzuzeigen. Deren Übertretungen erfordern genauso eine Konsequenz, wie deren Einhalten Belohnungen oder neue Freiräume möglich machen sollte. »Wenn ihr eure Hausaufgaben regelmäßig macht, bin ich bereit, die Epoche mit einem Videofilm abzuschließen.«

Ist der junge Mensch schließlich zu ausreichender Selbstständigkeit herangereift, kann der Erwachsene die Entscheidungen des jungen Menschen nur noch beobachten und eventuell kommentieren, nicht aber länger bestimmen.

Der entscheidende Faden, welcher jetzt noch zwischen dem Erwachsenen und dem Heranwachsenden weitergesponnen werden kann, ist das Gespräch. Gelingt es, ein Interesse an dem Werdegang des jungen Menschen zu bewahren und dieses auch dem Gegenüber zu vermitteln, können über die Kommunikation ein aktives Begleiten, eine Anteilnahme, ein Stärken und in besonderen Situationen – auf Anfrage – sogar ein Ratschlag noch möglich sein. Das gelingt jedoch nur, wenn der Erwachsene eine in dieser Lebensphase der Jugendlichen unabdingbare Qualität besitzt oder zumindest zu erwerben versucht. Es ist die Qualität des *aktiven Zuhörens*. Damit ist die Fähigkeit gemeint, sich in einem Gespräch mit dem Jugendlichen ganz auf das Gegenüber einzulassen, sich offen zu bemühen, ihn zu verstehen, gemeinsam mit ihm zum Kern der Aussage vorzudringen, ohne eigene Wünsche, Befürchtungen oder Hinweise einzubringen. Es geht um eine Atmosphäre, in welcher der junge Mensch in der Lage ist, Dinge zum Ausdruck zu bringen, die er für sich selbst unter Umständen so gar nicht hätte formulieren können. Darf er sich in einer solchen Situation über sich selbst klar werden, ist in den seltensten Fällen ein Rat von außen noch erforderlich, denn der Heranwachsende ist jetzt meist in der Lage, ihn sich selbst zu geben.

Diese Fähigkeit des aktiven Zuhörens ist ein Schatz, den zumindest jeder Oberstufenlehrer, aber auch jeder Elternteil erüben sollte, will er seiner Rolle als Wegbegleiter gerecht werden. Lernen kann es jeder, der sich ernsthaft darum bemüht (siehe hierzu auch das Kapitel »Konfliktmanagement in der Familie«, Seite 115 ff.).

Authentizität, Beziehung, Begegnung, Kritikfähigkeit

Geht es um Qualitäten, welche einem Lehrer im Umgang mit Pubertierenden helfen können, steht die Authentizität ziemlich weit oben. Der junge Pubertierende ist dabei, sich seinen Ort auf dieser Welt zu erobern, er lernt gerade, sich und seine Mitmenschen selbstständig einzuschätzen. Deshalb hat er ein Interesse daran, sein Gegenüber klar und unverstellt zu erkennen. Und er hat meist die Möglichkeit, Unaufrichtigkeiten, Widersprüche zwischen Taten und Worten, verstecktes Unvermögen, Schwächen oder gar Lebenslügen zu erahnen oder auch zu durchschauen. Genau an diesen empfindlichsten Stellen wird nicht locker gelassen, wird gebohrt, provoziert und herausgefordert. Man kann einem Pubertierenden so leicht nichts vormachen, weder als Lehrer noch als sonstiger Erwachsener.

Der einzige Ausweg ist schon uralt: *Erkenne dich selbst!*

Gelingt es einem Erwachsenen immer mehr, seine eigenen Schwächen kennenzulernen, einzuordnen und eventuell Stück für Stück zu wandeln, so kann er sie neben seine positiven Fähigkeiten stellen und auf diese Weise zu einem sich selbst bewusst werdenden Ganzen werden. Das ist sicher von Vorteil für den Erwachsenen selbst, denn erst so kann er sich als Persönlichkeit runden, kann authentisch werden. Es ist aber auch von Vorteil für eine Begegnung mit den suchenden jungen Menschen. Wenn man nicht mehr unter dem Druck steht, seine schwache Seite vor der Klasse oder gar vor sich selbst verbergen oder verschleiern zu müssen, kann man zumindest entspannter, wenn nicht sogar mit einem humorvoll lächelnden Auge an den Grenzen seiner Möglichkeiten haltmachen. Es ist aber leider immer noch häufig so, dass Lehrer ein Klischee der Omnipotenz, der unbedingt zu erreichenden Perfektion und der Unantastbarkeit in sich tragen, welches überholt sein sollte, weil es so gar nicht erfüllbar ist. Wir alle sind Menschen des Werdens, wir befinden uns in der Entwicklung und dürfen auch Fehler und Mängel haben, genauso wie die heranwachsenden Schüler. Aber wir müssen sie alle an uns selbst erkennen: die Eltern, die Lehrer und die Heranwachsenden. Und wir müssen auch den Wunsch haben, sie wenigstens ein kleines Stück zu wandeln.

Erst mit einer solchen Seelenhaltung kann es einem Oberstufenlehrer wirklich gelingen, in Kontakt zu den Schülern zu kommen. Es kann hier die Frage auftauchen, ob denn dieser Kontakt überhaupt erforderlich ist. Für die rein stoffliche, inhaltliche Seite, zum Beispiel für das Vermitteln einer mathematischen Formel oder aber für das Abfragen von Vokabeln, braucht der Lehrer den innigen Kontakt nicht. Er kann sich auf die reine Aufgabe zurückziehen und versuchen, sich vor allem Weiteren zu schützen. Nur ist das seltsame Phänomen zu beobachten, dass ein auf solche Weise vermittelter Stoff nicht wirklich gut im Schüler »verankert« wird. Dazu ein Beispiel.

Eine junge Studentin muss eine Diplomarbeit über die Nahverkehrsplanung in einer größeren Stadt anfertigen. Dazu braucht sie viele Fotos von Straßenzügen, Kreuzungen, Haltestellen und Verkehrsknotenpunkten. Sie bittet ihren Vater um Mithilfe, und gemeinsam fahren sie an schönen Tagen mit dem Motorrad kreuz und quer durch die Stadt. Dabei stellt sich heraus, dass der Vater mehr als nur der Fahrer ist, denn in seiner schon über vierzig Jahre zurückliegenden Schulzeit hat einer seiner Lehrer, der dafür ein besonderes »Feeling« hatte, spielerisch mit seinen Schülern jugendgemäße Zukunftsplanungen für ihr Stadtviertel durchgeführt. Der Vater erinnert sich jetzt wieder gut daran, obwohl er sich seitdem nie wieder ähnlich betätigt hat und es sich auch nicht um ein besonderes Interessengebiet für ihn handelt.

Das Interesse des Lehrers hatte in dem Jungen etwas angelegt, was für den Vater nach so vielen Jahren noch greifbar war und für die Diplomarbeit der Tochter hilfreich werden konnte. Es ist schon sehr unwahrscheinlich, dass das mit reiner Inhaltsvermittlung möglich gewesen wäre. Je authentischer ein Lehrer mit seinem Fach verbunden ist, desto besser verbinden sich auch die Schüler mit dem Stoff.

Dem stehen ergänzend zwei Fähigkeiten zur Seite. Nämlich zum Ersten die, eine echte Beziehung zum Schüler aufbauen zu können. Und dadurch zweitens eine wahre Begegnung entstehen zu lassen. Damit ist gemeint, dass die eigene Begeisterung für den Stoff alleine noch wenig hilft, wenn der Lehrer es nicht schafft, eine Beziehung zu seinen Schülern aufzubauen. Genau genommen muss es ihm gelingen, den Faden des Stoffes, für den er sich begeistert hat und zu dem er selbst diesen Faden schon geknüpft hat, auch weiterzuknoten zum Schüler. Ohne dieses feine Fadengeflecht ist auch keine richtige Verbindung entstanden. Erziehung und Beziehung haben beide etwas mit dem Ziehen dieses Fadens zu tun. Im Verlauf der Pubertät jedoch gilt sicher der Grundsatz: *Be*ziehung geht vor *Er*ziehung, will der Lehrer den Faden seines Faches wirklich bis zum Schüler spinnen.

Wenn beides vorhanden ist, wenn der Lehrer selbst authentisch für seinen Unterrichtsinhalt Begeisterung zeigt und wenn er eine echte Beziehung zum Schüler aufbauen kann, dann kommt es beinahe von selber zu einer wahren Begegnung. Zu einer wahren Begegnung mit dem Inhalt der Stunden genauso wie zu einer wahren Begegnung zwischen Lehrer und Schülern. Wer das jemals erlebt hat, ob als Schüler oder als Lehrer, wird an der Richtigkeit nicht mehr zweifeln. Er ahnt aber auch gleichzeitig, dass es sich um ein anzustrebendes Ideal handelt, welches nur in besonderen Konstellationen erreicht werden kann.

Als Letztes muss noch die Frage nach der Kritikfähigkeit aufgeworfen werden, wenn es um Qualitäten für einen Lehrer von Pubertierenden geht. Alle noch so schönen Fähigkeiten nützen dem Lehrer nichts, wenn er sich berechtigter Kritik, sei es von Eltern, Schülern oder Lehrerkollegen, nicht stellen kann. Die Gründe für das Unvermögen spielen keine Rolle. Die Heranwachsenden wollen die Erwachsenen unverstellt, mitsamt ihren guten und schlechten Seiten kennenlernen. Sowohl der kritische Umgang mit sich selber wie auch der Umgang mit Kritik von außen sind Kriterien, über die es sich als Oberstufenlehrer nachzudenken lohnt. Es lohnt sich, weil das Üben dieser Fähigkeit das Verhältnis zu den Schülern erheblich wandelt, es lohnt sich aber auch, weil man daran ja nur wachsen kann. Rudolf Steiner soll einmal gesagt haben, dass ein Lehrer, der nach seiner Stunde selbstzufrieden hinausgeht, seiner Aufgabe nicht gerecht geworden sei. Wenn ihm aber klar sei, was und wo er noch etwas verbessern könnte, ja, wo er richtiggehend unzufrieden mit sich selber sei, dann sei er auf dem richtigen Wege.[84]

Grenzen ziehen, strafen, verzeihen, vertrauen

Auf der einen Seite scheint das Prinzip von Strafe und Lob vergangenen Zeiten anzugehören, selbst wenn es häufig noch praktiziert wird. Auf der anderen Seite trauen sich heutzutage viele Eltern – und manche Lehrer – nicht, eindeutige Grenzen aufzuzeigen oder auf deren Einhaltung zu bestehen. Der »goldene Weg« besteht darin, liebevoll zu erziehen und dennoch Grenzen zu setzen und dabei den Humor nicht zu vergessen.

Grenzen sind am ehesten sinnvoll, wenn die Konsequenzen ihrer Nichtbeachtung sich von ganz alleine offenbaren: Die Begrenzung von einem Brötchen für jeden ist dann sofort einsehbar, wenn sonst jemand keines abbekommen würde. Auch wenn die Frühstücksgrenze zum Beispiel bei zehn Uhr liegt, weil danach in der Küche das Mittagessen vorbereitet wird, ist das selbst für einen Pubertierenden einsehbar. Wenn man allerdings die Grenze für das Im-Bett-Liegen ebenfalls auf zehn Uhr festsetzt, wird sich ein Jugendlicher zu Recht darüber beschweren. Er wird selbst entscheiden wollen, ob er lange schläft und auf das Frühstück verzichtet oder aber frühstückt und mit etwas weniger Schlaf auskommt.

Nun sind aber nicht alle Grenzen, die ein Erwachsener aus seiner Sicht für richtig ansieht, zwangsläufig auch für jugendliche Pubertierende einsehbar. In solchen Fällen haben die von Eltern, Lehrern oder auch der Gesellschaft gesetzten Grenzen eine andere Bedeutung. Sie sind als Orientierungshilfe anzusehen und sollen dem Heranwachsenden helfen, sich in die Welt der Eigenverantwortungsfähigkeit immer mehr hineinzubegeben. Das heißt aber auch, dass er versuchen wird, sie zu übertreten, um herauszufinden, was dann passiert.

Wenn die Eltern Nichtraucher sind, werden sie einem Partywunsch ihres pubertierenden Kindes eventuell nachgeben und deshalb eine kleine Wochenendfahrt unternehmen, aber das Rauchen im Haus nicht erlauben. Es gibt jedoch immer einige der etwa gleichaltrigen Partygäste, die sich nicht um diese Grenze kümmern und das Haus dennoch verqualmen, was natürlich trotz guter Lüftung von den zurückgekehrten Eltern bemerkt wird. Oder bei einem Praktikum besorgen sich sechs Schüler eine Flasche Wodka und veranstalten im Grünen ein Saufgelage, was dann beinahe zwangsläufig auch entdeckt wird.

Solche immer wieder auftretenden Beispiele machen den Hintergrund dieser Grenzübertretungen deutlich: Sie scheinen oft so angelegt zu sein, dass sie auch herauskommen sollen.

Könnte es nicht sein, dass der jugendliche Pubertierende dadurch, vielleicht ja unbewusst, zeigen will, dass er an der Auseinandersetzung mehr interessiert ist als an der Geheimhaltung seiner Übertretung? Auf der einen Seite übt die gesetzte Grenze einen starken Reiz aus: Wie mag es sich wohl anfühlen, wenn ich es trotzdem mache? Was mag daran so besonders sein, dass es verboten wurde? Genauso wichtig ist es dann jedoch herauszufinden, was nach dem Erwischtwerden passieren wird. Daraus ergeben sich zwei Perspektiven:

- Als Erstes muss sich jeder, der Grenzen setzt, darüber im Klaren sein, dass diese auch übertreten werden können. Selbst Gefängnis und Todesstrafe haben noch zu keiner Zeit Menschen davon abgehalten, Gesetze, die ja letztendlich ebenfalls Grenzen sind, zu übertreten. Man kann im Hinblick auf Pubertierende davon ausgehen, dass Grenzen, die schon auf den ersten Blick schwer verständlich sind, am ehesten

auch übertreten werden. Sollte sich daraus nicht der Gedanke ergeben, die zu setzenden Grenzen im Vorfeld schon mal mit den Heranwachsenden zu diskutieren, um so den ärgsten Undurchsichtigkeiten aus dem Weg zu gehen?
- Der andere sich ergebende Gesichtspunkt ist die Auseinandersetzung nach einer Grenzübertretung. Wenn man schon von vornherein damit rechnen kann, dass die gesetzte Grenze doch übertreten wird, tut man gut daran, sich intensiv mit den dann folgenden Konsequenzen zu beschäftigen.

Damit wären wir beim Thema Strafen, denn spätestens bei der Diskussion um die Folgen einer Übertretung taucht diese überlieferte und generationenlang praktizierte Erziehungsmethode auch heute noch auf. Dabei wird davon ausgegangen, dass ein Kind oder ein Jugendlicher durch das Erleiden einer Strafmaßnahme ein Einsehen in das »Verwerfliche seiner Untat« bekommt und so etwas in Zukunft unterlässt. In der Seele des Jugendlichen findet so jedoch kein Wachstum statt. Lediglich die Erkenntnis, sich beim nächsten Mal möglichst nicht mehr erwischen zu lassen, kann bei seinem Reflektieren herauskommen. Auch wird er sich intensiv damit beschäftigen, wie schnell oder wie einfach er die Strafe hinter sich bringen kann. Ja es kommt nicht selten vor, dass auch mit den möglichen Vorteilen einer Strafe umgegangen wird. Die Logik eines Pubertierenden kann dazu führen, dass es sich für ihn lohnt, einen »Rausschmiss« durch extremes Stören zu provozieren, wenn man es umgehen will, bei der nicht gemachten Hausaufgabe erwischt zu werden ...

Bei einer Strafe und selbst beim Lob handelt es sich um eine direktive Maßnahme, bei welcher der Lobende oder der Strafende wie von oben auf den Schüler herabschaut. Er erhöht sich selbst und verhindert so, dass der Jugendliche durch Anerkennung und Achtung zur Selbstständigkeit geführt wird. Eine gute Beziehung, welche für den Erfolg des Unterrichtes so wichtig ist, kann auf diese Weise jedenfalls nicht entstehen.

Bei der Frage nach dem Wie der Maßnahmen sollte sich der Lehrer darüber im Klaren sein, dass er durch das Einbinden der Schüler bessere Maßnahmen finden wird, als wenn er sie sich alleine abnötigt. Am ehesten scheinen allerdings solche Maßnahmen und Konsequenzen zu wirken, welche wirklich etwas mit der Sache zu tun haben und welche einen Lerneffekt in sich bergen: Werden Schüler beim Mobbing von Mitschülern »erwischt«, so kann es sinnvoll sein, sie nach einer gewissen Vorbereitung bei einer Arbeit über die Gefahren von Gewalt in einer tieferen Klassenstufe mit einzubeziehen oder sie einen Artikel über ihre Haltung und Erfahrungen in der Schulzeitung veröffentlichen zu lassen. Sie werden, wenn sie so ernst genommen werden, sicher nicht über die Vorteile von Mobbing berichten, sondern erstaunlich verantwortlich damit umgehen.

Hier nun sind zwei Lehrerqualitäten gefragt, welche das Feld der Maßnahmen schon wieder verlassen. Auf der einen Seite ist es wichtig, Vertrauen in den guten Kern des Schülers zu haben. Vertrauen darauf, dass pubertäres Verhalten eigentlich nie aus reiner Bösartigkeit entsteht, sondern ein Bestandteil der Suche nach dem Ich ist. Ein solches Vertrauen kann dann bei den Konsequenzen auch zu der Übergabe von Verantwortung, zum Beispiel beim Verfassen eines Artikels, führen, ohne dass die Übertretung in irgendeiner Weise für gut geheißen wird. Der Ich-Kern des Menschen sollte also von der Tat getrennt werden.

Im nächsten Schritt muss der Lehrer verzeihen können. Ist es durch das Übertreten einer vorher vereinbarten Grenze zu einem Konflikt gekommen und hat der Schüler die ergriffenen Maßnahmen angenommen und ist daran möglicherweise sogar gereift, so sollte die Sache erledigt sein. In solchen Fällen Rabattmarken zu sammeln und das Sammelbuch bei jeder möglichen Gelegenheit wieder aufzuschlagen vernichtet jede noch so konstruktiv gedachte Maßnahme. Vertrauen und Verzeihen bilden die Grundlage für eine echte (beiderseitige) Wachstumsbasis und für eine fördernde Beziehung zwischen Schüler und Lehrer.

Humor

Eine der wichtigsten Qualitäten, die ein Lehrer besitzen sollte, ist der Humor.

Der Heiterkeit wird seit gut vierzig Jahren ein eigenes Forschungsgebiet, die Gelotologie, gewidmet. Die »Lachmediziner« haben viele wissenschaftliche Belege für die stärkende Wirkung des Lachens gefunden. Beispielsweise betätigt man dabei bis zu dreihundert Muskeln, reinigt seine Bronchien, regt den Kreislauf an und bringt mehr Sauerstoff in Umlauf. Schon auf eine Minute herzhaften Lachens folgt beinahe eine Stunde lang ein Entspannungsgefühl. Kinder lachen im Durchschnitt vierhundertmal täglich, Erwachsene nur fünfzehnmal. Wie oft ein Lehrer durchschnittlich lacht, ist bisher nicht untersucht worden.

Dabei zeigt schon die obige kurze Zusammenstellung, dass sich die Bemühungen um Heiterkeit durchaus lohnen können. Warum der Humor den Menschen guttut, wissen die Mediziner zwar noch nicht genau, aber sie haben herausgefunden, dass Menschen, die viel lachen, gesünder sind. Wenn Stress die Gefäße verengt und den Blutfluss verschlechtert, so erweitert das Lachen die Gefäße und fördert die Ausschüttung positiv wirkender Hormone. Auch leichter Schmerz und Unwohlsein konnten in einem amerikanischen Versuch von Personen, die herzhaft gelacht hatten, besser ertragen werden.

Der Clown Dimitri, der sein Leben dem Humor gewidmet hat, sagt über seine Philosophie des Humors: Humor kann vieles sein: Lebenshilfe, Herausforderung an die Intelligenz, Beweglichkeit, Seelenführer, Verwalter eines Geheimnisses, die andere Hälfte des Lebens ...[85]

Was kann ein Lehrer oder können Eltern Besseres tun, als sich diese Qualitäten zunutze zu machen? Zumal die Auswirkungen positiv sind, sowohl auf ihn bzw. sie selber als auch auf die Schüler und Kollegen. Und sie kosten gar nichts!

Kann man dieses »fünfte Element«, wie Dimitri den Humor bezeichnet, jedoch erlernen, erüben, wenn man glaubt, ihn nicht genügend zu besitzen? – Die Lachmediziner, Dimitri und andere Experten des Lachens sind sich ganz sicher, dass man den Humor üben und erlernen kann.

Die Amerikaner empfehlen als ersten Schritt, doch öfter mal die Witzseiten der Zeitungen durchzusehen oder eine witzige Komödie anzuschauen. Gerade wenn man sich nicht so gut fühlt, kann ein lustiger Film helfen, sich zu entspannen. Aber auch die ansteckende Wirkung des Lachens kann man sich zunutze machen: Nicht selten mündet ein künstlich provozierter Lacher in ein die ganze Umgebung mitreißendes Gelächter. Schon der Anblick lachender Menschen lässt uns die Gesichtsmuskeln automatisch zum Lachen vorbereiten, und in der Hirnrinde wird eine starke Aktivität ausgelöst.

»Erzähl doch mal einen Witz« klingt zwar etwas plump, kann aber durchaus ein möglicher Weg für den Einstieg einer etwas ernsthafteren Natur in das Gebiet des Humors sein. Wichtig ist, dass der ausgewählte Witz auch wirklich zu der Lehrerpersönlichkeit passt. Er sollte allerdings vor dem Erzählen regelrecht geübt sein, denn schnell ist durch Unbedachtheit die Pointe verdorben. Auch zu viele Worte verderben oft die Wirkung. Der richtige Zeitpunkt für einen solchen Witz ist genauso wichtig wie die Art des Erzählens. Und schließlich sollte ein solcher Witz nicht andere diskriminieren, man darf sich aber selbst gerne dabei »auf die Schippe nehmen«.

Dimitri empfiehlt, den naiven, künstlerisch-poetischen Humor zu üben, weil dieser instinktiv von Kindern, Erwachsenen und Jugendlichen, Intellektuellen und einfacheren Gemütern am ehesten verstanden wird.

Jetzt stelle man sich einen Lehrer vor, der sich mit einer stark pubertierenden Klasse überworfen hat. Sie tanzen ihm, wie man so schön sagt, auf der Nase herum. Er ist dadurch so sehr in seiner Autorität gekränkt, dass er reihenweise Strafarbeiten verteilt, nachsitzen lässt, die Eltern anruft und in der Konferenz um Beistand oder Entlastung bittet. Der Knoten hat sich schon sehr eng gezogen, und dennoch ist keine Besserung in Sicht. Es handelt sich nämlich um eine sehr vitale Klasse. In dieser Situation sagt ihm ein Freund: »Denk doch mal an Wilhelm Busch. Humor ist, wenn man trotzdem lacht!«

Daraus entsteht der Plan, in der nächsten Zeit jede Stunde mit einem Witz zu beginnen. Beide Freunde sind in puncto Witze ganz ungebildet und sie besorgen sich einige Bücher. Beim gegenseitigen Vorlesen zwecks Auswahl können sie sich an manchen Stellen wegen der Komik ihrer Situation vor Lachen nicht halten. Von Klagen über die unmögliche Klasse ist bei ihren Vorbereitungstreffen jedenfalls so gut wie gar nicht mehr die Rede.

Der erste Versuch in der Klasse geht insofern daneben, als fast kein Schüler über den so plötzlich über sie »hereinregnenden« Witz lachen kann. Aber die Verblüffung der Klasse führt dennoch zu einer Art Stimmungsumschwung. »Was hat er vor?« steht in den Gesichtern der Schüler geschrieben.

Der Lehrer ist so offen, dass er von seinem Versuch mit dem Humor sprechen kann, und am nächsten Tag warten die Schüler schon auf den neuen Witz zu Beginn der Stunde. Weil auch den Schülern die komische Situation bewusst ist, kommt es tatsächlich zu großem Gelächter. Schließlich entwickelt sich der Wunsch einzelner Schüler, auch mal einen guten Witz zum Besten geben zu können, und im Folgenden erzählen am Anfang jeder Stunde immer abwechselnd freiwillig ein Schüler und der Lehrer seinen »Stundeneinleitungswitz«. Nicht dass die Klasse dadurch problemlos zu führen wäre, aber die Hilfe der Konferenz ist nicht mehr erforderlich.

Die Sache mit dem Witz ist jedoch nur ein Weg von vielen. Im Zusammenhang mit Pubertierenden bietet jede Suche nach einem humorvollen Umgang eine Entlastung. Humor bedeutet nicht, den Problemen gegenüber gleichgültig zu sein, aber wenn man doch nach einer Lösung suchen muss, sollte die Prüfung des humorvollen Weges nicht ausgeschlossen werden.

»In dem Augenblick, wo wir uns als im Besitz dieses Spieles fühlen, machen wir uns frei und erheben uns über den Inhalt, der im Witz liegt. Die Tatsache des Sich-Freimachens, des Sich-Erhebens über irgendeine Erscheinung werden Sie überall finden, wo Lachen zutage tritt. [...] Indem das Ich sich zum Lachen erhebt, wird es die Kräfte aufrufen seiner Selbstbefreiung, seines Erhabenseins und Insichgeschlossenseins in der Welt. [...] Oh, im Lachen und Weinen liegen damit zu gleicher Zeit Erziehungsmittel des Ich und der Kräfte des Ich.«[86]

Die Bereitschaft, bei Problemen persönlich zu begleiten

Darüber, was ein Lehrer braucht, wenn er seinen Schülern auch in Problemsituationen ein Begleiter sein will, zum Beispiel einer Suchtgefahr, schreibt Olaf Koob in seinem Buch Drogen-Sprechstunde Folgendes: »Lassen sich [...] Einsichten auch nicht überall und von heute auf morgen umsetzen, so ist doch, falls einen die Verhältnisse zum Handeln aufrufen, ein Grundübel verhältnismäßig leicht und von äußeren Dingen unabhängig zu ändern: das mangelnde Vertrauensverhältnis und die seelische Distanz zwischen Alt und Jung, Lehrer und Schüler. Trotz ihrer äußeren Polarität und oft unüberbrückbarer Ansichten und Standpunkte können sie auch etwas Gemeinsames haben: die geistigen Ziele,

Aufgaben des Lehrers im Umgang mit Pubertierenden 275

Den Schüler persönlich zu begleiten, wenn er dies braucht, auch darauf kommt es bei Jugendlichen ganz besonders an.

die über das rein Persönliche hinausragen und wirklich über-persönlich sind. Dafür kann man Alt *und* Jung begeistern!

Das gilt auch für das Verhältnis von Lehrer zu Schüler. Erkennt der Lehrer die Stärken und konstitutionellen Schwächen der heutigen Jugendlichen und weiß er, wie nötig sie den Erwachsenen haben, der großzügig, eine natürliche Autorität, mit Humor begabt und kein Pedant sein darf, so kann er als Erzieher eine tiefe Verpflichtung fühlen, die jungen Menschen an den vielen Gefahrenstellen des Lebens innerlich wie äußerlich *persönlich* zu begleiten. Dazu gehört auch der Spürsinn, im rechten Augenblick als *Mensch* zur Stelle zu sein, die Beamtenmentalität abzulegen und – wie in der Drogentherapie – ohne etwas für sich zu wollen den Faden zu halten, bis die individuellen Ich-Kräfte des Jugendlichen so weit gestärkt sind, dass er die vielen Verführungen unbeschadet übersteht oder sie sogar meidet. Der hochgehobene Zeigefinger bewirkt meistens das Gegenteil!

Betrachtet man die innerseelische Entwicklung der heutigen Menschen, so wird deutlich, dass überall der *Wille zum Individualisieren* da sein muss, im Unterricht wie auch in der Drogentherapie. Allgemeingültige Rezepte oder Programme sind der größte Feind einer gesunden Ich-Entwicklung. Um das zu bewerkstelligen, kommt der Lehrer nicht umhin, diesen persönlichen moralischen Einfluss auch *nach der Schule* geltend zu machen. Statt der vielen Konferenzen sollte man lieber Schüler zu sich einladen und mit ihnen wichtige Kultur- und Lebensfragen besprechen. Das fördert das Vertrauen ungemein. [...] Die Schüler sind in ihrem moralischen Urteil und Verhalten heute zu sehr auf sich selbst angewiesen und oft orientierungslos. Sie brauchen, da oft auch Verständigungsschwierigkeiten im Elternhaus auftreten, den persönlichen Kontakt zum Lehrer als *Freund* – das hat nichts mit Anbiederei zu tun. Gelingt dies, kann meistens auf einen staatlichen Schulpsychologen verzichtet werden. Denn der Schüler weiß, wo er sich aussprechen und wem er sich anvertrauen kann.

Aus einem solchen persönlichen Vertrauensverhältnis heraus ist es dann auch leichter möglich, über Verfehlungen wie Drogeneinnahme zu sprechen, ohne dass sofort moralischer Druck oder Repressalien ausgeübt werden.

In Zukunft wird es mit an der Lehrerschaft liegen – in Zusammenarbeit mit Eltern und Arzt –, dass Schüler mit [...] Schwächen, moralischen Defekten und gleichzeitig Begabungen frühzeitig erkannt und behandelt werden. Intelligenz und gute Schulnoten sind also noch kein Schutz gegen Drogen – manchmal im Gegenteil! [...]

Die Jugend braucht in einer möglichst seelenvollen Atmosphäre die Haltekräfte der Erwachsenen. [...] Wenn eine Jugend mit so vielen neuen geistigen Fähigkeiten – die ja zum Teil verschüttet bleiben – auf die Welt kommt und uns anvertraut wird, muss sie, um Erdenliebe zu entwickeln, auf *Be-geisterung treffen, sonst wendet sie sich von uns und von der Welt ab.*

Die [...] Konstitution des modernen Menschen, diesen Bruch zwischen dem Inneren und Äußeren zu spüren, der so empfunden werden kann, als ob man aus zwei Menschen bestünde, und die daraus zu ziehende pädagogische Konsequenz, den inneren Menschen durch die geeigneten Methoden und Inhalte mit dem Äußeren in Einklang zu bringen, gewissermaßen zu verwurzeln, sind [...] öfter beschrieben worden.

Auch heute können wir bei immer mehr jungen Menschen beobachten, dass sie sich wirklich ›heimisch‹ nur in ihrem Inneren fühlen und dass wir ihnen in der Welt ein Zuhause schaffen müssen, damit sie nicht auf ihre Weise die ihnen entsprechende ›Heimat‹ suchen.«[87]

Pubertätstypen bei Schülern? – Wie sie sich äußern und was sie brauchen

Mit der folgenden Charakterisierung von Schülern im Pubertätsalter sollen keine starren Vorstellungen geprägt werden. Vielmehr sollen häufig zu beobachtende, hervortretende Merkmale im Verhalten der Schüler helfen, einen Schlüssel für den individuell geeigneten Umgang mit ihnen zu finden.

Unauffällige, angepasste, ausgeglichene Schüler

Diese Schüler gibt es selbstverständlich in allen Klassen und ebenso in allen Altersstufen. Auch in der Phase der Pubertät sind sie eigentlich diejenigen, welche den Schulalltag sehr erleichtern. Sie sind stets aufmerksam, folgen dem Geschehen ohne Störungen, haben immer die Aufgaben erledigt und erzielen gleichmäßige Ergebnisse. Sie fallen weder durch Provokationen noch durch lautstarke Störungen aus dem Rahmen. Die Hürden, welche es im Verlauf der Ich-Werdung zu überwinden gilt, scheinen bei diesen jungen Menschen nicht zu existieren.

Wichtig ist es jedoch, erkennen zu können, ob die Persönlichkeit wirklich so ausgeglichen und stabil ist, wie es auf den ersten Blick erscheint. Der Unterschied zwischen wirklich freier Seelenstimmung und ängstlich angepasstem Verhalten ist nicht immer auf den ersten Blick unterscheidbar. Aus diesem Grund darf man sich im schulischen Ablauf nicht auf die »Pflegeleichtigkeit« verlassen, sondern muss das kritische Augenmerk ganz bewusst immer wieder auch auf diese unauffälligen Schüler richten. Denn im Gegensatz zu den Ruhig-Stabilen, über deren Verlässlichkeit man sich ja zu Recht nur freuen kann, steht bei den Ruhig-Angepassten nicht selten eine tief in ihrer Seele verborgene Problematik im Hintergrund, ja manchmal sogar Tragik, vor deren Erkennen sie sich existenziell fürchten. Kommt noch die allgemeine Zuspitzung der Unsicherheiten durch die Pubertät hinzu, kann das sogar zu Suizidgedanken führen. Auf jeden Fall benötigen sie die einfühlsame, aktive Handlungsseite des Erwachsenen, weil sie sich von alleine nicht zu einer Öffnung oder Umwandlung entschließen könnten.

Woran aber kann man den Unterschied zwischen freiem und angepasstem Verhalten erkennen? Einen ersten Hinweis kann man bekommen, wenn man sich die Schülerpersönlichkeit unvoreingenommen unter dieser Fragestellung vor Augen führt, möglicherweise auch noch im Austausch mit anderen Lehrerkollegen. Schnell wird sich ein Gefühl für dessen Persönlichkeitshintergrund einstellen. Voraussetzung ist allerdings, dass man sich dabei auf das Erscheinungsbild des Schülers einlässt, ohne schon gleich ein vorgefertigtes Urteil einzubringen. Je bewusster das schnelle Urteil zurückgehalten wird und je umfangreicher die Bildgestalt hervortritt, umso deutlicher zeigt sich das Gefühl für die tiefere Seelenverfassung. Schafft man es, dieses Bild der Persönlichkeit offen mit in die Nacht zu nehmen, zeigt sich nicht selten beim nächsten Betrachten, falls das erforderlich ist, eine Idee, wie die richtige Förderung oder Stärkung aussehen könnte. Auch der in sich gefestigten Schülerpersönlichkeit kann eine solche Bildvorstellung nur zugute kommen, wenngleich sie keine besondere Maßnahme für sich benötigt.

Ein weiterer Hinweis liegt darin, dass eine angepasste Schülerpersönlichkeit, welche im Verborgenen ein ernstes Problem mit sich herumträgt, keine einzige Ausnahme zulassen kann. Ihr Verhalten und Auftreten erscheint immer gleichbleibend, starr, ja beinahe pedantisch. Ihre unbewusste Strategie ist es ja gerade, nichts von dem »Zugedeckelten« nach außen dringen zu lassen. In den meisten Fällen wird sie auch zu keinem bewussten Eingeständnis der inneren Zusammenhänge bereit sein. Der in sich stabile und unauffällige Jugendliche kann sich dagegen auch mal einen kleinen Schnitzer, eine winzige Unzuverlässigkeit erlauben, ohne dass dadurch irgendetwas ins Wanken gerät.

Auf jeden Fall braucht eine Schülerpersönlichkeit mit einer im Untergrund versteckten Krise eigentlich jederzeit, aber im Verlauf der Pubertät ganz besonders einen feinfühligen, zugewandten Unterrichtenden, der seine innere Anteilnahme durch ein sensibles und zurückhaltendes Auftreten zum Ausdruck bringen kann. In bestimmten Fächern oder

Unterrichtsabschnitten kann dann sogar die Möglichkeit entstehen, aktiv an der Frage zu arbeiten, beispielsweise in einer Poetikepoche oder im Ethikunterricht. Nicht selten nutzt ein junger Mensch diese Chance zur freiwilligen Wandlung verkrusteter Narben der Seele. Es kann dann sogar zu dem Entschluss kommen, eine Therapie in Anspruch zu nehmen.

Mona war sieben Jahre in eine Förderklasse gegangen. Sie war ein blondes, hellhäutiges Mädchen, das bescheiden und still mit leicht niedergeschlagenen Augen dem Unterricht folgte. Ihre Leistungen waren so gut, dass sie nach der siebten Klasse in eine normale Klasse wechselte, um einen möglichst guten Abschluss machen zu können. Auch hoffte man, sie könne ihre zurückhaltende, eher zögerliche Art etwas überwinden, wenn sie den sehr geschützten Rahmen der Förderklasse gegen das doch etwas rauere Klima einer Normalklasse eintauschen würde. Sie bekam eine Klassenlehrerin vom mütterlichen Typ, die diese stille, feine Schülerin sofort in ihr Herz schloss. Sie nahm sie unter ihre Fittiche und schützte sie vor allen Auseinandersetzungen mit den etwas rauer gestrickten Mitschülern. Auch was den Unterricht betraf ebnete sie den Übergang fürsorglich und einfühlsam. Mona brauchte nach dieser Klassenlehrerzeit noch gute zwei Jahre, bis sie dem normalen Klassengeschehen einigermaßen standhalten konnte. Die Auseinandersetzung mit der »rauen Realität« fand auf diese Weise nicht in der Zeit ihrer eigenen Pubertät statt, sondern wurde besonders lange hinausgezögert.

Im Verlauf des Deutschunterrichtes in der zehnten Klasse, in dem eine junge, sehr motivierte Lehrerin den Schülern die Hintergründe der Parzival-Legende nahebrachte, konnte sich Mona so sehr mit dem Suchenden Parzival identifizieren, dass dadurch ein großer Reifeschritt eingeleitet wurde und sie auch in der späteren Lehre immer sicherer im Auftreten werden konnte.

Provozierende, störende, Aufmerksamkeit auf sich ziehende Schüler

Bei dieser Gruppe scheint die Problematik zunächst ganz anders zu liegen. Zu ihr gehören die Schüler, an die man als Erstes denkt, wenn sich das Thema um die Pubertät dreht. Rudolf Steiner spricht von »Rüpeln«,[88] oft wird auch der Begriff »Halbstarke« verwendet, und schon Aristoteles klagte: »Unsere Jugend ist unverantwortlich und entsetzlich anzusehen. Ich habe überhaupt keine Hoffnung mehr für die Zukunft des Landes.« Ebenso schimpfte Hesiod über die »unerträgliche und rücksichtslose Jugend«, und das um 700 v. Chr. Andreas Huber spricht sogar von der Jugendschelte als einem kulturellen Archetypus.[89]

Jeder, der einmal an einer Schule gearbeitet hat, kennt die Situationen, welche aus der Konfrontation mit solchen Schülern entstehen können. Für den Lehrer stellen solche Schüler im Pubertätsalter die größte Herausforderung dar, und so manches Burnout-Syndrom wurzelt in dem kräftezehrenden Prozess der Auseinandersetzungen mit ihnen. Das Störende und Provozierende solcher jungen Menschen ist der Hauptanlass für Konferenzen, Maßnahmenkataloge und Schulverweise. Schon ein einzelner Schüler kann durch massives Auftreten den normalen Verlauf des Unterrichtes unmöglich machen. Das Bemühen, zum eigentlichen Thema zu gelangen, bindet enorme Kräfte und zehrt an den Nerven der Lehrer wie auch der Mitschüler. Jeder kennt solche Situationen, die auch im Außerschulischen zur Tagesordnung zu gehören scheinen. Wundert es da, wenn dann der große und oft auch einzige Wunsch entsteht, diesen Störfaktor einfach nur so schnell wie möglich und so weit wie nötig zu entfernen?

Wohl jedem ist dieses Phänomen bekannt, deshalb erübrigt sich eine weitere Beschreibung. Was jedoch steckt seelisch dahinter? Lässt sich das Verhalten solcher jungen Menschen erklären und vielleicht sogar verstehen?

Der Jugendliche muss im Verlauf der Pubertät einerseits seine Seele für sein höheres Ich öffnen, um mit dessen Hilfe sein Leben eigenständig zu bestimmen. Auf der anderen Seite muss er sich jedoch auch seelisch der Welt öffnen und so zu einem richtigen Erleben von der Umwelt und den Mitmenschen gelangen. Solange sich ein junger Mensch noch nicht ganz mit seinem Körper verbunden hat, stehen ihm nicht genügend Werkzeuge zur Verfügung, mit denen er zur Umwelt und seinen Mitmenschen in eine freie Beziehung treten kann. Das Akzeptieren der eigenen Körperlichkeit macht vielmehr den meisten Jugendlichen eher zu schaffen. Wer fühlt sich schon jung, schön und stark? Gerade hinter einem als »Trendsetter« aggressiv und »super cool« auftretenden jungen Menschen steckt häufig eine ganz und gar mit dem eigenen Äußeren unzufriedene Seele. Nur dürfen das die anderen auf gar keinen Fall bemerken.

Solche jungen Menschen sind oftmals leicht zu reizen, sie möchten ihre Wünsche schnell und leicht erfüllt haben, können dabei aber oft nicht gut zuhören. Sie wirken unstet, rastlos, getrieben, ermüden rasch und haben Schwierigkeiten, länger aufmerksam zu bleiben. Manche dieser jungen Menschen sind zusätzlich von einem gemeingesellschaftlichen Phänomen betroffen, welches die moderne Diagnose mit den Begriffen Aufmerksamkeitsdefizit-Syndrom (ADS) oder Hyperkinetisches Störungs-Syndrom belegt hat.

Die Ursachen dafür sind mannigfaltig und wurzeln tief in der gesellschaftlichen Struktur, in welche Jugendliche heutzutage hineinwachsen. Man denke nur an das Überangebot von sogenannten Wohlstandsgütern wie MP3-Player, TV, Stereoanlagen und PC einerseits und die oft gar nicht mehr vorhandene Möglichkeit, sinnvoll körperlich tätig werden zu können andererseits. Nicht selten mündet dies in eine ungeheuer mächtig nach außen dringende Zerstörungskraft. Im Innern eines jeden Menschen schläft ein zerstörerischer Trieb, den diese Jugendlichen aber oft noch nicht beherrschen können.

Die Beherrschung dieser Kräfte ist im weitesten Sinne eine Funktion der Ich-Organisation. In der Pubertät nehmen die Jugendlichen immer bewusster das wahr, was sie bisher mehr oder weniger unbewusst hingenommen haben, und setzen es in Beziehung zu dem, was sie jetzt fühlen und erleben. Sie entwickeln immer mehr ein Gespür für die Kräfte der Sympathie und Antipathie, für den Zustand des Sich-einbezogen-Fühlens oder des Ausgestoßen-Seins. Das führt im Verhalten dann zu dem Schwanken zwischen Anteilnahme und Mitgefühl oder Ablehnung und Konfrontation. Auf diesen Wechsel ist der Jugendliche aber gar nicht vorbereitet. Was ihm geschieht, ist ihm noch nicht vertraut, und erst allmählich erkennt er, welches Potenzial in ihm steckt. Zunächst noch schemenhaft wird ihm klar, dass diese Kräfte von nährend und lebenschaffend (auch im direkten Sinne von Fortpflanzung) bis zerstörend und todbringend reichen. Die seelischen Qualitäten können sich so elementar und gewaltig offenbaren, dass sie ihn in ihrer Unmittelbarkeit und Intensität zu überwältigen drohen. Weil alles so neu und überraschend geschieht, kann leicht der Überblick verloren gehen und alle anfängliche Vernunft übertönt werden. Euphorie und Selbstüberschätzung oder aber Sorge, Ekel und Angst können sich dauernd abwechseln, und der Jugendliche ist in diesem System gleichzeitig der Veranstalter und Zuschauer, eine Doppelrolle, der er in keiner Weise gewachsen ist.[90]

Schaut man aus diesem Blickwinkel auf die beschriebene Gruppe »schwieriger« junger Menschen, kommt man nicht umhin, dem »Aussortieren« von diesen »Störfaktoren« eher skeptisch gegenüberzustehen.

Was gibt es jedoch für Alternativen? Der erste und wohl auch wichtigste Schritt ist die Stärkung des seelischen Kräftepotenzials der Lehrer. Nur ein ausgeglichener, sich auf den Unterricht freuender Lehrer ist in der Lage, den Blick frei zu haben für die Prozesse, die sich in der Seele eines solchen Jugendlichen abspielen mögen. Selbsterkenntnisarbeit, künstlerisches Tun und der wachsame Schutz vor Überarbeitung sind da nur einige Stichworte. Je mehr man seine eigenen Grenzen kennengelernt hat, desto weniger Chancen haben andere, sie zu verletzen und zu überschreiten. Denn man kann die Provokation störender Schüler auch als Aufforderung verstehen, seine wahren Grenzen zu zeigen und die Maske fallen zu lassen, hinter der wir uns gerne verstecken wollen. Schon durch den ernsthaften Versuch, sich in dieser Richtung weiterentwickeln zu wollen, kann sich eine ganze Klassensituation grundlegend positiv verändern.

Erst im zweiten Schritt sollte man sich dann der betreffenden Schülerpersönlichkeit zuwenden. Dabei ist es wichtig, eine möglichst umfassende Bildgestalt der Persönlichkeit mit allen Facetten der äußeren Umstände zu gewinnen. Hinweise von Kollegen, Freunden und Verwandten sind durchaus hilfreich, wobei schon vorgefertigte Urteile keinen Raum haben sollten. Je schwieriger die Situation des Jugendlichen ist, desto sorgfältiger muss dabei vorgegangen werden. Als förderlich wird es sich dabei erweisen, wenn man es schafft, nicht gleich den Blick auf die negativen Komponenten der Angelegenheit zu konzentrieren, sondern immer erst eine positive voranzustellen. Das ist insofern wichtig, als wir ja doch zum Ziel haben, an diese positiven Seiten des jungen Menschen anzuknüpfen, wenn wir in der Beziehung zu ihm weiterkommen wollen.

Tut sich nach einer solchen Schülerbesprechung ein neuer Weg auf, so sollte man diesen genau definieren und möglichst sogar schriftlich fixieren. Denn entscheidend für einen Erfolg ist es gerade im Umgang mit dieser Gruppe junger Menschen, dass das Beschlossene deutlich gemacht und dann auch tatsächlich eingehalten wird.

Wenn man nach einer Schülerbesprechung zu dem Ergebnis gelangt, dass die gemeinsamen Möglichkeiten ausgeschöpft sind und nur noch der Weg der Trennung bleibt, ist es für das Schicksal des pubertierenden jungen Menschen von ganz entscheidender Bedeutung, ob man gewillt und in der Lage ist, sich dennoch für dessen nächsten Schritt verantwortlich zu fühlen und diesen dann auch aktiv mit in die Wege zu leiten. Erlebt der junge Mensch, dass die aufgetretenen Schwierigkeiten in der bisherigen Form nicht zu lösen sind, dass er aber auf seinem weiteren Weg begleitet wird, kann am ehesten das nötige Vertrauen in sich selbst und die Erwachsenenwelt entstehen.

Simon ist das jüngste Kind einer Lehrerfamilie. Die beiden älteren Geschwister haben schon das Elternhaus verlassen und er lebt mit seinen sehr engagierten Eltern noch zusammen. Er war schon immer ein sehr eigenwilliges Kind, aber die Eltern, im Wechsel für ihn verantwortlich, waren bemüht, sich auf seine Bedürfnisse einzustellen. Im Laufe der Pubertät kreiste der Jugendliche immer mehr um sich selbst, bestimmte das Geschehen im Elternhaus und zunehmend auch in der Klasse ganz nach seiner Stimmungslage. Zögerliche Versuche der Eltern, die Bremse zu ziehen und mehr Grenzen zu setzen, scheiterten. Als er in der Schule in einige ans Ungesetzliche grenzende Zwischenfälle verstrickt zu sein scheint, kommt es zu einem ersten Gespräch zwischen Schulleitung, Klassenbetreuer und Eltern, Simon ist dabei nicht anwesend. Es stellt sich schnell heraus, dass man gemeinsam engere, genau definierte Grenzen für Simon festlegen will, und man bespricht auch, was passieren soll, wenn er sich nicht daran hält. Ein Elternteil und der Klassenbetreuer führen darauf ein ernstes Gespräch mit ihm und er verspricht, sich um eine Besserung zu bemühen. Doch schon nach drei Wochen muss ein nächstes Gespräch stattfinden, weil sich in der Schule so gut wie nichts geändert hat. Die Eltern finden allerdings, zu Hause gehe es nun schon besser. Wieder verspricht Simon, sich zu bemühen.

Als ein paar Schüler eine offizielle Schulfeier schwänzen und sich herausstellt, dass die Idee von Simon kam, hält man in der Schule, wie angekündigt, eine zeitweilige Trennung für unumgänglich. Die Eltern versuchen sich anfänglich noch dagegen zur Wehr zu setzen, gebrauchen dabei sogar harsche Worte der Kritik. In der Schule bleibt man jedoch konsequent. So wird der Junge in einen Handwerksbetrieb geschickt, um dort ein längeres Praktikum zu absolvieren. Der Klassenbetreuer bleibt in engem Kontakt zur dortigen Pflegefamilie, und es stellt sich heraus, dass Simon nach anfänglich großen Schwierigkeiten und auch Heimwehattacken regelrecht aufblüht und schließlich ein halbes Jahr dort bleibt. Gereift und an Erfahrung reicher darf er zur Schule zurückkehren. Sein provokantes Verhalten hat sich beinahe ganz gelegt und er erlernt später ein Handwerk und führt einen eigenen Betrieb.

◀

Schon gefestigte Persönlichkeiten, Individualitäten

Wenngleich die körperliche Reifung in unserer Zeit offenbar immer früher eintritt und demgegenüber die seelische Reifung sich immer später einstellt, gibt es doch immer wieder junge Menschen, deren Entwicklung anders verläuft. Sie sind durch ihre Schicksalsgegebenheiten wie Elternhaus, häusliche und nachbarliche Umgebung, Freunde, Erbstrom oder finanzielle Ausstattung, sicher auch durch ihren Karmastrom deutlich begünstigt und tragen den Keim zu einer gefestigten, starken Persönlichkeit schon früh in sich. Es kann schon in Erstaunen verset-

Pubertätstypen bei Schülern? **285**

Selbst die allereinfachsten Dinge können Spaß machen.

zen, wenn einem im täglichen Getümmel Pubertierender solch ein in sich schon gefestigter, reifer junger Mensch entgegentritt, von dem man unter Umständen sogar den Eindruck gewinnen kann, er wisse irgendwie mehr als man selbst.

Jugendliche dieser Gruppe sind, wie die des ersten beschriebenen Typus, meist aufmerksam und konzentriert. Sie sind an allen Unterrichtsinhalten mehr oder weniger interessiert, können kritische Fragen stellen und den Stoff durch eigene Gedanken und Ideen beleben. Ihre Begabungen sind sehr breit gestreut, oft treiben sie Sport und spielen ein oder sogar zwei Instrumente. Auch im Praktisch-Handwerklichen und Künstlerischen können sie »aus dem Vollen schöpfen«. Nicht selten gehören sie den hochbegabten Schülern an, die auf einem oder sogar mehreren Gebieten über außergewöhnliche Fähigkeiten verfügen. Ihr Auftreten und Verhalten im Schulalltag ist unproblematisch, selten kommt es durch sie zu Konflikten.

Fast immer sind sie bereits echte Individualitäten, Persönlichkeiten von besonderer Ausstrahlungskraft, sodass der Umgang mit ihnen schon eher dem mit einem Erwachsenen ähnelt. Wachsamkeit ist bei ihnen allerdings auch geboten, denn selbstverständlich sind auch sie nicht vor Krisenrückschlägen geschützt. Wird ein solcher Umschwung rechtzeitig erkannt, lässt sich ein zu tiefer Absturz unter Umständen vermeiden. Nicht selten haben diese jungen Menschen ein großes Problembewusstsein und sind relativ offen für pädagogische oder auch therapeutische Hilfe.

Der tägliche Umgang mit ihnen ist also eher entlastend und bereichernd, was das Thema Pubertätskonflikte angeht. Die schulische Herausforderung liegt eher darin, »genügend geistige Nahrung« an sie heranzubringen.

Dabei gibt es noch einen anderen Aspekt, der durchaus Erwähnung finden sollte. Im Bereich der Suchtvorbeugung oder der Konfliktbearbeitung, aber auch bei der Wissensvermittlung hat sich der Einsatz von Gleichaltrigen als sehr nützlich erwiesen (Peergroup-Arbeit). Vieles wird von den Mitschülern eher angenommen als von den Erwachsenen; auch ist die Art des Umgangs miteinander wohl eher altersgemäß. Die Frage ist darum, ob der Lehrer sich nicht das Potenzial der stabilen Schüler bei der Suche nach Lösungen im Umfeld der Pubertätsprobleme zunutze machen kann. Auf jeden Fall ist das ausgleichende Element, das sie umgibt, an sich schon ein Hilfspotenzial von immenser Wichtigkeit. Man kann sich glücklich schätzen, wenn man einen oder mehrere solcher Schüler in der Klasse hat.

Peer und Tom sind begabte, offene junge Menschen. Auch im Künstlerischen und Handwerklichen fallen sie positiv auf. Tom spielt ausgezeichnet Klavier. Beide sind im Klassengeschehen sowohl für die Mitschüler als auch für die Lehrer eine Bereicherung. Allerdings sind beide überzeugte Raucher. Als per Gesetz das Rauchen an den Schulen verboten wird, geraten sie in Schwierigkeiten. Gemeinsam mit einem Nichtraucherkomitee erarbeiten sie sich ein handhabbares Programm, mit dessen Hilfe sie ohne Zigaretten durch den Schultag kommen. Als eine Aufklärungskampagne in einer sechsten Klasse gegen Nikotinsucht ansteht, sind sie spontan bereit, mit den Jüngeren über ihre Sucht zu sprechen. Viele Fragen richten die Sechstklässler an die Älteren, und schließlich wird sogar der Lehrer hinausgebeten, damit man ungestört auch intime Fragen äußern kann. In einem Nachgespräch stellt sich heraus, dass diese abhängigen Raucher den Jüngeren geraten haben, am besten gar nicht erst damit anzufangen. Eine solche Aussage ist sicher viel wirksamer als jede Warnung von Erwachsenen. Freiwillig kam es dann sogar noch zu einer nächsten Veranstaltung über Alkoholmissbrauch.

◂

Je nach Situation und Lehrer zwischen den Extremen schwankende Schüler

Wohl der größte Teil der Schüler gehört dieser Gruppe an.

Immer wieder wird man feststellen, wenn man sich mit anderen Lehrern oder Eltern über Schüler austauscht, dass ganz gegensätzliche Wahrnehmungen und Erfahrungen mit deren Auftreten und Leistungsfähigkeiten existieren. Offensichtlich gelingt es unterschiedlichen Lehrerpersönlichkeiten, auch unterschiedliche Kräfte im Unterricht zu mobilisieren. Das mag mit der Fähigkeit, den Stoff annehmbar zu gestalten, genauso zusammenhängen wie mit schlichten Sympathie- oder Antipathiekräften, die im menschlichen Miteinander immer eine bedeutsame Rolle spielen.

Es hilft jedoch, wenn man hört, dass ein junger Mensch, mit dem man gar nicht klarkommt, auch andere Seiten in sich birgt. In so manchem Fall ist man dadurch aufgefordert, seine eigene methodische Vorgehensweise noch einmal zu überdenken. Zumindest ist der starre Blick auf die »Fehler« des Schülers nicht mehr so einfach möglich.

Es kann allerdings auch passieren, dass durch den Reifeprozess im Verlauf der Pubertät ein Wandel im bisherigen Verhältnis zwischen Lehrer und Schüler auftritt, und zwar ist dies in beide Richtungen möglich. Nicht selten sieht ein Heranwachsender mit zunehmender Erweiterung seines eigenen Horizontes den Unterrichtsinhalt und auch die ihn vermittelnde Lehrerpersönlichkeit in einem völlig neuen Licht. Es wächst in ihm das Gefühl für die Sinnhaftigkeit oder Sinnlosigkeit des Lernstoffes und für die eigene Persönlichkeitsentwicklung, und er lernt sein Verhalten immer mehr dementsprechend selbst zu gestalten. Auch wird er mit wachsender Selbsterkenntnis immer unabhängiger von den bisher ungefilterten Einflüssen von Sympathie und Antipathie. Er lernt sie Stück für Stück mehr zurückzuhalten und selbst zu steuern. Plötzlich bemüht er sich, mit einem Lehrer auszukommen, weil er den Inhalt des Unterrichts lernen will. Es ist aber ebenso möglich, dass bei der nächsten Stimmungsschwankung alles wieder über Bord geworfen wird, weil es einfach zu anstrengend ist.

Das Pendel kann auch zur anderen Seite ausschlagen, und von heute auf morgen kommt ein Lehrer mit seinem »Lieblingsschüler« überhaupt nicht mehr klar. Alle so vertrauten Umgangsformen funktionieren nicht mehr und das Rätsel der seelischen Wandlungsprozesse kommt auf diese Weise recht schmerzhaft zum Tragen. In dieser Situation ist es für den Lehrer wichtig, das »Gesetz der Treue«[91] wirken zu lassen, indem man sich bewusst macht, dass der schöne Teil eines Menschen, welchen man irgendwann einmal kennengelernt hat, niemals ganz verloren ist. Schon die bewusste Erinnerung an dieses »Gesetz« lässt es wirksam werden. Dadurch wird geistig ein Ausgleich geschaffen, der im Alltäglichen so nicht möglich ist.

Das Prinzip der Hoffnung auf den Wandel und der Glaube an das Gute sind in der unübersichtlichen Phase der Pubertät neben der Stärkung der eigenen inneren Stabilität die besten Ziele, welche ein Lehrer sich zu deren Bewältigung setzen kann.

Unumgänglich ist jedoch auch der intensive Austausch, das Besprechen der jeweiligen Situation mit den Kollegen und den Eltern. Nur so lässt sich die Suche nach Lösungen auf mehrere Schultern verteilen, und nur so ist gewährleistet, dass getroffene Verabredungen auch wirklich von allen eingehalten werden. Gerade in dieser Phase der jugendlichen Wankelmütigkeit sind eindeutige und klar ausgesprochene Rahmenbedingungen für eine Orientierung unumgänglich. Diese Rahmenbedingungen sollten jedoch in Ruhe und mit Sorgfalt von allen gemeinsam festgelegt sein und auf keinen Fall vorschnell aus irgendeinem Affekt heraus entstehen. Hilfreich sind gemeinsame Konferenzen, in denen zunächst ein urteilsfreies Bild des Schülers und der begleitenden Umstände erstellt und erst dann nach Möglichkeiten für den Umgang mit der anstehenden Frage gesucht wird.

▶

Lasse ist schon immer ein etwas »schwieriger« Schüler gewesen. Seine Mutter hat ihn bisher allein erzogen, und ab und zu geht das marokkanische Temperament seines Vaters mit ihm durch. Er ist ein bildhübscher Junge und kann mit seinem Charme anschließend meistens alles wiedergutmachen. Sein ungestümes Verhalten und die Frühreife haben ihn zu einem »Trendsetter« in der Klasse werden lassen. Im Laufe seiner massiv auftretenden Pubertät macht er es den Lehrern in vielen Fächern sehr schwer, mit ihm umzugehen. Man veranstaltet eine Klassenkonferenz, bei der herauskommt, dass sich bis auf den Turn- und den Handwerklehrer alle absolut mit ihm überfordert fühlen und mit ihrer »Kunst« am Ende sind. Nachdem man seine Stärken und Schwächen eindringlich beleuchtet hat, kommt man zu dem Entschluss, den jungen Mann, immer wenn er Schwierigkeiten macht, in die Werkstatt zu schicken, damit er dort seine überschüssige Kraft loswerden kann. Mehrere Monate ist er regelmäßiger und tüchtiger Gast in der Werkstatt, wo er verschiedenste Reparaturen für die Schule sorgfältig erledigt. Eine Zeit lang sieht es so aus, als käme er nur noch zur Schule, um handwerklich zu arbeiten. Allmählich scheint in ihm ein Wandel vorzugehen, und eines Tages verkündet er, dass »man« in heutiger Zeit einen Abschluss braucht, wenn »man« etwas werden will, und dass er sich entschlossen hätte, das Abitur zu machen.
Von heute auf morgen sind die Störungen Vergangenheit. Er arbeitet selbstständig und intensiv mit, schafft aber zunächst nur die mittlere Reife. Erst nach einer handwerklichen Lehre macht er sein Abi in einer Abendschule und studiert anschließend Architektur.

◀

Lehrertypen und deren Bedeutung für den Pubertierenden

Nicht zu allen Zeiten und in allen Kulturen hat man den Schritt zur Erdenreife als problematisch angesehen. Erst unsere Kultur und unsere Erziehung machen aus diesem erforderlichen Entwicklungsschritt junger Menschen beinahe so etwas wie eine Krankheit. Ob die Krise, die jeder Reifeprozess hervorruft, jedoch tatsächlich in eine Krankheit mündet oder für Leib und Seele die nötige Reifung und Stärkung bringen kann, hängt ganz entscheidend davon ab, wie »die Erziehenden« bereit sind, sich diesem Thema zu stellen. Die jungen Menschen ahnen, dass sie erst auf dem Weg zu ihrer vollen Selbstständigkeit sind, und benötigen darum dringend das Wissen der Lehrer, Eltern und anderer Erwachsener. Erst durch ausreichende seelische Nahrung kann es zu einer gesunden Entwicklung kommen. Die Fähigkeit, diese Nahrung auch zur Verfügung zu stellen, ist jedoch nicht jedem Lehrer in gleichem Maße gegeben. In diesem Sinne lassen sich vier unterschiedliche Lehrerpersönlichkeiten erkennen, die im Folgenden charakterisiert werden sollen.

Der analysierende und immer alles erklärende Lehrertyp (»Das Lexikon«)

Bei diesem Typ handelt es sich beinahe um ein Opfer des eigenen Berufsbildes. Ein großer Teil seiner akademischen Ausbildung richtet sich an den intellektuellen Teil seiner Persönlichkeit. Das Universitätsstudium unserer Tage besteht beinahe ausnahmslos darin, ein möglichst großes Wissensdepot anzulegen, auf welches man dann im wirklichen Berufsleben zurückgreifen kann. Gerade im traditionellen Lehrerbild soll dann der fertige Lehrer möglichst in vorgeschriebener Zeit ein bestimmtes Quantum dieses Wissens an die Schüler weitergeben. Ob es dort wirklich angekommen ist, muss dann auch jederzeit auf eine vorgeschriebene Art überprüfbar sein. In diesem in sich logischen und folgerichtigen System werden dem Jugendlichen also auf vorgefertigte Fragen auch vorgefertigte Antworten präsentiert, welche dann in einer vorgefertigten Form auch wieder abfragbar sind.

Der Lehrer, der analysierend und erklärend vorgeht, entspricht also eigentlich genau dem von der Gesellschaft erwarteten Berufsbild. Denn ein Lehrer hat ja genau aus dem Grunde studiert, dass er dann »reines Wissen« an die nächste Generation weitergeben kann.

Schwierig wird das Ganze nur, wenn dabei ein nicht genau vorher festlegbarer Abschnitt des Lebens, wie zum Beispiel die Pubertät, ausgeklammert bleibt und ein Lehrer dennoch auf alles und jedes mit einer fein aufgegliederten Antwort aufwartet. Man kann sagen, dass jede nüchtern analysierende Erläuterung im Grunde nichts anderes als ein toter Prozess ist. Das Staunen zum Beispiel über den trillernden Gesang eines Zaunkönigs, die Verwunderung, wie ein so kleines Wesen eine so gewaltige Stimme haben kann, und die Schwierigkeit, ihn wegen seiner ausgesprochenen Tarnfarbe überhaupt im Buschwerk finden zu können, sind dagegen lebendige Vorgänge, die das Interesse wecken und zu weiterer Beobachtung auffordern können. Wie arm ist dagegen die Mitteilung, es handele sich um einen Singvogel mit dem Namen Zaunkönig, sein Gewicht betrage etwa 6 Gramm und er komme in ganz Europa vor. Man hört es, sagt: «Interessant« und kann das Ganze unter dem Begriff »Vogelwissen« abhaken. – Und dann kümmert man sich nicht weiter darum! Bei lebendigen Fragen ist der Zeitraum des interessierten Forschens, das innere Lauschen nach akzeptablen Lösungsmöglichkeiten, das Abwägen und Überprüfen der eigentlich wichtige Prozess, an dessen Ende erst die möglichst genau definierte Erklärung liegen sollte.

Gerade der Jugendliche in der Pubertät ist von unzähligen Fragen umgeben, von denen viele den tiefsten Grund der Existenz berühren und deren Inhalte sich oft um den wahren Sinn des Lebens und seine ganz persönliche Ich-Findung drehen. Eine Antwort ist von einem Außenstehenden wohl gar nicht, zumindest nicht schnell zu geben. Auf der anderen Seite sehnt sich der Pubertierende nach einer passenden Antwort. Er spürt das kaum auszuhaltende Vakuum zwischen drängender Frage und noch nicht erreichbarer Antwort.

Ist aber dieser Zwischenraum zwischen Suchen und Finden nicht unbedingt erforderlich, wenn das »wirkliche Ich« und dessen individuelle Kraft von jedem einzelnen Menschen selbst entdeckt werden sollen? Pablo Picasso hat dazu den Gedanken formuliert: »Ich suche nicht, ich finde ...«

Somit scheint die Aufgabe des Lehrers vom analysierenden und erklärenden Typ die zu sein, ganz genau zu prüfen, ob der richtige Zeitpunkt für die hervordrängende Antwort und Erklärung schon gekommen ist oder ob der junge Heranwachsende nicht noch die Chance braucht, selbst nach Lösungen zu forschen. Unter diesem Aspekt kann es sogar sinnvoll sein, sich einer Antwort ganz und gar zu enthalten und es dem jungen Menschen vertrauensvoll zu überlassen, eine ihm gemäße Antwort durch den Reifeprozess des Lebens selbst zu finden. Für jemanden, der diese Antwort schon sicher zu kennen glaubt, ein schwieriges Unterfangen. Sieht ein Lehrer seine Aufgabe jedoch in der Bildung der eigenständigen Persönlichkeit seines Schülers, so lohnt sich diese ungewohnte Anstrengung.

Auch Eltern, wie überhaupt viele Erwachsene, neigen oft – und vielfach sogar ungefragt – zu dieser analysierenden Haltung. Sie sind sicher, viel zu wissen. So bemühen sie sich, dem Jugendlichen negative Erfahrungen zu ersparen. In vielen Fällen vertreten sie jedoch eher dogmenartige Standpunkte darüber, was »man« zu tun und zu lassen hat, ohne dass eine wahre Erkenntnis dahintersteht. Jugendliche, welche oft diesem Einfluss ausgesetzt sind, haben häufig große Schwierigkeiten, die eigenen Lebensumstände richtig einzuschätzen. Das kann Unsicherheit und Angst hervorrufen. Die freiwillige Selbstbeschränkung ist deshalb an vielen Stellen für die Eltern genauso wichtig wie für die Lehrer.

Neben der Neigung, alles zu intellektualisieren, haben viele Lehrer die Eigenart, zu einer von einem Schüler geäußerten Meinung eine Gegenposition zu beziehen oder zumindest Argumente für eine »Antithese« zu formulieren, entsprechend dem alten philosophischen Grundsatz, dass erst eine Synthese möglich ist, wenn vorher These und Antithese gegenübergestanden haben. In manchen Unterrichtssituationen mag dieses Vorgehen immer noch richtig sein. Kann ein Erwachsener jedoch nur schwer den Standpunkt eines Schülers unkommentiert, sprich ohne Antithese, stehen lassen, so sollte er sich nicht wundern, wenn dadurch deren Widerwille geradezu hervorgelockt wird. An solcher Stelle trifft das alte Sprichwort auch heute noch zu: »Reden ist Silber, Schweigen ist Gold.«

Um aus einer solchen eingefahrenen Situation gemeinsam herauszufinden, könnte man den Mut zu einer Projektarbeit aufbringen.

Lehrertypen und deren Bedeutung für den Pubertierenden

»Mut« aus dem Grunde, weil eine echte Projektarbeit zunächst noch keine festgelegte Form hat. Weder die Schüler noch die Lehrer wissen, wie der thematische Umfang ist, wie das genauere Vorgehen oder das Ergebnis aussehen kann. Alle betreten geistiges Neuland, aber alle sind auch mitverantwortlich für den entstehenden Prozess und das Resultat. Selbst der erfahrene Lehrer kann nicht auf altes Wissen zurückgreifen, kann nichts schon vorher erklären. Aber er kann sich auf seine größere Erfahrung verlassen und dennoch mit allen gemeinsam Neues entdecken. Der Jugendliche bemerkt, dass der Erwachsene bereit ist, sich auf Neues einzulassen. Dieses Suchen nach neuen Möglichkeiten erlebt er im Verlauf seiner Pubertät täglich und existenziell bei sich selbst. Stellt er fest, dass selbst ein Lehrer noch bereit ist, zu neuen Ufern aufzubrechen, gibt ihm das Hoffnung, den Weg ebenfalls finden zu können.

Herr K. ist verzweifelt. Sein Lieblingsstoff, *Parzival* von Wolfram von Eschenbach, findet in seinen Stunden bei den heutigen Jugendlichen immer weniger Anklang. Lange hat er nur auf seine altbewährten Methoden und Unterlagen zurückgegriffen. Früher oder später wurde dann den Schülern schon klar, worauf er hinauswollte. Wenngleich es in den letzten Jahren immer mehr Erklärungen brauchte, bis sie etwas verstanden, hielt er noch lange an seinen ausschweifenden Erläuterungen fest, als seien sie sein letzter Notanker.

Die angeödeten Gesichter werden jedoch immer mehr. Er versucht, manches anders zu machen als früher. Aber jetzt ist er mit »seinem Latein« am Ende. In seiner Not wendet er sich an eine junge Kollegin, die mit dem gleichen Stoff in anderen Klassen scheinbar erfolgreicher ist. Sie rät ihm, es doch mal mit einer Projektarbeit zu versuchen. Er hat zwar schon von dieser Methode gehört, sie löst aber Angst in ihm aus, weil darin sehr viele Unwägbarkeiten zu stecken scheinen. Die junge Kollegin bringt es fertig, ihn zu diesem Experiment zu überreden. Nicht zuletzt, weil er sie mag und sie sich bereit erklärt, ihm dabei zur Seite zu stehen, lässt er sich auf das Unbekannte ein.

Seine Schüler trauen zunächst ihren Ohren nicht, als er ihnen eröffnet, er würde mit ihnen etwas versuchen, von dem er selbst noch gar nicht wisse, wie es funktioniere. Die Aufgabe sei ganz einfach die, dass sich freiwillig Dreier- bis Fünfer-Gruppen finden sollten, die selbstständig den Text lesen und ihre Interpretation in einer künstlerischen Darstellung von maximal einer halben Stunde am Ende der Epoche vorstellen müssten. Jeden Tag sollten drei in einem Plan festgelegte Gruppen über den Stand ihrer Arbeit berichten. Einmal in der Woche wolle auch die junge Kollegin mit dabei sein.

Herr K. stellt schon in der zweiten Woche fest, dass seine Schüler wie ausgewechselt sind und er sich nicht halb so viel anstrengen muss wie sonst. Auch ist er jeden Tag äußerst gespannt auf die Vorstellungen der Gruppen. Die Ergebnisse sind schließlich so beeindruckend, dass die junge Kollegin alle dazu überreden kann, für die ganze Oberstufe eine feierliche Vorstellung zu machen.

◀

Der distanzierte, pedantische Lehrertyp (»Das Gesetz«)

Lehrer dieses Typs haben meist ein etwas sachliches und kühles Auftreten. Alles ist in feste Regeln eingebunden, ein emotionales Pendeln in die Extreme wird möglichst unterdrückt. Die Unterrichtsinhalte werden nach genau festgelegten Vorlagen vermittelt, an deren fachlicher Korrektheit nicht das Mindeste auszusetzen ist. Eine gegenseitige Verständigung oder eine Diskussion findet nicht statt. Weicht ein Schüler von dem vorgegebenen Rahmen ab, werden schnell Maßnahmen, wie Vor-die-Tür-Stellen oder Strafarbeiten, ergriffen, wodurch die Stimmung nur noch mehr abkühlt.

Eine solche Atmosphäre ist für Pubertierende wenig förderlich und eher eine Herausforderung zum Widerstand. Nicht selten sind die Lehrer dieses Typs früher in ihrem Beruf ganz engagiert gewesen, haben sich aber durch irgendwelche Lebensumstände um ihre Kraft und Motivation gebracht und können sich nun nur noch durch diese trockene und unlebendig wirkende Art über Wasser halten. Diese Hintergründe werden von den Jugendlichen erbarmungslos entlarvt und sie finden Mittel und Wege, dem Lehrer das Leben nur noch schwerer zu machen. »Burnout« ist früher oder später die beinahe zwangsläufige Folge.

Ein Jugendlicher, der sich in der Pubertät befindet, hat oft nur wenig Interesse, sich mit den Unzulänglichkeiten und dem Unvermögen des Lehrers auseinanderzusetzen. Hat er doch mit den eigenen anstehenden Entwicklungsschritten schon genug zu tun. Er braucht in der Umgebung Erwachsene, die sich und ihr Ich kennen und durch ihr Verhalten und ihre Gedanken die Richtschnur und Orientierung geben, an denen sich der Jugendliche durch die Wirren seiner Fragen hindurchhangeln kann. Besitzen sie dazu nicht (mehr) die entsprechenden Fähigkeiten, wird dies früher oder später aufgedeckt.

Frau von H. war eine kleine, kräftig gebaute Mittfünfzigerin mit angegrautem, streng gescheiteltem Haar. Sie trug meist grau-braune, schlichte Kostüme und hatte ihre Unterrichtsmaterialien immer in einer verschlissenen ledernen Einkaufstasche dabei. Sie hatte sich schon früh für den Lehrerberuf entschieden und mit vierundzwanzig Jahren bereits das zweite Staatsexamen hinter sich. Dann ging sie für fünf Jahre nach Kenia und leistete dort in verschiedenen Projekten Aufbauarbeit. Mit dreißig tat sie sich mit einem Bauingenieur zusammen und zog nach München. In einer Stadtrandschule wurde sie als engagierte Lehrerin allseits geschätzt. Als sich nach sieben Jahren herausstellte, dass sie keine Kinder bekommen konnte, trennte sich der Mann von ihr und sie nahm eine Stelle an einer Schule in freier Trägerschaft an, von deren ideellem Hintergrund sie überzeugt war. Die ersten Jahre im Norden Deutschlands waren für sie sehr hart, die Lebensart der Menschen dort empfand sie lange als befremdlich. So vergrub sie sich ganz in ihrer Aufgabe als Oberstufenlehrerin, gab sich Mühe, den Groll über das Verlassensein zu vergessen, und lebte nun, immer mehr isoliert von dem Geschehen um sich herum, nur für den Beruf. Das einzige Vergnügen, welches sie sich gönnte, waren Süßigkeiten. So hatte sie immer Vorräte in ihrer Tasche dabei, auf die sie in den Pausen zurückgreifen konnte.

Im Unterricht war sie sehr korrekt, immer gut vorbereitet und um äußerste Objektivität in der Benotung bemüht. Sie schloss die Türen zu Beginn der Stunde exakt mit dem Klingelzeichen, und zu spät kommende Schüler wurden erst nach genau festgelegter Zeit in einem Pulk zusammen eingelassen. Schon das Anklopfen einzelner Schüler zur Unzeit bedeutete für sie eine unakzeptable Störung. Noch nie hatte sie den Unterricht auch nur eine Minute früher als mit dem Klingelzeichen beendet.

Ihre immer strenge und als unbeweglich empfundene Art hatte aber inzwischen den Widerstand von Eltern und Schülern hervorgerufen. Niemand mochte sie als Lehrerin haben und sie geriet zunehmend in eine Abwehrposition. Inzwischen hatte sich bei ihr eine ernste Unregelmäßigkeit im Herzrhythmus eingestellt, und über ihre weitere Tätigkeit konnte erst nach einer Behandlung und anschließenden Kur richtig entschieden werden.

Die schonungslose Meinung eines Pubertierenden: »Uns predigt sie von gesunder Umwelt, und selbst stopft sie sich den Bauch mit Süßigkeiten voll. Soll sie doch erst mal bei sich selber anfangen!«

◂

Der immer besorgte, nachgebende Lehrertyp (»Die Glucke«)

Eine solche Lehrerpersönlichkeit hat große liebevolle Herzenskräfte zur Verfügung. Sie ist stets bemüht, sich in die Lage des Schülers zu versetzen, wo nötig zu trösten und nach Lösungsvorschlägen zu suchen. In intimeren Problemsituationen ist sie bereit, sich zum engen Vertrauten des Schülers zu machen. Hat ein Schüler Schwierigkeiten mit dem Unterrichtsstoff, sucht eine solche Lehrerpersönlichkeit wie selbstverständlich nach weiteren Methoden. Treten ernsthaftere Konflikte auf, so will sie gerne nachgeben und möglichst schnell eine für den Schüler akzeptable Lösung finden. Antipathische Kräfte hält sie nicht für zentral und ist darum schnell für Schlichtungsvorschläge zu haben. Eine solche Lehrerpersönlichkeit ist durchweg bei den Schülern beliebt, weil sie das schulische Geschehen aus deren Sicht sehr erleichtert.

Diese »aufopfernde« Art führt jedoch zu einer großen Extrabeanspruchung des Lehrers. Er ist bereit, mehr als andere zu geben, unter Umständen aber auch mehr, als er zur Verfügung hat. Sicherlich bringt das positive Feedback der Schüler und Schülerinnen auch eine innere Stärkung mit sich. Die Gefahr, sich zu verausgaben, über die Grenzen der vorhandenen Kräfte zu gehen, ist allerdings sehr groß.

Haben Schüler, die in der Pubertät sind, oft mit solchen Lehrern zu tun, wird ihnen die Chance genommen, sich am echten Erwachsenenstandpunkt zu reiben, gegensätzliche Sichtweisen kennenzulernen, die dadurch auftretenden Konflikte auszuhalten und es schließlich bis zu einer wirklichen Kompromisslösung zu bringen. Auf der Suche nach dem Ich, die immer auch mit einem gewissen Egoismus behaftet ist, wird der Jugendliche verführt, sich auf Kosten anderer zurückzulehnen und das Gegenüber sogar noch aktiv und provozierend zu reizen. Der wahre Blick für die Zusammenhänge bleibt dabei für ihn verschwommen, weil er nicht mit den Tatsachen konfrontiert wird.

Besonders stark wirkt sich diese Negativverknüpfung bei den ohnehin schon angepassten Pubertierenden aus. Sie benötigen, um aus ihrem Verhaltensmuster ausbrechen zu können und den nötigen Reifeschritt zum »freien Ich« zu schaffen, nicht in jedem Fall das hingebungsvolle Verständnis, sondern vielmehr die bewusst geführte und pädagogisch angelegte Konfrontation, welche dabei nicht lieblos sein muss. Diese Schüler sind ja in ihrem Verhalten gerade noch zu sehr angepasst und brauchen als Leitbildspiegelung freie und nicht angepasste Erwachsene, die ihre eigenen Grenzen kennen und bewusst damit umgehen können.

Frau S. ist eine etwas rundliche, kleine und sehr mütterliche Lehrerin von siebenundvierzig Jahren. Ihre beiden Kinder gehen an die gleiche Schule wie sie. Ihre Fächer sind Französisch und Handarbeit. Obwohl sie die Voraussetzungen hat, das Abitur abzunehmen, unterrichtete sie bisher auf eigenen Wunsch nur bis zur Mittelstufe. Dort ist sie beliebt. Immer herrscht eine lockere, gemütliche Atmosphäre. Im Handarbeitsunterricht darf jeder herumgehen, reden, essen und trinken, so viel er will, wenn er »auch« arbeitet.

Sie führt die Klassen immer mehrere Jahre hindurch. Ist so eine Klasse voll in der Pubertät, geht es oft ganz schön hoch her, besonders im Französischunterricht. Sie lässt sich dadurch aber nicht aus der Ruhe bringen.

Problematisch ist dies jedoch für die Lehrer, welche die Klasse nach solchen Stunden unterrichten sollen. Man tauscht sich privat über diese Erfahrung aus. Ein Kollege sagt dazu, er müsse immer erst einen Sack Flöhe einfangen. Wenn er damit durch sei, sei die Stunde zu Ende. Anderen gehe es ähnlich, und so etwas passiere selten, wenn jemand anderes vorher in der Klasse gewesen sei. Einhellig wünscht man sich ein etwas »strengeres Regiment« mit strafferen Vorgaben bei dieser ansonsten sehr geschätzten Kollegin. Niemand traut sich jedoch, es ihr zu sagen.

Erst als auf einem Elternabend eine Mutter über die häuslichen Schwierigkeiten mit ihrem pubertierenden Sohn berichtet, zeigt sich, dass auch andere Eltern das Problem wechselnder Rahmenbedingungen für die Jugendlichen erkannt haben. Erschrocken nimmt Frau S. die vorsichtig auch an sie gerichtete Kritik an und verspricht, sich um eine Änderung zu bemühen. Inwieweit ihr ehrlicher Wille schon zu einem wirklichen Wandel reicht, ist nur schwer abzuschätzen.

◀

Der aus gereifter Persönlichkeit frei agierende Lehrertyp (»Die eierlegende Wollmilchsau«)

Dies ist das Idealbild eines Lehrers: Jemand hat sich durch sein Studium und den Verlauf seiner Ausbildung einen großen Fundus an Wissen zugelegt, auf den er jederzeit zurückgreifen kann. Außerdem ist er körperlich, geistig und seelisch sehr anpassungsfähig und belastbar. Weltoffenheit, Toleranz und Liebefähigkeit sind nur einige seiner Qualitäten. Die Licht- und Schattenseiten des Lebens sind ihm gleichermaßen bekannt, auch kennt er seine eigenen Stärken und Schwächen in Zeiten von Freude genauso wie im Leid. Kurzum: Es handelt sich um die Spezies einer »eierlegenden Wollmilchsau mit intellektuellem Hintergrund«. Sprich: Es gibt sie nicht!

Und dennoch ist es sinnvoll, sich dieses Ideal gerade unter der Fragestellung, was Pubertierende von den Lehrern brauchen, bewusst vor Augen zu halten. Genauso wie es *den* Pubertierenden gar nicht gibt, gibt es auch den Ideallehrer nicht und auch nicht *die* ideale Methode. Jeder einzelne Mensch ist ganz individuell in sein besonderes Schicksalsgefüge hineingestellt, egal ob gerade geboren, ob in der Pubertät stehend oder auf die Pensionierung wartend.

Dementsprechend ist es nicht verkehrt, wenn ein Lehrer auf unterschiedlich pubertierende Schüler auch auf verschiedene Art reagieren kann. Je größer sein Repertoire an Angeboten ist und je freier er damit umgehen kann, desto besser für manche Unterrichtssituation.

Am wichtigsten ist es jedoch, dass er sich selbst kennenlernen und auch weiterentwickeln will, egal auf welcher Entwicklungsstufe er sich gerade befindet. Leben heißt immer auch Wandel und Veränderung, es ist niemals starr und lässt sich schon gar nicht in ein Raster pressen. Selbst wenn man sich für unzulänglich hält oder auch schon für perfekt, es gibt immer noch etwas, was der Erweiterung bedarf, und das Streben danach lohnt sich eigentlich immer. Egal ob der Blick in Richtung Lehrer geht oder sich auf die Pubertierenden konzentriert, alle sind sie im Streben begriffen, und der Versuch, wirklich weiterzukommen, ist der Angelpunkt für einen guten Unterricht und für eine gute Schule.

»Gute Schule« für den Pubertierenden

Welche Qualitäten sollte eine Schule aufweisen, wenn sie im Hinblick auf die Zeit der Pubertät eine »gute Schule« sein will?

In erster Linie braucht eine Schule dafür »gute« Lehrer, die die Schwächen und Stärken der Schüler gleichermaßen wahrnehmen können, mit ihnen ins Gespräch kommen können. Sie müssen Bescheid wissen über die Probleme und Fragen, welche die Pubertierenden bewegen, und sie müssen in der Lage sein, ihnen Antworten zu geben und bei der Lösung zu helfen. Das erfordert bei den Lehrern Kompetenzen, die weit über die reine Wissensvermittlung hinausgehen.

Sollen junge Menschen dazu befähigt werden, ihre persönlichen Belange mit denen der sozialen Umwelt in gesunden Einklang zu bringen, so brauchen sie mehr denn je reife Bezugspersonen für die Begleitung durch die schwierige Zeit der Pubertät.

»Gut« ist eine Schule demnach, wenn es ihr gelingt, in selbstbestimmter Form Lehrkräfte auszusuchen, einzusetzen und fortzubilden. Will sie nicht nur den kognitiven Bereich stärken, sondern die Heranwachsenden ganzheitlich ausbilden, muss sie versuchen, Fächer aus den jeweiligen Lernbereichen lebensnäher zusammenzufassen, um so Potenziale für andere, mehr praktisch orientierte Unterrichtsinhalte freizusetzen. Flexiblere Unterrichts- und Pausenzeiten sind genauso wichtig wie Entlastungs- und Bewegungsphasen im Verlauf einer Unterrichtseinheit. Gerade ein Pubertierender braucht einen »atmenden« Stundenverlauf und Stundenplan, damit er sich immer wieder auch körperlich spüren kann. Ziel wäre ein Gemisch aus einer Interaktions-, Bewegungs-, Werkstatt- und Unterrichtsschule.

Offene Unterrichtsformen mit Gruppenarbeiten oder paarweises Vorgehen sind für Pubertierende zweckmäßig, denn sie können dadurch ihre Handlungskompetenzen sowie das Sozialverhalten und ihre Entdeckungsqualitäten üben. Auch im Durchstehen von Konfliktsituationen können sie sich stärken. Im selbstbestimmten und handlungsorientierten Lernen stärken sie letztendlich auch ihre Kreativität. Gruppenarbeiten beugen auch negativen Tendenzen wie Betrügen, Lügen, Klauen, Fremdenfeindlichkeit oder sogar Vandalismus in gewissem Maße vor.[92] Ein Lehrer wird in so einem System mehr und mehr zum Coach, zum aufmerksamen Begleiter, der den Pubertierenden zu Schlüsselqualifikationen verhelfen möchte.

Schlüsselqualifikationen, zu denen eine »gute Schule« ihren Schülern zu verhelfen versuchen sollte:

- Erkundungskompetenz
- Handlungskompetenz
- Teamfähigkeit
- Kreativität
- Entspannungskompetenz
- musische Kompetenz

- Bewegungsfähigkeit
- Mobilität
- Sozialkompetenz
- politische Mündigkeit
- Fähigkeit zu vernetztem Denken.[93]

Eine »gute« Schule hat zum Ziel, ihre Heranwachsenden lebenstüchtig, autonom und mündig zu machen, damit sie als starke Persönlichkeiten in ihrer Schule, in ihrem Betrieb, in der Gesellschaft und letztendlich auch als Weltbürger die Zukunft konstruktiv mitgestalten können.

Gute Lehrer

Die »Güte« einer Schule steht und fällt – nicht nur im Hinblick auf die Pubertierenden – mit der Kompetenz und der Fähigkeit der in ihr tätigen Lehrer. Sie benötigt den oben beschriebenen Lehrer, der aus gereifter Persönlichkeit frei handeln kann. Dieser braucht genauso viel Wissen, wie für die beste Stoffübermittlung erforderlich ist, und muss sich auf der Höhe des neuesten Forschungsstandes befinden. Denn eine zentrale Aufgabe einer Schule ist es immer noch, die Schüler zu befähigen, beste Kenntnisse im Lesen, Schreiben und Rechnen genauso zu erwerben wie ausreichende Allgemeinbildung, Fremdsprachenkenntnisse und naturwissenschaftliche Kompetenzen, und sie darüber hinaus ausbildungsreif, studierfähig, sozialkompetent und politisch mündig zu machen.

Daraus geht hervor, dass der Lehrerausbildung eine zentrale Bedeutung zukommt. Lehrer sollten schon in ihrem Studium mit einer Theorie-Praxis-Verknüpfung vertraut gemacht werden. Gerade in der Zeit der Pubertät braucht ein Heranwachsender immer mehr den Coach, den Begleiter oder auch den verständigen Nachhilfelehrer.

Seelisch hungrigen Kindern bzw. Jugendlichen den Dreisatz, Oxidationsberechnungen und Integralrechnung beibringen zu wollen ist ziemlich ineffektiv. Und was nützt ein physikalisch gesehen hochkompetenter Fachlehrer, der nicht weiß, wie er sein Spezialwissen in den

Kopf der Kinder zu transportieren vermag, die ihm auf der Nase herumtanzen? Das Schätzen und Überschlagsrechnen zu beherrschen, die Fähigkeit, Daten, Statistiken und graphische Darstellungen interpretieren zu können und sich die Größenverhältnisse zwischen einer Million, einer Milliarde und einem Tausendstel vorzustellen, all das ist heute beinahe wichtiger als die Integralrechnung und die Beherrschung des Sinussatzes.[94]

Ein für den Pubertierenden guter Lehrer muss in der Lage sein, auch offene Unterrichtsformen durchzuführen, er sollte sich zurücknehmen und auf das lauschen können, was die Jugendlichen nötig haben. Er hat mehr ein Lernberater, ein kompetenter, aber freilassender Begleiter zu sein. Dazu sollte er schon in der Ausbildung befähigt werden, oder er muss geistig und seelisch so jung und beweglich bleiben, dass er sich Fertigkeiten wie Teamfähigkeit und Sozialkompetenz zusätzlich zu seinem Fachwissen aneignen kann. Gerade die Heranwachsenden benötigen derartige jung und innerlich beweglich gebliebene Lehrer. Ein solcher Lehrer wird immer mehr zum Lernberater in einer Lernwerkstatt anstelle eines Stundengebers in einer Belehrungsanstalt.[95]

Ein weiteres wichtiges Kriterium für einen guten Lehrer ist, ob er über den Tellerrand seines eigenen Faches hinausschauen kann und so in der Lage ist, mit anderen Kollegen fächerübergreifend wirksam zu werden. Ein Pubertierender, der ja gerade dabei ist, sich mit seinem eigenen Inneren und der Umwelt intensiv auseinanderzusetzen, braucht in dieser Zeit Erwachsene, die durch ihr Tun im menschlichen Miteinander ein Vorbild sein können. Schaffen es die Lehrer, sich über ihre Fachegoismen und vielleicht auch Vorurteile hinwegzusetzen und so zu einer fruchtbaren Zusammenarbeit zu kommen, ist dies nicht nur für das zu vermittelnde Wissen von Vorteil, sondern prägt die Schüler, die an diesem Prozess Anteil haben durften, in positivem Sinne.

Nur eine in sich autonome und flexible Lehrerpersönlichkeit ist zu dieser Vorbildfunktion geeignet. Sie hat sich auf der einen Seite mit dem altüberlieferten Lehrerbild zu beschäftigen und auf der anderen Seite oft auch gegen die Vorurteile von Eltern und Berufskollegen durchzusetzen. Somit stellt sich einer solchen Persönlichkeit die gleiche Aufgabe wie dem Jugendlichen, nämlich soziale Kompetenz zu erwerben und zu leben.

Eine »gute« Lehrerpersönlichkeit ist in der Lage, mit den Pubertierenden in der Frage des Verhaltens und Auftretens genauso wie in der Frage der Disziplin und des Lernverhaltens gemeinsame Schritte zu gehen.

Gute Fächer

Zwar ist die Art der Vermittlung und die Einstellung des Lehrers zu seinem Fach von entscheidender Bedeutung (siehe oben). Doch braucht gerade der Pubertierende solche Fächer, die ihn in seiner momentanen Verfassung begeistern und in seiner Seelenverfassung und -entwicklung weiterbringen können. Das können im Prinzip für jeden Schüler andere Fächer sein, darum seien der Vorzug und die Bedeutung einiger in diesem Sinne wichtiger Fächer stellvertretend erwähnt:

Literaturunterricht am Beispiel von Poetik, Humor, Parzival

Viele Deutschlehrer betonen immer wieder die Bedeutung der Poetik-, Humor- und der Parzival-Epoche im Verlauf der Pubertät. Stellvertretend für sie sollen Äußerungen von den Deutschlehrern Edithe Zubli und Frank Steinwachs angeführt werden.[96]

Im Rahmen einer Parzival-Epoche passiert es immer wieder, dass die Schüler sich spontan und intuitiv mit der Figur des Parzival identifizieren und ihn genauso gut als eine selbstbestimmte Persönlichkeit heutiger Prägung auffassen können. Durch diesen Aktualitätsbezug wird es für sie möglich, sich mit dem Schicksalhaften in der eigenen Biografie und mit ihrem eigenen Erkenntnisweg auseinanderzusetzen; gleichzeitig können sie in eine kritische Identifikation und Auseinandersetzung mit dem Titelhelden gebracht werden und bleiben nicht an dem eher steif und »hölzern« wirkenden Äußeren der Figuren mittelalterlicher Epik hängen.

Frank Steinwachs berichtet von einer Schülerin, welche ein Referat hielt, in dem sie das Verhalten Herzeloydes anhand einiger Kriterien aus dem Buch *Die Kunst des Liebens* von Erich Fromm analysierte. Sie arbeitete eine beeindruckende und psychologisierte Charakteristik der Beziehung zwischen Parzival und seiner Mutter heraus.

Für die Schüler ergibt sich das Bild von Parzival als einem Menschen mit eigenen, persönlichen Konflikten, welche sich zwar vor langer Zeit abgespielt haben, so aber auch heute stattfinden könnten. Diese Überbrückung von einem ganz anderen Zeitalter in unsere Zeit hat eine tief prägende Wirkung auf die heranwachsenden Menschen. Die Parzival-Epoche ist somit eine wichtige »Schnittstelle zwischen notwendiger Kompetenzvermittlung und begleitender Erziehung der Jugendlichen«.[97]

Von entscheidender Bedeutung ist aber auch der komische, narrenhafte Start Parzivals ins Leben. Seine unbedarfte Art, mit den Menschen und Situationen umzugehen, weckt im jungen Menschen die Hoffnung, es ihm gleichtun zu können. Edithe Zubli hebt in diesem Zusammenhang auch die Humor-Epoche als wichtigen Baustein in der Entwicklung junger Menschen hervor. Hier können die Jugendlichen sich intensiv mit der Bedeutung einer humorvollen Sichtweise beschäftigen. Kommen Komik und Poesie auch schon in der Parzival-Dichtung von Wolfram von Eschenbach als Element zum Tragen, so wird die Wichtigkeit der Poesie in der entsprechenden Epoche in ihrer ganzen Bedeutung für Heranwachsende deutlich.

Der künstlerisch-handwerkliche Unterricht

Erst das Erfinden von Herstellungsverfahren und deren praktische Umsetzung durch Arbeit haben die menschliche Kultur und Zivilisation hervorgebracht. Auf der einen Seite ist also der Gedanke, die Idee notwendig, auf der anderen Seite muss dieser Gedanke in die Tat umgesetzt werden. In sinnvoller Arbeit wird so die Gedankentätigkeit mit der Gliedmaßentätigkeit verbunden.

Diese Einheit der produktiven Arbeitsbereiche des Menschen wird jedoch durch die heutige Arbeitsteilung immer mehr getrennt. Der Arbeitende folgt häufig einem Prozess, den er nicht selbst durchdacht und angelegt hat.

Weil unsere Gesellschaft die denkende Arbeitsvorbereitung für wichtiger hält als die Ausführung, wird dieser Bereich höher entlohnt. Das wiederum führt dazu, dass die Menschen lieber in Berufsfeldern tätig sein wollen, die mit der Planung und Vorbereitung der eigentlichen Arbeiten zu tun haben. Auf der anderen Seite verliert der Arbeitende oft immer mehr das Interesse an der vorausdenkenden, planerischen Seite seiner Tätigkeit und verarmt innerlich, sodass schließlich auch seine tätig-produktive Seite darunter leidet.

Auch im Bereich der Bildung und Ausbildung, also in Schule, Lehre oder Studium, gibt es diesen Trend hin zu einer Überbewertung des Kognitiven. Der Zeiger auf der Werteskala neigt sich eindeutig in die Richtung des theoretischen, abfragbaren Wissens. Prüfungen und Abschlüsse stehen dabei im Vordergrund und das praktische Tun ist selbst in handwerklichen Berufsfeldern nicht unbedingt als Schwerpunkt dabei.

Sinnvolles Tun aber ist in Wahrheit lebendige Geistigkeit. Erst zu tun und dann zu erkennen, erst zu erfahren und dann zu betrachten, erst der Wirklichkeit zu begegnen, dann distanziert zu reflektieren heißt im Grunde genommen, die Welt in ihrer echten Form wahrzunehmen und nicht in unverwurzelte Sphären abzudriften (wie das zum Beispiel bei dem Gebrauch von Drogen oder dem Cyberspace schnell der Fall sein kann).

Spielerisch-handelnd entsteht beim kleineren Kind die Grundlage der Ich-Entwicklung. Im Gespräch, in der Auseinandersetzung mit seinem Gegenüber wird der Jugendliche »am Du zum Ich«.[98] Der kontinuierliche Fortgang der Persönlichkeitsentwicklung ist abhängig vom Zusammenspiel äußerlich und innerlich erlebter Prozesse und deren Übereinstimmung (Kohärenzgefühl). Gerade der junge Mensch in der Pubertät ist mit den grundlegendsten Fragen an die Welt umgeben, deren Beantwortung ihm nur gelingt, wenn Sinn, Verstehen und Handhabbarkeit in »Ein-klang« zu bringen sind. Diesen »Klang« hervorzubringen ist die Hauptaufgabe der künstlerisch-handwerklichen Fächer. Der Unterricht wendet sich dabei an den ganzen heranwachsenden jungen Menschen und hat nicht zum Ziel, einen bestimmten Berufszweig zu vertreten.

Durch die Arbeit der Menschen ist die Erde verändert worden – und wird es auch heute noch. Der Antrieb dazu ist der Wunsch des Menschen, seine Bedürfnisse zu befriedigen. Das ist beim Jugendlichen schon genauso wie bei den Erwachsenen. Auf der einen Seite möchte man die Welt durchschauen und verstehen, auf der anderen Seite möchte man sie so umgestalten, wie es für die Lebensbedingungen am optimalsten passt. Das gilt sowohl für den täglichen Bedarf wie für den kulturellen und persönlichen Genuss. Hier scheinen sich gerade für den Jugendlichen unendliche Tore zu öffnen. Verwirklichen konnte und kann sich der Wunsch jedoch nur durch Anstrengung, durch Arbeit. Heute scheinen viele Ideen und Bedürfnisse auch möglich zu sein, ohne selber Hand anzulegen. Manche Menschen können es sich »leisten«, andere für sich arbeiten zu lassen. Dieses Bild trägt offensichtlich auch so mancher Jugendliche in sich. Getan werden muss aber alles auch heute noch!

Etwas zu bekommen, ohne sich dafür anstrengen zu müssen, ist immer noch ein Geschenk, eine Besonderheit, die darauf beruht, dass jemand anderes sich für mich mühen musste. Künstlerisch-handwerklicher Unterricht gibt dem Jugendlichen dagegen die Möglichkeit, die Qualität von innerer Befriedigung nach einem gewissen Maß von Anstrengung zu genießen.

Ein großer Teil der menschlichen Produktivkraft, zumindest in der westlichen Welt, ist in die wirtschaftliche Nutzung und Umwandlung der natürlichen Grundlage unserer Existenz geflossen. Dies geschah früher in Werkstätten und findet heute zunehmend in mehr oder weniger automatisierten Fabriken gigantischen Ausmaßes statt. Dadurch besteht die Gefahr, dass Grundfertigkeiten einfachen handwerklichen Schaffens mehr und mehr verloren gehen. Im Alltäglichen unserer westlichen Produktion sind sie nicht mehr unbedingt erforderlich.

Auch im schulischen Bereich ist seit Langem, wenn nicht schon immer, eine Trennung von umfassender allgemeiner Schulbildung und anschließender beruflicher Schulbildung praktiziert worden. Gerade in der Zeit der Pubertät ist aber der Aspekt der Verknüpfung von kognitivem Wissensstrom und körperlich geleisteter Tätigkeit ein ganz zentraler Punkt. Schon in unserem Sprachgebrauch gehen wir davon aus, dass wir etwas »be-greifen« müssen, wenn wir die genaue Kenntnis eines Zusammenhanges erlangen wollen. Unsere Organe zum Greifen sind die Hände. Mit ihnen ist uns das Instrument gegeben, universell in die Welt einzugreifen, sie zu gestalten, zu verändern. Sie stellen damit durch ihre Tat den Willensteil dar, im Gegensatz zum Gefühlsteil (Herz) und zum Denkteil (Kopf) unseres Wesens.

»Der Intellekt ist das Geistige zunächst in uns; wenn wir ihn aber ein-

»Gute Schule« für den Pubertierenden 307

Wer gähnt hier?

seitig entwickeln, Gefühl und Wille nicht mit ihm, dann entwickeln wir immer den Hang, materialistisch zu denken. [...] Wir dürfen namentlich nicht glauben, dass, wenn wir den Intellekt entwickeln, wir auch das Geistige im Menschen entwickeln. So paradox das klingt, so ist es doch wahr: Wir entwickeln nur im Menschen die Anlage, das Materielle zu begreifen dadurch, dass wir seinen Intellekt entwickeln. Erst dadurch, dass wir geschmackvoll in ästhetischer Weise sein Gemüt, sein Gefühlsleben entwickeln, erst dadurch weisen wir den Intellekt des Menschen auf das Seelische hin. Und erst dadurch, dass wir Willenserziehung treiben, selbst wenn diese Willenserziehung getrieben wird an äußerer Handfertigkeit, legen wir in den Menschen die Grundlage zum Hinordnen des Intellekts nach dem Geiste. Wenn so wenige Menschen heute einen Hang haben, den Intellekt nach dem Geiste hinzulenken, so beruht das darauf, dass der Wille so falsch erzogen wurde während der Kinderjahre.«[99] Letzteres gilt gleichermaßen für die Jugendjahre.

Hieraus ergibt sich, dass der Teil unseres Intellektes, der sich nur aus dem Vorstellungsbereich entwickelt, die Tendenz zeigt, auch reines Kopfwissen zu bleiben, und somit keine Möglichkeit hat, einen lebendigen Zugang zum Geistigen zu erlangen. Im Gegensatz dazu steht der Intellekt, der durch die Tat, den Willen, geweckt wurde, denn er eröffnet die Möglichkeit eines geistigen Durchdringens. Das von Gefühl und Willen durchdrungene Denken kann so in die geistige Welt hineinführen, während dem reinen Kopfdenken dies eher versperrt bleibt.

Rein theoretisches Denken hilft im Leben meist nicht viel weiter. Wenn wir zum Beispiel für die Führerscheinprüfung lernen müssen, dass sich der Bremsweg aus Reaktionszeit und der gefahrenen Geschwindigkeit ergibt, so mag dieses Wissen zwar für die Erlangung der Fahrerlaubnis erforderlich und für den einen oder anderen sogar ganz interessant sein, für das wirkliche Fahren spielt es nur sehr bedingt eine Rolle. Würde ich mir in einer Gefahrensituation erst einmal vor Augen führen, was ich da gelernt habe, säße ich wohl schnell auf der Stoßstange meines »Vordermannes«.

Wir sind zwar geneigt, das Begrifflich-Logische dem Geistigen zuzuordnen und somit auch das Wissen um den Bremsweg für eine geistige Leistung zu halten. Belebt oder gar belebend ist diese Leistung aber nicht, man muss eher von »totem« Wissen sprechen. In manchen Fällen kann es sogar passieren, dass eine theoretisch folgerichtige Lösung vom Wahrheitsgehalt der Sache wegführt und uns zu unwahrhaftigen Handlungen bringt. Man denke nur an die Folgerichtigkeit unserer Marktwirtschaft und die damit verbundene Umweltzerstörung.

Aus der Beobachtung der eigenen Denkprozesse kann der Jugendliche jedoch lernen, dass es neben dem reinen Erfassen von äußerlichen Wahrheiten auch solche gibt, die uns beleben, erfrischen, die sozusagen den ganzen Menschen ansprechen. Das ist eigentlich immer der Fall, wenn neben dem reinen Denkprozess auch die Gefühls- und besonders die Willensebene in uns angesprochen und gefordert wird. Oder wie Rudolf Steiner formulierte: »Versuchen Sie es einmal mit einem aktiven Denken, dann werden Sie sehen, wie dabei das Herz engagiert wird. Am intensivsten kommt der Mensch unserer Epoche in die geistige Welt hinein, wenn es ihm gelingt, das aktive Denken zu entwickeln. [...] Das aber ist zunächst ein Willensproblem, ein gefühlsmäßig zu erlebendes

»Gute Schule« für den Pubertierenden

Man darf nichts vergessen!

Willensproblem.«[100] Wird also das Denken des Jugendlichen in der rechten Weise vom Willen (Tat) und Gefühl ergriffen, kann es ihn an die geistige Wirklichkeit heranführen, während der reine Intellekt den Impuls hat, ihn an das Materielle zu fesseln.

Wenn das Wissen, heute umfangreicher als jemals zuvor, für den jungen Menschen seine volle Bedeutung erlangen soll, dann darf es nicht sozusagen wie auf Knopfdruck nur vom Kopf, sprich dem Gehirn, »ausgespuckt« werden und so im Raum stehen bleiben. Es muss vielmehr erst durch den ganzen Menschen gewandelt, umgeformt werden, um seinen wirklichen Stellenwert als geistige Realität zu erhalten. Ein Lernen nur für eine Prüfung hat diesen Stellenwert sicherlich nicht.

Seit einigen Jahren wird immer mehr erkannt, dass für die Bewältigung derzeitiger Aufgaben und das Lösen zukünftiger Probleme ein System von ganzheitlicher Bildung erforderlich ist. Viele Schulen und maßgebliche Leute suchen hier nach umsetzbaren Möglichkeiten.

Was aber ist mit ganzheitlicher Bildung gemeint? Das tätige Schaffen innerhalb unserer menschlichen Existenz an und mit der Erde in den unterschiedlichsten Tätigkeitsfeldern muss durch ein möglichst umfassendes Verständnis der komplexen Zusammenhänge ergänzt werden. Der Pubertierende ist von Fragen an sein Selbst und an dessen Zusammenhang mit der Welt erfüllt. Darum braucht er eine Bildung, die ihm Antworten sowohl über das Tun als auch über das Verständnis zur Verfügung stellt. Dazu gehört sowohl das Sich-Besinnen auf die Wurzeln menschlicher Tätigkeiten, welche auch heute noch in einigen handwerklichen Betrieben praktiziert werden, als auch die Begegnung mit dem Künstlerischen. Dabei ist Kunst als höchste Ausdruckskraft menschlicher Kreativität und Kultur gemeint.

In diesem Sinne ist künstlerisch-handwerklicher Unterricht ein Bewahrer menschlicher Tradition und eine vorzügliche Möglichkeit, junge Menschen ins Leben zu begleiten.

Ein weiterer wichtiger Aspekt künstlerisch-handwerklicher Tätigkeit für junge Menschen im Verlauf ihrer Pubertät ist die positive Auswirkung auf deren Suchtverhalten und, wenn das erforderlich ist, auch auf therapeutische Maßnahmen.

Sexualaufklärung

Es hat Zeiten gegeben, da lag die Aufklärung der jeweils neuen Generation hauptsächlich in den Händen der Kirche. Nach religiös-moralischen Gesichtspunkten wurde durch die Pfarrer und Pastoren über den strikten Zusammenhang von Sexualität und Zeugung gesprochen. Andere Bereiche wie etwa Lust oder außereheliche Kontakte wurden für unmoralisch erklärt, Selbstbefriedigung oder Homosexualität verteufelt und fürchterliche Höllenstrafen dafür angekündigt. Im familiären Zusammenhang oder in der Schule war das Thema weitestgehend tabuisiert. Jungen Menschen war es dadurch nahezu unmöglich, die in ihnen erwachende Sexualität unvorbelastet und positiv zu erleben.

In der weiteren Entwicklung wurden die alten Wertvorstellungen zwar noch mehr oder weniger übernommen, es geriet jedoch die biologisch-physiologische Seite der Sexualität in den Mittelpunkt der Betrachtungen. Bau und Funktion der Geschlechtsorgane, Reiz- und Reaktionsmuster und deren auch im Tierreich vorhandene Triebstruktur wurden thematisiert. So tauchte eine Fülle von Informationen auf, die jetzt auch zunehmend durch die Schule, zum Beispiel im Fach Biologie, an die jungen Menschen herangetragen wurde. Die Seite des gefühlsmäßigen Erlebnisses und die sich in der Pubertät entwickelnden Seelenprozesse wurden jedoch wie eh und je weitestgehend ausgeklammert und der Heranwachsende in diesem Bereich immer noch allein gelassen.

Erst als sich das Interesse von Forschung und Gesellschaft der psychischen Seite des Menschen und damit auch der Sexualität langsam zu öffnen begann, wurde die Wichtigkeit der seelischen Prozesse im Zusammenhang mit der pubertären Entwicklung erkannt. Damit einher ging die Erkenntnis, wie stark gesellschaftliche Ethik und Moralvorstellungen mit der Haltung zur Sexualität verbunden sind.

Für sich betrachtet ist der menschliche Werdegang vom Kleinkind zum zeugungsfähigen Erwachsenen ein zunächst unbefangener, spielerischer Vorgang, der sich seine natürliche Entwicklungsweise mehr oder weniger selbst suchen will. Es geht deshalb darum, die jeweiligen Entwicklungsschritte der Kinder zur rechten Zeit mit geeigneten Bildern und feinfühligen Erklärungen zu begleiten. Wenn dann im Verlauf der Pubertät die Bedeutung der Sexualität massiv in den Vordergrund des eigenen Erlebens gerät, braucht der Jugendliche Erwachsene, die sich selbst über ihre Haltung zu diesem Thema im Klaren sind. Er benötigt sachlich richtige Hinweise und Hilfen für die Fragen, die seinem Erleben entsprechen.

Eine schulische Sexualaufklärung braucht deshalb einen breiteren Ansatz und sollte vom Elternhaus flankierend und ergänzend begleitet werden. In der Mittelstufe findet der Lehrer Gelegenheit, im Rahmen der Tier- und Pflanzenkunde den Bereich der Fortpflanzung, Zeugung und Geschlechtlichkeit zu thematisieren. In der siebten Klasse lässt sich der Themenbereich der Sexualität im Zuge der Menschenkunde intensiver behandeln. Je nach dem Geschick des Lehrers können Fragen des Zeugungsaktes, des Entstehens von neuem Leben oder der Verhütung zur Sprache kommen. Selbst Themen wie Übergänge, Rituale und Gebräuche können hier ihren Platz finden. Nicht selten werden fachliche Hilfen zu Themen wie Konfliktbewältigung, AIDS, Geschlechtskrankheiten, Suchtverhalten oder Promiskuität und sexuelle Übergriffe benötigt. Der Lehrer sollte sich hier in seiner eigenen Haltung sehr gut einschätzen können und sich nicht scheuen, beispielsweise eine Hebamme, einen Arzt oder einen Suchtpräventionsberater um ihre Mithilfe zu bitten, wenn er sich dem Themenkomplex nicht unvorbelastet nähern kann. Auch die Trennung von Jungen und Mädchen gilt es bei einzelnen Fragen zu erwägen.

In den Biologie-Epochen der zehnten, elften und zwölften Klasse bietet sich dem Lehrer eine Vielzahl von Ansatzpunkten, das Thema zu verinnerlichen. Genetik, Embryologie, aber auch das Verhältnis von Leib und Seele können genauso angesprochen werden wie Fragen zu Instinkt und Trieb oder zu Individualität und Sozialität. Viele dieser Fragen spielen auch in anderen Fächern eine Rolle, wie etwa Religion, Philosophie oder Poetik.

Eine zeitgemäße, den heutigen Schülern entsprechende Sexualaufklärung ist jedoch nicht umfassend im Rahmen der »normalen« Epochen zu leisten. Darum haben manche Schulen Epochen entwickelt, die sich der Sexualaufklärung im Speziellen widmen. Jede Schule wird sich dabei einen eigenen Zeitplan und eine eigenes Profil geben. Der Vorteil einer solchen Epoche ist, dass junge Menschen in der seelisch sehr labilen Phase der Pubertät, in der sie ihren eigenen Umgang mit der Sexualität erüben, nicht völlig auf sich gestellt bleiben.

Damit sind jedoch hohe Anforderungen an den jeweiligen Lehrer verbunden. Ulrich Meier weist in seinem Artikel über eine Zukunftsvision von Sexualaufklärung[101] darauf hin, dass derjenige, der eine Moral, Biologie und Psychologie integrierende Sexualkunde entwickeln und sich dann in diesem Rahmen als Lehrer betätigen will, zunächst gut daran tut, seine eigene Beziehung zur Sexualität zu reflektieren. Die Sexualität ist mit intensivsten, teilweise archaischen Gefühlen verbunden und stellt somit eine Macht und Leidenschaft dar, die es nicht einfach macht, einen klaren und unverstellten Blick zu bewahren. Zu einer menschlichen Reifung gehört es, sich gegenüber der Heftigkeit sexueller Empfindungen nicht ohnmächtig zu fühlen. Ich muss selbst Erfahrungen machen, welche Bedingungen für mich förderlich oder hemmend sind, um vor einem überraschenden Auftreten von unerwünschten Gefühlen geschützt zu sein. Die Geschichte der eigenen Sexualität ist ein hochindividueller Erlebnisschatz, dem sich auch der Erwachsene nicht einfach unvoreingenommen gegenüberstellen kann. Die eigene Einbettung in den Zusammenhang der Lebenserfahrungen wie Liebeserlebnisse, Partnerschaft, Singleleben, »das erste Mal«, Selbstbefriedigung, sexuelle Fantasien, Übergriffe, Pornografie, Geschlechtskrankheiten, Abtreibung, Homo-, Hetero- und Bisexualität und die ganz persönliche Haltung dazu spielen eine entscheidende Rolle, wenn man sich als Lehrer der Aufgabe eines Sexualkundeunterrichts stellen will. Der Unterricht mit Kindern und ebenso mit Jugendlichen wirkt eben nicht nur über den Inhalt des vermittelten Wortes, sondern vielmehr auch über die innere, seelische Einstellung, die Geste, das Verhältnis zum Inhalt des Unterrichtes und die Beziehung zu den Schülern. Das gilt grundsätzlich für alle Bereiche des Unterrichtes, hat aber bei dem stark emotional geprägten Thema Sexualität noch einmal eine ganz besondere Bedeutung.

So gesehen ist das Etablieren einer Sexualkunde-Epoche zwar ein wünschenswerter Teilschritt. Die Aus- und Weiterbildung von Sexualkundelehrern stellt dabei aber eine wichtige Voraussetzung für das Gelingen dar. Wenn den Heranwachsenden in der wichtigen Phase der Pubertät, in der sie den Zugang zu ihrer eigenen Sexualität erlernen und üben, eine echte Hilfestellung gegeben werden soll, braucht es fachlich sichere Lehrer. Lehrer, welche sich ihrer eigenen Haltung bewusst sind und die durch ihr Interesse am jungen Menschen auf die jeweils erforderliche Weise und ohne Vorurteile das aufrechte Gespräch mit ihnen zu führen in der Lage sind.

Musik

Unter dem Blickwinkel der Ich-Suche, der Persönlichkeitsentfaltung und des Schwankens zwischen dem gesuchten Harmonischen und dem innerlich erlebten Disharmonischen kann das Fach Musik auch ein »gutes« Fach für Pubertierende sein. Denn »jede Disharmonie strebt danach, sich in eine Harmonie aufzulösen. Die harmonischen Verhältnisse in der Musik finden ihre Entsprechungen in den harmonikalen und mathematischen Bahnen der Planeten, des Kosmos, der Biologie, der Chemie, der Physik und allen anderen Bereichen der Schöpfung.«[102]

Die Geschichte der Musik kann in gewisser Weise mit dem Erleben eines Pubertierenden verglichen werden. Sie ist eine ständige Erkundung von Harmonien, von neuen Klängen, was andererseits auch die Entdeckung und das Erleben von Disharmonien in sich birgt. Dabei sind Klangqualitäten in der Musik parallel zu sehen mit Seelengestimmtheiten des jungen Menschen.

Am Anfang des menschlichen Musikempfindens wurden nur einstimmige Melodien als wohlklingend erlebt. Ein erster Schritt in Richtung Harmonie ergab sich durch die Entdeckung der Oktave, etwa im Zeitalter des Hellenismus. Noch war ein Wohlklang eher eine Imitation auf anderem Niveau. Dennoch stellte dies eine umwälzende Neuerung dar, denn die Stimmen konnten wählen zwischen Hoch und Tief und ergaben ein vollständigeres Ganzes. Mit der Entdeckung der Quinte und Quarte folgte der nächste Schritt. Allerdings galt die Terz im Mittelalter noch als ausgesprochen misstönend. Der Jugendliche erlebt Ähnliches, wenn er auf der Folge der eigenen Töne zu spielen lernt. Anfänglich sind manche noch sehr schrill.

Als dann die ersten Naturterzen in England, Holland und Frankreich um 1300 »entstanden«, wurden sie als sehr avantgardistisch erlebt und heftig diskutiert. Auch der Heranwachsende erlebt manchen neuen Entwicklungsschritt intensiv und leidenschaftlich und betrachtet ihn durchaus kontrovers und kritisch.

Im Laufe des 15. Jahrhunderts setzte sich die Dur-Tonleiter durch, man empfand sie als ausdrucksreicher. Der Jugendliche legt als Entsprechung dazu jetzt immer wieder Vorlieben an, weil er sich darin sicherer, identischer und ausdrucksstärker erlebt.

Vom 16. Jahrhundert an kann man die ganze abendländische Musik ein immer neues Entdecken von harmonischen Klängen nennen. Gleichzeitig wuchs die Wahrnehmung dafür, was gerade noch als misstönend und unharmonisch erlebt wurde. Bis schließlich im 19. Jahrhundert nur noch Sekunden und Septimen als Intervalle des Missvergnügens galten. Im Erleben des Heranwachsenden werden jetzt nur noch wenige, markante Ecken als unharmonisch angesehen, ein Gleichklang ist überwiegend hergestellt.

In heutiger Zeit fanden Musikforscher heraus, dass das menschliche Ohr in der Lage ist, 1378 Klangunterscheidungen gerade noch wahrzu-

»Gute Schule« für den Pubertierenden **315**

nehmen. Was in Bezug auf den Vergleich mit der Pubertät bedeuten kann, dass dem nun fast Erwachsenen noch eine Vielzahl feiner Nuancen im Lebenslied zur Entdeckung bereitsteht.

In diesem Sinne ist Musik mehr als nur Musik. Sie ist ein Spiegel der Jugendlichen in der Pubertät. Der Klang findet aber ebenso im Kosmos, im Mikrokosmos der Atome, in Erde, Wasser, Pflanze und Tier seinen Ausdruck. »Die physische Welt menschlicher Erfahrung gleicht einem ungeheuren Klangkörper.«[103]

Musik ist eng verknüpft mit Rhythmus. Oft ist es der Rhythmus, welcher den Menschen ganz besonders tief ergreift und im wahrsten Sinne des Wortes mitschwingen lässt. Der Jugendliche durchlebt im Laufe seiner Entwicklung viele rhythmische Veränderungen innerhalb seiner körperlichen Organisation, beispielsweise in Form von Veränderungen im Schlafverhalten, in Atmung und Stoffwechsel oder in einem Wandel von Knochen und Muskeln. So geschieht es auch in der Pubertät.

Wir Menschen haben die Möglichkeit, harmonisch in einem Rhythmus mitzuschwingen und uns so eins zu fühlen mit den Wurzeln un-

Musik schafft Ausdrucksmöglichkeiten.

serer Existenz. Wir offenbaren dadurch die gleiche Fähigkeit, welche ein Vogelschwarm in der Luft vollbringt, wenn er »wie auf Kommando« die Richtung ändert und dem Betrachter dadurch nicht mehr als Versammlung von einzelnen Vögeln, sondern mehr wie ein ganzes Wesen vorkommt. Ähnlich geht es vielen Jugendlichen in ihrem Erleben von Musik – etwa beim Hören von »Musikkonserven«, mehr noch beim eigenen Musizieren, ganz besonders aber in öffentlichen Konzerten. Im Rhythmus der Musik fühlt sich der Jugendliche, und nicht nur er, ganz in den Tiefen seiner Seele ergriffen und kann mitschwingen und sich seinem innersten Wesenskern nah fühlen.

Interessant ist unter diesem Aspekt, dass es in Tierformationen, seien es Fisch- oder Vogelschwärme, ziehende Ameisen oder tanzende Mücken, so gut wie nie zu Zusammenstößen kommt. Offensichtlich ist es hauptsächlich der Mensch, welcher kollidiert, wenn er nicht im Rhythmus ist.

Das Nahebringen dieser tiefen Wesenszüge der Musik, das Erleben der geheimnisvollen Parallelität mit der eigenen Entwicklung und die belebende Seelenseite des Klangs können dem Fach Musik eine ganz besondere Bedeutung verleihen, wenn es gelingt, den Jugendlichen zu begeistern, ihn zu Erlebnissen zu führen und ihm eine Ausdrucksmöglichkeit zu verschaffen, die nur in der Musik möglich ist.

Ökologie

Ist es für einen Pubertierenden von Belang, dass Nachtfalter, Schwebfliegen und Bienen aussterben, wenn eine Weltwirtschaftskrise ganze Konzerne, sogar Länder in den Ruin zu treiben scheint? Kümmert es jemanden, dass Mangroven-Wälder an tropischen Küsten abgeholzt werden, wenn die Menschen anderswo um Wohlstand oder gar das Überleben bangen müssen?

Es hat lange gedauert, bis Warnungen von Wissenschaftlern vor der drohenden »Klimakatastrophe« – Darstellungen in den Erdkunde-Schulbüchern der 1980er- und 1990er-Jahre eingerechnet – im allgemeinen Bewusstsein auch nur halbwegs angekommen sind. Und ebenso lange hat es gedauert, bis die erschreckenden Befunde über den weltweiten Artenrückgang auch von weiteren Kreisen wahrgenommen wurden: nämlich als von überlebenswichtiger Bedeutung für die ganze

Menschheit. Es kann keine Frage sein, dass dieses Thema auch im Verlauf der Pubertät seinen Platz haben sollte.

Auf dem UN-Gipfel für Biologische Vielfalt in Bonn im Mai 2008 haben sorgenvolle Naturwissenschaftler eine Sprache für solche Menschen gefunden, die sich sonst schwerpunktmäßig mit Währungen oder Fachbegriffen wie »Shareholder Value« beschäftigen. So lassen sich nun die »Dienstleistungen der Natur« für die Volkswirtschaft in Milliardenbeträge umrechnen, nicht nur der Wert der Laubwälder für die Luftreinhaltung und der Wert der Mangroven für den Küstenschutz und Tourismus. Die Ökonomie von Ökosystemen und Biodiversität hat aber mit Luftbuchungen und Scheingewinnen nichts zu tun. Sie ist knallharte »Realwirtschaft«!

Erhellend für die Schüler ist an dieser Stelle sicher ein geschichtlich-menschenkundlicher Rückblick: wie die Menschen vom frühgeschichtlichen Erleben der Verbundenheit und Einheit mit der Natur über die innere Entfremdung und Entwurzelung bis in die heutige globale ökologische Krise geraten konnten – vielleicht geraten mussten?

Noch wichtiger für den Unterricht erscheinen aber folgende Fragen:

- Welcher Erziehungsauftrag ergibt sich aus der globalen ökologischen Krise an den Schulen?
- Wie gehen wir konkret im Unterrichtsalltag damit um?
- Was tun die Lehrer in diesem Sinne mit den Kindern und Jugendlichen?

Dabei ist es wichtig, das mechanistische und reduktionistische Weltbild zu erweitern und unsere Sicht der Welt zu revolutionieren. Existenzielle Fragen sind die nach dem Verhältnis von »Ich« und »Welt«, nach Einheit, Verschiedenheit, Identität. Genau diese Fragen sind eben auch Pubertätsfragen.

Bezogen auf die »Um-welt«, auf die Landschaft, in der wir leben, sollte untersucht werden: Können wir den Zusammenhang von Ich und Welt erfahren? Und: Kann man erkennen, dass das menschliche Ich und die Welt von Geist durchdrungen sind?

In den Heranwachsenden sollen sich innere Einstellungen entwickeln wie Verantwortungsbewusstsein, Mitgefühl, Einsicht in Notwendigkeiten und die Einsicht, ein Teil des Ganzen zu sein, denn nur diese können ein entsprechendes Verhalten begründen. Im Zusammenspiel mit dem Dasein, der Welt, der Umwelt soll sich der herangereifte Jugendliche zurechtfinden, das heißt Identität, Sinn und Herausforderungen entdecken.

Und wenn wir den abgenutzten Begriff »Umwelt« wenigstens in Gedanken durch »Mit-Welt« ersetzen, wird eine Bedeutung klarer: Für den Ich-Bezogenen kann die Umwelt lediglich etwas darstellen, das um ihn herum ist, aber ihn wenig angeht. Der Begriff der Mit-Welt trennt mich nicht von dieser, sondern bringt mich ganz direkt hinein und macht sie dann auch zu meiner Angelegenheit.

Der Jugendliche sollte sich als Teil der Natur erkennen und lernen, pfleglich mit ihr umzugehen. Und damit geht es natürlich auch um ökologische Handlungskompetenz als Ziel dessen, was Schule leisten sollte.

Selbstverständlich beginnt das »umweltpädagogische Handeln«, das Anlegen von entsprechenden inneren Einstellungen und Seelenqualitäten, in der ersten Klasse. Eben deshalb soll der Zugang zur Natur vor allem emotional-sinnlich sein, etwa in den Naturkunde-Epochen der Klassenlehrerzeit.

Die Erziehung zu Umweltbewusstsein zielt auf eine positive Einstellung gegenüber Natur und Umwelt. Dafür ist es notwendig, dass die Schüler lernen, die natürliche Mit-Welt wahrzunehmen und zu genießen und sie dann auch zu beobachten und zu untersuchen. Nur so können sie sich als Teil der natürlichen Um- und Mit-Welt begreifen.

Die seelischen Grundlagen für den praktisch-pflegerischen Umgang mit der Natur in der Mittelstufe und für den späteren wissenschaftlichen Umgang in der Oberstufe müssen also erst geschaffen werden. Dann, in der Oberstufe, ist es wichtig, in der wissenschaftlichen Vorgehensweise Alternativen zu schaffen zur üblichen analytischen Methodik, welche die »Dinge« in Teilchen zerlegt und oft den Zusammenhang aus dem Auge verliert. Es sollte bedacht werden, dass die jungen Menschen heute zum Teil ohne Bezug zur Natur aufwachsen und eher mit neuen Medien umzugehen wissen, als dass sie Vogel-, Pflanzen- oder Insektenarten wirklich unterscheiden können. Darum müssen jetzt die seelischen

Grundlagen geschaffen werden, dass der Jugendliche sowohl praktisch-pflegerisch als auch naturwissenschaftlich korrekt seine eigene Basis für den Umgang mit der Natur schaffen kann. Er muss deshalb lernen, vom Ganzen her auf dessen Teile zu schauen, um dadurch Wesentliches zu erkennen und so zu einer ganzheitlichen Weltsicht zu gelangen. Zu dem ganzheitlichen Ansatz gehört es auch, dass der junge Mensch es gerade im Verlauf seiner Pubertät braucht, nicht schwerpunktmäßig von der theoretischen Seite an die Dinge des Lebens herangeführt zu werden, sondern immer auch einen praktisch erlebbaren Bezug finden zu können. Gartenbau, Forstpraktikum oder Mess- und Untersuchungsfahrten möglichst auf einem Segelschiff können zu einem vertiefenden Element in diesem Erkenntnisprozess werden. Vertiefend wirkt sich auch die Zusammenarbeit mit anderen Fächern, beispielsweise dem Erdkunde- oder Geschichtsunterricht, aus.[104]

Gute Gebäude

Es ist durchaus nicht üblich, bei der Planung von Schulgebäuden von dem Bedarf Pubertierender auszugehen. Was kleinere Schüler benötigen oder die Anforderungen für einen guten Ablauf von Veranstaltungen oder Prüfungen fließen noch am ehesten in einen Architektenentwurf ein. Darum wäre es wichtig, beim Bau von jugendgerechten Gebäuden auch einmal zu schauen, worin die entsprechenden Bedürfnisse der Jugendlichen bestehen, und zwar speziell an der jeweiligen Schule.

Im Zuge seiner Diplomarbeit hat sich Hannes Dedeke mit dieser speziellen Frage auseinandergesetzt und kam dabei zu einigen grundlegenden Rahmenempfehlungen: Eine Architektur als Plattform für Jugendliche sollte Raum bieten für Selbstdarstellung, Austausch, Inspiration, Treffpunkte, Anregungen, Informationen, Lernen, Ruhe, Aktivitäten, Verantwortung, Beratung, Unterstützung, Weiterbildung, Beheimatung. Eine solche Architektur zeigt ihre Verantwortung, wenn sie nicht nur Räume schafft für einen Frontalunterricht, sondern wenn sie Möglichkeiten bietet, in denen ein umfassendes Lernen von menschlichem Miteinander stattfinden kann. Aus diesem Grund sollten Arbeitsräume variabel einsetzbar sein. Jeweils acht flexible Räume mit vierzig Quadratmetern könnten zum Teil miteinander verbunden, aber auf verschiedene Nutzungsebenen gebracht werden und durch bewegliche Raumteiler bei Bedarf trennbar sein. Das würde bedeuten, dass es kein einheitliches Niveau der Stockwerke gibt. Verschiedene Höhen könnten das Gefühl eines »Extraraumes« vermitteln.

Ein solches Gebäude könnte als öffentlicher Raum definiert werden, wenn es gut erreichbar ist, wenn es durchwanderbar ist und Einblicke gewährt. Freiflächen und Plateaus auf verschiedenen Niveaus oder Terrassen könnten interne Oasen, Nischen bilden, die sich aber nicht abschirmen. Sehen und gesehen werden, einander wahrnehmen ist die Prämisse.

Ausstellungsflächen für Bilder, Musik, Tanz und Sport ließen sich verbinden mit Räumlichkeiten für interne oder auch öffentliche Kinoabende, Workshops, Ausstellungen, Klassentreffen und Präsentationen. Dazu ist ein Netzwerk erforderlich, welches die Aktivitäten koordiniert. Den Jugendlichen selber kommt da beispielsweise auch über das Internet eine große Verantwortung in der Information untereinander zu.

Raumangebote für den Nachmittag, zum Beispiel Nachhilfe, sollten vorhanden sein. Schüler sollten selbst organisieren können, was stattfinden soll. Sie müssen auch mal alleine gelassen werden. Ein freier Raum, der sich im Laufe der Zeit füllt, sollte deshalb in der Hand der Schüler bleiben. Zum Arbeiten ist auch Gemütlichkeit wichtig, es darf aber auch ein wenig chaotisch sein. Auch braucht man Mut an den Schulen, um zu experimentieren.

Andererseits muss die Architektur auch reine Fläche bieten, Räume, die sich aber ebenfalls nicht zwangsweise durch Wände abgrenzen. Mithören und Miterleben könnte ein Schwerpunkt sein auch über unterschiedliche Altersstufen hinweg, was vor allem unter dem Stichwort »Vorbild der älteren Schüler« interessant sein kann. Solche Räume können nach einer bestimmten Gestaltungsidee wirksam, nach einer gewissen Zeit aber auch wieder neu generierbar sein.

Im Gegensatz zu dieser mehr transparenten Architektur sind aber auch interne Bereiche nötig, Rückzugsorte, welche nicht für alle erschließbar sind.

Mehrere Monaden mit acht Quadratmetern als kleine Gruppenräume mit eigener Teeküche sollten sich nicht über einen Flur aneinanderreihen, sondern durch lichte, abwechslungsreiche Gänge mit nutzbarer Fläche verbunden sein. Der Flur wird somit zugleich zum Lebens- und Gestaltungsraum. Der Abstand zwischen den einzelnen Räumen bietet Eigenständigkeit und die Möglichkeit für Belichtung und Ausblicke. Einige Monaden könnten auch als zeitweise Unterkunft für Schüler, Besucher oder Austauschschüler nutzbar sein.

Eine Reihe von Räumen sollte für Werkstätten und Lager zur Verfügung stehen; ausreichende Sportanlagen sind gerade in heutiger Zeit wichtig. Auch der Garten und das Gelände werden unterrichtlich eingesetzt und genutzt.[105]

Gute Pausenangebote

Jugendliche in der Pubertät brauchen auch in Pausenzeiten oder Freistunden ein speziell auf sie abgestimmtes Angebot: Sie müssen vielseitige Möglichkeiten zur Unterhaltung haben (zum Beispiel Tischtennisplatten, Rampen zum Skaten oder Biken, Plätze für Ballspiele, Tischkicker, Schachbretter ...). Sie brauchen aber auch Räume zum Entspannen, zum Reden und Chillen. Es muss erfrischende Getränke geben und auch interessante Angebote zur Stärkung – oft ist das Frühstücksbrot zu Hause liegen geblieben. Gemütliche Sitzgelegenheiten sind ebenfalls erforderlich, auf denen man es sich auch zu zweit gut gehen lassen kann. Außerdem sind Plätze zum ungestörten Liegen in der Sonne oder zum Sitzen und Miteinanderreden nötig. Aufbauende Örtlichkeiten, wo die Jugendlichen nicht ununterbrochen von den Lehrern gestört werden, sollten auch möglich sein.

Diese wenigen Beispiele mögen eine Richtung vorgeben, wie Jugendlichen eine sinnvolle Pausengestaltung ermöglicht wird. Der Bedarf ist jedoch von Schule zu Schule verschieden und die Angebote könnten von den Jugendlichen sicherlich um einiges erweitert werden. In den meisten Schulen ist es allerdings mit den wirklich existierenden Angeboten für diese Altersgruppe nicht gerade gut bestellt.

Hochbegabte und Pubertät

Als hochbegabt werden Menschen bezeichnet, die etwas Außergewöhnliches leisten, die extrem schwierige Aufgaben lösen können oder ein höchst ungewöhnliches Werk zu schaffen in der Lage sind, ohne sich dabei an der absoluten und qualitativen Leistung anderer Personen zu orientieren. Sie können in einem genau definierten Bereich so hohe Leistungen erbringen, wie sie nur von wenigen Personen einer Bezugsgruppe geleistet werden. Das gilt sowohl für qualitative als auch für quantitative Kriterien.[106]

Hochbegabte Kinder kann man nicht immer auf den ersten Blick erkennen. Jedoch machen manche schon kurz nach ihrer Geburt durch außergewöhnliche Wachheit auf sich aufmerksam. Andere fallen im Kleinkind- oder Vorschulalter auf, weil sie Dinge tun, die andere Gleichaltrige nicht tun können. Nicht wenige zeigen ihre Begabungen erst im Schulalter oder sogar im Erwachsenenalter.

Hochbegabte sind außergewöhnliche Kinder und stellen für ihre Umgebung oft eine Herausforderung dar. Auf einige Erwachsene wirken sie sehr anziehend, nicht wenige jedoch lehnen sie wegen ihrer Besonderheit ab. Hochbegabte Kinder können oftmals sehr anstrengend sein, nicht selten quälen sie ihre Eltern und die Umgebung den ganzen Tag mit hartnäckigen Fragen. Sie besitzen oft eine scharfe Beobachtungsgabe und registrieren kleinste Veränderungen ihrer Umgebung sehr genau und kritisch. Schon unscheinbare Regelverstöße, zum Beispiel im Straßenverkehr, rufen bei ihnen Protest hervor, und unter Umständen stellen sie früh die Autorität von Eltern und Erziehern infrage. Dies geschieht besonders dann, wenn ihre brennenden, sinnvollen, aber schwer zu beantwortenden Fragen zu außergewöhnlichen Themenbereichen von den Erwachsenen gar nicht oder aber falsch beantwortet werden.

Auf der anderen Seite sind manche Eltern und Erzieher beunruhigt und verunsichert, wenn sie die Entwicklung des als »altklug« oder »unnormal« erlebten Kindes beobachten. Weil es mit seinen Interessen und Verhaltensweisen nicht ihren Erwartungen entspricht, spielen sie die »Besonderheiten« herunter und versuchen die zu früh auftretende, ihrer Meinung nach schädliche Entwicklung zu bremsen. Zudem kann

Hochbegabte und Pubertät 323

»aufgrund vielfältiger Erfahrung [...] davon ausgegangen werden, dass mit relativ hoher Wahrscheinlichkeit hochbegabte Kinder in ihren üblichen Kindergärten und Schulwelten auf für sie nicht passende Anforderungsbedingungen stoßen«.[107]

Eine Hochbegabung kann sich in verschiedenen Fähigkeitsbereichen ausdrücken, das besondere Talent zeigt sich also häufig nicht nur in einer intellektuellen Begabung. Hervorragende soziale Kompetenzen, musikalisches Talent, bildnerisch-darstellende Fähigkeiten oder außergewöhnliche psychomotorisch-praktische Fertigkeiten sind weitere Bereiche. Nicht selten spielt dabei die Kreativität, das heißt die Möglichkeit, zu originellen, bisher unbekannten Einfällen gelangen zu können, eine bedeutende Rolle.

Hochbegabte gibt es in allen Kulturen, Gesellschaften und sozialen Schichten.

In Bezug auf die Geschlechter scheint sich mit zunehmender Fähigkeit der Unterschied zwischen männlichem und weiblichem Geschlecht zu verringern. So entwickeln hochbegabte Mädchen zunehmend Interessen an kognitiv-intellektuellen Bereichen, während hochbegabte Jungen Werte und Haltungen erkennen lassen, die sonst eher dem weiblichen Geschlecht entsprechen, zum Beispiel eine erhöhte Personenorientierung. Bei den Hochbegabten findet im Verlauf der Pubertät also eine Angleichung der Geschlechter statt. Nur wird die Begabung bei Mädchen viel seltener als solche erkannt. Das scheint daran zu liegen, dass sie sich weniger auffällig verhalten. Sie stören seltener als die Jungen, »funktionieren« besser und sind stärker darauf bedacht, sich den Freundinnen oder Mitschülerinnen anzugleichen. Wenn die Familie oder Schule die entdeckte Hochbegabung akzeptiert hat, unterscheiden sich Jungen und Mädchen in Auftreten und Selbstverständnis nur noch wenig voneinander.

Allerdings taucht bei hochbegabten Frauen häufiger das Problem auf, einen geeigneten Partner zu finden. Sie stellen hohe moralische und geistige Ansprüche an die eventuellen Kandidaten und bleiben darum nicht selten ein Leben lang ohne Partner.

Werden Hochbegabte nicht als solche erkannt oder kann ihrem speziellen Bedarf nicht entsprochen werden, so besteht die Gefahr, dass sie »aussteigen«. Manche verweigern den weiteren Schulbesuch, andere, besonders Jungen, kaspern herum oder stören. Es kann auch zum Tagträumen und »Abschalten« kommen. Manche Betroffene klagen über Kopf- oder Bauchschmerzen, besonders dann, wenn sie auf Ablehnung von Lehrern und Mitschülern stoßen. Häufig geschieht dieser Ausstieg im Verlauf der Pubertät, wenn Jugendliche mit wachsendem Bewusstsein die Leistungswerte der Schule oder Umgebung als für sich nicht erstrebenswert einstufen.

Somit steht beim Umgang mit Hochbegabten das sichere und frühe Erkennen an erster Stelle, dies gilt ganz besonders für Mädchen. Dafür ist eine umfängliche Aufklärung von Eltern und Lehrern über die Besonderheiten dieser jungen Menschen erforderlich. Nur so kann eine Akzeptanz in der Umgebung entstehen und können geeignete Fördermaßnahmen ergriffen werden.

Ist im Familiären die Anerkennung und Wertschätzung der begabten Kinder die wichtigste Voraussetzung für eine positive Persönlichkeitsentwicklung, so stellen sich für die Schule und die Lehrer solcher Schüler weitere spezielle Anforderungen spätestens im Verlauf der Pubertät. Studien haben gezeigt, dass in der Hochbegabtenförderung erfolgreiche Lehrer über ein gutes Selbstvertrauen und eine solide Leistungsorientierung verfügen sollten. Sie benötigen gute Fachkompetenzen und ein hohes Maß an Flexibilität und Begeisterung für den zu vermittelnden Themenkreis, wenn sie den Schüler erreichen wollen. Das Verständnis und die Akzeptanz der Besonderheiten des Schülers dürfen einen solchen Lehrer jedoch nicht davon abhalten, gerechtfertigte konstruktive Kritik zu vermitteln, damit der Jugendliche die Möglichkeit hat, eine gesunde Selbsteinschätzung zu üben.

Für erstrebenswert halten Fachleute, dem Schüler möglichst ab der Pubertät einen Mentor zur Seite zu stellen. Dieser sollte für den jungen Menschen ein Berater, aber auch Vertrauter sein. Hilfreich für eine gute Mentorenschaft ist es, wenn Mentor und Schüler Leidenschaften und Interessen teilen können. Es sollte eine vertrauensvolle Beziehung aufgebaut werden können und der Lernstil beider Personen gut übereinstimmen. Eine solche Mentorenschaft bezieht sich lediglich auf das Begabungsgebiet des jungen Menschen und lässt dabei genügend Raum für eine freie Entfaltung und Entwicklung in den anderen Lebensbereichen.

Unter ganz normalen Schulverhältnissen ist ein solches Vorgehen nur schwer möglich. Geht man jedoch von dem Energieaufwand aus, den ein solcher »Störer« und »Außenseiter« von seiner Umgebung fordern kann, und bedenkt man, welches Leid dadurch bei dem Heranwachsenden entstehen kann, so kann sich eine solche Anstrengung durchaus lohnen. Letztendlich gilt das auch im Blick auf das außergewöhnliche Potenzial, welches diese Hochbegabten für eine Gemeinschaft einbringen können.

Kleidung und Äußeres in Zeiten der Pubertät

Bei den Tieren zeigt sich zu jedem Zeitpunkt die gerade vorherrschende Seelenqualität im äußeren Erscheinungsbild. Ob es sich nun um den Unterschied zwischen Männchen und Weibchen oder um die Bereitschaft zur Fortpflanzung handelt, der Zustand ist in der Färbung des Gefieders oder am Verströmen von Duftstoffen immer direkt erkennbar und wirksam. Auch in der physiognomischen Ausdruckskraft finden wir im Tierreich noch eine ganz direkte Verbindung zum Äußeren. Die gefletschten Zähne eines Hundes bei Angriffsbereitschaft oder der eingezogene Schwanz als Unterwerfungsgeste sind auch für uns »artfremde« Menschen eindeutig zu interpretieren und bringen uns beinahe zwangsläufig zu einer entsprechend richtigen Reaktion. Beim Menschen sind die Ausdruckskräfte der Seele dagegen nur sehr bedingt gestaltbildend tätig. Will er seine Seelenhaltung nach außen hin zeigen, muss er auf andere »Mittel« zurückgreifen.

Der jugendliche Pubertierende erkennt immer mehr, dass er noch sehr wenig an Persönlichkeit zu bieten hat, und richtet sich deshalb danach, was »in« ist. Er »stylt« sich entsprechend der Gruppe, zu der er gerne gehören möchte, und bessert dadurch im Grunde genommen das auf, was seiner Meinung nach von der Natur nicht voll erfüllt ist. Er hüllt sich in eine Wolke von Duft, umgibt sich mit dem Glimmer der Kleidung und manipuliert Haare und Körperteile durch Gel, Piercing und Tattoos, um sich durch sein »Outfit« eine persönliche Note geben zu können. Er versucht dadurch zu überdecken, was er in seinem Innern als Mangel empfindet. So ist dies eigentlich eine Art von Schutz

326 Pubertät und Schule

Jeder braucht seinen
ganz persönlichen Stil.

oder Schauspiel: Ich zeige euch im Äußeren nur das, was ich will, und meine noch unvollkommenen, inneren Teile bekommt ihr nicht zu sehen. Dabei wird dieses Äußere entweder sehr bewusst betont oder aber vernachlässigt.

Modeerscheinungen, dem Zeitgeist entsprechende Trends oder aber politische und religiöse Haltungen bzw. Antihaltungen fanden hier schon immer ein reiches Ausdrucksfeld. Ältere Generationen standen dem Auftreten der Jungen schon immer eher skeptisch gegenüber. Neu in unserer Zeit ist allenfalls, dass die westliche Marktwirtschaft sich diesen Bereich für ihr Gewinnstreben nutzbar machen konnte. Das Bedürfnis der Jugend nach Gestaltungsmöglichkeiten in der äußeren Erscheinung kann viel Geld einbringen und ist als kommerzieller Bestandteil ökonomischer Planungen längst fest etabliert.

Unabhängig von der Frage der Vermarktung bildet das äußere Erscheinungsbild Jugendlicher häufig den Anlass für konfliktreiche Meinungsverschiedenheiten, auch im schulischen Alltag. Man braucht sich nur die Schwierigkeiten vor Augen zu halten, die sich auftun, wenn ein Jugendlicher mit fünf Sicherheitsnadeln in Lippe, Ohr und Augenbraue im Turnunterricht eine Rolle vorwärts machen soll, oder welche Aufgabe es ist, mit aufgesetzten Fingernägeln und stacheligen Ringen an jedem Finger ein Reagenzglas sorgsam zu füllen und an einem Ständer über dem Bunsenbrenner zu befestigen.

Erst wenn man sich bewusst macht, welcher Intimbereich hinter dem zunächst einmal störenden Äußeren steckt, wird einem die Dimension klar, wie viel dem jungen Menschen diese »Äußerlichkeiten« bedeuten. Soll er seine Lederjacke ausziehen, den Kettengürtel ablegen und die Springerstiefel durch einen einfachen Turnschuh ersetzen, so fühlt er sich unter Umständen wie völlig nackt ausgezogen und jeder Intimsphäre beraubt. Möglicherweise hat er lange und intensiv nach seiner passenden Richtung gesucht und vielleicht sogar viel Geld dafür ausgegeben. Sie ist zu einem unverzichtbaren Teil seiner Persönlichkeit geworden und gibt ihm die Richtlinie für sein Verhalten und Auftreten.

Letztendlich geht es anderen Menschen ähnlich. Auch die Erwachsenen sind auf diese äußere Imagepflege eingestellt. Man denke sich einen Richter, der bei seiner Urteilsverkündung statt in eine samtene Robe gehüllt mit Strohhut und Shorts erscheint. Oder welche Stewardess oder Bankfrau würde ihren Dienst in einem Overall antreten? Auch das Zur-Schau-Stellen von besonderen (teuren) Markenzeichen auf Kleidungsstücken gehört in diese Rubrik. »Seht her! Ich kann mir dieses besondere Stück leisten, also bin ich etwas Besonderes.«

Wenn der Jugendliche bei seiner »Ich-Suche« während der Pubertät die Abgrenzung zur übrigen Welt so stark empfindet und auch braucht, kann er auf das Hilfsmittel, welches ihm seine Kleidung und sein »Outfit« bieten, nicht so leicht verzichten. Ist ein solcher Verzicht aufgrund der Unterrichtssituation dennoch erforderlich, gibt es eigentlich nur zwei Möglichkeiten, einen Jugendlichen dazu freiwillig zu bewegen. Die größte Chance besteht darin, dass der Jugendliche Freude am Unterricht hat, dass er innerlich motiviert ist und gespannt auf das schaut, was da auf ihn zukommt. Dazu braucht es allerdings eine gründliche Aufklärung der geforderten Abläufe, und zwar in einer Art, der er folgen kann. Einfühlung und Geduld sind da gleichermaßen gefordert. Noch besser ist es, wenn dieser angestrebte Ablauf direkt vorgeführt werden kann. Die Anschauung aus der Tat ist allemal besser als das gesprochene Wort alleine. Schafft man es, eine kleine Bedenkzeit für einen wirklichen Entscheidungsprozess einzuräumen, kann man auf eine diesbezügliche Mitarbeit des Jugendlichen mit großer Wahrscheinlichkeit rechnen.

Die andere Möglichkeit lässt sich mit dem Begriff »learning by doing« umfassen. Schafft der Lehrer es, dem Jugendlichen freizustellen, ob er in voller Montur oder in Sportkleidung tausend Meter läuft, Hauptsache er läuft, ist die Frage der Kleidung gar kein Thema mehr und die Chance, dass der Jugendliche beim nächsten Mal die vorteilhaftere Kleidung wählt, nicht gering.

An diesem Beispiel wird allerdings auch deutlich, dass das Problem gar nicht so sehr im Kleidungsstil und Erscheinungsbild des jungen Menschen liegt, sondern in der dahinter verborgenen Persönlichkeit. Gehört zum Springerstiefel nicht einfach auch, mit langsamem, schlurfendem Schritt daherzukommen und niemals schnell zu laufen? Oder darf jemand mit niedlichen kleinen Pumps einen Weitsprung wagen?

Die Frage ist also nicht so sehr, ob dieses oder jenes im jeweils gewählten »Dress« passend ist, sondern ob die Jugendlichen überhaupt bereit sind, die anstehende Herausforderung anzunehmen und sich anzustrengen oder nicht.

In vielen Situationen des schulischen Alltags sind diese Schritte der Selbstentscheidung bezüglich der Kleidung und des damit verbundenen Auftretens junger Pubertierender nicht möglich und auch gar nicht angemessen. Immer wieder gibt es Anlässe, in denen daran Anstoß genommen wird. Eine tief in die Stirn gezogene Mütze bei einer Gedenkfeier oder eine dicke Winterjacke bei einem Konzert oder Theaterstück können provozierend bzw. ablehnend wirken und unter Umständen das Feierlichkeitsgefühl von Veranstaltern oder Besuchern empfindlich verletzen. In diesen Fällen ist es hilfreich, wenn sich die Gemeinschaft schon im Vorfeld darüber einig wird, welches Auftreten der Jugendlichen für richtig und akzeptabel gehalten wird, und wenn dies allen deutlich und rechtzeitig bekannt gegeben wird. Auch der Rahmen von Maßnahmen, die man ergreifen will, wenn die Vorgaben nicht eingehalten werden, sollte rechtzeitig allen Beteiligten bekannt sein.

Schlimmer als gar keine Verabredungen sind in dieser Phase der Orientierungssuche von jungen Menschen erst angekündigte und dann doch nicht eingehaltene Maßnahmen. Wenn sich, wie beschrieben, ein mehr oder weniger eng vorgegebener Rahmen für Verhalten und Kleidung nicht umgehen lässt, sollte er für alle gleichermaßen gelten und ohne Ausnahmen eingehalten werden. Etwa erforderliche Änderungen oder Nachbesserungen können demzufolge auch nur für alle verbindlich im Vorfeld verankert werden.

Das Mützenphänomen bei Jungen und die Schals der Mädchen

Es ist große Pause. Vor dem Eingang haben sich Jugendliche in lockeren Gruppen versammelt und genießen den jungen Frühling. Mehrere Mädchen sind schon sommerlich gekleidet, viel Schulter, Bein und lachende Gesichter sind zu sehen. Die meisten Jungen jedoch stehen mit etwas hochgezogenen Schultern da, als würden sie einen Regenschauer erwarten. Sie haben ihre Mützen tief ins Gesicht gezogen und nicht wenige zusätzlich noch die Kapuze ihres Sweatshirts über den Kopf gestülpt. Auch sie sind offenbar froh gestimmt, doch kann man das so richtig erst erkennen, wenn man sozusagen »hinter ihre Kulissen« geschaut hat.

Im Pausengeschehen wirft das in den meisten Fällen ja kein Problem auf. Aber immer wieder kommt es im schulischen Ablauf zu Konflikten mit Jungen wegen ihrer Kopfbedeckung. Das kann schon bei der Begrüßung durch den Lehrer an der Tür beginnen, wenn der »junge Mann« seine Mütze auf dem Kopf behält und so das Klassenzimmer betreten will. Hat der eine oder andere Lehrer hier noch nicht gleich etwas zu bemängeln, so ist bei den meisten Lehrern die Grenze erreicht, wenn die Mütze auch während des weiteren Unterrichtes auf dem Kopf bleiben soll. Spätestens jedoch wenn auf einer größeren Schulveranstaltung alle im Saal versammelt sind und sich vielleicht sogar noch Gäste angemeldet haben, ist der Spaß vorbei: Mützenverbot ist angesagt! Doch immer wieder vergisst auch dann noch ein großer Teil der Jungen, die Mütze abzunehmen, oder setzt sie im Verlauf der Veranstaltung ohne darüber nachzudenken wieder auf. Es ist sogar schon des Öfteren vorgekommen, dass der eine oder andere Schüler seine Mütze beim Rezitieren eines Gedichtes auf der Bühne noch aufhatte und erst durch eine energische Geste des leitenden Lehrers darauf aufmerksam gemacht werden konnte.

Während die Mädchen oft schon zu Beginn der Pubertät anfangen, sich herauszuputzen, ihr Haar zu »stylen« und sich zu schminken, und dann im weiteren Verlauf Wert darauf legen, eher unbedeckt in Erscheinung zu treten, sich also in ihrer Körperlichkeit freier darzustellen in der Lage sind, kommt es bei den Jungen zu einem eigentümlichen Mützenphänomen. Was mag wohl dahinterstecken?

Will man es einfach als jugendlichen Protest abtun, kommt man der Sache nicht auf die Spur. Es muss wohl eher etwas mit einem tatsächlichen Schutzbedürfnis zu tun haben.

Schon in der Vorpubertät scheint bei den Jungen das Bedürfnis zu bestehen, den Kopf möglichst zu verpacken. Plötzlich, im wahrsten Sinne des Wortes von heute auf morgen, taucht der magisch anmutende Wunsch auf, Mützen verschiedenster Varianten und Marken aufzusetzen. Zwar imitieren die Jüngeren sicherlich die Älteren in Stil und Auftreten, jedoch steht schon gleich zu Anfang nicht das Nachmachen im Vordergrund. Es ist den Jungen anzumerken, wie entblößt sie sich vorkommen, wenn sie den Schutz der Mütze aufgeben müssen. Man fühlt sich an alte Fotos erinnert, auf denen Männer jeden Alters nie ohne Kopfbedeckung zu sehen waren. Weder der Knecht noch der feine Herr ging jemals barhäuptig durch die Welt. Vielleicht ist das Bedecken des Hauptes ein sehr altes, allgemein männliches Phänomen.

Jungen durchleben im Verlauf ihrer Pubertät offensichtlich markanter als die Mädchen einen Zustand der Schlaksigkeit und Unbeholfenheit mit ihren Gliedmaßen. Sie wissen mit ihrer aufkeimenden Kraft noch nichts anzufangen, haben mit pickeligen Gesichtern zu kämpfen und empfinden sich selten als schön und attraktiv. Die Möglichkeit, den Kopf zu bedecken, scheint ihnen Halt zu geben, scheint sie abzuschirmen vor kritischen Blicken und Fragen und lässt sie ihre aufkeimenden Seelenprozesse im Inneren bewahren. Es ist ja auch nicht zu leugnen, dass der offenere Umgang mit Seelenprozessen und das freiere Aus-

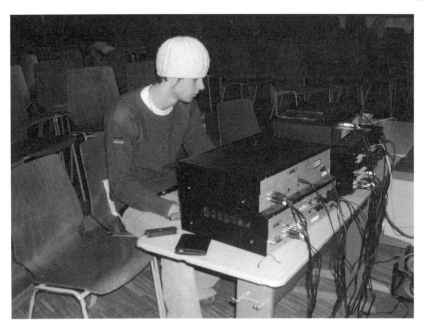

Auch Mützen können schützen ...

sprechen von Gefühlen eine eher weibliche Qualität ist, die jungen wie älteren Männern eher schwerfällt. So gesehen drückt sich möglicherweise hinter dem Wunsch, zumindest eine Zeit lang den Schutz einer Mütze in Anspruch zu nehmen, ein männliches Schutzbedürfnis allgemeiner Art aus. Traditionell ist der Mann zwar stark nach außen gerichtet, hat Beruf und Lebenserwerb in das Zentrum seines Tuns gestellt, schon immer jedoch hat er sich in diesem Außen gerne eine Maske aufgesetzt, hat seine Gefühle verborgen und war auf den weiblichen Schutz angewiesen.

Gelingt es, das Phänomen der Mütze wenigstens im Verlauf der Pubertät als ein viel tiefer sitzendes Bedürfnis nach Schutz und Geborgenheit zu verstehen, so dürfte so manchem Konflikt an der Schule die Brisanz genommen werden können.

Bleibt als Ergänzung noch die Beobachtung zu erwähnen, dass es auch einige Mädchen gibt, die sich gerne eine Mütze aufsetzen. Meist

332 Pubertät und Schule

Ein schönes Tuch ist willkommener Schmuck und gibt gleichzeitig Halt.

sind es solche, die generell gerne Jungenkleidung anziehen. Sie scheinen jedoch nicht so sehr auf die Kopfbedeckung angewiesen zu sein, denn sie nehmen sie eigentlich immer im Unterricht ab und bieten so auch keinen Konfliktstoff.

Ähnlich ist es mit den Schals. In einer bestimmten Phase der Pubertät, meistens schon relativ früh, beginnen viele Mädchen, sich den Hals dick mit Tüchern und Schals einzuwickeln. Hat man bei den Jungen den Eindruck, sie müssten sich wirklich schützen oder verstecken, scheint es bei den Mädchen eher eine Stütze zu sein, welche sie mit Hilfe dieser Kleidungsutensilien zu erreichen suchen. Dem Beobachter zeigen sie sich jedenfalls eher sicherer und gestärkter. Ein schönes Tuch um Hals und Schulter geschlungen gibt ihnen offensichtlich Stärkung und Halt und gleichzeitig ist es willkommener Schmuck. Jedenfalls gibt es eigentlich nie Schwierigkeiten, wenn sich ein oder mehrere Mädchen im Unterricht oder auf Veranstaltungen auf diese Weise in Tücher hüllen. In der Regel ebbt das Tuchphänomen im weiteren Verlauf der Pubertät ab, sodass bald eher freie Hälse, hoch erhobene Köpfe und entblößte Schultern sichtbar werden. Die vorübergehende Stütze wird dann offensichtlich nicht mehr benötigt.

Mädchen und Pferde

Pia war schon immer sehr vorsichtig mit ihren Schritten in die Welt gewesen. Die Mutter musste stets noch ein wenig bei ihr im Kindergarten bleiben, ehe sie sich wirklich verabschieden konnte. Zu Beginn der Schulzeit musste sie möglichst schnell abgeholt werden, weil sie nicht allein vor der Schule warten mochte, und Klassenkameradinnen kamen nur bei ihr zu Besuch, nie ging sie woanders hin. Mit Freude jedoch beschäftigte sie sich mit ihrer Querflöte.

Mit zwölf Jahren trat dann ziemlich plötzlich eine Veränderung ein. Bei einem Osterausflug aufs Land sah sie eine Isländerstute mit ihrem jungen Fohlen auf der Weide. Sie war augenblicklich in den Bann der Pferde gezogen. Schon auf dem Rückweg war sie fest entschlossen, auf einem ihr bekannten Reiterhof reiten lernen zu wollen. Sie ging selbstständig dorthin, holte sich Anmeldeformulare, und die Eltern brauchten nur noch zu unterschreiben. Sie entwickelte plötzlich eine Zielstrebigkeit und Selbstständigkeit, die ihr bis dahin keiner zugetraut hätte.

Die nächsten vier Jahre waren beinahe ausschließlich durch die Pferde bestimmt. Die Querflöte wurde nur noch selten ausgepackt und in der Schule erledigte sie nur das Notwendigste. Ein siebenjähriger Wallach hatte es ihr besonders angetan, und ihm ließ sie die ganze Liebe und Aufmerksamkeit, zu der sie fähig war, zukommen. Sie verbrachte ihre ganze Freizeit auf dem Reiterhof und hatte auch in den Ferien keinen anderen Wunsch, als auf »ihrem Pferd« ausreiten zu können. Ihr Zimmer war mit Pferdebildern ausgeschmückt und auch ihre Lektüre bestand beinahe ausschließlich aus Pferdeliteratur. Dabei war ihr der Reitsport an sich gar nicht so wichtig. Es genügte ihr, einfach mit den Pferden zusammen zu sein. Es gab Zeiten, da behauptete sie, man könne Pferden eher vertrauen als den Menschen. Als sich mit sechzehn Jahren nach der ersten Blutung ein rasanter körperlicher Umschwung anbahnte, ebbte das Interesse für die Pferdewelt beinahe ebenso schnell ab, wie es aufgetaucht war, und die Zeit war offensichtlich reif für die erste Liebe.

◀

Die scheinbar grenzenlose Begeisterung für Pferde scheint ein Mädchenphänomen zu sein. Zwar geraten auch Jungen im Verlauf der Pubertät nicht selten in den Bannkreis der Pferde. Nie nimmt das Interesse bei ihnen jedoch die gleiche Innigkeit und völlige Hingabe an. Jungen wollen den Reitsport, sie wollen das Pferd eher beherrschen. Mädchen jedoch scheinen im Pferd eher den Partner zu suchen. Sie halten die Pflege, das Füttern und den täglichen friedlichen Umgang für genauso wichtig wie das eigentliche Reiten. Gerade im Aufkeimen des Bewusstseins für die wirklichen Gegebenheiten der Welt gibt ihnen der Umgang mit dem Pferd einen Haltepunkt, eine Orientierung. Sie sind bereit, Verantwortung zu üben, fühlen sich aber von den Aufgaben der Gesellschaft noch überfordert. So wählen sie das überschaubare Feld der Verantwortung für ein in ihren Augen sehr liebenswertes Wesen, das Pferd. Ein Wesen, das in seinem ganzen Lebensprozess zwar völlig vom Menschen abhängig ist, aber dennoch einen gewissen Grad von Freiheit und Individualität auszustrahlen scheint, welcher den Mädchen in dieser Form eher und unverfänglicher zugänglich vorkommt als in der direkten Begegnung mit den Mitmenschen.

Pferde sind in solch einer Lebensphase für die Mädchen ein Freund, ein Vertrauter, an dem sie ihre ganze aufkeimende Liebesfähigkeit, ihre Zweifel, aber auch ihre Hoffnung üben können. Sie brauchen diese Intimität, welche ja ganz im Geheimen und Verborgenen stattfindet, um ihren ganz eigenen und individuellen Weg ins Leben zu finden.

Manche Eltern blicken mit etwas Sorge auf diese Eigenart von Mädchen, weil sie eine zu starke Abwendung vom eigentlichen Leben oder eine zu intensive Hingabe an etwas Unnötiges befürchten. Es brauchen sich aber weder Eltern noch Lehrer diesbezüglich zu große Gedanken zu machen. Dieses innige Band zu den Pferden löst sich in den meisten Fällen von ganz alleine oder aber gewinnt so an Bedeutung, dass daraus ein Sportinteresse für das ganze Leben entsteht, welches ja jedem heranwachsenden Menschen eigentlich doch nur zu wünschen wäre.

Mobbing unter Jugendlichen

»Mobbing« ist abgeleitet von dem englischen Verb »to mob someone«, was im Deutschen so viel bedeutet wie »über jemanden herfallen, anpöbeln, angreifen, attackieren« (siehe hierzu auch das Kapitel »Missbrauch, Gewalt und Mobbing«, Seite 189 ff.). Der Verhaltensforscher Konrad Lorenz beschrieb mit diesem Wort, in Anlehnung an Nils Holgersson, Gruppenangriffe von unterlegenen Tieren, um einen an sich überlegenen Gegner zu vertreiben.

Erst der Arbeitspsychologe Heinz Leymann (1932–1999) gab dem Begriff »mobbing« dann seine besondere Bedeutung. Er machte die Beobachtung, dass die Ursachen für psychische Belastungen von Arbeitnehmern oftmals nicht in deren Persönlichkeit, sondern in den Bedingungen des betrieblichen Umfeldes zu suchen sind. Neuerdings versteht man unter Mobbing nach einer Definition des Bundesarbeitsgerichtes »das systematische Anfeinden, Schikanieren oder Diskriminieren von Mitarbeitern untereinander oder durch Vorgesetzte«.[108]

Gewalt unter Kindern und Jugendlichen, ob körperlicher oder seelischer Art, scheint immer mehr zuzunehmen. Eltern und Lehrer fühlen sich oftmals im Umgang mit Gewalt und deren Folgen überfordert und sind auf Hilfe von außen angewiesen. In den Schulen kann man eine zunehmende Aggressivität und Enthemmung unter anderem als Grund für ein verstärktes Mobbingverhalten erkennen. Die Täter verhalten sich immer distanz- und respektloser dem Opfer gegenüber und missachten seine Würde. Hier finden wir deutliche Anzeichen der inzwischen als moderne Kinderkrankheit bezeichneten erworbenen Immunschwäche gegen die Anwendung von Gewalt A(V)IDS (acquired violence immune deficiency syndrome; angelehnt an die Bezeichnung

AIDS). Ein natürliches Verhältnis gegenüber Grenzüberschreitungen, Gewalt und Demütigungen geht den jungen Menschen durch den beständig zunehmenden Umgang mit der virtuellen Welt auf dem Computer verloren.[109]

Mobbing ist eine besondere Art von Gewalt, die auch eine besondere Struktur in der Art der Gewaltausübung aufzeigt: In Mobbingprozessen gruppieren sich um einen Täter aktive Mitläufer, die den Täter unterstützen. Dieser bindet sie über Gewaltandrohung oder die Drohung, die Freundschaftsbeziehung aufzulösen, an sich. Die Aktionen laufen in Schulzusammenhängen so ab, dass sie meistens von allen Schülern einer Klasse, nicht aber von den Lehrerinnen und Lehrern wahrgenommen werden. Gegenüber dem Lehrpersonal verhalten sich die Täter oft äußerst höflich. Wenn die Lehrkräfte die Vorgänge nicht durchschauen und nicht eingreifen, kann sich ein Täter im Extremfall alles erlauben. Seine Macht wächst in den Augen seiner Mitschüler, während die Autorität der Lehrkräfte schwindet. Diese erscheinen als schwach und werden deshalb von Mitläufern oder Opfern nicht um Hilfe gebeten. Ein nicht beachteter Mobbingprozess kann die gesamte Atmosphäre einer Klasse vergiften. Mitläufer beteiligen sich, weil sie hoffen, dadurch nie in die ausweglose Situation eines Opfers zu geraten.[110]

Mobbing findet insbesondere in der Pubertät ein breites Spektrum, denn diese ist durchzogen von emotionalen Verunsicherungen und Beziehungsumwertungen. Freundschaften und Cliquen geben den Jugendlichen Sicherheit und oftmals auch Ansehen. Gerade unterschiedliche Entwicklungsverläufe bei Jugendlichen führen nicht selten in eine Mobbingsituation hinein. Die frühere Freundin ist in der körperlichen und seelischen Entwicklung zurückgeblieben, hat noch andere Interessen als die bereits Pubertierenden. Plötzlich wird sie nicht mehr gegrüßt, auf einer außerschulischen Veranstaltung wird sie gemieden, weil es peinlich sein könnte, mit der noch kindlichen früheren Freundin in Verbindung gebracht zu werden. Das Fremdgewordene kann so zu einer Ursache für Mobbing werden. Mitschüler werden nicht mehr zu Geburtstagen eingeladen, auf dem Schulhof gemieden. Die »reiferen Jugendlichen« brauchen ein »Zerrbild der kindlichen Unbedarftheit und Unschuld«,[111] mit der sie selber vielleicht gerade abgeschlossen haben. Durch dieses Zerrbild erfolgt eine Aufwertung des eigenen Wesens, der eigenen Entwicklung und eine deutliche Identifizierung mit den neuen Jugendidealen.

Was geschieht beim Mobbingopfer selber? Mobbing hat immer auch etwas mit Missbrauch zu tun, weil die Abwertung eines Gegenübers zu einer eigenen Aufwertung oder Befriedigung dient. Das Opfer durchschaut den Verlauf meistens nicht und beginnt, das Problem bei sich selbst zu suchen. Ähnlich wie beim sexuellen Missbrauch wird das Opfer erst schleichend »benutzt«, um dann verstärkt ausgegrenzt zu werden. Meist ist es erst einmal irritiert, zweifelt an der eigenen Wahrnehmung, fühlt sich immer mehr verunsichert, wertlos und innerlich isoliert. Es weiß, dass es seine Situation verschlimmern würde, wenn es den Konflikt den Eltern oder Lehrern anvertrauen würde, und so schweigt das Opfer und flüchtet sich in Ängste und Depressionen. Nicht selten führt dies zu physischen und seelischen Krankheiten bis hin zur Angst vor dem Verrücktwerden. »Die psychischen und gesundheitlichen Folgen sind zum Teil gravierend und entsprechen weitgehend dem ›Psychotraumatischen Syndrom‹ (PTS). Das beginnt zum Beispiel mit Konzentrations- und Gedächtnisproblemen, dann sackt die Grundstimmung ab und Schlafstörungen setzen ein. Schließlich steigert es sich zu Apathie oder Rastlosigkeit, zu Albträumen und psychosomatischen Erkrankungen wie Durchfall, Gastritis und Appetitlosigkeit. Am Ende können Depression und Suizidalität stehen. Das Traumatisierende liegt immer darin, durch Ausschluss aus der offenen Kommunikation zur Unperson zu werden.«[112]

Wie kann die »Innenseite« eines Mobbers aussehen? Oftmals sind Mobber Menschen, die eigentlich eine große Unsicherheit in sich tragen. Sie haben in ihrer Kindheit nicht die Zuwendung und Beachtung erfahren, die zu einem gesunden Selbstwertgefühl führt, und nicht selten sind sie selber Opfer von Demütigungen und Gewalt gewesen. »Die inneren Muster eines Mobbers kann man als Versuch ansehen, eigene Ohnmachtserfahrungen zu überwinden, indem er gegenüber Schwächeren Macht ausübt.«[113] Mobbing und dieser Form von Gewalt gehen meistens Frustrationserlebnisse voraus, die etwas mit unerfüllten Bedürfnissen und daraus resultierenden negativen Gefühlen zu tun haben, die entweder direkt aus dem Schulalltag oder aus der zurückliegenden Kindheit stammen. Der Mobbingprozess soll deshalb zu einer Bedürfnisbefriedigung führen. Das ist dem Mobber selber jedoch nicht bewusst, wodurch er in gewisser Weise ebenso ein Opfer sein kann wie sein Mobbingopfer, aber eben zeitverschoben.

Was tun bei Mobbing?

Mobbing ist immer ein Phänomen innerhalb einer Gruppe, deshalb ist es auch wichtig, bei der Gruppe anzusetzen. Im Idealfall wäre eine Intervenierung durch einen Streitschlichter bzw. Schülermediator hilfreich (zum Mediationsverfahren siehe auch Seite 340 ff. und 446 ff.).

Um zu einer Erstintervention zu kommen, sind folgende Schritte hilfreich:

1. Der erste Schritt liegt im Anerkennen und Definieren des Problems an sich: Mobbing gibt es auch bei uns!

2. Die Gruppe sollte aufgeteilt werden, um eine entstandene Cliquenbildung aufzuheben. Dann sollte mit den Kleingruppen gruppendynamisch gearbeitet werden, sodass die Jugendlichen dazu kommen, ihre individuelle Sichtweise in einer offenen Atmosphäre angstfrei vorzubringen. In einem späteren Prozess können die Kleingruppen wieder zusammengeführt werden, um sich gegenseitig anzuhören.

3. Im Laufe des Mobbingprozesses haben sich in den Schülern Emotionen aufgestaut, die ausgesprochen werden sollten. Auch hier ist es wieder wichtig, eine angstfreie Atmosphäre zu schaffen, sodass die Jugendlichen sich wirklich trauen, über ihre Verletzungen, Unterdrückungen, Ängste usw. zu sprechen. Sicherlich kommen hier erst einmal die Gefühle, die mit dem Klassengeschehen zu tun haben, ans Licht. Nennen wir sie die Sekundärgefühle. Die Arbeit beginnt tiefer zu wirken, wenn es gelingt, auch die Primärgefühle an die Oberfläche zu holen. Diese haben meistens etwas mit der Privatsphäre der Betroffenen zu tun, wie

zum Beispiel dem Elternhaus oder anderen Beziehungen, eventuell auch ersten Frustrationen in Liebesbeziehungen. Negative Gefühle haben immer etwas mit nicht erfüllten Bedürfnissen zu tun. Die Jugendlichen wollen eigentlich uns als Eltern und Pädagogen auf ein Defizit und eine Art von Hilflosigkeit aufmerksam machen. Dies betrifft nicht nur das Mobbingopfer, sondern auch die Täter. Deshalb ist es in diesem Schritt hilfreich, die Bedürfnisse der Schüler herauszuarbeiten, denn sie tragen bereits einen Teil des Lösungsweges in sich.

Schritt 3 ist sozusagen das Herzstück der Mobbing-Aufarbeitung, weil die Jugendlichen, wenn man als Pädagoge oder Schülermediator den Prozess mit hilfreichen Fragen begleitet, bei diesem Schritt beginnen, einander zuzuhören und gegebenenfalls auch Stellung zueinander zu beziehen.

4. Auf dieser Grundlage kann im nächsten Schritt an Lösungen gearbeitet werden, welche die alten Sichtweisen, Gefühle und Bedürfnisse mit aufgreifen und eine Basis für neue Werte bilden können. Ein wertfreies, offenes Lösungs-Brainstorming unterstützt diesen Prozess. Im nächsten Schritt lassen sich die Vorschläge auf ihre Tauglichkeit überprüfen.

5. Jetzt darf es sehr konkret werden und in gemeinsam erarbeitete Vereinbarungen übergehen. Diese können unter anderem beinhalten, dass eine Klassengemeinschaft in festgelegten Abständen eine Art Supervision erhält, in der die vereinbarten neuen Verhaltensweisen auf ihre Tragfähigkeit überprüft und gegebenenfalls ergänzt werden.
Hier sollte das Augenmerk besonders dem früheren Mobbingopfer gelten. Es ist wichtig, dass der Jugendliche jeden Schritt mitgehen kann und in der Lage ist, sich zu äußern.

Grundlegendes zur Mediation

Mediation ist eine Methode der gewaltfreien Konfliktbewältigung, in der ein allparteilicher »Streitschlichter« den beiden Streitparteien zu einer befriedigenden Lösung verhilft. Wir finden bereits im alten Griechenland wie auch im asiatischen Raum vermittelnde Verfahren, die an die heutige Mediation erinnern. Diese wurde in den 60er- und 70er-Jahren in Amerika entwickelt und hält seitdem Einzug in die verschiedensten Bereiche: in Scheidungs- und Mietrechtsverfahren, Partner-, Mitarbeiter- und Schülerkonflikte, in Konflikte zwischen Schülern und Lehrern oder Eltern und Jugendlichen sowie in politische Konflikte.

Die Mediation bzw. Streitschlichtung hat immer die Freiwilligkeit als Grundlage, denn unter Zwang lassen sich die Folgeschritte nicht ausführen. Beide Seiten müssen ein Interesse daran haben, ihre Beziehung in irgendeiner Form fortzusetzen.

Mediation ist ein informelles Verfahren, es können also keine formellen Strafmaßnahmen verhängt werden. Dies ist ein wichtiger Aspekt für die Schulmediation, weil keine Schulstrafen oder Auflagen durch Streitschlichtung verordnet werden können.

Mediation ist ein allparteiliches Verfahren (im Gegensatz zum Schiedsverfahren). Ein Mediator kann sich abwechselnd in die eine und die andere Partei einfühlen, aber er sollte keine Partei ergreifen. Er beeinflusst nicht die Lösung, sondern stellt seine Methode zur Verfügung. Die beiden Streitenden entscheiden, ob eine Lösung gut oder schlecht für sie ist. Eine Lösung sollte möglichst kein Kompromiss, sondern eine Win-win-Lösung sein, das heißt beide Parteien erleben sich als genügend wahrgenommen.

Mediation benötigt einen vertraulichen Rahmen, in dem die Streitenden sich aussprechen können. Gesprächsinhalte und Vereinbarungen werden nur mit dem Einverständnis aller Beteiligten weitergegeben. Für Mediation an Schulen bedeutet dies, dass auch Lehrer nicht immer erfahren, welche Vereinbarungen die Streitenden getroffen haben.

Mediation soll also dazu führen, dass die jugendlichen Konfliktparteien die Bedürfnisse, die hinter einem Konflikt liegen, offen legen und dadurch einen Lösungsweg finden, der die Bedürfnisse beider Seiten befriedigt.

Zentrale Bedürfnisse von Jugendlichen bezogen auf die Schule können sein:

- Akzeptanz
- Wertschätzung
- Sicherheit / emotionale Sicherheit
- Rücksichtnahme
- Zugehörigkeit
- Geborgenheit
- Eigenständigkeit
- Erfolg
- Anerkennung
- Nähe und Freundschaft u.a.m.

Werden bestimmte Bedürfnisse über längere Zeit nicht erfüllt, entsteht aus einer Frustration ein Konflikt, meist mit einer zweiten Person oder mehreren Personen. Bis es zur tatsächlichen Gewalt kommt, steigert sich ein Konflikt meistens in aufeinander aufbauenden Stufen.[114] Streitschlichtung in der Schule beugt diesen verschiedenen Stufen auf gesunde und bewusste Weise vor.

Im Kapitel »Praktische Hilfen« wird ein Streitschlichtungskonzept für Schülerinnen und Schüler der Mittel- und Oberstufe angeführt (siehe Seite 446 ff.). Es zeigt einen Weg auf, wie man Konflikten innerhalb einer Schule und Schülerschaft kompetent begegnen kann. Schüler und Schülerinnen lernen in der Ausbildung zum Streitschlichter, wie sie anderen Kindern helfen können, ihre Konflikte selbst zu lösen. Diese Art von Konfliktbewältigung belässt den Konflikt bei den Streitenden selber, denn die Streitschlichter mischen sich, wie bereits erwähnt, nicht ein, sondern arbeiten mit einer gewaltfreien Methode die Motive der Beteiligten heraus. Lehrer und Eltern können dadurch immer mehr aus der Rolle der »Schiedsrichter« entlassen werden.

Diese Form der Streitschlichtung führt zu einem Lernerfolg: Wir haben zwar Konflikte, aber wir haben auch Wege kennengelernt, sie selbst so zu lösen, dass wir zufrieden sind.

So ungezwungen und lustig geht es leider nicht immer unter Jugendlichen zu. Mobbing und Gewalt scheinen auch in dieser Altersgruppe zuzunehmen.

Dieser Ansatz ist ein wesentlicher Beitrag zur Erziehung zur Gewaltfreiheit und ein Schritt in eine neue Kultur der Konfliktaustragung, wodurch sich auch eine Schule verändern kann. Kinder können es als einen Bestandteil ihrer grundlegenden Bildung erfahren, dass sich Konflikte konstruktiv und gewaltarm lösen lassen. So werden Kinder und Jugendliche in ihrer sozialen Handlungskompetenz gestärkt und gewinnen an Selbstbewusstsein.

Schule und seelenpflegebedürftige Pubertierende

Ich gehe über den Schulhof der Rudolf-Steiner-Schule, einer Schule für seelenpflegebedürftige Kinder und Jugendliche, und freue mich an dem Pausengetummel, als sich drei Schüler einen Weg zu mir bahnen. Tiefe

Bässe dröhnen mir entgegen: »Hallo Kiel-Hinrichsen, bist du auch mal wieder hier, wir haben uns lange nicht gesehen!«

Ja, das stimmt, es sind Jahre vergangen, seit ich als Vertretung in der dritten Klasse gearbeitet und später Handarbeit gegeben habe. Inzwischen stehen die ehemaligen Schüler als Pubertierende vor mir, doch die frühere Nähe ist trotzdem sofort wiederhergestellt. Sie versuchen mich kräftig, aber herzlich in den Arm zu nehmen, D. versucht sogar, mir einen freundschaftlichen Kuss auf die Wange zu geben. Ich merke, dass ich etwas befangen und distanziert reagiere, ihnen ebenso herzlich, aber deutlich die Hand reiche. Sie fühlen sich scheinbar nicht zurückgestoßen, sondern plaudern munter drauflos und stellen mir alle möglichen Fragen, unter anderem, wann wir denn endlich zusammen auf der »Alten Liebe« segeln. O je, ein altes Versprechen, das nicht eingelöst werden konnte. Am Rande sehe ich ein paar Mädchen stehen, sie haben mich auch erkannt, blicken aber ein wenig unsicher zu mir herüber, sie wirken verschlossener, abwartender, fast ein wenig skeptisch. Wie anders waren sie vor sieben Jahren, gerade die Mädchen hatten viel zu erzählen und suchten die körperliche Nähe.

Ich nehme mir vor, meinen Segelschuldschein einzulösen und die Chance einer neuen Begegnung zu nutzen. Vorerst interessiert mich aber der Pubertätsverlauf bei den seelenpflegebedürftigen Jugendlichen. Wie mag es ihnen mit all den Veränderungen gehen?

▶

Um dem Thema der Pubertät Seelenpflegebedürftiger im schulischen Umfeld näherzukommen, folgt nun ein Gespräch mit einem Heilpädagogen und Mittelstufenlehrer an einer Schule für Seelenpflegebedürftige.

Wie erleben Sie die Pubertät der Seelenpflegebedürftigen heute?

Die Schülerinnen und Schüler meiner sechsten Klasse sind in der Vorpubertät. Bereits zwei Mädchen haben ihre Regel. Das Interesse am anderen Geschlecht ist bei beiden Mädchen noch nicht erwacht. Wohl aber der Wille zur Selbstbestimmung. Da tut sich dann eine breite Kluft zwischen dem Entwicklungsalter und der Körperreife auf. Einem der

Mädchen ist noch in der letzten Woche von einer Professorin ein Entwicklungsalter zwischen zwei und vier Jahren diagnostiziert worden. Die Mädchen leiden durch den Zustand der körperlichen Reifung und haben es schwer, die damit verbundenen Änderungen zu verstehen. Der erwachende Eigenwille erübt sich nun an Erlebnissen, die sonst ein Dreijähriger aufsucht, und mischt sich mit der aus der biologischen Reife entwickelten Kraft.

Trifft die allgemeine Entwicklungsverfrühung auch auf Ihre Schüler zu?

Einerseits kann kaum von einer seelischen Frühreife bei seelenpflegebedürftigen Kindern gesprochen werden. Die Integration und Verarbeitung von Eindrücken und Erfahrungen gelingt ja in der Regel nur in Teilbereichen. Zum anderen ist immer wieder bei der biologischen Entwicklung eine Art Frühreife bemerkbar. Sie kann mit einer Vergröberung in diesem Bereich einhergehen. Der körperliche Reifungsprozess wirkt dann eher als ein früh eintretender Alterungsprozess als ein Reifungsprozess.

Haben Sie neben dem Menschenkundeunterricht auch eine Sexualkunde-Epoche?

Die Ansichten darüber gehen in unserem Kollegium auseinander. Einige Kollegen sehen das Thema unter dem Titel »Aufklärung« als eine Aufgabe des Elternhauses an. Als Epoche wird das Thema nicht unterrichtet. Es wird bei den Fünfzehn- bis Achtzehnjährigen in Kleingruppen zu diesem Thema gesprochen. Allerdings findet Elternarbeit in diesem Bereich statt. Außerdem arbeitet das Kollegium an Richtlinien für die verschiedenen Lebensalter. Wir suchen zurzeit einen Kollegen, der bereit ist, Ansprechpartner für die Eltern zu sein und diesen beratend zur Seite zu stehen.

Wie würden Sie die pubertären Veränderungen differenzieren?

Das Erwachen des Eigenwillens, der sich auf eine wachsende innere Kraft stützt, ist das deutlichste Zeichen. Damit verbunden ist ein Widerstand gegen Autoritäten.

Gelegentlich kommt es bei einzelnen Jugendlichen dazu, dass sie Übergriffe auf Mädchen machen. Die Jungen haben wenige Möglichkeiten, werbend ihre Bedürfnisse einzufordern. Es ist, je nach Bewusstseinslage, als würden sie von ihren Trieben genötigt, ohne ein Instrumentarium zum Steuern derselben entwickelt zu haben. Andere entwickeln gar kein Interesse am anderen Geschlecht.

Neue Interessen entwickeln sich kaum. Der Handlungsfreiraum für den seelenpflegebedürftigen Jugendlichen ist in der Regel von Begleitung abhängig. Er findet wenig Anschluss an Gleichaltrige. Wache Jugendliche haben dann oft das Problem, dass sie nur unter starken Vorgaben in altersgemäße Jugendgruppen einbezogen werden. Sie sind oft aus diesem Grund stark gefährdet, zumal sie in der Regel nur Zugang zu sozial schwachen Gruppen oder zu Jüngeren finden. Ihre Fähigkeiten reichen oft zu einer Integration nicht aus.

Das Aufwachen im Umgang mit Medien und Rauschmitteln wie Tabak oder Alkohol hat vor allem bei den männlichen Jugendlichen eine Bedeutung. Es entstehen wesentlich schneller Abhängigkeiten.

Erleben Sie eine unterschiedliche Gewichtung der Pubertät bezogen auf das Denken, Fühlen und Handeln des Jugendlichen?

Auch hier kann weniger von gesellschaftlich bedingten schnelleren Reifungen ausgegangen werden.

Oft treten die durch eine Behinderung hervorgehobenen seelischen und physischen Merkmale deutlicher in Erscheinung. Das Erscheinungsbild wird in seinen Einseitigkeiten markanter. Ein Mangel an inneren Bewegungsmöglichkeiten wird sichtbar. Der Abdruck der Individualität im Leib erscheint festgelegt, Entwicklungsgrenzen und Einseitigkeiten werden sichtbar.

Ebenso oft wird aber auch erlebbar, wie die Jugendlichen einen würdevollen Umgang mit sich selber und ihren Möglichkeiten gefunden haben. Sie scheinen sich mit ihren eingeschränkten Möglichkeiten zu arrangieren, ohne an ihnen zu verzweifeln.

Das Erwachen der Urteilsfähigkeit gelingt oft nur ansatzweise. Die Welt kann nicht komplex in ihren Erscheinungen gedanklich verarbeitet werden. Die Interessensgebiete bleiben beschränkt. Das Handeln wird deshalb eher von entwickelten Neigungen und Gewohnheiten, Begehren oder der erwachenden Triebhaftigkeit als von einer Aufbruchshaltung bestimmt.

Welche Bedeutung kommt Ungehemmtheit und Scham, Offenheit und Distanzlosigkeit in der Pubertät zu?

Die sich bis dahin entwickelten Möglichkeiten zum Erleben von Scham, Offenheit oder Distanzlosigkeit setzen sich fort. Sie verstärken sich eher. Sitten und Gebräuche in diesem Bereich werden als Regeln oft nicht wahrgenommen.

Wie greifen Sie methodisch-didaktisch und vom Lehrplan her die beginnende Pubertät auf?

Der Lehrplan orientiert sich an den für die Waldorfschulen vorgegebenen Inhalten. In der Durchführung und Methodenwahl orientiert er sich am Leistungsspektrum der Klasse. Individuelle Förderung im Zusammenhang mit den Themen erhält immer mehr Bedeutung. Das Leistungsvermögen und das Interesse der Schüler am Lernstoff haben sich stark differenziert. Eine freie Vorstellungstätigkeit wird nur wenigen zugänglich.

Wie erleben Sie die Zusammenarbeit mit den Eltern und welche Fragen richten diese an Sie?

Die Zusammenarbeit mit den Eltern ist von gegenseitiger Wertschätzung getragen. Die Eltern erleben sich in diesem Alter ihrer Kinder wieder vor neue Aufgaben gestellt. Der erwachende Eigenwille und die wachsenden, sich gelegentlich eigenwillig auslebenden Kräfte ihres Kindes fordern wieder neu ihre Bewusstseinskräfte und Handlungsfähigkeit heraus. Andererseits sind die Eltern inzwischen in Bezug auf die Entwicklungsmöglichkeiten ihrer Kinder desillusioniert. Oft ist eine Ratlosigkeit und Resignation erlebbar. Mütter erleben oft, wie es ihnen nicht gelingt, ihr Kind allmählich in die Autonomie zu entlassen. Manche resignieren gar und erleben in der Betreuung ihres Kindes ihre Lebensaufgabe.

Schule und seelenpflegebedürftige Pubertierende 347

Wie erleben Sie den Blick in die Vergangenheit der »Behindertenpädagogik«, was ist auch heute noch relevant?

Unsere Schule für seelenpflegebedürftige Kinder und Jugendliche steht Kindern und Jugendlichen unabhängig von ihrer Herkunft, der Weltanschauung oder der gesellschaftlichen Stellung ihrer Eltern offen. Die Grundlage der pädagogischen Arbeit an der Schule ist die von Rudolf Steiner begründete Menschenkunde. Diese setzt die Würde und Achtung vor dem gesunden inneren Wesen jedes Menschen voraus, welches durch schicksalhaft wirkende Bedingungen daran gehindert werden kann, sich zur vollen Erscheinung zu bringen.

In diesem Kontext gehen wir für die heilpädagogische und therapeutische Arbeit mit den seelenpflegebedürftigen Kindern und Jugendlichen davon aus, dass Erscheinungen, die gewöhnlich als Behinderung bezeichnet werden, nicht allein Defizit, sondern Ausdruck einer biografischen Bedingung sind. Wir verstehen deshalb die individuellen Lebenssituationen des Schülers als Übungsweg zum Erwerb von Selbstkompetenz. Diese Wege wollen wir unterstützend und fördernd begleiten.

Eine größtmögliche Integration der Schüler in die gegenwärtige Gesellschaft und Arbeitswelt sehen wir als erstrebenswertes Ziel an. Unserem Erachten nach steht eine vorwiegend leistungsbezogene Anschauung des Menschen, die zunehmend bis in das pränatale Geschehen eingreift und die Ausrichtung der Bildung in den Schulen bestimmt, dieser Integration entgegen.

Bis die Gesellschaft zu einem Umdenken bezüglich des Lebenswerten bereit ist, wird dem seelenpflegebedürftigen Schüler durch ein ihm gemäßes Umfeld ermöglicht, die in ihm begründeten Fähigkeiten zu entwickeln.

Die Heilpädagogik an unserer Schule stellt eine an der Individualität orientierte Diagnostik zur Verfügung. Diese geht von den in der Waldorfpädagogik angewendeten altersspezifischen Formen des Lernens und der Einsicht in die Entwicklung des heranwachsenden Menschen aus. Vor diesem Hintergrund werden individuelle Entwicklungsprofile gewonnen.

Bildung wird von uns nicht auf die Vermittlung von Fertigkeiten reduziert, sondern soll der Persönlichkeitsentwicklung des Kindes in umfassenderem Sinne dienen. Sie soll dem Kind helfen, seine Erlebnisfähigkeit zu üben und Fähigkeiten zu erwerben, die es ihm erlauben, sein Verhältnis zu sich, zu anderen Menschen und zur Welt zu gestalten.

▶ Fragen an eine Werkoberstufenlehrerin (zehnte bis zwölfte Klasse, fünfzehn- bis neunzehnjährige Schüler) einer Schule für Seelenpflegebedürftige:

Wie erleben Sie den Übergang von der Klassenlehrerzeit in die Werkoberstufe?

In den allermeisten Fällen freuen sich die Schüler sehr auf die neue Situation. Es ist erstaunlich, mit welchem Eifer sich die Jugendlichen noch einmal in eine neue Lernphase begeben. Was in den neun Jahren der Schulzeit nicht gelernt werden konnte, wird hier noch nachgeholt. Natürlich ist das nicht bei allen so. Einige sind auch extrem »schulmüde« und haben eigentlich nur Mädchen oder Jungen im Kopf.

Mit welchen Bedürfnissen kommen die Jugendlichen in den neuen Bereich?

Sie wollen wahrgenommen werden mit all ihren Problemen. Sie möchten ernst genommen werden und etwas wirklich Neues lernen.

Wie erleben Sie die Pubertät der Schüler heute im Vergleich zu früheren Zeiten, vor zehn oder zwanzig, dreißig Jahren?

Wir haben in den letzten Jahren wesentlich mehr Schüler und Schülerinnen mit sogenannten schweren Verhaltensstörungen bekommen. Diese haben oft sehr schwierige Pubertätsphasen. Sie sind extrem sexualisiert oder im weitesten Sinne »bockig und renitent«. Ich arbeite seit über vierzig Jahren mit seelenpflegebedürftigen Kindern und Jugendlichen. Es ist tatsächlich nicht vergleichbar. Während in früheren Zeiten natürlich auch die Frage »Wer bin ich eigentlich?« stark im Vordergrund stand, ist es heute eher so, dass die Jugendlichen meinen, es schon lange zu wissen. Sie haben zwar Fragen, können sie aber nicht innerlich bewegen und sie nur fordernd stellen.

Gibt es etwas, das Ihrer Meinung nach in unserer Gesellschaft bezogen auf den Umgang mit seelenpflegebedürftigen Heranwachsenden anders sein müsste?

Heute versucht man auf Teufel komm raus die Integration der Seelenpflegebedürftigen in Haupt- und Gesamtschulen durchzusetzen. Das ist in meinen Augen falsch, denn die Erfahrung ehemaliger Schüler hat gezeigt, dass die Integration oft eine Verwahrlosung und Vereinsamung zur Folge hat. Ich meine, es wäre gut, die Begleitung in den Schulen zu intensivieren, um zu sehen, welche Lebensform für den Einzelnen angemessen ist. Auch wäre es wichtig, die Eltern besser zu unterstützen, damit sie am Ende ihr Kind auch loslassen können. Außerdem sollte man viel mit unseren Menschen in die Öffentlichkeit gehen, damit man sie kennenlernt.

Erleben Sie eine unterschiedliche Gewichtung der Pubertät bezogen auf das Denken, Fühlen und Handeln des Jugendlichen?

Aber ja doch! Trieb und Emotion stehen im Vordergrund. Dies zu handhaben ist nun der Lernprozess, der so schwer ist. Einige werden unheimlich schwerfällig, andere hyperaktiv, je nach Temperament. Beides kann quälend sein und Unsicherheiten hervorrufen.

Wie erleben Sie die weibliche und die männliche Pubertät?

Mädchen werden emotionaler, empfindlicher und manchmal auch weltfremder. Jungen werden überheblicher, Gerechtigkeitsfanatiker oder auch von Minderwertigkeitsgefühlen geplagt, die sie durch grobes Verhalten zu kompensieren versuchen.

Haben Sie immer mal wieder Pärchen in der Klasse?

Erstaunlicherweise haben die Schülerinnen und Schüler oft Partner aus der Nachbarklasse. Das ist ein Phänomen, das ich bis heute nicht durchschaut habe. Vielleicht scheuen sie sich, in der eigenen Klasse jemanden zu haben, der ihre Schwächen durchschaut.

Welche Rolle spielt die Sexualität dabei?

Eine sehr unterschiedliche. Wie schon anfangs gesagt, gibt es Schüler, die sehr stark sexualisiert sind, andere geben sich mit Anschmachten, Spaßmachen und Händchenhalten zufrieden. Das ist ganz unterschiedlich, aber in einer Klasse sind alle Facetten vertreten.

Haben Sie eine Sexualkunde-Epoche? Sprechen Sie über Verhütung?

Ja, aber wir trennen Mädchen und Jungen dabei. Auch unterrichten dann männliche Kollegen bei den Jungen und weibliche bei den Mädchen. Es gibt aber auch Betreute, die gar kein Interesse daran haben. Trotzdem nehmen sie am Unterricht teil, damit sie sich bei einer Bedrohung ausdrücken können.

Welche Bedeutung kommt Ungehemmtheit und Scham, Offenheit und Distanzlosigkeit in der Pubertät zu?

In diesem Bereich sind ja unsere Jugendlichen oft sehr auffällig. Wir müssen immer wieder anregen, dass sie lernen, sich besser wahrzunehmen und »Scham« zu empfinden. Die Bedeutung ist vielen überhaupt nicht bewusst. Auch hier gilt wieder: Man kann niemals von den Seelenpflegebedürftigen als Gruppe sprechen. Es ist immer wieder einmalig, wie sich ein Mensch in dieser Zeit verhält.

Welche Bedeutung haben Mode, Medien, Alkohol, Rauchen, Drogen bei den Jugendlichen?

Wir haben immer wieder Schülerinnen, die von den Eltern sehr früh auf »Modepüppchen« getrimmt werden und sich als Jugendliche ungeeignet anziehen, da sie keine wirkliche Wahrnehmung von sich selbst haben. Das Problem des Rauchens wird oft von den Eltern übernommen. In der Schule ist es verboten, trotzdem versuchen sie es heimlich hinter der Schule. Drogenkonsum habe ich bisher noch nicht erlebt.

Welche Bedeutung kommt dem Thema körperliche und seelische Gewalt (zum Beispiel Mobbing) zu?

Meistens erlebt man es bei den schwerer Verhaltensauffälligen. Es kann dann schon Ausmaße annehmen, die erschreckend sind. So werden nicht nur Mitschüler verhauen, sondern auch schon Eltern oder sogar Lehrer. Das ist zwar die Ausnahme, aber es ist doch in den letzten acht Jahren mehr geworden.

Wie erleben die Jugendlichen in diesem Alter ihre eigene Behinderung?

Unterschiedlich. Einige überschätzen sich enorm und haben wenig Selbstwahrnehmung. Andere leiden darunter und erkennen, dass sie gewisse Dinge niemals werden tun können. Dadurch entsteht oft eine Krise in der Pubertät, die sich im Laufe der Werkoberstufenzeit meist wieder bessert.

Welche Wünsche und Sehnsüchte Ihrer Schüler kennen Sie?

Das geht von Superstar oder Ärztin werden bis hin zu realistischen Berufszielen.

Haben Sie Erfahrungen sammeln können in Bezug auf Anorexie, Bulimie, Selbstverletzung bzw. Ritzen und Suizid?

Ja, ich hatte eine Schülerin, die sich oft selbst verletzt hat und sehr aggressiv ihren Lehrern gegenüber war. Sie war öfter in der Psychiatrie, wo sie tagelang ans Bett gefesselt wurde. Sie wollte partout nicht leben. Außerdem sprach sie oft mit Cäsar, dessen Geliebte sie sich zu sein wähnte. Ich war die Einzige, die mit ihr in ein vertrauensvolles Gespräch einsteigen konnte. Trotzdem konnten wir sie nicht halten, da sie auf die männlichen Kollegen losging. Ihre Vorgeschichte kennt man nicht so genau. Man nahm an, dass Missbrauch vorlag, es gab aber keine Beweise.

Welche Projekte gibt es in der Werkoberstufe, die den Jugendlichen in seiner Pubertät unterstützen?

Wir haben eine Einzelgesprächskultur und auch ein Schüler-Lehrer-Forum, in dem Fragen der Schüler erörtert werden. Beides hat sich gut bewährt.

Welche Bedeutung kommt dem Elternhaus in diesem Alter zu? Arbeiten Sie mit den Eltern zusammen?

Die Elternarbeit ist eine der wichtigsten Säulen unserer Pädagogik, auch in diesem Alter noch. Ohne die Eltern können wir effektiv nicht arbeiten. Elternbesuche und Elternabende sind Bestandteil unserer Arbeit.

Was denken Sie über eine integrative Schule? Glauben Sie, die seelenpflegebedürftigen Jugendlichen wären gerade in der Pubertät gut dort aufgehoben?

Hier gilt wieder die individuelle Betrachtung und Entscheidung. Bei den meisten unserer Schüler würde ich ganz klar Nein sagen. Wir haben schon oft Jugendliche nach der Integration zu uns bekommen, da dort die Schulzeit mit der neunten Klasse endet. Fast alle haben berichtet, wie sehr sie in der Schule gelitten haben, da sie gehänselt wurden und keiner da war, der mit ihnen gesprochen hat. Einige wenige können das aushalten und sind dann auch richtig dort.

Kennen Sie Freundschaften oder Beziehungen zwischen seelenpflegebedürftigen und gesunden Jugendlichen?

Ja, eine ehemalige Schülerin hat eine Beziehung. Sie wird in dieser Beziehung aber meiner Meinung nach total ausgenutzt, sodass es für mich an Missbrauch grenzt.

Haben Sie um das neunzehnte Lebensjahr herum, also am ersten Mondknoten mit ca. 18 $^{2}/_{3}$ Jahren, Veränderungen beobachten können?

Ja, die Heranwachsenden werden ernster und lernen erstaunlicherweise im Sozialen noch einmal dazu.

Das Thema aus dem Blickwinkel der Jugendlichen betrachtet

Ab dreizehn hatte ich vollen Pubertätsstress zu Hause. Auch bin ich damals auf dem Gymnasium sitzen geblieben, und schließlich wurde mir alles, was Schule war, egal und unwichtig, jedenfalls der Unterricht. Allerdings war es mir schon wichtig, in der Pause die anderen Jungen zu treffen. Für Mädchen hatte ich nur geringes Interesse. Von mir aus hätte es eine reine Jungenklasse geben können.
Ich habe in der Zeit angefangen, zu Hause Torten zu backen. Das hat mir viel Spaß gemacht und ich hatte dadurch einen Ausgleich für die Leere in mir. Ich habe total viel herumprobiert. Andere in der Klasse hatten das nicht, und die haben sich dann nur hängen lassen.
Obwohl mir der Unterricht gleichgültig war, wundere ich mich heute, was dennoch hängen geblieben ist. Ich habe damals überhaupt nicht aufgepasst und habe trotzdem von ganz alleine was gelernt.
Ich finde es ganz wichtig, dass die Schule Angebote macht, wie verschiedene AGs und so was Ähnliches, denn als junger Mensch weiß man nicht immer von alleine, was man tun könnte. Das muss allerdings freiwillig sein, sonst geht keiner hin. Unser Turnlehrer hat eine Handball-AG angeboten. Da konnte ich dann meine Kraft loswerden.
Als ich sechzehn war, hat mein Vater mir erklärt, welche Bedeutung Schule für das Leben, eine Lehre und den Beruf hat. Das hat er mir zwar auch schon vorher erzählt, aber jetzt habe ich es zum ersten Mal richtig verstanden. Auf einmal erschienen mir Schule und Lernen sinnvoll, und beinahe von heute auf morgen war auch der Hauptstress vorbei.

Hans Henning, 15 Jahre

Unter Pubertät verstehe ich die Entwicklung des Menschen vom Kind zum Erwachsenen.
Da Kinder und Jugendliche in der Pubertät einen Großteil ihrer Zeit in der Schule verbringen, ist dieses Umfeld sehr prägend für das weitere Leben. Die Schule und folglich auch die Lehrer tragen nach meiner Einschätzung eine große Verantwortung. Jugendliche in der Pubertät haben besondere

Bedürfnisse und bilden einen individuellen Charakter aus, der seitens des Lehrers berücksichtigt werden muss.

Des Weiteren wandelt sich im Laufe der Pubertät das Bild, welches wir Schüler vom Lehrer haben. Anfänglich noch als unendlich kluger »Halbgott« verehrt, verliert er mehr und mehr seine erhöhte Stellung. Der Lehrer sollte darum akzeptieren, dass wir Schüler oft gegen seine Autorität zu rebellieren beginnen.

Ich glaube, dass es an dieser Stelle wichtig ist, dass wir Freiräume (zum Beispiel auch kreative Aufgaben) und Rückzugsgebiete (wie gesonderte Räume) bekommen und nicht ständig unter der »Fuchtel« des Lehrplans und der Lehrer stehen.

Ein anderer Aspekt der Pubertät in der Schule ist die mit dem Heranwachsen der Schüler vermehrt auftretende Gruppenbildung. Je nach Interessen, Entwicklungsstand und ähnlichen Kriterien bilden sich innerhalb der Klassen Cliquen. Hierbei kann es schnell zum Ausschluss einzelner Schüler kommen, der sich sogar zu Mobbing und Diskriminierung entwickeln kann. Ich finde es wichtig, dass die Lehrer dies so schnell wie möglich erkennen und Hilfe anbieten, da eine solche Ausgrenzung Schüler in tiefe seelische Probleme stürzen kann, die gepaart mit der in der Pubertät auftretenden »Suche nach sich selbst« schlimme Folgen haben können. Meiner Meinung nach sollte die Schule die pubertierenden Schüler, die vor allem mit sich selbst und den Veränderungen ihres Körpers beschäftigt sind, unterstützen und differenziert betreuen, ihnen aber auch die erforderlichen Freiheiten gewähren.

Bente, 17 Jahre

Fragen zum Thema

Unser Sohn ist, seit er in die Pubertät gekommen ist, in seinem Auftreten oft sehr provokant und wirkt manchmal überheblich. Zu Hause jedoch ist er eher still nach innen gekehrt und sehr einfühlsam. Nun hat er einen Klassenbetreuer bekommen, mit dem er sich überhaupt nicht versteht. Laufend kommen neue Beschwerden aus der Schule. Wie können wir als Eltern diese Situation durchbrechen?

Das Auftreten von vielen jungen Menschen ändert sich mit Eintritt in die Pubertät rapide. Auch steht das Auftreten in der Öffentlichkeit oft in krassem Gegensatz zum Verhalten in der häuslichen Umgebung. Gerade weil die junge Seele sich so verletzlich und unsicher fühlt, wählt sie nach außen hin die raue Schale und das provozierende Auftreten. Die innere Sensibilität und Unsicherheit soll wie durch einen Panzer geschützt werden, und keiner darf hinter die Kulissen blicken.

Der Reifeschritt der Pubertät führt aber auch zu einer verstärkten Wahrnehmung von Sympathie- und Antipathiekräften. Wenn zum Beispiel ein Klassenbetreuer nicht gemocht wird, neigt ein Pubertierender zu antipathischen Vorgehensweisen. Selten ist eine solche Abneigung jedoch schon so tief verankert, dass sie nicht durch das Bemühen und ein ehrliches Interesse des Lehrers am Schüler durchbrochen werden kann.

Häufig kann schon ein offenes Gespräch, in dem von allen Seiten die Gefühle und Befürchtungen, aber auch die Erwartungen, Wünsche und Hoffnungen ausgesprochen werden dürfen, zu einer ersten Veränderung der Verhältnisse führen.

Wie bringe ich eine wilde Pubertätsklasse zur Ruhe, damit sie meinen Sprachunterricht überhaupt wahrnehmen kann? Oft geht alles drunter und drüber und ich glaube immer am kürzeren Hebel zu sitzen.

Jeder Lehrer kennt diese Situation. Die erstaunliche Energie jugendlicher Pubertierender zeigt sich in Situationen der Auseinandersetzung und des Konfliktes am deutlichsten. Gelingt es jedoch, dahinter nicht Boshaftigkeit gegen den Lehrer zu sehen, ist schon ein erster Schritt getan.

Gerade weil sich der Pubertierende selbst mit unbekannten, manchmal sogar unerträglichen Gefühlen und Erfahrungen konfrontiert sieht, fordert er die Spiegelung durch den Erwachsenen so intensiv heraus. Er benötigt einerseits die vom Lehrer gesetzten Grenzen, zum Beispiel die Forderung von Achtsamkeit und Ruhe im Sprachunterricht. Woran soll er sich denn sonst orientieren? Es ist darum wichtig, dass sich der Lehrer über seinen Anspruch an sich und die Schüler, aber auch über die Grenzen des Akzeptablen in Bezug auf Störungen klar wird. Dazu gehört andererseits aber auch, dass der Schüler genau weiß, wie der Lehrer reagieren wird, wenn das Geforderte nicht eintritt.

Es kann keine Empfehlung gegeben werden, wie so eine Reaktion aussehen sollte, weil jeder Lehrer die für ihn gemäße Form herausfinden muss. Er selbst soll sie dann ja auch vertreten. Wichtig ist jedoch, dass derartige Überlegungen aus der Ruhe entweder schon vorher oder auch mit gewissem Abstand nach dem Unterricht angestellt werden, möglichst jedoch nicht direkt in der Konfliktsituation. Schnell wird da etwas gesagt, was dann doch nicht einzuhalten ist. Und einhalten sollte man die gesetzten Grenzen und die angekündigten Reaktionen unbedingt. Folgt auf die Übertretung eines Limits nicht die entsprechende Reaktion, enthebt sich der Lehrer dadurch möglicherweise jeder weiteren Handlungsfähigkeit.

Wenn eine Unterrichtssituation jedoch gründlich zu eskalieren scheint, kann nur ein rapider Wechsel in der Methode und damit auch in der inneren Haltung helfen, wenn man nicht ganz resignieren will. Hilfreich beim Finden einer solchen anderen Herangehensweise kann es sein, wenn man nicht vom Lehrplan ausgeht, sondern herauszufinden versucht, was diese Klasse von einem braucht und was man selber bereit ist, ihr zu geben. Das kann zu ganz ungewöhnlichen Entscheidungen führen, die vielleicht sogar von den Eltern oder Kollegen beargwöhnt werden. Wenn zum Beispiel allerlei Kochgeräte, kleine Herdplatten, Zutaten und Schüsseln in die Schule geschleppt werden, weil im Französischunterricht wirklich gekocht (und auch gegessen) wird, oder wenn der Englischlehrer den Unterricht in den Handwerkraum verlegt und dort »in Englisch handwerkt«, trifft es in der Tat nicht das, was man sich normalerweise unter Unterricht vorstellt. Es erfordert deshalb

Mut vom Lehrer, etwas zu wagen, um seinen Unterricht zu retten und zu beleben. Auf der anderen Seite kommt durch ein Chaos auch kein Sprachschatz zustande.

Ich bin alleinerziehend und mein Sohn benimmt sich, seit er in der achten Klasse ist, zu Hause wie ein Macho. Weil er schon so unglaublich groß und stark ist, habe ich Angst, ihm Grenzen zu setzen. Mich würde interessieren, wie er sich im praktischen Unterricht verhält. Lässt er sich von den männlichen Lehrern eher etwas sagen?

Nicht selten beginnen für alleinerziehende Mütter sehr anstrengende Zeiten, wenn ihre Söhne in die Pubertät kommen. Weil ihnen im Häuslichen das männliche Vorbild fehlt, müssen sie sich woanders orientieren. Der Eindruck, den die Medien, besonders Filme, vermitteln, bekommt ein starkes Gewicht. Das gängige Bild des Mannes ist dort aber immer noch durch Härte, Durchhaltekraft, Kampfgeist und »Machogehabe« geprägt. Nimmt es da wunder, wenn Jungen diesem Abenteuertyp nachstreben wollen? Und das erste Objekt, an dem sie ihre »Männlichkeit« erproben, ist dann oft die Mutter.

Diese Jungen brauchen dringend ein reales männliches Gegenüber, an dem es sich zu messen lohnt. Es sind aber oft auch genau diese Jungen, die bei männlichen Lehrern und im praktischen Tun die Gelegenheit ergreifen und ihre schon so deutlich reifenden Kräfte in besonderem Maße einsetzen. Für sie ist die Möglichkeit, Energien im Schaffen loszuwerden, genau das richtige Ventil, weil sie sich sonst auch nutzlose und zerstörende Bahnen suchen können.

Pubertät und Gesellschaft

Eine Gesellschaft offenbart sich nirgendwo deutlicher als in der Art und Weise, wie sie mit ihren Kindern umgeht. Unser Erfolg muss am Glück und Wohlergehen unserer Kinder gemessen werden, die in einer jeden Gesellschaft zugleich die verwundbarsten Bürger und deren größter Reichtum sind.

Nelson Mandela

Manche Phänomene der Pubertät laufen im ganz persönlichen Erlebnisbereich des Jugendlichen ab, andere entwickeln sich in abgegrenzten Lebensbereichen wie Schule, Elternhaus oder Freundeskreis. Den Hintergrund für das Geschehen bildet jedoch die gesamte Gemeinschaft, wobei Fragen der gesellschaftlichen Gestaltung, des politischen Systems und der gerade herrschenden Weltlage eine Rolle spielen.

Durch diesen größeren Ansatz, den Blick auf das Ganze und seine direkten Auswirkungen auf das Durchleben der Pubertätsphasen jedes einzelnen jungen Menschen, lässt sich das Erscheinungsbild jugendlicher Pubertierender in heutigen Zusammenhängen vielleicht besser verstehen.

Ist die Pubertät ein heutiges Phänomen?

Viele Menschen glauben, dass das Phänomen der Pubertät erst im Laufe der Industrialisierung aufgetreten ist. Sie gehen davon aus, dass Kinder in alten Zeiten schon früh die Rolle von Erwachsenen einnehmen mussten und Irritationen, Probleme und Fragestellungen zu diesem Themenbereich gar nicht existierten.

Das traf aber zum Beispiel für junge Edelleute im 15. Jahrhundert nicht zu. Sie hatten vielmehr eine viele Jahre dauernde Ausbildungszeit und etliche Bewährungsproben zu durchlaufen, ehe sie etwa mit vierzehn Jahren zum Knappen aufrückten. Im Alter von siebzehn bis neunzehn Jahren schließlich wurden sie zum Ritter geschlagen und durften mit in den Krieg ziehen. Als vollwertige Mitglieder der Gesellschaft sah man sie aber erst an, wenn sie sich einer Frau anvertraut hatten.

Früher als die Kinder der Adeligen mussten Bauern und Arbeiterkinder mithelfen, den Lebensunterhalt zu bestreiten. Mädchen arbeiteten zum Teil schon mit sieben Jahren als Dienstboten. Auch im Bürgertum des Spätmittelalters blieb den Jungen nicht viel Zeit zu einer familiär geschützten Reifung. Die Mehrzahl verließ das Elternhaus mit zwölf Jahren, um für nicht selten zwölf weitere Jahre zu einem Lehrherrn zu ziehen. Dem schloss sich dann meist eine mehrjährige Wanderzeit an, bis es zu einer Selbstständigkeit kommen konnte. Bürgerliche Töchter wurden hingegen gerne jung verheiratet und lernten das, was sie als Mutter und Hausfrau benötigten, schon zu Haue von ihrer Mutter.

Die seelischen und körperlichen Entwicklungsschritte der Pubertät, welche ja auch rein hormonelle Komponenten haben, mussten wohl die Jugendlichen aller Zeiten durchleben. Über das Flegeltum pubertierender Raufbolde geben schon Kirchenakten aus dem 14. Jahrhundert Auskunft, und bereits Sokrates klagte über seine Begegnung mit Pubertierenden.

Allerdings ist das Erkennen und damit auch Anerkennen dieser für das ganze spätere Leben so wichtigen Zeit der Pubertät tatsächlich erst eine Folge verhältnismäßig junger Forschungsergebnisse. Soziologie, Medizin und Psychologie haben den Zusammenhang zwischen biologischen Abläufen und modernen Gesellschaftszusammenhängen mit ihren großen Gestaltungsfreiräumen deutlich gemacht.

Das Aufdecken der »gesetzmäßigen«, das heißt von der Natur vorgegebenen Abläufe in der Pubertät hat zwar zu mehr Wissen, zu einem bewussteren Umgang mit den Phänomenen geführt. Keiner bezweifelt heute, dass ein großer Teil der auftretenden Irritationen im alltäglichen Umgang mit Pubertierenden in der gewaltigen Umwälzung des Hormonhaushaltes seine Ursache hat. Aber gleichzeitig haben die Bemühung, die Pubertät stofflich zu erforschen und zu erklären, und auch

Ist die Pubertät ein heutiges Phänomen? 361

der Versuch, naturwissenschaftlich mit dem Phänomen umzugehen, zu einer Veräußerlichung, in gewisser Weise auch zu einer Entfremdung von dieser wichtigen Nahtstelle zwischen Kindheit und Erwachsenenalter geführt.

Früher war dieser wichtige Schritt durch markante und zum Teil auch schmerzvolle Rituale eindeutig in den gesellschaftlichen Ablauf einbezogen (siehe auch Seite 41 ff.). In außereuropäischen Zusammenhängen wird dies auch heute noch durchaus praktiziert. Sicher sind die zum Teil grauenerweckenden Bräuche mancher Länder, die bis zu gewollten Verwundungen, ja sogar bis zu Amputationen wichtiger Körperteile führen können, aus unserer Sicht absolut nicht zu befürworten. Der Hintergrund jedoch, damit den Übergang von der Kindheit in das Jugendalter als deutliches Signal, ja sogar als Fest zu feiern, ist in unseren gesellschaftlichen Zusammenhängen beinahe in Vergessenheit geraten. Dabei kann es sich durchaus lohnen, diesen Aspekt des feierlichen Überganges von einer Entwicklungsstufe in die andere in den Blick zu nehmen.

Eine Gruppe Pfadfinder veranstaltet eine Zeltfreizeit. Die Gruppenleiter, ein junger Student und eine Hebammenschülerin, haben zusammen mit fünf Jungen und sieben Mädchen ihre Zelte in den Dünen einer dänischen Insel aufgeschlagen. Alle lebensnotwendigen Gegenstände haben sie von der Bushaltestelle selbst hergetragen, sie sind für einige Tage von jeglicher Verbindung abgeschieden. Die Jungen und Mädchen sind zwischen zwölf und vierzehn Jahre alt und sollen durch das Erfüllen bestimmter Prüfungsaufgaben zeigen, dass sie zu einem höheren Pfadfinderdienstgrad aufsteigen können, den sie dann in der Farbe des Halstuches und durch ein am Ärmel aufgenähtes Symbol auch nach außen zeigen dürfen. Sie müssen dazu der Gemeinschaft selbst ausgewählte Lieder alleine vorsingen, eine Feuerstelle anlegen und mit einfachen Mitteln entfachen, sie müssen zeigen, dass sie mit dem eigenen Messer und einem kleinen Beil umgehen können, dass jeder von ihnen zehn Pflanzen und zehn Tiere bei ihren Artnahmen benennen kann, verschiedenste Knoten beherrscht, in tiefster Nacht alleine eine

Waldstrecke zu durchschreiten wagt und eine Reihe weiterer Aufgaben selbstständig bewältigen kann. Bei ihren regelmäßigen Treffen haben sie sich intensiv auf diese Prüfung vorbereitet und sind nun begierig, alles auch zu schaffen.

Nach dem Abschluss der Fahrt haben alle ihre neuen Tücher bekommen, fühlen sich gereift und sind in die Gruppe der fortgeschrittenen Pfadfinder aufgenommen. Einige werden demnächst eine eigene kleine Gruppe leiten.

Die achte Klasse ist in der Lehrerschaft verschrien. Die junge Französischkollegin hat mehrmals weinend den Unterricht abbrechen müssen, der alte Mathematiklehrer erklärt, in seiner Laufbahn so ein Chaos noch nicht erlebt zu haben, und für Vertretungsstunden findet sich kein Freiwilliger.

Mit beklommenem Herzen geht der junge Deutschlehrer an die Einstudierung des für diese Altersstufe angesetzten Theaterstückes. Zu seinem größten Erstaunen erlebt er jedoch schon nach wenigen Stunden, welche Kreativität in den einzelnen Schülerpersönlichkeiten verborgen liegt, und es gelingt ihm, mit dieser Chaosklasse zu einem gemeinschaftlichen Tun zu gelangen. Am Ende kommt eine Inszenierung zustande, die niemand diesen Schülern zugetraut hätte. Noch erstaunlicher ist es für die Lehrer als auch für die Eltern festzustellen, welche Reifung und welche innere Sicherheit jeder Einzelne durch diese Arbeit gewinnen konnte.

Vera war in ihrer Entwicklung schon immer früh dran. Ihr erstes gesprochenes Wort war »Ich«, sie krabbelte wenig, lernte schnell das Gehen. Schon vor der Schule hatte sie sich selbst das Lesen beigebracht, und ihre Eltern nervte sie manchmal durch ihre viele Fragerei. In der Schule fühlte sie sich wenig ausgelastet und suchte sich selber ihre Herausforderungen. Lange beschäftigte sie sich mit Pferden und bekam deshalb sogar ein eigenes Pony.

Mit zwölf, sozusagen von heute auf morgen, hat sie andere Interessen. Das Pony muss fortan von der Mutter versorgt werden. Die gewohnte Kleidung ist nicht mehr die richtige, sie bevorzugt jetzt Schwarz. Die Haare werden gefärbt und das Zimmer und alle Gebrauchsgegenstände werden dem angepasst. Sie interessiert sich jetzt für das »Leid der Menschen«, liest melancholische Romane und ist viel für sich alleine. Gerne malt sie sich dunkle Ränder unter die Augen, und man sieht sie nur noch selten lachen. Wegen ihres demonstrativen Auftretens wird sie von vielen beobachtet und wahrgenommen, einige Freundinnen »machen auch mit«. Mit vierzehn kommt sie mit Kreisen zusammen, die sich stark mit dem Tod beschäftigen, auch für »den Satan« Interesse zeigen. Spätestens jetzt machen sich Eltern und Lehrer ernsthaft Sorgen. Vera aber ist wenig zugänglich für die Erwachsenen. In der Schule zeigt sie nur noch wenig Engagement, ist viel »in der Stadt« und entfernt sich immer mehr von ihren ursprünglichen Bahnen.

Im siebten Schuljahr wird in der Klasse das Thema Konfirmation von einigen Schülern eifrig diskutiert. Aussichten auf Geschenke, die Vor- und Nachteile dieses Schrittes werden in den Elternhäusern, aber auch im Unterricht von den verschiedensten Seiten beleuchtet. Vera ist scheinbar nicht daran interessiert. Sie beteiligt sich an keiner Diskussion und zeigt nichts von ihrer Einstellung zu diesem Thema. Sie scheint allerdings immer aufmerksam zuzuhören.

Dann, der Konfirmandenunterricht hat schon vor drei Monaten begonnen, erklärt sie den erstaunten Eltern und Klassenkameraden, dass sie sich auch konfirmieren lassen will.

Sie wird in die Konfirmandenstunden aufgenommen und folgt aufmerksam der Entwicklung. Der Priester ist erstaunt über die Tiefe ihrer Fragen und empfindet sie als Bereicherung in der Gruppe. Sie wird schließlich kurz vor der Konfirmation getauft und hat offensichtlich keine Freude mehr an extremer Kleidung oder Schminke. Nach der Konfirmation wirkt sie sehr gestrafft und gereift.

Aus diesen Beispielen geht hervor, welche Bedeutung auch in unserer Kultur ein »ritualisierter« Übergang vom Kindes- zum Erwachsenenalter haben kann. Vielen Jugendlichen gelingt gerade an so einem wichtigen Lebensereignis ein markanter Entwicklungsschub. Allerdings darf man nicht den Fehler begehen, in einem feierlich begangenen Initiationsersatz den Universalschlüssel zur Lösung aller Fragen und Probleme im Zusammenhang mit der Pubertät zu sehen.

Jede traditionelle Initiation männlicher oder weiblicher Ausprägung hat genauso wie der auf die heutigen, jeweils ganz individuellen Bedürfnisse zugeschnittene moderne Versuch zwangsläufig die Qualität der deutlichen Abtrennung von den Kindheitsmustern. Hierin liegt vielleicht auch die wichtigste Komponente: Alle wissen, dass die Kindheit nun eindeutig vorbei ist. Ob allerdings der Schritt in die Jugend mit ihren neuen Anforderungen auch sogleich vollzogen werden kann, hängt noch von einer Mischung vieler anderer, sehr individueller Faktoren ab. Dennoch erscheint es gerade in unserer Zeit fast immer lohnenswert, sich aktiv auf die Suche nach einer geeigneten Form des feierlichen Übergangs zu machen. Je mehr dieser individuell auf den Heranwachsenden ausgerichtet ist und je mehr er von dessen nächsten Menschen gewollt und mitgetragen wird, desto größer wird die positive Auswirkung sein.

Jugendliche als Weltbürger, Globalisierung

Der Heranwachsende entwickelt im Verlauf seines Reifungsprozesses seine Ich-Persönlichkeit, bis er ganz in das Erwachsenenalter eintritt. Er gelangt so zu einer eigenen Urteilsfähigkeit und moralischen Grundhaltung, welche sich in einem immer größer werdenden Weltinteresse niederschlagen.

Anfänglich äußert sich das oft in einer gewissen Form von Kritiksucht. An allem und jedem wird herumgenörgelt, alles wird auf die Goldwaage gelegt oder gar verspottet. Wird dem Jugendlichen sein eigenes Verhalten vorgeworfen, verteidigt er sich vehement und reagiert manchmal auch überempfindlich. Langsam jedoch schärft sich sein Blick, und immer häufiger gelingt eine übergeordnete Schau, in der sich seine wachsende Urteilskraft offenbart. Dieser Entwicklungsprozess kann am besten gelingen, wenn Freunde, Geschwister, Eltern oder auch Lehrer bereit sind, sich seine Meinung anzuhören und ernsthaft darüber auszutauschen. Der Jugendliche kann dadurch selber entdecken, wann er mit Vorurteilen reagiert und wann er sich seiner »ureigensten Urteilskraft« nähert. Gelingt es in diesem Prozess, die Achtung vor der Wahrheit im Blick zu behalten, kann sich eine gesunde Urteilsfähigkeit im Heranwachsenden entfalten.

Aus dem Umgang mit der Wahrheit und damit auch der Wahrhaftigkeit kann es dem jungen Menschen gelingen, auf seine innere Stimme zu hören, eine eigene Moral zu entwickeln. Moralität bedeutet nicht, gemäß den geltenden Normen und Traditionen zu handeln, sondern in sich ein System aufzubauen, das man als »Stimme des Gewissens« bezeichnen kann. Wohl nur selten ist der Mensch seinen Idealen so nahe verbunden wie im Verlauf der Pubertät. Nur sind diese anfänglich noch vage, schemenhaft. Auch äußern sie sich nicht immer gleichmäßig und sind zudem auch noch leicht beeinflussbar. Dennoch ist das Aufbauen einer eigenen inneren moralischen Stimme ein unverzichtbares Ziel im Laufe der Ich-Entwicklung eines jeden Menschen. Das kann ihm nur gelingen, wenn er üben darf, frei und unabhängig zu handeln, nur von seinen Idealvorstellungen geleitet. Junge Menschen in der heutigen Zeit brauchen diese Chance, ihre Urteilsfähigkeit und Moralität im Verlauf der Pubertät im Großen und Ganzen frei zu entwickeln und zu gestalten. Erst dadurch können sie freie Mitglieder der Gesellschaft werden und ihre Zukunftsaufgaben zufriedenstellend meistern.

Diese eigenständige Moralität der Jugendlichen, verbunden mit freier Urteilskraft, mündet schließlich in eine Qualität, die in unserer Zeit der Globalisierung und gleichzeitigen Bedrohung der natürlichen Lebensgrundlagen von lebenswichtiger Bedeutung ist. Gerade der junge Mensch, durch die Herausforderungen der Pubertät mit den Zukunftsfragen seiner eigenen Persönlichkeit genauso konfrontiert wie mit dem Überleben der gesamten Menschheit, ist in der Lage, im Verlauf seiner Ich-Werdung zu einem Interesse für die gesamte Welt zu kommen. Er muss sich zwar vorher zu einer gewissen Selbstlosigkeit durchringen, er muss bereit sein, den aufkeimenden Egoismus zu überwinden. Dann aber beginnt bei ihm das Herz zu sprechen

Wohl nur selten ist der Mensch seinen Idealen so nahe verbunden wie im Verlauf der Pubertät.

und er kann für die Völker der Welt mitempfinden und sich allen Mitmenschen verbunden wissen. Dazu sind Erwachsene meist nur noch in wenigen Ausnahmen fähig.

Zum Ausdruck kommt diese neue Qualität in der Bereitschaft junger Menschen, in die Welt zu gehen, Kontakt zu anderen Erdteilen aufzunehmen, sich mit Menschen anderer Kulturen und Hautfarben zusammenzutun. Bei manchen ist es vielleicht noch die Sehnsucht nach der Ferne, der Wunsch nach Abenteuer oder nach Unabhängigkeit. Unübersehbar ist jedoch auch die Bereitschaft Jugendlicher, soziale Aufgaben in anderen Ländern zu übernehmen, sich für die Erhaltung der Natur und die Gesunderhaltung der Menschheit einzusetzen. Die weltweite Verflechtung über das Internet, relativ gute Reisemöglichkeiten und gute Sprachförderung an den Schulen spielen da sicher eine entscheidende Rolle in der Durchführbarkeit.

Jugendliche als Weltbürger, Globalisierung 367

Heranwachsende entwickeln in der Pubertät ein scheinbar grenzenloses Interesse für die Welt, sie wollen hinter die Kulissen schauen, sie wollen wissen, was »wirklich läuft«. Äußerlich suchen sie nach Antworten, wollen alles handhabbar machen. Unbewusst üben sie dabei ihr Urteilsvermögen, schulen ihren Blick für die Wahrheit der Dinge. In diesem Sinne üben sie sich darin, herauszufinden, ob die Dinge gut oder schlecht sind. Bei der Entwicklung des Welteninteresses geht es um mehr als dieses erste Urteil, es geht um ein Einfühlungsvermögen, es geht dem jungen Menschen darum, die Phänomene der Welt wie eine Art Kunstwerk zu betrachten, wobei es sich nicht mehr um ein Richtig oder Falsch dreht. Sie möchten als selbstständiges Wesen »das Kunstwerk Weltzusammenhang« kennenlernen, sich in diesen Zusammenhang auch selbst hineinstellen, einen innerlichen Zugang finden.

Wie ein äußeres Betrachten eines Kunstwerkes auch nur ein äußeres Urteil, wie gut oder schlecht, zulässt, fragt dieses Interesse nach den Intentionen des Künstlers, sucht dessen Ideale zu finden und erlebt sie auf diese Weise ein Stück nach, steht nicht mehr nur außen, sondern ist selbst zu einem Teil des Prozesses geworden. In diesem Sinne stellen sich heutige junge Menschen oft nicht mehr nur betrachtend den Phänomenen der Welt gegenüber, sondern erleben sich zutiefst als ein Teil derselben und schöpfen gerade daraus neue kreative Umgangsformen miteinander.

Sind manche Bereiche der wirtschaftlichen und finanzpolitischen Globalverflechtung zu Recht immer mehr in Frage zu stellen, so kann man den Impuls des Anteil nehmenden Weltinteresses der jungen Menschen und die Bereitschaft, hier neue Wege zu suchen, doch als hoffnungsvollen Zukunftsaspekt einstufen. Vielleicht steckt in dieser Anteilnahme der Jugend an dem ganzen Weltgeschehen der Keim für eine Zukunftshoffnung.

Manuel muss in der zehnten Klasse die Schule verlassen, weil die ihn unterrichtenden Lehrer mit seinem seit einigen Jahren praktizierten provokanten Auftreten nicht mehr klarkommen und keine gemeinsame Perspektive sehen. Er ist in den tiefsten Wurzeln des Seins erschüttert, entschließt sich aber, erst einmal nicht auf einer anderen Schule einen weiteren Versuch zu machen, sondern zieht mit seinen siebzehn Jahren »in die Welt«. Mit Rucksack und Schlafsack kommt er bis nach Australien, lernt viele Menschen kennen, aber auch seine eigenen Grenzen. Er muss hart arbeiten, ist einsam, gewinnt Freunde und bekommt schon als junger Mensch einen Eindruck von der Größe der Erde, von der Vielgestaltigkeit menschlicher Gesellschaften und den erforderlichen Aufgabengebieten zukünftiger Menschen. Nach seiner Rückkehr macht er sein Abitur, und es wird spannend, was für Schlüsse er aus seinen Erfahrungen ziehen wird.

Anna entschließt sich schon zu Beginn der Pubertät, dass sie etwas für »die Armen der Welt« tun will. Noch ahnt sie ihr Ziel nur, entschließt sich aber nach dem Schulabschluss, Krankenschwester zu werden, und geht nach ihrem Examen tatsächlich in verschiedenste Slums von Großstädten in Südamerika.

Maja saugt während ihrer Pubertät die Inhalte des Geschichtsunterrichts förmlich in sich auf. Empört reagiert sie auf all die blutigen Ereignisse und für sie unfassbaren Zusammenhänge im Weltengeschehen. Sie ist sich bereits sicher, dass sie alles, was in ihren Kräften steht, für eine gerechtere, bessere Welt tun will. Sie studiert schließlich Völkerkunde und ist seitdem als Vermittlerin in unterschiedlichsten Krisengebieten auf der ganzen Welt aktiv.

Arbeitslosigkeit, Ausbildungsplatz

David ist schon von Anfang an der Kleinste in der Klasse gewesen. Obwohl er die ständige Unruhe und Lautstärke nur schlecht ertragen kann, kommt er in den ersten Jahren noch einigermaßen klar. Ab der sechsten Klasse eskaliert die Stimmung oft, und auch er kann sich nicht mehr ausreichend disziplinieren. So wird er von vielen Lehrern als der Sündenbock angesehen und vor die Tür geschickt. Auf einer Klassenkonferenz beschließt man, ihn von bestimmten Unterrichten zu suspendieren. Schließlich wird er in eine Sonderschulklasse abgeschoben. Später macht er an einer weiterführenden Schule mit sechzehn Jahren seinen Hauptschulabschluss. Er möchte gerne ein Holzhandwerk erlernen, wird aber schon wegen seiner Vier in Mathe nirgends angenommen. Vergeblich bemüht er sich um eine Lehrstelle. Schließlich kann er ein Jahr beim Jugendaufbauwerk verbringen und bekommt nach einem weiteren halben Jahr der vergeblichen Suche schließlich eine Lehrstelle als Maler. Obwohl der Meister und auch die beiden Gesellen ihn oft schikanieren, schafft er im zweiten Anlauf schließlich seine Gesellenprüfung. Sein Selbstbewusstsein ist in der Lehrzeit jedoch keineswegs gewachsen.

Nach der Lehre wird er sofort entlassen und versucht hundertfach eine Stelle zu bekommen. Zwei Jahre lang findet er keine Anstellung und lebt währenddessen immer noch bei seinen Eltern. Viel Zeit verbringt er spielend am Computer. Er schätzt mittlerweile seine Chancen auf ein bis zwei Prozent ein und hat für die weitere Zukunft längst resigniert. Mit einundzwanzig Jahren bekommt er schließlich einen Job im Lager eines Alteisenhändlers. Sein Verdienst reicht nicht, um einen eigenen Haushalt zu führen. Er kann mittlerweile weder über seine Interessen noch seine Fähigkeiten eine Aussage machen.

Kaum etwas ist in unserer Kultur für die Jugendlichen – und auch deren Eltern – schwerer zu ertragen, als keinen Ausbildungsplatz und keine Arbeit zu finden.

Unsere an Leistung und Konsum orientierte Gesellschaft stellt wie selbstverständlich den Beruf und die damit verbundene Erwerbsfähigkeit und Erwerbstätigkeit mit an die oberste Stelle der zu erstrebenden Ziele. Um diese Ziele erreichen zu können, werden unsere Kinder, je nach sozialer Schicht, mehr oder weniger früh daraufhin ausgerichtet. Lern- und Leistungsdruck, aber auch im Seelischen tief verwurzelte Wertvorstellungen sind Indizien für diese Ausrichtung.

So ist es nicht verwunderlich, wenn auf der anderen Seite Arbeitslosigkeit oder die Schwierigkeit, einen Ausbildungsplatz zu bekommen, oft Resignation und sogar Fatalismus hervorrufen. Es kann auch zu aggressiven Ausbrüchen kommen, wenn die Jugendlichen unbeschäftigt sind und sich unausgelastet fühlen. Falls die Gesellschaft als verantwortlicher »Feind« für diese Lage definiert wird, haben radikale Bewegungen leichtes Spiel, diese Potenziale für sich zu nutzen. Arbeitslose Jugendliche haben sich als anfällig für Rebellion, Aufstand, Kriminalität, Terror oder Extremismus erwiesen.[115]

Die weltweite Verknüpfung über das Internet, die High-Tech-Revolution, Finanzspekulationen und die Verlagerung traditioneller Arbeit in sogenannte Billiglohnländer haben den heimischen Arbeitsmarkt rapide und radikal verändert. Permanent hohe Arbeitslosenzahlen mit einem großen Anteil an Jugendlichen, besonders in den östlichen Ländern, und der starke Wandel in den Berufsfeldern finden ihren Niederschlag darin, dass Erfolg sich nicht mehr daran orientiert, ob man den anderen überflügelt, sondern ob man überhaupt erst einmal Arbeit hat. Das Recht auf Arbeit ist inzwischen zu einem heiß diskutierten Thema grundsätzlicher Menschenrechte geworden.

Auf der anderen Seite ist der Jugendliche in der Zeit der Pubertät mit seiner eigenen kritischen Haltung gegenüber der Erwachsenenwelt und gleichzeitig mit dem altersgemäßen Pendeln zwischen der Suche nach hohen Idealen, dem Strotzen vor Kraft und der Niedergeschlagenheit oder Resignation konfrontiert. In derartig kritischen Lebensumständen soll der jugendliche Pubertierende nun Entscheidungen für sein späteres Leben treffen. Er soll festlegen, ob er die Schule verlässt, ob er einen bestimmten Abschluss macht oder ob er sich schon auf eine Berufsausbildung festlegen will. Außerdem begegnet er deutlichen sozialen Diskriminierungen bestimmter Berufe und wird mit Begriffen wie Qualitätskontrolle und Qualitätssicherung konfrontiert.

Unter diesen Umständen sind jugendliche Pubertierende und auch deren Eltern einem großen Druck ausgesetzt, wenn innerhalb dieser Lebensphase die Entscheidung für Beruf, Arbeit oder Schule ansteht. Diese birgt ein großes Konfliktpotenzial, wenn die Zusammenarbeit und die Kommunikationsfähigkeit zwischen Eltern und Jugendlichen – aber auch Lehrern – gestört sind. Besonders schwierig wird die Situation dann, wenn sich die Argumente und die Haltung der Erwachsenen als leere Worthülsen erweisen, wenn von den Jugendlichen etwas erwartet wird, was sie selbst zu leisten nicht imstande sind.

In einer solchen Situation werden Menschen gebraucht, die ein sozialpolitisches Bewusstsein entwickelt haben und in der Lage sind, zusammen mit den Jugendlichen Haltungen und Perspektiven zu entwickeln. Gesprächsbereitschaft, kritische Selbstdistanz und offene Begegnung sind die wichtigsten Fähigkeiten, die Erwachsene nun benötigen. Aber niemand sollte sich scheuen, sein eigenes Unvermögen einzugestehen und fachkompetente Hilfe von privater oder staatlicher Seite in Anspruch zu nehmen.

Der Eigenanteil beim Scheitern von Maßnahmen oder in der Schule sollte von den Jugendlichen erkannt werden. Es lohnt sich, daraus zu lernen und es mit neuer Überzeugungskraft wieder zu probieren.

Wirtschaft

Kinder und Jugendliche zwischen sechs und siebzehn Jahren verfügen in Deutschland durchschnittlich über je 1.000 Euro pro Jahr, das macht zusammen rund 9,82 Milliarden Euro.[116] Ein gewaltiger Markt, in dem große Gewinne erzielt werden können. Um ihre Chancen, an dieses Geld heranzukommen, zu vergrößern, setzen die Hersteller die jungen Menschen einem immensen Werbedruck aus. Sie beauftragen Agenturen und Firmen, um die geheimen Wünsche der Teenager zu entschlüsseln oder auch erst zu erwecken. Denn bis zum siebzehnten Lebensjahr haben sich die meisten Heranwachsenden auf ihre Lieblingsmarke festgelegt und beeinflussen damit sogar die Haltung ihrer Eltern.

Bei ihrer Auswahl wollen sie das Gefühl haben, sich frei und unabhängig von den Erwachsenen entscheiden zu können. Haben sie doch durch das ausgewählte Outfit die Möglichkeit, sich von »den Alten« abzusetzen und gleichzeitig deren Haltung zu überprüfen. Außerdem benötigt das keimhaft heranwachsende Ich die scheinbare Sicherheit, welche ihnen die richtige Jacke oder die richtigen Schuhe zu geben scheinen, auch in der Abgrenzung gegenüber anderen.

Auf der anderen Seite sind die manipulierenden Kräfte der Unternehmen größer als die Möglichkeiten des jungen Ichs, sich dagegen zur Wehr zu setzen. Zumal längst nicht mehr die bekannten Mittel der Reklame angewendet werden. Reine TV-Spots oder Anzeigen haben heutzutage immer weniger Chancen, die jungen Menschen zu erreichen. Die Teenager müssen sich bei ihrer Wahl frei und unabhängig fühlen können und überzeugt sein, keinem Trend zu folgen. Dabei ist in der heutigen Zeit beinahe die gesamte Lebenssphäre der Jugendlichen von Werbung durchsetzt, nur ist das nicht immer auf den ersten Blick offensichtlich.

Die größten Chancen haben Hersteller, denen es gelingt, sich ein Image zu verschaffen, welches sozusagen mit ihrem Produkt fest verbunden ist, ohne dass dies direkt bemerkt wird.

Über drei Bereiche sind die Jugendlichen zu erreichen:
- über deren Empfänglichkeit für Emotionen
- durch den Einfluss von Freunden
- durch den Wunsch nach dem Neuen, Besonderen.

Dazu ein Beispiel aus dem Bereich Kleidung, für den die Jugendlichen den größten Teil ihres Geldes ausgeben: Zwar ist der Konkurrenzdruck in diesem Bereich besonders groß. Dennoch verzichtet einer der führenden Jeanshersteller seit 2007 ganz auf eine TV-Reklame, hat stattdessen eine Internetplattform eröffnet und veranstaltet Clubtouren mit Bands. Außerdem stattet das Unternehmen auf eigene Kosten Künstler und Moderatoren im Musikfernsehen aus. Des Weiteren unterhält es in den größeren Städten ein Netz von etwa fünfzig »Szenegängern«. Diese werden ebenfalls mit ihren Marktprodukten eingekleidet und zu unterschiedlichen »Events« an besonderen Orten eingeladen. Dass die Aktion von einem Unternehmen gesteuert wird, findet keine Erwähnung.

Das größte Konkurrenzunternehmen schlägt einen ähnlichen Weg ein: Als zentrales Marketinginstrument bietet es auf einer Internetplattform die Möglichkeit, selbst gemachte Fotos zur Auswahl zu stellen. Die besten davon werden ausgewählt, um in Anzeigen in Modejournalen verwendet zu werden. Die Möglichkeit, einen Weg zu den Modemagazinen zu finden, eröffnet den Jugendlichen das Gefühl, etwas Besonderes zu sein. Der Hersteller vermittelt so ein Image, ein Lebensgefühl, welches sich durch eine Hose sonst normalerweise nicht erreichen ließe, die zudem bei der ganzen Aktion auch nicht erwähnt wird. Originelle Botschaften verbreiten sich offensichtlich von alleine, wenn sie nicht als Werbung zu erkennen sind.

In beiden Beispielen ereignet sich aus Sicht der Jugendlichen etwas ganz Einzigartiges, das ihre Emotionen erregt. Sie fühlen sich durch die Plattform oder die Veranstaltungen mit anderen, mit »Freunden« verbunden und glauben, etwas Neues und Besonderes mitzuerleben. An ein Kleidungsstück denkt dabei jedoch keiner.

Auch die traditionelle Reklame hat im Internet offensichtlich eine größere Einflusschance, beispielsweise als Bandenreklame bei virtuellen Autoraserspielen. Dieses System, in dem das Internet und die reale Welt subtil miteinander verknüpft sind, ermöglicht schon dadurch einen großen Erfolg, dass sich Jugendliche mittlerweile zu 80% über das »Netz« Informationen über Produkte und Trends besorgen.

Wer sich einen Markt bei Heranwachsenden neu schaffen will, nutzt heutzutage auch gerne deren Vernetzung untereinander. Jeder von ihnen hat im Durchschnitt etwa achtzig Nummern im Mobiltelefon gespeichert und unterhält zu etwa fünfzig »Freunden« Kontakt in unterschiedlichen Webforen. Wer es schafft, auf diesem Weg auch nur einen einzigen Jugendlichen für sein Produkt zu begeistern, der hat die Chance, dass sich sein Anliegen ohne sein Zutun auf vielfältige Weise von alleine verbreitet. Er darf nur nicht »Du sollst mich kaufen!« ausrufen, sondern muss sich durch eine originelle Mitteilung zum dahinter verborgenen Gesprächsstoff des Jugendlichen machen.

In der heutigen Zeit ist der Jugendliche, der durch die Entwicklungsschritte im Verlauf der Pubertät doch erst zu seiner Urteils- und Entscheidungsfähigkeit gelangen soll, in fast allen Lebensbereichen von größtenteils unerkannter Werbung umgeben.

Selbst die Schule (bisher außer in Berlin, Bremen und Sachsen-Anhalt als Ort reiner Produktwerbung ausgeklammert) bietet durch das sogenannte Sponsoring die Möglichkeit der Einflussnahme. Gemeint ist damit, dass Krankenkassen, Kaugummihersteller oder Traubenzuckerfabrikanten sich zu Partnern der Schule erklären und Konzerte, Projekte, ja sogar Lernkurse durch fachlich qualifizierte Fachleute kostenlos anbieten, was von den Schulen aus diesem Grund auch gerne angenommen wird. Einzige und durchaus angestrebte Gegenleistung ist, dass der Name ihres Unternehmens sich nebenbei und unerkannt ins Bewusstsein aller Beteiligten einschleicht. Der Unterschied zwischen Reklame und Sponsoring ist somit zumindest fließend, wenn nicht gar fragwürdig.

Wenn sich die Bereiche der Beeinflussung durch die Wirtschaft in Form der beschriebenen Tendenz immer weiter ausbreiten, darf man die Verantwortung dafür nicht allein deren Management zuschreiben. Denn ein derartiges Marketingvorgehen gelingt nur, wenn die Elternhäuser, Schulen und auch die Gesellschaft insgesamt die heranwachsenden Menschen gerade in der Zeit der Pubertät zu viel sich selbst überlassen. Wir leben in einer wirtschaftlich orientierten Gesellschaft, in welcher der kritische Umgang mit dem Geld sowie das Prüfen von Qualitäten, das kritische Feststellen von wirklichen Bedürfnissen und das Üben von angemessenem Konsumverhalten genauso zum Lernstoff gehören müssten wie das Rechnen und Schreiben. Das allerdings erfordert Erwachsene, die selber gelernt haben, kritisch mit den Zeitphänomenen umzugehen, und durch ihr eigenes Verhalten aufzuzeigen können, was für eine sinnstiftende und unbezahlbare Bedeutung beispielsweise Konzertbesuche, Ausflüge, körperliche Betätigung oder Gefühle, Gedanken, Bewusstsein oder Lebensfreude im Leben eines jeden Menschen erlangen können. Erst dann kann es zu einer notwendigen Vorbildwirkung kommen, und erst dann ist eine echte Begegnung mit den Heranwachsenden möglich.

Politik

Laut Shell-Studie engagieren sich viele Jugendliche mit »großer Authentizität und großem Zeitaufwand in unterschiedlichen gesellschaftlichen und politischen Zusammenhängen«.[117]
Junge Menschen äußern sich wie folgt zu diesem Thema:

... Hoffnungen lege ich allerdings nicht in die Politik, und es bleibt mir die Frage, wie wir damit umgehen können, wie wir die Politik in den eigenen Lebenszusammenhängen gestalten können. [...] In diesem Gestaltungsraum haben wir zum Beispiel gelernt, miteinander umzugehen, vor allem auch Entscheidungen zu treffen. Von daher kann ich sagen, dass der einfache Gang zur Wahl nicht von großer Bedeutung ist. Zwar kann ich mich für eine Partei entscheiden, von der ich meine, dass sie am wenigsten Mist macht, aber eine große Zukunft kann ich auf diesem Felde nicht entdecken [...]
Sebastian, 20 Jahre[118]

... Hinzu kommt, dass für mich die meisten Politiker alles andere als Vorbilder sind. Die Leute, die wirklich gut sind, sitzen meistens auf den ganz unteren Rängen innerhalb der politischen Hierarchie.
Ralf, 19 Jahre[119]

Ein Vater berichtet von seiner Rebellion (»so fern, so nah«):

Es ist lange her, und doch erinnere ich mich. Inzwischen bin ich Vater geworden, eine meiner beiden Töchter war in der Pubertät, die andere beginnt gerade damit.
Man sagt, der Apfel falle nicht weit vom Stamm. Manchmal ist das aber nötig, ein Stück weit vom Stamm wegzurollen. Manchmal ist das eine Frage des Überlebens.
In meiner Rebellion spürte ich endlich Neuland, die Entfernung vom Stamm, mein Anders-Sein, Zukunft, mich selber mehr als eine Quelle

von Leid. Ich spürte in mir die Kraft, dass nicht alles so bleiben müsse, wie ich es fand, und ich ahnte, dass Veränderungen möglich sind. Mein Zuhause empfand ich als eng und traurig, allzu viele lichte Optionen bot es nicht.

In meiner Pubertät begann ich politische Zeitungen zu lesen und mich für Politik zu interessieren, ich interessierte mich dafür, politische und persönliche Fesseln zu sprengen. Weit, weit weg wollte ich streben von dem Zustand, wie er war. So, wie er war, dürfte er nicht bleiben, alle Menschen müssten in die Rebellion gehen, die Menschen müssten sich alle in Pubertät üben, so denke ich heute, dass ich damals dachte.

Worum ging es damals konkret?

Es ging um die Kleidungsfrage, wir wollten darin frei sein, unabhängig von »Konsum und Konvention«, es ging um eine schwarze »Jugendschaftsjacke« und einen Ledermantel, die ich nicht tragen durfte, es ging um eine Freundin, die ich nicht besuchen durfte, ich wollte vom Frühjahr bis zum Herbst barfuß gehen dürfen. Es ging um Groß- und Kleinschreibung, um die Vereinfachung der deutschen Sprache, es ging um Musik, Frisuren, vor allem aber ging es um den Anpassungsdruck, dem wir alle unterlagen, was die Nachbarn denken könnten, um den schönen Schein, um das ungelebte Leben zugunsten des Scheins.

Zwar war ich in vielem unsicher und ungeübt, Mädchen gegenüber war ich das und nötigen Kompromissen, zwar brauchte ich eigentlich dringend wohlwollende Hilfe und Unterstützung, mich wirklich zu entwickeln, aber diese Kraft der Rebellion, die in der Lage ist, zu enge Fesseln zu sprengen, die lockt, ins Neuland zu gehen, frisch und verlockend wie ein kalter Morgen, die spüre ich noch immer und sie steht bei mir hoch im Kurs.

Diese Kraft der Rebellion hat mich damals gerettet.

Sich selbst treu sein, soweit es geht. Das Leben ausprobieren dürfen. Eigene Konzepte von der Welt entwerfen. Die Kraft haben, dem Widerstand zu begegnen, die der eigene Weg erzeugt. Die Option haben dürfen zu scheitern. Gleichzeitig den Vater, die Mutter, den Lehrer als Ressource im Hintergrund. Das wünsche ich meinen Kindern. Ich wünsche ihnen diese Kraft auch gegen mich. Ich bin traurig, wenn ich sehe, wie meine Tochter zu wenig Entfernung zu einigen meiner problematischen Wesenszüge entwickelt hat.

Wir legen unseren Kindern viel in den Korb. Gutes und Schlechtes. Mögen sie das Gute nehmen und gegen das Schlechte rebellieren und Entfernung dazu einlegen.

Wäre sie doch rebellierend weiter vom Stamm gefallen, gekugelt, hätte Entfernung erzwungen, meine große Tochter.

Don't worry, be happy, schreibt die Kleine mir ins Buch des Lebens und beharrt auf einer größeren Distanz zu meiner Haupttugend, dem Hang zur Depressivität und dem Hang zum Klagen.

So sehe ich die Pubertät als eine notwendige Abnabelung von den Eltern und als große Möglichkeit der Raumnahme, als großes Geschenk. Für mich als Vater ist die Aufgabe, die Pubertät der eigenen Kinder auszuhalten als eine für alle notwendige Phase und aufmerksam zu schauen, in welchen Hauptbezügen die besten Kenner der Familie, die Kinder, das System weiten wollen, weiten müssen. So liefert die Pubertät dem System Familie wertvolle Hinweise, sie liefert sie nicht durch das leise Wort, sie bevorzugt den lauten, deutlichen Ton.

Wohlgemerkt, ich will kein besonderer »Versteher« der Kinder sein, ich will ihnen die Entfernung nicht wegnehmen, die sie aufbauen wollen und müssen. Die Kinder reißen ja auch keine Wände aus Papier ein, sie rebellieren gegen festen Stein.

Da sein, aushalten, Grenzen setzen, Baum bleiben und nicht Apfel spielen, das ist bereits viel, aufmerksam sein. Nicht zu vergessen, dass die Pubertät mit all ihren nervenden Seiten ein riesiges Geschenk ist. Daraus lernen wollen, weich bleiben.

Ich will jetzt nicht darauf eingehen, wie begrenzt die Rebellion sein kann, das ist klar. Sie ist keine Tugend des Alters. Aber dass sie frische Kraft in die Systeme bringt, das will ich betonen.

Manchmal führt sie wie bei mir dazu, dass ein Kind früh das Elternhaus verlässt, dann ist das so und geht erst mal nicht anders. Im besseren Fall kommt sie zur Ruhe und der Erwachsen-Werdende beginnt sein eigenes Wasser zu kochen und sieht, wie schwer es ist, alles besser zu machen, und ein neues Verständnis für die Eltern entsteht. Annäherung, die sich fortsetzt bis zur Umkehrung der Pubertät, bis zur Phase des »späten Gehorsams« gegenüber den bereits ergrauten Eltern, die Phase, in der man verstehend verzeiht.

Mögen wir uns alle an dieses frische Element der Pubertät erinnern und es als Kraftquell behalten, neben der Weisheit, die sich entwickelt: die Optionen und Entfernung schaffende Kraft der Rebellion. Sie möge das richtige Nivellement schaffen von Nähe und Distanz zu den Eltern. Diese Helle der Pubertät, diesen Kraftquell gebe ich allen Eltern zu bedenken, die den Fokus zu sehr auf die gleichfalls vorhandenen nervenzehrenden Aspekte der Pubertät richten. Nicht immer sind wertvolle Geschenke atemberaubend verpackt.

K. W., 56 Jahre, Vater von zwei Töchtern, Obstwirt und Schriftsteller

Bei der Betrachtung der politischen Komponente geht es um beide Seiten: Zum einen braucht der Jugendliche besonders in der Phase der Pubertät einen von der Politik vorgegebenen Rahmen, in dem er seine Aufgabe, zu einem zukunftentwickelnden Teil der Gesellschaft zu werden, auch einlösen kann. Zum anderen ist sein eigenes politisches Interesse und Engagement für das Entstehen von wirklich neuen Aspekten unbedingte Voraussetzung.

Die in heutiger Zeit bestehenden Lebensbedingungen bringen für Jugendliche ein breites Feld von eigenständigen Gestaltungsräumen mit sich, welche noch vor einiger Zeit undenkbar gewesen wären. Durch die Auflösung von alten, tradierten Strukturen hat ein Heranwachsender die Möglichkeit, schon sehr früh, beispielsweise im Freundeskreis, im Konsumbereich oder in der Entwicklung eines selbstständigen Lebensstiles, eigene Wege zu gehen. Dadurch sicht er sich aber auch großen Anforderungen an seine persönliche Kompetenz gegenübergestellt. Er steht somit vor der Aufgabe, in seinen verschiedenen voneinander meist unabhängigen Lebensbereichen wie Herkunftsfamilie, Schule, Ausbildungsstelle, Freizeit, Konsum, Freundschaften, Partnersuche, Religion oder staatliche Institutionen seine eigenen Entfaltungsmöglichkeiten und individuelle Integration zu finden.

Andererseits erfolgt das Ausgestalten dieses Freiraumes fast immer unter dem Dach einer ökonomischen Absicherung. Der junge Mensch muss – und kann – nicht selber arbeiten, um seinen Lebensunterhalt zu verdienen. Einschränkende Abhängigkeiten und Unfreiheiten sind so also nicht zu umgehen.

Junge Menschen zeigen in heutiger Zeit eine gesteigerte soziale und kulturelle Mündigkeit in wichtigen gesellschaftlichen Zusammenhängen. Aufgrund von langen Bildungswegen und mangelnden Ausbildungs- und Arbeitsplätzen müssen sie aber oft lange Zeit in großer finanzieller Unmündigkeit verharren.

Gelingt es einer Gesellschaft, diejenigen Glieder ihrer Gemeinschaft, welche gerade ihre Jugendphase durchleben, als »Vorbereiter von neuen ökonomischen, kulturellen, ökologischen oder sozialen Lebensformen« anzusehen, ergibt sich daraus auf politischem Feld die Notwendigkeit, die Voraussetzungen für das Zustandekommen dieses unabdingbaren Erneuerungsprozesses auch vorzubereiten und zu ermöglichen.

Klaus Hurrelmann schlägt für die soziale und politische Unterstützung der Jugendlichen fünf Bereiche vor:

- *Formelle und informelle Unterstützung*
Hiermit ist die Bereitstellung eines auf die Jugendlichen zugeschnittenen sozialen Netzwerks gemeint, welches auf privater (informeller) Initiative und öffentlicher, »professioneller« (formeller) Hilfe basiert.

- *Unterstützung bei Kriminalitäts- und Gewaltvermeidung*
Sie bezieht sich auf die Möglichkeit, durch stärkende und unterstützende Maßnahmen das Einsichtspotenzial junger Straftäter zu fördern oder anzulegen und nur in unumgänglichen Sachverhalten zu schärferer Anwendung der Strafvorschriften zu greifen.

- *Unterstützung bei Sucht- und Drogengefährdung*
Gelingt es, Drogenmissbrauch als eine häufig auftretende Ausweichreaktion anzusehen, so kann es zur Zielsetzung kommen, junge Menschen fähig zu machen, bewusste, eigene und kompetente Entscheidungen im Umgang mit Suchtmitteln zu üben und nicht eine völlige Abstinenz als oberstes Ziel anzustreben.

- *Unterstützung bei Befindlichkeits- und Gesundheitsstörungen*
Es gilt die zunehmende psychische und psychosomatische Komponente beim Entstehen von Krankheiten zu berücksichtigen und den Blick auf einen ganzheitlichen Ansatz von Gesundheit zu

lenken. Dabei ist es wichtig, sowohl die rein körperlich-physische Ebene einzubeziehen als auch dem Geist und der Seele die nötige Beachtung und Pflege zukommen zu lassen (Stichwort Salutogenese).

- *Sozial- und Generationspolitik für Jugendliche*
Wenn eine Politik der gesellschaftlichen Situation zwischen den Generationen gerecht werden will, muss sie dem Wandel in der Verteilung von Alt und Jung Rechnung tragen. In diesem Bereich findet gerade ein dramatischer und bisher nicht gekannter Wandel statt. War der Anteil von jungen Menschen noch in den 1980er-Jahren etwa doppelt so groß wie der von über 65-Jährigen, so sind beide Bereiche zurzeit gleich stark vertreten, und schon in den nächsten Jahren wird es einen großen Überhang von alten Menschen geben, dem eine schrumpfende Zahl von jungen gegenübersteht.[120]

Daraus ergibt sich die politische Blickrichtung, welche für das zukünftige Auskommen der großen Zahl alternder Mensch die richtigen Weichen stellen muss. Genauso wichtig ist es, für die geringer werdende Zahl junger Menschen die Bedingungen so zu schaffen, dass sie ihrem Erneuerungsauftrag genauso gerecht werden können wie der Anforderung, den gesellschaftlichen Standard auf dem gegenwärtigen Niveau zu halten oder gar noch zu steigern und dabei diese Last auf immer weniger Schultern geladen zu sehen. In diesem Sinne kann sich eine zeitgemäße Jugendpolitik nur als eine Ausgleichspolitik zwischen den Interessen der Generationen verstehen. Konkret heißt dies, dass dafür Sorge zu tragen ist, dem in Zukunft unterrepräsentierten Bevölkerungsteil junger Menschen geeignete Bedingungen für demokratisch zukunftsträchtige Organe zu schaffen und sie so gesellschaftlich beteiligungs- und handlungsfähig zu machen.

Weil es darauf noch keine fertigen Antworten gibt, muss kreativ und innovativ geforscht und probiert werden. Die Beteiligung von jungen Menschen in den Parlamenten oder auch Gründungen von eigenen Jugendgremien und politischen Instanzen sind genauso zu prüfen wie beispielsweise das Herabsetzen des Wahlalters, welches die Chancen für einen materiellen und ideellen Ausgleich unter den zukünftigen Generationen möglicherweise erhöhen könnte.

Durch die Verabschiedung der Kinderrechtskonvention im Jahr 1989 hat sich eine Diskussion über die Notwendigkeit einer Stärkung der rechtlichen Position junger Menschen ergeben. Demgemäß sollten das Recht auf freie Meinungsäußerung und die Vertretung der eigenen Interessen der Jugendlichen unter achtzehn Jahren sowie die Möglichkeit einer Beteiligung und Mitbestimmung des öffentlichen Lebens deutlich erweitert werden. Auch den Bereichen der persönlichen Mitsprache nach Trennungen der Eltern sowie der Beteiligung an Schul- und Ausbildungskriterien widmet die Kinderrechtskonvention besondere Aufmerksamkeit.

Schließlich erscheint es sinnvoll, über die finanzielle Verflechtung und damit die Abhängigkeit der Generationen untereinander nachzudenken. Schon heute sind die jungen Menschen oft jahrelang auf die Unterstützung ihrer Eltern angewiesen, bis sie auf dem immer schwieriger werdenden Arbeitsmarkt ihren Platz gefunden haben. Abhängigkeiten, welche den Gestaltungsrahmen oft unnötig einschränken, sind dadurch gar nicht zu vermeiden. Es geht dabei jedoch nicht um eine familiäre Zukunft, sondern um die Gestaltung einer zukünftigen Gesellschaft. Fragen zu einem allgemein eingeführten und gesellschaftlich gemeinsam getragenen Jugendgehalt oder einer erwerbsnäheren Ausbildung sollten deshalb genauer geprüft werden.

Dies alles ist jedoch nur möglich, wenn es gelingt, die Zeit der Jugend und damit auch das Durchlaufen der Pubertät nicht als ein notwendiges Übel anzusehen und zu erdulden, sondern als eine Phase im gesellschaftlichen Prozess wertzuschätzen, in dem entscheidende und notwendige Entwicklungsschritte für das einzelne Individuum, aber auch für das Fortbestehen der gesamten Gesellschaft geleistet werden. Erst wenn gesamtgesellschaftlich die Bedeutung gerade der Jugendphase für die Erneuerung des Zusammenlebens der Generationen erkannt wird, lässt sich dieses Zukunftspotenzial voll ausschöpfen.

Für einen solchen gesellschaftlichen Wandel ist es jedoch erforderlich, dass vonseiten der Jugendlichen auch der Wille zum Ergreifen der neuen Aufgaben besteht. Die jungen Menschen, die sich aktuell in dieser genannten Phase befinden, müssen heute eine besondere Kompetenz mitbringen. In den unterschiedlichsten Bereichen müssen sie in nicht genau vorhersehbaren Zeitabläufen ihre Autonomie erproben und entwickeln, um zum angestrebten Erwachsenenstatus zu gelangen. Dabei geschieht es immer häufiger, dass solche Reifungsprozesse noch gar nicht voll abgeschlossen werden können, bevor neue schon beginnen. So zum Beispiel, wenn es keinen Ausbildungsplatz gibt, der Eintritt ins Erwerbsleben wegen Arbeitsplatzmangel nicht erfolgen kann oder wenn sich junge Menschen nicht für die Gründung einer Familie oder das »Kinderkriegen« entscheiden.

Äußerte sich das Potenzial der Jugend früher zum Beispiel in der Jugendbewegung oder in den kollektiven Protesten der 68er-Generation gegen Tradition und Unfreiheit, so liegt die große Möglichkeit heutiger Jugend im Ergreifen und Ausfüllen der Gestaltungsräume, welche durch den hohen und im Großen und Ganzen auch abgesicherten Lebensstandard zur Verfügung stehen. In dieser Aufgabe ist ein Jugendlicher noch weitgehend auf sich selbst gestellt, aber die Bereitschaft vieler junger Menschen, Verantwortung zu übernehmen und kreativ an der Zukunft mitgestalten zu wollen, ist unübersehbar. In gleichem Maße steigen jedoch Resignation und Apathie besonders bei Jugendlichen aus den Randgruppen der Gesellschaft an. Ein Zusammenspiel von Politik, Gesellschaft und den heutigen Jugendlichen ist aus diesem Grund eine wichtige Bedingung, um gute Voraussetzungen für eine erneuernde Jugendkultur zu ermöglichen.

Jugendschutzgesetz, Justiz

Im Verlauf der Pubertät findet der Übergang vom Kindesalter zum Jugendlichenalter statt. Weder die Schweizer oder österreichische noch die deutsche Rechtsprechung erwähnt das Wort Pubertät.

Der Jugendliche steht vor der Aufgabe, die körperlichen Veränderungen, die wechselnden Gefühlslagen, das Erleben der unterschiedlichsten persönlichen Kräfte, aber auch die Suche nach der eigenen Einstellung zu verarbeiten und sich dabei gleichzeitig auf den Weg zu machen, ein vollwertiges Mitglied der Gesellschaft zu werden. Gelingt es ihm im Verlauf seiner Entwicklung nicht, die eigene Persönlichkeit voll zu entfalten oder sich in die Gemeinschaft einzugliedern, so kann von einer Problemsituation gesprochen werden, welche je nach Konstellation auch der gesetzlichen Grundlage und der entsprechenden ausführenden Organe bedarf.

Drei Bereiche sind unter diesem Aspekt anzusiedeln:
- nach außen gewendete Gewalt und Kriminalität
- Drogenkonsum und Suchtverhalten
- nach innen gerichtete (gesundheitliche und seelische) Gewalt im weitesten Sinne.

Für das Auftreten von Gewalt und Kriminalität bei Jugendlichen sind in erster Linie mangelnde soziale Integration, kulturelle Isolation, problematische Familienverhältnisse, niedrige schulische Leistungen, Versagen beim Schulabschluss und ungünstige Berufsperspektiven verantwortlich.[121] Es handelt sich demzufolge um Gründe, welche im sozialen Umfeld liegen. Unbekanntes und auch Verbotenes auszuprobieren und Neues zu testen ist ein Privileg der Jugend. Wenn der Heranwachsende dabei mit dem Gesetz in Konflikt gerät, sollte der Umgang mit dem Phänomen nicht zu strengeren Strafbestimmungen führen. Eine unterstützende und korrigierende Intervention, die in eine umfassende Sozial- und Integrationspolitik eingebettet ist, verspricht den größten Hilfserfolg. Kontakte mit Polizei und Justiz dagegen sind nicht als nachhaltig positiv zu beurteilen, weil so das Verhalten der Jugendlichen eher negativ beeinflusst und viele gerade dadurch in eine wirklich kriminelle Laufbahn getrieben werden. »Mit dem Strafrecht lassen sich keine sozialen Probleme lösen, es kann kein Ersatz für Jugendhilfe und soziale Unterstützung sein.«[122]

Dementsprechend sieht das Jugendgerichtsgesetz (JGG) gestaffelte Maßnahmen für eine strafrechtliche Verantwortung von Jugendlichen vor:
- Nach § 3 JGG ist der Jugendliche nur dann für verantwortlich anzusehen, wenn er »zur Zeit der Tat nach seiner sittlichen und geistigen Entwicklung reif genug ist, das Unrecht der Tat einzusehen und nach

dieser Einsicht zu handeln.« Die anwendbaren Maßregeln bestehen dann zur Hauptsache in der Erteilung von Weisungen, der Anordnung von Erziehungsbeistand oder Heimerziehung. Als »Zuchtmittel« gelten Verwarnungen, Freizeitarrest, Kurzarrest oder Dauerarrest. Als letztes Mittel kommt es zu einer Jugendstrafe, wenn die Erziehungsmaßregeln oder die Zuchtmittel nicht ausreichen oder wenn es wegen der Schwere der Tat erforderlich erscheint.

- Nach § 45 und § 47 JGG kann ein Staatsanwalt oder Richter von der Verfolgung eines Strafverfahrens absehen, wenn er andere Maßnahmen für erfolgversprechender hält. Dahinter steht der Gedanke, dass es sinnvoll erscheint, den negativen Prozess von Tat, Strafverfolgung und Strafvollzug so früh wie möglich zu durchbrechen. So kann über Interventionsstrategien wie Jugendhilfe, Familienhilfe, Sozialarbeit, schulische Unterstützung, psychologische Beratung und Bereitstellung von entsprechenden Freizeitangeboten ein eskalierender negativer Strom eventuell gestoppt werden.

Im Vorgehen gegen Jugendgewalt kommt der Schule eine zentrale Rolle zu. Gelingt es, soziales und kognitives Lernen zu verknüpfen, besteht die Chance, den negativen Strom von Enttäuschungen vieler Jugendlicher aus sozialen Randschichten zu durchbrechen. Durch eine derartige Verknüpfung wird der Lernprozess auf die alltäglichen Sozialerfahrungen und Bedürfnisse der Schüler erweitert und nicht mehr als reine Unterrichtsstoffvermittlung erlebt. Dies erfordert aber ein neues und verstärktes Interesse des Lehrkörpers an sozialpädagogischen Aktivitäten. Auch muss dies Platz im entsprechenden Lehrplan finden. Das wiederum setzt eine mehr oder weniger enge Zusammenarbeit zwischen Elternhäusern, Schülern und Lehrern voraus. Sportliche Aktivitäten, künstlerische Gruppenarbeiten, Theatergruppen sowie Chor- oder Orchesterarbeit können Bausteine in dieser Hinsicht sein. Aber auch die direkte Beschäftigung mit dem Thema Gewalt oder Mobbing, zum Beispiel durch die Ausbildung von Konfliktlotsen oder das Durchführen von Gewaltpräventionskursen, hat sich inzwischen bewährt. Die Bereitschaft zu Kooperationen mit Jugendämtern, Sozialtrainern oder therapeutischen Einrichtungen spielt in diesem Konzept eine entscheidende Rolle (siehe auch das Kapitel »Pubertät und Schule«, Seite 241 ff.).

Schließlich kommt der Förderung des Sozialklimas einer Schule eine wichtige Bedeutung zu. Dabei geht es um eine aktive Verbesserung des Verhältnisses der Lehrer untereinander, wobei eine Supervision hilfreich sein kann. Genauso helfen aber klar gegliederte Umgangsregeln, den täglichen Kontakt von Schülern und Lehrern zu erleichtern. Schließlich sollten in allen Prozessen, die den Schulalltag betreffen, auch Eltern als Partner mit einbezogen werden. So kann ein System entstehen, in dem man sich gegenseitig unterstützt und auch mal miteinander feiern mag, anstatt immer nur neue unerfüllbare Forderungen oder gar Anklagen auszutauschen.

In Bezug auf den Schutz der Jugendlichen vor Suchtverhalten und Drogenmissbrauch ist unter dem entsprechenden Kapitel (siehe Seite 157 ff.) schon einiges gesagt worden. Unter dem Gesichtspunkt von Strafrecht und Justiz ist jedoch Nachfolgendes hinzuzufügen.

> Ein wirksamer Jugendschutz versucht gezielt Grenzen für die Gefährdung Jugendlicher zu gewährleisten. Dies bezieht sich im Wesentlichen auf folgende Bereiche:
> - Gefährdung durch gewalttätige und pornografische Darstellungen
> - Gefährdung durch legale und illegale Drogen
> - Gefährdung durch aggressive und gewalttätige Gruppierungen
> - Gefährdung durch politisch extreme Gruppierungen
> - Gefährdung durch den Straßenverkehr und nächtliche Diskothekbesuche
> - Gefährdung durch gesundheitsschädliche Infektionen, insbesondere AIDS.

Von gesetzlicher Seite findet der Prozess der Pubertät unter anderem im Jugendschutzgesetz seinen Niederschlag. Es ist geschaffen worden, um die Heranwachsenden vor zu frühen und schädigenden Einflüssen zu schützen und eine gesetzliche Grundlage für eine Strafverfolgung bei eventuellen Übertretungen zu ermöglichen. Das bundesdeutsche Jugendschutzgesetz stellt unter anderem folgende Kriterien auf:

- Der Übergang vom Kindesalter zum Jugendlichen findet mit dem 14. Geburtstag statt.

- §4 Der Aufenthalt in Gaststätten ist Kindern und Jugendlichen unter 16 Jahren nicht erlaubt (es gibt aber Beschränkungen und zeitliche Begrenzungen, die in den jeweiligen Bundesländern verschieden sind).

- §4 Der Aufenthalt in Nachtbars, Nachtclubs oder anderen Vergnügungsbetrieben ist Jugendlichen unter 18 Jahren verboten.

- §5 Die Anwesenheit bei öffentlichen Tanzveranstaltungen, zum Beispiel Disko, ist Jugendlichen unter 16 Jahren nicht gestattet. Die zuständigen Behörden können Ausnahmegenehmigungen erteilen.

- §5 Die Anwesenheit bei Tanzveranstaltungen von anerkannten Trägern der Jugendhilfe (zum Beispiel bei künstlerischer Betätigung oder zur Brauchtumspflege) ist unter 14-Jährigen bis 22 Uhr, unter 18-Jährigen bis 24 Uhr erlaubt.

- §6 Die Anwesenheit in öffentlichen Spielhallen sowie die Teilnahme an Spielen mit Gewinnmöglichkeiten ist Jugendlichen unter 18 Jahren verboten.

- §7 Die Anwesenheit bei jugendgefährdenden Veranstaltungen und in Betrieben ist Jugendlichen unter 18 Jahren nicht erlaubt. Die zuständigen Behörden können Alters- und Zeitbegrenzungen sowie andere Auflagen anordnen.

- §8 Der Aufenthalt an jugendgefährdenden Orten ist Jugendlichen unter 18 Jahren untersagt. Die zuständige Behörde kann Maßnahmen zur Gefahrenabwehr treffen.

- §9 Der Kauf und der Verzehr von Branntwein, branntweinhaltigen Getränken und Lebensmitteln ist Jugendlichen unter 18 Jahren verboten. Der Kauf und der Verzehr von anderen alkoholhaltigen Getränken, zum Beispiel Wein, Bier oder Ähnliches, ist Jugendlichen unter 16 Jahren nicht erlaubt, außer wenn eine personensorgeberechtigte Person (beispielsweise Eltern) in Begleitung ist.

- § 10 Der Kauf und der Konsum von Tabakwaren ist Jugendlichen unter 18 Jahren verboten.

- § 11 Kinobesuche sind Jugendlichen unter 14 Jahren bis 20 Uhr, Jugendlichen unter 16 Jahren bis 22 Uhr und Jugendlichen unter 18 Jahren bis 24 Uhr erlaubt. Zu berücksichtigen sind die Angaben über die Freigabe im Vorspann des Films: Ohne Altersbegrenzung, ab 6 Jahren, ab 12 Jahren, ab 16 Jahren.

- § 12 Die Abgabe von Filmen oder Spielen (auf DVD, Videos usw.) an Jugendliche ist nur entsprechend der Freigabekennzeichnung: Ohne Altersbegrenzung, ab 6, 12 bzw. 16 Jahren erlaubt.

- § 13 Das Spielen an elektronischen Bildschirmspielgeräten ohne Gewinnmöglichkeiten ist nur nach der Freigabekennzeichnung: Ohne Altersbegrenzung, ab 6, 12 bzw. 16 Jahren erlaubt.

Die Legislative, die daraus resultierenden Gesetze und der Justizapparat haben übergeordnet die Aufgabe, Richtlinien zu geben für Situationen im Zusammenleben der Menschen, in denen eine selbstverantwortliche Lösung nicht (bzw. noch nicht) gefunden werden kann.
   Ziel einer fortschrittlichen Gesellschaft sollte es sein, möglichst viele Bürger zu befähigen, ihre Angelegenheiten in reifen, freien Entscheidungen und mit gegenseitigem Einverständnis zu klären. Um das zu erreichen, braucht es Menschen, die gelernt haben, Verantwortung zu übernehmen. Verantwortung sowohl für das eigene Vorgehen als auch für den Staat, die Gesellschaft im Allgemeinen, im Hinblick auf die Naturressourcen auch für die gesamte Menschheit. Dieses Erlernen von Verantwortlichkeit beginnt in der frühen Kindheit, gewinnt einen Höhepunkt im Verlauf der Pubertät, wenn das keimhaft aufblühende Ich nach Taten strebt, deren Folgen noch nicht abschätzbar sind, und bleibt mit wachsenden Aufgabenfeldern ein ganzes Leben lang ein wichtiger Teil menschlicher Persönlichkeitsentwicklung.
   Je größer der jeweilige Themenbereich, je länger der zu berücksichtigende Zeitraum ist und je mehr Menschen an dem Prozess beteiligt sind, desto schwerer ist es, den ganz persönlichen Verantwortungsbereich klar zu benennen. Habe ich schmutzige Schuhe an und gehe

damit in ein Haus, so wird es schwerfallen, jemand anderen als mich selbst dafür verantwortlich zu machen. Dennoch wird so mancher Pubertierende den Zustand der Wege dafür als mitschuldig erklären. Wenn ich lange dusche und die wohlige Wärme des Wassers genieße, ist der Zusammenhang mit den Naturschätzen nicht mehr ganz so leicht zu vermitteln: Bin ich mit meiner angenehmen Körperhygiene wirklich für den steigenden Energiebedarf und die damit verbundene Verschmutzung der Umwelt verantwortlich zu machen? Wenn der Verbrauch der benötigten Energie gar zu einer Veränderung des Klimas führt oder die Energie in Atomkraftwerken gewonnen wird, deren gefährliche Abfallprodukte über Zehntausende von Jahren geschützt gelagert werden müssen, dann verliert selbst der kritische Zeitgenosse leicht den persönlichen Bezug zu seiner direkten Verantwortung gegenüber diesen Vorgängen – oder zumindest den Glauben, durch eine Veränderung seines Verhaltens diese Entwicklungen aufhalten zu können.

Auf der anderen Seite lässt sich so etwas wie eine inflationäre Tendenz im Gebrauch des Begriffes Verantwortlichkeit beobachten. Viele Menschen verkünden energisch, dass ihnen niemand in ihre Angelegenheiten hineinreden solle, sie würden gerne selbst die Verantwortung dafür übernehmen. Oder der für die nächsten vier Jahre gewählte Politiker behauptet, er stehe in voller Verantwortung zu seinem Votum bei einem Gesetzentwurf, dessen Auswirkungen aber weit über seine Amtsperiode hinausreichen werden.

Die wichtigste Voraussetzung für das Verwirklichen von echter Verantwortlichkeit ist, dass die entsprechenden Handlungen in einer Sphäre erfolgen, in der auch tatsächlich Einfluss ausgeübt werden kann. In einem Bereich also, den ich überschauen kann und in dem mein Handeln direkt nachvollziehbar ist. Ein Bereich, in dem das Verändern meiner Gewohnheiten zu erkennbaren Verbesserungen führen kann, ist besonders geeignet, um Eigenverantwortung zu praktizieren und zu üben.

Unter Jugendlichen ist eine wachsende Tendenz zur Unverbindlichkeit zu beobachten, welche ihren Ursprung möglicherweise in der schwindenden Bereitschaft Erwachsener, die Verantwortung für das eigene Tun und das der Gemeinschaft zu übernehmen, hat. Wer kennt es nicht, das lange Warten am verabredeten Ort, die unangenehme Störung im Theater durch zu spät kommende Gäste oder das Nichteinhalten von Versprochenem. Wer schimpft nicht über den Politiker, der während des Wahlkampfes viel zugesichert hat und sich später nicht mehr daran erinnert. Wer verlässt sich schon noch auf das »Ehrenwort« oder gar auf das »Ich schwöre dir«. Die Zeiten, wo das gegebene Wort eine unumgängliche Konsequenz verlangte, sind lange vorbei. Wen kann es angesichts dieser Lage wundern, dass auch der Jugendliche in der Pubertät meist nicht gerade ein Musterbeispiel dafür ist, zu seinem gegebenen Wort auch wirklich zu stehen und Eigenverantwortlichkeit und Verbindlichkeit zu praktizieren.

Dabei ist gerade die Zeit der Pubertät eine Periode, in der unabhängige Entscheidungen und im nächsten Schritt das Übernehmen der Verantwortung für deren Resultate ständig und intensiv geübt werden müssen und auch geübt werden. Zwar setzt der Prozess dieses Lernens schon in früher Kindheit ein, wenn die Eltern oder andere Erwachsene das Angekündigte und Versprochene auch tatsächlich einzuhalten in der Lage sind. Mit dem Erwachen der eigenen, unabhängigen Gefühlswelt und dem aufkeimenden Ich beobachtet der Heranwachsende jedoch wie nie zuvor die Erwachsenen seiner Umgebung mit kontrollierendem und sehr kritischem Blick. Jede Unaufrichtigkeit, jedes Vorspielen falscher Tatsachen und jede nicht eingehaltene Konsequenz wird mit erbarmungslosem Scharfblick analysiert. »Hältst du das auch ein, was du mir hier mit großen Worten erklärst?« ist die Frage, die über vielen Begegnungen mit Jugendlichen in dieser Lebensphase zu stehen scheint. Und wie fatal ist die Wirkung, wenn dem suchenden jungen Menschen auf Schritt und Tritt eine Erwachsenenwelt der Unverbindlichkeit vorgelebt wird.

Wer den Wert von Verbindlichkeit und Verantwortlichkeit bei jungen Menschen erkannt hat, der sollte in erster Linie an seiner eigenen konsequenten Einhaltung und Übung dieser Werte arbeiten. Erst wer sich selbst auf den richtigen Weg gebracht hat, ist ein geeignetes Vorbild und ein guter Partner im Entwicklungsprozess von Heranwachsenden. Bin ich wirklich zur verabredeten Zeit am Treffpunkt, zahle ich das geliehene Geld wie verabredet pünktlich zurück, ziehe ich immer die Schuhe aus, wenn ich das Haus betrete, lege ich meine Sachen nach Gebrauch immer wieder an den richtigen Ort, trinke und esse ich immer nur so viel, wie ich mir vorgenommen habe?

Gerade die Pubertät ist eine Zeit, in der geübt und gelernt wird, für das eigene Tun Verantwortung zu übernehmen.

Wenn im täglichen Leben ein Konflikt wegen der Verantwortlichkeit bzw. Unzuverlässigkeit mit Jugendlichen entsteht, tut man gut daran, erst die eigenen Verhaltensweisen ins Auge zu fassen und danebenzustellen, bevor nur einseitige Forderungen an den jungen Menschen gestellt werden. Sie werden einem von den meisten jungen Menschen in einer solchen Situation ohnehin klar vorgehalten.

»Ich mag nicht mehr mit dem Essen auf dich warten, sei in Zukunft pünktlich, und wir werden bedeutend weniger Ärger miteinander haben. Ich bin aber auch bereit, dir von jetzt an dein Taschengeld genau am verabredeten Tag auszuzahlen und werde es nicht mehr tagelang vergessen. Wenn wir uns beide bemühen, gehen wir unnötigem Stress aus dem Weg.«

Absprachen und beiderseitiges Üben werden aber nicht immer verhindern können, dass es im Verlauf der Pubertät zu zum Teil auch massiven Gesetzesübertretungen kommen kann. Spätestens wenn die Polizei mit einbezogen ist, kommt die nüchterne Maschinerie der richterlichen Gewalt mit ins Spiel. Dieser Prozess ist dann so lange nicht mehr aufzuhalten, bis der vorgeschriebene Weg ganz durchschritten und die zuständige Behörde berechtigt ist, die Akten wieder zu schließen. Je nach Ausmaß der »Straftat«, wie es dann heißt, kann dieser Vorgang lange Zeit in Anspruch nehmen.

Alle, die mit jungen Menschen zu tun haben, seien es die Eltern oder Verwandten, die Lehrer, Gruppenleiter oder Jugendherbergseltern, geraten fast immer in großen Schrecken, wenn die Polizei auftaucht. In diesem Moment ist die private, persönliche Sphäre verlassen und eine übergeordnete Öffentlichkeit kommt ins Spiel, der jeder zunächst beinahe hilflos ausgeliefert zu sein scheint. Dennoch darf nicht vergessen werden, dass die Polizei als »Hüter des Gesetzes« als erstes ausführendes Organ nach einem genau vorgeschriebenen Ablauf tätig wird. Zum einen soll dadurch eine weitere Ausdehnung des Tatumstandes verhindert und Unschuldige so unter Umständen geschützt werden, zum anderen kann aber auch nur so eine genauere Prüfung der Lage eingeleitet werden.

Hierbei spielt jedes Wort, unbedacht oder bewusst ausgesprochen, eine ganz entscheidende Rolle. Darum ist es wichtig zu versuchen, zunächst einmal Ruhe zu bewahren und so überlegt wie möglich vorzugehen.

In Anbetracht der oft komplizierten gesetzlichen Sachlage ist es immer sinnvoll, so früh wie möglich einen kompetenten Rechtsanwalt zu Hilfe zu nehmen und mit ihm alle Aussagen und Vorgehensweisen zu besprechen. Hilfreich ist es, wenn man den Kontakt zu einem Anwalt schon ohne einen konkreten Anlass hergestellt hat. So kann ohne Druck die richtige Anwaltspersönlichkeit gefunden werden und es kommt nicht so schnell zu Missverständnissen in der Zusammenarbeit.

Ausländerintegration

Die globale wirtschaftliche Verflechtung unserer Zeit, verbunden mit einer zunehmenden Öffnung ehemaliger Ideologiegrenzen, hat zu einer großen Mobilität der Menschen geführt. Ein steter Strom Einreisewilliger drängt in die »reichen« Industrieländer. Sie wollen Anteil an der

Wohlstandsentwicklung haben und der oft menschenunwürdigen Armut ihrer Herkunftsländer entkommen. Andere sind durch Krisen oder Krieg gezwungen, ihre Heimat zu verlassen, und fühlen sich schicksalsmäßig in eine fremde Umgebung versetzt, deren Sprache und Kultur nur wenig mit ihrer bisherigen Erfahrung gemein haben. Die Integration dieser Menschen mit ihren Familien bildet für viele der Aufnahmeländer eine große Herausforderung.

Untersuchungen haben gezeigt, dass die Jugendlichen aus diesen Familien zu einer gesellschaftlich stark benachteiligten Gruppe gehören. Dies macht sich besonders im Bereich der Bildung, Ausbildung und Berufsfindung bemerkbar. Um in dem neuen Land den sozialen Status zu halten, müssen die Kinder einen höheren Bildungsabschluss erreichen, als ihre Eltern erlangt haben. In diesen Familien ist das Berufsprestige der Eltern oft ziemlich gering, die Wohnungs- und auch die Finanzsituation meist ungünstig. Obwohl sich diese Migrantenfamilien eine anspruchsvolle Schulbildung wünschen, müssen doppelt so viele nichtdeutsche Jugendliche die Schule mit einem Hauptschulabschluss verlassen. Nur 10% machen das Abitur, das ist nicht einmal ein Drittel im Vergleich zu den Einheimischen, und 20% der Jugendlichen aus Migrantenfamilien verlassen die Schule ganz ohne Abschluss.[123]

Gründe dafür können in der mangelnden Vertrautheit der Eltern mit dem Bildungssystem und deren sozialen und kulturellen Hintergründen gesehen werden. So sind sie meist nicht in der Lage, den Ausbildungsweg ihrer Kinder stärkend zu begleiten. Unzureichende Sprachkenntnisse haben dabei eine große Bedeutung. Aber auch unbewusste Vorurteile der Gesellschaft, der Lehrer und oft sogar der Klassenkameraden spielen eine nicht zu vernachlässigende Rolle.

Die Benachteiligung im Bereich der Schulbildung findet eine Fortsetzung bei der Berufsausbildung, der Aufnahme eines Studiums oder dem Eintritt ins Arbeitsleben.[124]

Angesichts der jetzt schon großen und in Zukunft ganz sicher noch einmal ansteigenden Zahl von Migrantenjugendlichen kommt der Schule eine zentrale Rolle zu. Schlechte Ergebnisse in der Schule schwächen das Selbstwertgefühl der jungen Menschen, ganz besonders in der Phase der Pubertät, in der sie beginnen, sich kritisch mit sich selbst und ihrer Umwelt auseinanderzusetzen. Sie sind auf der anderen Seite aber noch nicht in der Lage, diese Identitätsbedrohung zu artikulieren, und schon gar nicht, etwas dagegen zu unternehmen. Sie können Zukunftswunsch und Realität nicht in Einklang bringen. Das Gefühl der Resignation, die inneren Spannungen und das Anerkennungsdefizit halten besonders die Jungen nicht lange aus. Sie fühlen sich als Versager, als Verlierer der Wettbewerbsgesellschaft. Im Inneren beschämt und verunsichert weichen sie auf außerschulische Anerkennungsgebiete aus, was oft zu Aggressivität, Gewaltanwendung, Kriminalität oder Drogenkonsum führen kann.

Will eine Schule der Verantwortung gerecht werden, die ihr in dieser Aufgabenstellung zukommt, muss sie sich als Ort der Kommunikation, des sozialen Austausches und der Begegnung definieren. Sie darf sich nicht mehr ausschließlich der kognitiven Wissensvermittlung verpflichtet sehen, allerdings ohne ihren Bildungsauftrag dabei zu vernachlässigen.

Eine solche Pädagogik sollte sich mit Interesse und Offenheit der Andersartigkeit widmen. Sie sollte versuchen, sich auf das Neue wirklich einzulassen. Anerkennung, das Bemühen um Verständnis und die Würdigung des fremden kulturellen Hintergrundes setzen allerdings auch ein großes Maß an Reflexion und Selbstschulung voraus. Ein wirkliches Miteinander ist nur möglich, wenn die Andersartigkeit zunächst einmal genau erkannt wird, wenn sich alle Beteiligten ihrer bewusst sind. Dazu bedarf es der echten Begegnung, man muss sich wirklich aufeinander einlassen.

Wie schon heute an der »Interkulturellen Waldorfschule Mannheim« praktiziert, bilden gemeinsam veranstaltete Feste, die vor dem jeweiligen kulturellen Hintergrund einer Gruppe der Schule für alle veranstaltet werden, eine geeignete Möglichkeit, einander näherzukommen. Schon durch die Vorbereitungen der Feierlichkeiten wächst ein freudiges Potenzial, welches im gemeinsamen Fest die Eigenheiten von Fremdem erlebbar, plausibel und durchsichtig machen kann. Wenn dadurch auch nicht alle Vorurteile abgebaut werden können, so bietet sich doch die Möglichkeit, sich der eigenen Haltung bewusst zu werden und sie an der Realität zu überprüfen.[125]

Jugendliche sind in der Pubertät ganz besonders mit der »Andersartigkeit« beschäftigt. Das trifft schon für das Empfinden ihrer eigenen Person im Vergleich zu Gleichaltrigen zu. Es gilt aber auch ganz besonders für ihre interkulturelle Begegnungsfähigkeit. Sind Schüler aus anderen Kulturzusammenhängen in der Klasse, so dringt das Erkennen der Fremdartigkeit oftmals erst jetzt in ihr Bewusstsein ein. Sind sie im Umgang mit dem Fremden nicht geübt, reagieren sie beinahe zwangsläufig mit Ablehnung. Auslandsaufenthalte können hier zu einer wertvollen Hilfe werden. Dadurch bietet sich für junge Menschen die Möglichkeit, ihre sprachlichen Fähigkeiten durch die Praxis in dem betreffenden Land grundlegend zu verbessern. Sie erleben aber auch »hautnah«, welche Bedeutung der Sprache im menschlichen Miteinander zukommt. Vieles, was sie zu Hause ohne Probleme sagen können, fällt ihnen im fremden Land schwer oder ist sogar unmöglich auszudrücken. Auf diese Weise können sie nachempfinden lernen, wie es Migrantenjugendlichen auch oft ergeht.

Daneben erleben sie aber auch, was es bedeutet, fremd zu sein, unbekannte Lebensbedingungen vorzufinden und wie schwer es ist, sich in die neuen Begebenheiten hineinzufinden. Fast immer kommen Schüler nach so einem Aufenthalt gereift zurück. Auch begegnen sie Fremdem im eigenen Land nun mit dem Erkenntnisschatz eigener Erfahrungen, sind toleranter und interessierter.

In Holland, einem Land zahlreicher kultureller Begegnungen, hat sich eine vielversprechende Form von Integrationsarbeit (besonders im Bereich der Suchtprävention) etabliert und wird in jüngerer Zeit auch in anderen Ländern mit Erfolg angewendet: die »Homeparty«.[126]

Eine Homeparty ist eine niederschwellige Interventionsarbeit für in- und ausländische Eltern mit Kindern zwischen zehn und sechzehn Jahren, die durch gängige erziehungsunterstützende Maßnahmen nicht zu erreichen sind. Solche Eltern haben eine geringe Erwartung an Informationsveranstaltungen, beispielsweise Elternabende, zumal sie die Sprache oft nicht ausreichend beherrschen. Sie kommen häufig aus benachteiligten Stadtteilen, haben außerhalb der familiären Bande nur wenig Kontakt und pflegen oft einen nicht direkten Erziehungsstil. Der Schwerpunkt einer solchen Arbeit liegt in der Stärkung der Erziehungskompetenzen, in der Vermittlung von Informationen, auch über das Risiko des Konsums von Genussmitteln und Drogen, und im Trainieren neuer Verhaltensmuster der betroffenen Eltern.

Die Werbung für eine solche Homeparty ist eine entscheidende Vorbedingung, ohne die freiwillige Beteiligung der Eltern kann eine derartige Arbeit nicht erfolgen. Die Gasteltern laden fünf bis zwölf Eltern zu sich nach Hause ein, häufig sind es Freunde, Familienmitglieder oder auch Bekannte. Diese fungieren wiederum als Multiplikatoren, geben das in der Aufklärungsarbeit erworbene Wissen also an Eltern ihres eigenen Umfeldes weiter. Lehrer oder Präventionsbeauftragte sind bei der Vorbereitung und Durchführung unterstützend beteiligt.

Der Schwerpunkt liegt bei diesen Treffen im Üben eines offenen Dialoges zwischen Eltern und Jugendlichen. Oft muss das Interesse am Tun der jungen Menschen erst geweckt, das Kennenlernen der Freunde und des Umfeldes erst geübt werden. Indem gemeinsam auf Gefahrenpunkte geblickt wird, kann der Boden für neue Kompetenzen im Umgang miteinander, aber auch mit Alkohol, Drogen, Rauchen, Computerspielen und anderen Suchtpotenzialen bereitet werden.[127]

Das Thema aus dem Blickwinkel der Jugendlichen betrachtet

Als ich mich mit dem Thema »Pubertät und Gesellschaft« beschäftigte, stellte ich schnell fest, dass das Bild, welches in unserer Gesellschaft von der Pubertät und Pubertierenden existiert, von starken Gegensätzen geprägt ist. So wird einerseits durch Teenie-Filme, wie zum Beispiel »High School Musical«, die Pubertät als bunte, lustige und oberflächliche Party dargestellt; die Pubertierenden beschäftigen sich angeblich innerhalb ihres beschränkten Horizontes größtenteils mit dem anderen Geschlecht und dem Zelebrieren ihrer Jugend. Auch durch ihr Auftreten und ihr Äußeres vermitteln sie das Bild eines top gestylten, selbstbewussten und lediglich auf sein näheres Umfeld fokussierten Jugendlichen. Auf der anderen Seite, so scheint mir, wird die Pubertät durch das Fernsehen und die Printmedien als Zeit der Aggression, Rebellion gegen jegliche Autorität und Ignoranz gegenüber den von der Erwachsenenwelt proklamierten Werten dargestellt. Ständig berichten Zeitungen über die ansteigende Jugendgewalt und greifen dabei häufig in gesonderten Artikeln die Extrembeispiele auf. Gleichzeitig präsentieren Unterhaltungssender wie RTL oder

ProSieben sogenannte Reality-Shows, wie zum Beispiel »Teenager außer Kontrolle« oder »Club der bösen Mädchen«, deren Namen meist schon Inhalt und Niveau widerspiegeln. Zwar handelt es sich bei solchen Sendungen meist lediglich um »Zuschauerfänger«, trotzdem wird hierdurch der Eindruck einer aggressiven, ignoranten Jugend verstärkt. Aus diesen extremen Gegensätzen setzt sich der Prototyp Jugendlicher zusammen, dessen Bild in der breiten Masse unserer Gesellschaft existiert.

Dieser Typ Jugendlicher wird von vielen Industriezweigen als Hauptverbraucher genutzt. Kosmetikreihen richten ihre Produkte auf Teenagerhaut aus, und viele Mediengruppen stellen sich auf das Unterhaltungsbedürfnis Jugendlicher ein. Eine der wohl bekanntesten Teenie-Zeitschriften, die »BRAVO«, beschäftigt sich inhaltlich vorwiegend mit Klatschgeschichten, Prominenten, allerdings auch mit sexueller Aufklärung und Tipps für Berufseinsteiger. Zwischen all den bunten Seiten lässt sich der von der breiten Masse der Gesellschaft als Prototyp angesehene Pubertierende herauslesen. Dieser zeichnet sich, glaubt man diesem Bild, durch übermäßiges Interesse an der glitzernden Prominentenwelt, sehr frühe erste sexuelle Erfahrungen, jedoch auch durch ein manchmal offenes Ohr für gesellschaftskritische oder weltpolitische Themen aus. So lässt sich meiner Meinung nach zusammenfassend sagen, dass in unserer Gesellschaft kein einheitliches Bild über die Pubertät und Jugendliche an sich existiert, sondern sich jeder Einzelne, durch eigene Erfahrungen und äußere Eindrücke beeinflusst, seine persönliche Meinung bildet.

Johanna, 17 Jahre

Fragen zum Thema

Was können wir tun, damit unser Sohn einen richtigen Beruf erlernen und ausüben kann? Er selbst schätzt seine Zukunft, seit er in die Pubertät gekommen ist, als ziemlich hoffnungslos ein. Er macht nichts mehr für die Schule und »hängt am liebsten nur noch ab«, wie er das Zusammensein mit anderen Jugendlichen bezeichnet.

Eine wichtige gesellschaftliche Aufgabe besteht darin, den Jugendlichen nach Abschluss der Schulzeit Perspektiven für einen geeigneten Beruf zu bieten. Darum müssen genügend Lehrstellen, Studienplätze oder Weiterbildungsangebote zur Verfügung gestellt werden.

Wenn dagegen, wie es heute der Fall ist, bei jedem Bildungsangebot eine Vielzahl von jungen Menschen um den Platz kämpfen muss und die Perspektive, mit dem so erlernten Beruf auch wirklich seinen Lebensunterhalt verdienen zu können, in keiner Weise gesichert ist, kann es nicht verwundern, wenn viele Heranwachsende schon früh resignieren. Das ist besonders deshalb so fatal, weil gerade in dieser Lebensphase das Lernen noch leichtfällt und eigentlich ein Maß von Energien zur Verfügung steht, wie es das in späteren Zeiten nicht mehr gibt.

Den Eltern kommt bei der Wahl und dem Zustandekommen einer Ausbildung eine wichtige Aufgabe zu. Denn der junge Mensch ist oft noch sehr schwankend in seinen Entscheidungen und auch noch zu unerfahren, einen passenden Ausbildungsplatz tatsächlich zu besorgen.

In unserer Zeit besteht der zentralste Teil, welcher zu leisten ist, darin, die Zuversicht und die Hoffnung nicht aufzugeben. Gemeinsam sollten Jugendliche, Eltern und Lehrer alle zur Verfügung stehenden Mittel nutzen, um für einen passenden Ausbildungsplatz zu sorgen. Behält man auch angesichts der schwierigen Lage noch den Optimismus, ist man vielleicht auch in der Lage, einen ungewöhnlichen, kreativen Weg zu wählen.

Eltern können darum ganz praktisch beim individuellen Bewerbungsschreiben helfen, in dem die Qualitäten und Begabungen des Jugendlichen, aber auch die Beweggründe für die Berufswahl auf ansprechende Weise formuliert werden sollten. Aber auch durch die ganz persönlichen Lebensverbindungen kann von den Eltern oder Lehrern so mancher Kontakt geknüpft werden, um so vielleicht zu einem Bildungsangebot zu kommen.

Noch wichtiger für den Heranwachsenden ist jedoch die Stärkung seines Selbstbewusstseins. Wer sich von seiner nächsten Umgebung angenommen fühlt, wer eine interessierte Anteilnahme erlebt und wer lernen konnte, dass man Schwierigkeiten im Leben auch durchstehen und verwandeln kann, der hat als junger Mensch eine Basis, trotz schwieriger Angebotslage dennoch einen geeigneten Ausbildungsplatz zu ergattern.

Die Neigung zum »Abhängen« bei Jugendlichen lässt sich durch innere Stärkung und Motivation vertreiben.

Meine Frau und ich machen uns große Vorwürfe, dass wir wohl Entscheidendes versäumt haben müssen. Unsere Tochter (sechzehn Jahre) ist, seit sie in die Pubertät gekommen ist, ziemlich haltlos. Sie legt keinen Wert auf ihr Aussehen und ihre Pflege, auch läuft sie mit unmöglicher Kleidung herum, hat einen schrecklichen Wortschatz und will sich für nichts anstrengen. Aber wir sollen sie ständig bedienen und uns nach ihr richten. Unser Sohn war da ganz anders. Er wusste immer, was für ihn gut war, und er hatte schon mit sechsundzwanzig Jahren sein Studium beendet und seitdem eine feste Anstellung.

Es ist für ein jüngeres Kind immer schwer, wenn ein älterer Bruder oder eine Schwester schon einen »erfolgreichen« Weg gegangen ist. Schnell fühlt es sich einem Vergleich ausgesetzt, und besonders in der Pubertät, wo es darauf ankommt, den eigenen, ganz persönlichen Lebensfaden zu spinnen, scheint dem Jugendlichen nur die Möglichkeit des provokanten Ausstiegs zu bleiben.

Vielleicht ahnt Ihre Tochter, dass sie zu ganz anderem berufen ist als ihr älterer Bruder und dass ihre noch verborgenen Fähigkeiten sich noch ihren Weg bahnen müssen. Weil sie ja erst am Anfang ihrer Ich-Entwicklung steht, kann sie noch keine reife Entscheidung treffen und braucht den Freiraum der Abgrenzung.

Viele Jugendliche neigen zu einer gewissen Egozentrik, wollen sich nicht gerne anstrengen, sich aber gerne von vorne bis hinten bedienen lassen. Gerade deshalb ist es wichtig, immer wieder geduldig und konsequent ein Mindestmaß an Beteiligung im alltäglichen Miteinander zu üben. »Wenn du etwas von mir möchtest, dann musst du auch bereit sein, wenigstens etwas zu geben.« Wobei die Betonung auf »konsequent« und »üben« liegen sollte. Ein mühevoller, aber unumgänglicher Weg.

Noch wertvoller kann es jedoch für Sie als Eltern sein, wenn es Ihnen gelingt, von den Vergleichen loszukommen und mit Spannung und Interesse zu lernen, auf das zu blicken, was Ihnen diese »so ganz andere Tochter« in Ihrem Leben bescheren wird. Durch ihr »So-Sein« kann sie Ihnen neue und unbekannte Qualitäten nahebringen, die auch Ihr Leben bereichern können, wenn Sie bereit sind, den individuellen Weg Ihrer Tochter begleitend mitzugehen. Bleiben Sie dabei, wenn es geht, nicht in den materiellen äußeren Umständen haften. Interessieren Sie sich auch für den inneren, seelischen Reifungsprozess Ihrer Tochter, denn um diesen geht es in der derzeitigen Lebensphase ja hauptsächlich.

»Meine Pubertät«, Teil 2
Gedichte, Texte, Gedanken und
Lebensbeschreibungen von Jugendlichen

Ich fühle mich in einer Welt, die nicht echt ist, und
ich träume von einer Welt, die es nicht gibt.
Michael, 15 Jahre

Je näher es auf die Pubertät zugeht, umso schweigsamer werden die Jugendlichen, umso mehr verstummt der nach außen gerichtete Wortstrom, besonders bei den Jungen. Mädchen finden zwar immer noch genügend Möglichkeiten des Miteinander-Redens, aber was ihnen wirklich im Herzen liegt, bringen auch sie nicht mehr nach außen.

Tatsächlich ist der Übergang vom Kind zum Jugendlichenalter, welcher in der Pubertät vor sich geht, oft mit tiefsinnigen und fundamentalen Fragen verknüpft. Euphorie oder Selbstzweifel, aber auch übergroße Erwartungen, Hoffnung, Einsamkeitsgefühle oder Ängste können einander abwechseln.

Braucht mich die Welt, habe ich in ihr eine Aufgabe? Kann ich meine Ziele finden und sie verwirklichen? Werde ich von meiner Umwelt wahrgenommen? Bin ich für andere Menschen wichtig? Gibt es Menschen, für die ich liebenswert bin? Bin ich nur ein Rädchen im Getriebe des Geschehens oder habe ich eine Bedeutung? Haben ich und die Welt überhaupt eine Zukunft? Was ist Liebe, was ist Freiheit, was ist der Sinn des Lebens? Lohnt sich das Lernen, Leben, die Anstrengung, die Suche? Wo ist mein Platz?

Aus den sich auftuenden Seelengründen tauchen diese Fragen auf, nicht immer jedoch werden sie auch als solche formuliert. Oft bleiben sie als tiefes, manchmal nagendes Geheimnis im Inneren des Heranwachsenden bewahrt.

Dennoch schimmern sie in allen Lebensäußerungen wie der unterfütternde Hintergrund hindurch. Die folgende Sammlung von Aussa-

Muntere »Schale«, ernster Kern: So gut wie jeden Heranwachsenden bewegen tiefsinnige, fundamentale Fragen.

gen junger Menschen ist vor diesem Hintergrund in verschiedene Themenbereiche geordnet. Sie sollen als Aussage für sich unkommentiert so stehen bleiben.

Anderes, vielleicht das Wichtigste, äußert sich durch die Tat, durch das gelebte Leben. Das findet jedoch nur Platz in der Begegnung von Mensch zu Mensch.

Alltag

Für mich ist Pubertät mit einem inneren Gefühl verbunden, etwa: Man ist nicht liebenswert, hat ein niedriges Selbstwertgefühl. So versucht man sich »künstlich« durch Mode, Kleidung, Frisur oder so was zu verändern. Das hat aber auch nicht die richtige Wirkung. Dann kommt plötzlich jemand und nimmt einen so, wie man ist. Erst dann schafft man es, seinen inneren Wert daran zu entwickeln. Es kann auch jemand Älteres oder je-

mand anderes sein, es muss nicht immer gleich ein Partner sein. Nur muss er zufällig den Nerv treffen, muss einen tiefer erkannt haben. Es hat immer etwas mit Selbstfindung zu tun und mit Freiheit, Sehnsucht nach Freiheit.
Es gibt Jungen, die schlagen mit dem Kopf gegen die Wand und geben dabei keinen Schmerz zu. Das ist Imponiergehabe gegenüber den Mädchen. Die finden das aber gar nicht gut, es schreckt sie eher ab. Wenn ich so etwas gesehen habe, dachte ich oft: Wenn doch ein Mädchen da wäre, das ihn so nehmen kann, wie er ist, das darüber hinwegsehen kann. Dann hätte er es gar nicht mehr nötig, so einen Unsinn zu machen. Ich glaube, bei Jungen kommt die Veränderung erst, wenn man geliebt wird. Aber das Glück hat ja nicht jeder.
Es ist auch eine Suche nach Idealen, zum Beispiel: »Ich wünsche mir den Weltfrieden!«
Bei der Frage Pubertät und Schule denke ich, dass die Schule die Aufgabe hat, Wissen zu vermitteln, persönliche Probleme haben da nichts zu suchen. Ich wäre nie auf die Idee gekommen, einen Lehrer daraufhin anzusprechen.
Es gibt auch Schüler, die sagen: Alle Lehrer sind Lehrer und mit denen will ich nichts zu tun haben. Sie sehen sie praktisch als Feinde an. Das habe ich allerdings nie verstanden.
Es wäre jedoch im Rückblick auf unsere »wuselige« Klasse gut gewesen, wenn einige eine persönlichere Betreuung erhalten hätten. Zum Beispiel bei einer schlechten Arbeit. Derjenige selber weiß ja schon, warum sie schlecht ausgefallen ist. Aber vielleicht hätte eine Frage vom Lehrer dazu doch einiges mehr verändert. Das hängt aber dann auch vom Lehrer ab. Ich glaube, dass da der Klassenbetreuer, besonders in der neunten Klasse, wenn es »brenzlig« wird, eine große Bedeutung hat. Er sollte eine gefasste Persönlichkeit haben, aber jung hat auch was, er ist dann noch näher dran. Er muss authentisch sein, zum Beispiel dadurch, dass er auch diese Probleme durchgemacht hat, dass er sie kennt. Ein solcher Lehrer sollte auch die Fähigkeit haben, Fehler einzusehen. Leider haben vertrauenerweckende Lehrer aber oft auch Autoritätsprobleme, sie sind nicht so streng und werden nicht so ernst genommen.
Für so etwas sind Begegnungen außerhalb der Schule sehr hilfreich, Landbaupraktikum oder Ähnliches.

Überhaupt ist Begegnung sehr wichtig. Dabei denke ich aber nicht nur an Gespräche mit Lehrern, Eltern oder Freunden. Im Gegenteil! So eine »Klientengesprächsform« von Erwachsenen, etwa: »Du hast da wohl ein Problem«, das macht mich aggressiv. Ich denke eher, die innere Bereitschaft ist wichtig. Beim Tun ergibt sich das Gespräch dann oder ist auch nicht mehr erforderlich. Ernsthaftes Interesse am anderen ist jedenfalls ganz zentral, auch zwischen Gleichaltrigen.

Wissen und Erkenntnisschritte, selbst die kleinen Schritte in der Pubertät dürfen nicht im Innern verborgen bleiben. Sie müssen nach außen kommen können, man muss sich austauschen.

Ich finde, dass zum Beispiel Gruppenarbeiten in der Schule am meisten bringen und es bleibt auch am intensivsten hängen. Warum gibt es immer noch so viel Frontalunterricht? Ich glaube fast, die Lehrer haben Angst. Sie wissen dann nicht, wie der Ausgang ist, es ist immer ein offenes Ergebnis. Dann ist die Kreativität gefordert, vom Schüler und vom Lehrer. Vielleicht lernen sie das nicht in der Ausbildung.

Dabei kann man in Gruppen Begegnung und auch das Gespräch am besten üben. Durch eine Rednerliste wie in den Konferenzen geht das allerdings nicht. Man kann in solcher Arbeit spüren, wo die Lücke zum Sprechen ist, und lernt am anderen. Das müsste dann allerdings auch in allen Fächern und bei allen Lehrern so sein. Manche wollen immer noch, dass man sich meldet und der Lehrer nimmt dann den dran, den er für richtig hält. Das kann nicht der richtige Weg sein. Dabei lernt man keine Gesprächskultur. Überhaupt sollten sich die Lehrer zumindest in wesentlichen Punkten auf einen gemeinsamen Weg einigen, zum Beispiel offener Unterricht, melden, Gesprächsform. Diese Regeln und Vorschriften sollten die Schüler dann auch verstehen und nachvollziehen können. Das gilt allerdings für die Lehrer selbst genauso.

Auf jeden Fall sollte die Gesprächskultur in allen Fächern und mit allen Lehrern geübt werden. Eventuell bräuchte man dazu am Anfang auch zwei Lehrer, denn der Geräuschpegel kann dabei schon sehr hoch werden. Es machen ja auch nicht gleich alle mit. Sie denken, dass es nur ein neuer Freiraum ist für Blödsinn und lassen sich auf Eigenverantwortlichkeit noch nicht gleich ein. Es braucht Übung, auch für diese Schüler. Vielleicht sind die Klassen dafür auch einfach zu groß.

An solchen Stellen frage ich mich, wo denn die Ideale der Älteren geblie-

ben sind. Es reicht nicht, wenn man ab fünfunddreißig sagt: »Es geht mich nicht mehr an. Früher war ich auch mal im Naturschutz aktiv und habe gegen die Atomkraftwerke demonstriert. Heute habe ich andere Sorgen. Macht ihr Jungen das mal.«
Wenn man jung ist, soll man die Ideale finden, das ist richtig. Aber man sollte sie im Alter auch behalten. Selbst wenn sie nicht eintreten, müssen sie doch weiter ein Wunsch bleiben. Außerdem können die Jungen die Alten an ihre Ideale erinnern und sie wieder aktivieren.
Die Politik allerdings relativiert die Ideale immer nur. An eine große Veränderung von dort glaube ich nicht. Man diskutiert da nur und es kommt nichts dabei raus. Wenn junge Leute es schon in der Pubertät gelernt haben, sind sie viel eher in der Lage, auch bei sich etwas zu verändern. Die Veränderung muss jedenfalls von der Gesellschaft kommen. Jeder muss bei sich selbst damit anfangen. Und er muss seine Haltung auch den anderen mitteilen. Ich glaube, dass es sich dann auch lohnt, entweder finanziell – wenn ich Fahrrad fahre, spare ich ja auch Geld – oder aber ideell, im Wohlbefinden, im größeren Einklang.

Anna, 17 Jahre

    Ich stehe mir selbst im Weg
      Ich trete mir selbst auf die Zehen
        Ich stolper über meine eigenen Füße
    aber
    Ich komme einfach nicht um mich herum!

anonym

Der Mittwoch ist für mich der schlechteste Tag der Woche. Acht volle Stunden in der Schule rumhängen und nichts passiert. Wenn ich alleine an die Mathestunden denke, überkommt mich fast Übelkeit. Ich frage mich, wofür Differenzial- und Integralrechnen im täglichen Leben gut sein soll.
Und dann noch dieser Typ mit seiner Wichtigmachermiene. Keinen Mucks

lässt er während seiner beiden Stunden zu und schließt die Tür genau, haargenau beim Klingeln. Es lockt mich wie magisch, auch immer erst genau, haargenau beim Klingelzeichen in der Tür zu stehen. Es ist wie ein Kampf, wer an Genauigkeit gewinnt.

Einmal hat er mir mit einem Grinsen die Tür direkt vor der Nasenspitze zugeschlagen, obwohl das Läuten noch gar nicht zu Ende war. Am liebsten hätte ich ihm da die Augen ausgekratzt. Und dann am Nachmittag in der letzten Stunde noch einmal Mathe-Übstunde mit dem gleichen Lehrer. Morgens weiß ich nie, wie ich diesen Tag überstehen soll.

Dass man Französisch und Englisch lernen muss, um in der heutigen Zeit zurechtzukommen, das sehe ich ja noch zur Not ein. Warum zwei so schwere Fächer aber an ein und demselben Tag sein müssen, kann ich einfach nicht verstehen.

Als wir die Sprachen vor einigen Jahren neu bekamen, freute ich mich regelrecht auf die Fächer. Ich versuchte begeistert die Vokabeln regelmäßig zu lernen. Zu Hause konnte ich sie, wie ich fand, immer ganz gut. In der Schule fielen mir aber die einfachsten nicht ein, wenn ich drangenommen wurde. Schon nach kurzer Zeit war meine Lust am Lernen vergangen, und seitdem habe ich eigentlich so gut wie gar nicht mehr richtig gelernt. Okay, einige Wörter bleiben immer auch aus dem Unterricht hängen und ich weiß so ungefähr, worum es geht. Aber den großen Durchblick habe ich ehrlich gesagt nicht. Auf jeden Fall sind die beiden Sprachen super anstrengende Fächer.

Das mit dem Sport ist auch so eine Sache. Ich halte mich eigentlich für einen sportlichen Typ, auch wenn mich manche zu dick finden. Ich habe nachgelesen und festgestellt, dass ich mein Idealgewicht nur um 1,35 kg überschreite. Es wäre kein Problem, das in kurzer Zeit loszuwerden. Mehr Sport zu machen wäre da vielleicht auch eine Möglichkeit. Nur wie die blöde Kuh von Turnlehrerin mit uns Sport betreibt, kann einem ja nur den Appetit darauf verderben. Die halbe Zeit vergeudet sie mit Auflockerungsübungen, wobei wir uns so unnatürlich verrenken sollen, dass es mir jedes Mal lächerlich vorkommt. Besonders hasse ich diese Beugungen nach rückwärts mit hochgestreckten Armen.

Als Nächstes folgt dann das Zirkeltraining, bei dem sie glaubt, unsere Muskeln aufbauen und stärken zu müssen. Eine sinnlose Plackerei, die so lange dauert, dass für ein Ballspiel nur noch ein winziger Zeitraum bleibt.

Wenn wir dann auch noch Völkerball spielen müssen, vergeht mir bei diesem Babyspiel auch noch die letzte Lust an dieser Stunde.
Das einzige Fach, das ich wirklich gut finde am Mittwoch, ist Philosophie. Früher nannten sie die Stunde immer Religion, aber seit wir in der Oberstufe sind, schien es wohl ratsam, einen anderen Namen zu finden. Eine junge Lehrerin, die erst in diesem Schuljahr an unsere Schule gekommen ist, gibt die Stunde. Sie sieht wirklich noch sehr jung aus. Als ich sie das erste Mal sah, dachte ich fast, sie könnte eine neue Schülerin sein. Schon ihr Haarschnitt und die Kleidung sind so ganz anders als bei den sonstigen Lehrern. Irgendwie wirkt sie moderner, mehr so, wie wir jungen Menschen das brauchen. Sie hat auch so eine milde Stimme und so einen ruhigen, immer ein wenig traurigen Blick, so als müsse sie über alles viel nachdenken. Dabei ist ihr Unterricht immer sehr lustig. Oft bringt sie Cartoons mit, über die wir sprechen. Auch hören wir gemeinsam CDs an und unterhalten uns über die Texte, die Musik oder die einzelnen Gruppen. Sie kennt sich da echt gut aus. Sie ist immer brennend an unserer Meinung interessiert und manchmal entsteht nur dadurch ein Durcheinander, weil jeder gleichzeitig anfängt zu reden.
Ansonsten ist es glaube ich die einzige Stunde, in der beinahe immer Ruhe und Aufmerksamkeit ist, ohne dass jemand dafür sorgen muss. Wie oft sagen die anderen Lehrer im Laufe einer Stunde: »Nun seid doch bitte einmal leise!« Und meistens nützt es noch nicht mal was. Bei ihr habe ich das noch nie gehört.
Ich habe, seit wir sie im Unterricht haben, schon oft über sie nachgedacht. Sie ist fast der einzige Lichtpunkt in der Schule. Wenn ich den Mittwoch ansonsten auch schrecklich finde, freue ich mich doch immer auf die Stunde mit ihr. Schade, dass wir sie nur einmal in der Woche haben. Manchmal habe ich mir ausgemalt, wie es wäre, wenn wir nur bei ihr Unterricht hätten oder wenn alle Lehrer so wie sie wären. Einmal habe ich sogar von ihr geträumt. Es war ein wundervoller Traum, aber vom Inhalt habe ich leider nichts behalten.
Ein wenig bedrückt es mich, dass auch die anderen in der Klasse sie so gut finden, und ich habe schon manchmal gedacht, ich hätte sie gerne für mich ganz alleine. Ansonsten bin ich eigentlich gerne in der Klasse. Ich verstehe mich mit den meisten Mitschülern ganz gut. Da sind zwei Jungen, mit denen ich gerne etwas mehr zu tun hätte, aber das kann ja noch

kommen. Und in der Dreiergruppe, in der die Hip-Hop-Mädchen sind, wäre ich auch gerne mehr beliebt; aber wenn ich erst mal meinen Körper mehr unter Kontrolle habe, wird das bestimmt auch möglich werden.
Der beste Tag der Woche ist Feitag. Da haben wir nur fünf Stunden. Die beiden Stunden Deutsch finde ich ganz in Ordnung, denn die Lehrerin ist nicht sehr streng. Es fällt mir leicht, immer etwas zu den jeweiligen Themen zu sagen oder zu schreiben, und mit meinen Noten in dem Fach bin ich auch ganz zufrieden.
Dann haben wir noch Erdkunde bei einem alten Knacker, der ganz lieb ist, aber nicht zu merken scheint, dass keiner aufpasst. In den Arbeiten schreibt jeder so viel wie möglich ab, und er freut sich dann auch noch, wenn er so gute Ergebnisse zurückgeben kann.
Biologie und Chemie mag ich auch ganz gerne, schon alleine, weil sie in einem Extragebäude stattfinden und in den Räumen alles so wissenschaftlich und besonders aussieht. Wenn uns Knochengerüste und ausgestopfte Tiere vorgeführt werden, kribbelt es mich immer ein wenig, und manchmal fallen mir dann Situationen aus Computerspielen ein, die dadurch fast ein bisschen Wirklichkeit erhalten.
Das Beste aber am Freitag ist der Schulschluss. Dann weiß ich, dass ich jetzt für einige Zeit ein freier Mensch bin und tun und lassen kann, was ich will.
Oftmals treffen wir uns schon direkt nach der Schule irgendwo in der Stadt. Zusammen finden wir dann raus, was am Abend anliegt. Meist gibt es eine SMS, in der was von einer Party oder so steht, und wir schauen da mal rein. Dort trifft man dann oft andere Leute, die wissen, wo was los ist, und wir gehen da dann auch noch hin. Es gibt Nächte, in denen wir gar nicht alles besuchen können, was los ist. Am günstigsten ist es, wenn sich jemand findet, der ein Auto hat. Dann brauchen wir nicht immer an den gleichen Stellen zu sein, sondern können auch mal dahin kommen, wohin es sonst zu weit ist.
Auf jeden Fall geht es fast immer bis so fünf oder sechs Uhr morgens, und bis ich dann ins Bett komme, dauert es ja auch noch was. Dann freue ich mich, dass Wochenende ist und ich ohne Probleme ausschlafen kann. Am Abend bin ich dann wieder fit und kann die nächste Nacht genießen und mich freuen, dass ich mit den anderen zusammen bin.
Ich bin froh, dass nur wenige meiner Freunde mit harten Drogen zu tun

haben und auch keiner Unmengen Alkohol schluckt. Hin und wieder wird mal gekifft, aber am Montag sind wir alle wieder voll auf der Matte, und ein durchgemachtes Wochenende hat ja wohl noch keinem geschadet. Richtig schlimm sind nur die Zeiten des Jahres, in denen Prüfungen oder sonstiger Stress angesagt sind.
Es ist merkwürdig, aber ich brauche immer etwas Action um mich herum. Ist mal nichts los, fällt mir leicht die Decke auf den Kopf, alles erscheint grau und öde und mir wird schwer zumute. Wenn aber von außen Stressiges an mich herangebracht wird, halte ich die Unruhe nicht gut aus. Ganz besonders gilt das für Prüfungen, denn ich bin absolut kein Prüfungsmensch. Ich habe mich schon oft gefragt, ob es nicht auch ohne Tests und Abschlussarbeiten gehen könnte? Zugegeben, ich würde dann noch weniger freiwillig lernen. Aber immerhin wäre dann das, was ich könnte, auch mein Eigenes und nicht das Aufgepfropfte von außen, das man wahrscheinlich doch nie wieder im Leben brauchen kann.
Ich habe schon ernsthaft darüber nachgedacht, ob ich kein Abitur mache. Wenn ich an die lange Zeit des Paukens und die ganzen Prüfungen denke, wird mir jetzt schon ganz flau im Magen. Auf der anderen Seite halte ich mich für gut genug, das zu schaffen, und dann könnte ich auch studieren und danach viel Geld verdienen und die ganze Welt kennenlernen.

Kai

Unsicherheit, Verarbeitung

Diese schöne Außenseite war meine einzige Sicherheit, in mir drin herrschte ein großes Durcheinander von Gefühlen, mit denen ich nichts anfangen konnte und die ich daher ausgesperrt habe. Ich benutzte mein Äußeres, um diese innere Unsicherheit zu vertuschen. [...]
In jedem Fall wollte ich viel empfinden, echt Gefühle empfinden, Hass, Kummer, Glück. Und ich forcierte das so stark, dass alles unecht wurde. Und als ich es nötig gehabt hätte, konnte ich keinen Halt mehr an meinen eigenen Gefühlen finden, die nur noch künstlich waren. Ich war ein Luftballon, der oben in der Luft schwebte; ich meinte alles zu können, schwebte weit über allem und jedem und war nur mit Luft gefüllt. Ja, und dann ist nur ein Nadelstich nötig, um sehr tief zu fallen.[128]

Katarina hatte zum zweiten Mal so stark mit dem Klöpfel auf das Schnitzmesser geschlagen, dass der Rand der Salatgabel auseinanderbrach. Früher war ihr so etwas nie passiert. Sie war immer eine begabte und einfühlsame Handwerkschülerin gewesen. »Katarina, was ist nur mit dir los? Ich kenne dich ja gar nicht wieder!«, sagt der Handwerklehrer erstaunt zu ihr. Sie entgegnet ihm: »Ach, da müssen Sie sich nichts dabei denken. Ich bin in der Pubertät!«

(persönliche Aufzeichnungen H.H.)

Langeweile

Ich wollte so gern etwas fühlen und kapierte nicht, dass Langeweile auch ein Gefühl ist. Besser gesagt: So etwas wagst du nicht zu fühlen. Stattdessen ging ich schnell auf die Suche nach irgendetwas, das dem grauen Brei wieder eine Farbe geben konnte, damit ich wieder das Gefühl bekäme, etwas Besonderes zu sein, eine Bestätigung, eine Ablenkung, beruhigenden Beifall.[129]

Wir wohnten nach der Trennung in einer kleinen Stadtwohnung. Mein Bruder ist zweieinhalb Jahre jünger als ich und nervte mich zu der Zeit ganz besonders durch sein ständiges Gerede. Meine Mutter ging morgens ins Büro und war dann, wenn wir aus der Schule kamen, zu Hause. Sie hat es sicher gut gemeint, aber sobald wir alle drei zusammen waren, überkam mich eine lähmende Langeweile. Ich weiß noch, dass ich mir immer, wenn ich alleine war, vornahm, irgendetwas zu unternehmen. Aber sobald meine Mutter da war, spürte ich einen unausgesprochenen Anspruch an mich, der mir alle Antriebskraft nahm. Manchmal saß ich unbeweglich in meinem Zimmer und rührte mich nicht von der Stelle oder ich lag stundenlang auf meinem Bett und fühlte mich wie gelähmt. Oft tat ich so, als würde ich schlafen. Das tat ich aber gar nicht, sondern ich stellte mir vor, tatsächlich gelähmt zu sein, und kam mir dann sehr bemitleidenswert vor. Meine Mutter schimpfte ab und zu mit mir, aber meistens machte sie nur ein leidendes Gesicht und ließ mich in Ruhe, vielleicht auch, weil sie mit

meinem quirligen jüngeren Bruder vollauf beschäftigt war. Oft stellte ich mich in der Zeit krank und lag dann auch noch während der Schulzeit im Bett, obwohl mir eigentlich gar nichts fehlte.
Als sich mein Geschlecht immer deutlicher bemerkbar machte, war mir das unheimlich und ich wurde nur noch schwerer. Schließlich blieb ich in der achten Klasse sitzen und kannte so gut wie niemanden in der neuen Klasse.
Dann auf einmal, es war mitten im Sommer, geschah etwas Merkwürdiges. Ich lag auf meinem Bett und war kurz vor dem Einschlafen, denn es war sehr warm im Zimmer. Es war mir, als ob ich von oben auf mich herabsehen könnte und zu mir selber sagte: Genug mit Langeweile! Ich will was tun!
Ich sprang aus dem Bett, holte mein Fahrrad aus dem Keller und fuhr zum Fußballplatz. Dort hatte gerade das Training der Jugendgruppe begonnen, und wie bestellt ließ mich der Trainer gleich mitmachen. Ich habe von dem Tag an dreimal in der Woche im Verein gespielt und an den anderen Tagen mindestens zwei Stunden selber trainiert, Liegestützen, Klimmzüge, Dehnungen und jede Menge Laufen. Innerhalb von ein paar Wochen war ich völlig fit.
Wenn ich später im Leben Langeweile verspürte, konnte ich mich immer wie von außen betrachten und mir selber den Entschluss zuflüstern: Steh auf und mach was! Es hat eigentlich auch fast immer geklappt.

Horst

Angst

Ich friere. Ich stehe in dem kleinen Häuschen am Ende unserer Straße. Ich spüre die kalte Luft. Kalten Atem. Ich verkrieche mich in mich selbst. Erwartungsvoll blicke ich die Straße hinauf. Mit mir noch andere sechs Augenpaare. Da, endlich. Linie 92. Jeden Morgen eine Erfüllung der Sehnsucht nach Wärme. Die Reifen des Gefährts fügen sich der Rinne im Schnee. Ich stolpere die Stufen hinauf. Ich sitze. Mir gegenüber eine Frau. Alt. Sehr alt und sicher auch sehr nett. Neben ihr ein Mann. Jung. Gut aussehend. Er wirkt gestresst. Er wippt mit seinem Knie zu schnell auf und ab. Ein schwarzer Aktenkoffer, der seine perfekte Position verloren hat, versucht sich auf seinen Beinen zu halten. Der Mann ist mit den Bewegungen des Busses noch nicht sehr vertraut. Plötzlich! Eine scharfe Bremsung. Ein Kind stößt gegen den Mann.

»Pass doch auf!«, fährt er das Kind an. Leise, während es den Schulranzen wieder zurechtrückt, kommt ein »Verzeihung« hervor.

Verärgert wendet sich der Mann vom Kind ab. Wieder kehrt er in seine nervösen Bewegungen zurück.

Ich spüre, wie sich die Wut in mir aufbäumt. Er ist mir unangenehm. Sehr unangenehm. Am liebsten hätte ich in das Geschehen eingegriffen. Ich bemerke, dass auch die alte Dame die Szene beobachtet hat. Unsere Blicke treffen sich mit der gleichen Meinung, und mit einem leisen »Ts, ts, ts« schüttelt sie den Kopf. Freundliche Blicke gehen in Richtung Kind. Ich habe für sie eine gewisse Sympathie entwickelt. Sie scheint sehr nett zu sein.

»Geil, habta den gesehn! Ne Fresse hatte der, ne? Aba jäz isse hübscha, wa?« Mit diesen »Worten« werde ich aus meinen Gedanken geschubst. Soeben steigen fünf junge Männer ein. Durch ihren Wortschatz, ihr Benehmen und ihre Kleidung sehr auffallend.

»Ich bin stolz, ein Deutscher zu sein« steht auf der Jacke des einen geschrieben. Auf einer anderen sticht mir eine Deutschlandflagge entgegen. Diese muskulösen Körper nehmen Platz. Ich kann sie genau beobachten. Bierdeckel fliegen. Ihre Bässe dröhnen. Der Anblick wie auch der Rest sind äußerst abstoßend. Vor ihnen sitzt ein ungefähr siebzehnjähriger Junge, dessen politische Meinung sich deutlich durch seine Kleidung und Haare erkennen lässt.

»Was will der denn hia? Dieser Bus ist füa Deutsche gebaut«, begrüßen sie ihn. Und: »Guckt euch mal den Wichsa an, habt ihr schon ma so was gesehn?«

Ich erschrecke. Mein Herz pocht. Es pocht auf Hochtouren. Jeden Moment droht es zu zerspringen.

Sie lachen und grölen: »Deutschland den Deutschen!«

Da dreht sich der Junge um: »Ihr fühlt euch wohl ganz groß?«

Der andere hebt den Arm. Ich schlucke. Ich zucke zusammen. Schweißperlen rollen mir die Stirn hinunter.

»Pass bloß auf ... sonst haste gleich eine sitzen.« Sein Blick verschärft sich und sein Mund bekommt einen spitzen Winkel. Ich kann seine gelben Zähne erkennen.

»Ja. Zu etwas anderem seid ihr auch nicht fähig.«
Wieder hebt er seinen Arm. Diesmal donnert seine Hand in das Gesicht des Jungen. Ich habe Angst. Er braucht Hilfe. Aber ich habe zu viel Angst. Sicher bin ich nicht die Einzige im Bus.
Sein Knie wippt nicht mehr. Nein. Der junge Mann springt auf, sein Koffer fällt zu Boden. Er verhindert einen weiteren Schlag in das Gesicht des Jungen. Er packt ihn am Kragen und brüllt ihm in die Augen. Das hat seine Wirkung.
Fünf Minuten später liegt der Koffer wieder auf den Knien seines Besitzers. Diesmal ruhig.

Annkatrine (Kurzgeschichte, 10. Klasse)

Wende dich aber einmal wirklich nach innen; dazu brauchst du keinen Glauben, denn der Glaube und die Wahrheit liegen tief in uns selbst. Zu tief, denn wir (die Menschen dieses Jahrhunderts) können nicht mehr so schnell mit unserem inneren Ich in Kontakt treten, und wie kommt das? Wir haben die Liebe vergessen, und deren größter Gegner, die Angst, scheint zu siegen.[130]

    Hörst du meine Gedanken, Freund?
    Donnernd wälzt es
    Hinter meiner Stirne.
    Hörst du mich denn nicht?
    Wogende Gedanken
    Quälen mich.
    Schreiend gebe ich sie kund.
    Donnernde Wogen wälzen
    Über meine Lippen.
    Hörst du's denn nicht?

Lea[131]

Leere umgibt mich und meinen Körper
Zu meinen Füßen liegt unendliche Weite,
Die ich nicht zu füllen wage.
Es ist mein Wunsch und gleichsam ist
Er's nicht, zu tragen diese schwere Last.
Es wirkt bedrückend und dennoch frei.
Ich fühl mich alt und bleibe trotzdem jung.
Es ist, als fiele ich in einen tiefen Abgrund.
Doch etwas hält mich auf.
Ich falle und falle und werde dennoch getragen.
Es ist die bloße Hülle, die mich trägt.
Und gleichsam ist es auch mein Herz.
Ich spüre nichts und bin doch voll
Von lichtumwogenen Gedanken, die sich
Mit dem Dunkel messen.
Es ist ein Kampf zwischen Hell und Dunkel,
Den ich nicht zu gewinnen vermag.
Ich komm nicht gegen ihn an. Ich versuche mich
Zu wehren. Vergeblich!
Es ist diese dunkle Stille, die mich hinabzieht
Ins Ungewisse. In die Welt der Schatten.
Immer tiefer hinab, fern von allem Sein und
Leben.
Es ist diese unendliche Schwere, die mir sagt:
Gib auf! Du kannst nicht mehr!
Und doch:
Ich kämpfe weiter ...

Philine

Tod

Paul war sechzehn, als sein vier Jahre älterer Bruder an einer Überdosis starb.

»Ich mochte meinen Bruder eigentlich, aber ich habe nicht sehr viele gute Erinnerungen an ihn. Wenn ich von schönen Dingen erzählen soll, muss

ich zurückgehen in die Kindheit. Er war ja ein »Junkie« und ich sah ihn wenig in den letzten Jahren.
Nach seinem Tod war ich verbittert über meinen Bruder. Aber erst in der letzten Zeit traute ich mich, über meine Gefühle zu sprechen. Ich dachte immer, man darf nicht schlecht über Tote reden. Zuerst fühlte ich mich apathisch und fürchtete, auch sterben zu müssen. Aber ich schaffte es dann doch, andere Dinge zu tun. Musikmachen war zum Beispiel unglaublich gut für mich.
Inzwischen bin ich wieder sehr dankbar für mein Leben. Selbst wenn es viel Schreckliches und viel Feindschaft gibt, ist das Leben eigentlich ein Geschenk, für das man dankbar sein sollte. Man muss versuchen, das Beste daraus zu machen.
In gewisser Weise bin ich froher und trauriger geworden, alles ist mehr intensiv.
Ich habe auch begonnen, mehr an die Zukunft zu denken. Mein Ziel ist Kinder- und Jugendarbeiter zu werden. Denen möchte ich dann beibringen: Es ist nie zu spät, selbst wenn es im Augenblick nicht gerade gut aussieht![132]

Sehnsucht

Die Eltern trennen sich, als Andrea vier Jahre alt ist, sie bleibt bei der Mutter. Der Vater lebt zwar noch in der Nähe, kümmert sich aber nur wenig um seine Tochter. Er macht eher die Mutter schlecht vor dem Kind, weiß alles besser.
Mit sechs verbindet sich die Mutter ein zweites Mal. Der neue Vater ist streng, besonders in schulischen Dingen, kann aber mit dem Kind sonst nicht viel anfangen.
Die Eltern betreiben ein Lokal und sind immer übervoll mit Arbeit eingedeckt. Sowohl tagsüber wie abends ist sie meist alleine, wenn nicht eine Freundin zu Besuch ist.
Sie entwickelt ein großes Interesse für Pferde und verbringt, bis sie zwölf Jahre alt wird, viel Zeit auf einem Reiterhof. Dann erwacht das Interesse für Jungen und die Pferde verlieren ihre Anziehungskraft. Stattdessen geht sie abends auf die Straße. Von der Mutter werden keine sinnvollen

Grenzen gesetzt. Bald stehen auch abendliche Diskobesuche auf dem Programm. Außer sich mit der Clique zu treffen hat sie keine Interessen. Die Clique ist eine zufällig zusammengewürfelte Gruppe von Jungen und Mädchen, die ohne besondere Motivation »Mist bauen«. Auch Kriminelles ist dabei: Um auf sich aufmerksam zu machen, fahren sie ohne Führerschein und klauen, wo es geht.

Die Schule beendet Andrea mit fünfzehn Jahren, und sie weiß nur, dass sie nicht auf eine Aufbauschule gehen will. Sie kennt die »Typen« und die Anforderungen dort und empfindet Abscheu davor.

Als sie beim Klauen erwischt wird, beschließt die Mutter, sie entweder nach Amerika oder zu Verwandten in den Norden zu schicken. Die Mutter hat vor lauter Arbeit nur sehr wenig Kontakt zu ihrer Tochter und fühlt sich von der Situation überfordert.

Andrea hat Angst vor Amerika und wird darum in den Norden gebracht. Sie ist so sehr in sich gekehrt, dass sie sich nicht dagegen wehrt, fühlt sich aber nicht geliebt und in die Fremde abgeschoben.

In der Pflegefamilie erlebt sie zum ersten Mal in ihrem Leben eine Gemeinschaft. Sie lernt Regelmäßigkeit, Gespräche, gemeinsame Mahlzeiten und gemeinsames Tun kennen. Das tut ihr gut, im Inneren leidet sie jedoch sehr und hat auch Heimweh, ohne zu wissen, wonach sie sich sehnt.

Mit achtzehn Jahren will sie ihr Leben ganz selber in die Hand nehmen und zieht in eine eigene Wohnung. Dort hat sie wieder schwere, einsame Zeiten zu durchleben und wird schließlich krank. Da bricht sie ihre Lehre ab, zieht in die Heimatstadt zurück und arbeitet seitdem im Betrieb der Mutter.

Dort wird sie auch gebraucht und das Verhältnis zur Mutter hat eine abgeklärte und gereifte Komponente bekommen. Sie hat inzwischen gelernt, sich selbst gut einzuschätzen, und glaubt ihrer Mutter aus heutiger Sicht sogar dankbar sein zu können, denn an ihrer Erfahrung fühlt sie sich gereift. Wäre sie nicht damals aus der Clique gerissen worden, hätte sie nach ihrer heutigen Einschätzung auch ganz scheitern können.

Andrea ist jetzt dreißig Jahre alt und ist ganz gespannt, was sie in ihrem Leben noch für Entscheidungen treffen wird.

Sinnsuche

... Man schickte mich zu meiner Großmutter, bei der ich vorübergehend wohnen sollte. [...] Meine Eltern lebten in Übersee, und ich war ein sehr schwieriges Mädchen, voller Ärger über sie wegen ihrer Unfähigkeit, mit mir fertig zu werden oder mich zu verstehen. Als unglücklicher Teenager war ich drauf und dran, die Schule abzubrechen. [...] Schweigend zog ich in ihr bescheidenes Bauernhaus ein, mit tief gesenktem Kopf und niedergeschlagenen Augen schlich ich umher wie ein misshandeltes Tier. In Bezug auf andere hatte ich resigniert und mir einen dicken Panzer zugelegt. Ich wollte einfach keiner anderen Seele Zutritt zu meiner privaten Welt gestatten, denn meine größte Angst bestand darin, dass jemand meine wunden Punkte entdecken könnte. Ich war überzeugt, das Leben sei ein erbitterter Kampf, den man besser ohne fremde Hilfe durchfechten sollte. Ich erwartete nichts von meiner Großmutter, als dass sie mich in Ruhe ließ, und beabsichtigte, ebendies und nichts sonst zu akzeptieren. Sie jedoch gab nicht so leicht auf.
Die Schule begann und ich nahm nur manchmal am Unterricht teil. Den Rest meiner Zeit verbrachte ich im Pyjama in meinem Schlafzimmer, wo ich gelangweilt in den laufenden Fernseher stierte. Ohne dies zu beachten, stürmte meine Oma jeden Morgen durch meine Tür herein wie ein unwillkommener Sonnenstrahl. [...]
Ich zerrte meine Decke über den Kopf und ignorierte sie.
Wenn ich mich tatsächlich aus meinem Schlafzimmer hinausbegab, wurde ich von ihr mit einer Reihe gut gemeinter Fragen bombardiert, die meine Gesundheit, meine Gedanken und meine Ansichten über die Welt im Allgemeinen betrafen. Ich murmelte einsilbige Antworten, aber irgendwie ließ sie sich nicht entmutigen. Ja, genau genommen verhielt sie sich so, als ob meine geknurrten bedeutungslosen Erwiderungen sie faszinierten. Sie hörte mir mit so viel Ernst und Interesse zu, als wären wir in ein intensives Gespräch vertieft, in dem ich gerade ein spannendes Geheimnis enthüllt hatte. Bei jenen seltenen Anlässen, wo ich zufällig mehr als eine bloß einsilbige Antwort gab, klatschte sie in die Hände und lächelte über das ganze Gesicht, als hätte ich ihr ein großartiges Geschenk gemacht. Zunächst hatte ich den Verdacht, dass sie es einfach nicht kapiert. [...] Dabei hatte sie durchaus die nötigen Kenntnisse in Bezug auf das Leben.

Darum hätte ich eigentlich nicht überrascht zu sein brauchen, als sie verlangte, ich solle lernen, Brot zu backen. Ich stellte mich beim Kneten derart dämlich an, dass Oma diesen Teil übernahm. Ich durfte aber die Küche erst verlassen, wenn der Brotteig zum Aufgehen hergerichtet war. In genau diesen Momenten, wo sie auf etwas konzentriert war und ich den Blumengarten draußen vor dem Küchenfenster anstarrte, begann ich mit ihr zu reden. Sie hörte mit solcher Gespanntheit zu, dass ich hin und wieder ganz verlegen wurde.

Allmählich, während mir klar wurde, dass das Interesse meiner Großmutter an mir nicht nachließ, öffnete ich mich ihr immer mehr. Ich begann, mich insgeheim, aber unbändig auf unsere Gespräche zu freuen.

Es schien, als sei ein Damm gebrochen. Plötzlich liebte ich es, zu reden. Ich begann, regelmäßig die Schule zu besuchen, und hetzte jeden Nachmittag nach Hause, wo sie schon, in ihrem vertrauten Sessel sitzend, lächelnd darauf wartete, dass ich ihr detailliert über jede Minute meines Tagesverlaufs berichtete [...][133]

Ich glaube nicht, dass man so einen gewissen Vorrat an Kraft hat, der dann irgendwann aufgebraucht ist. Es gibt so viele Dinge auf der Welt, mit denen ich mich irgendwie beschäftigen kann, aber vieles davon ist kein wahres Futter. Es läuft einem irgendwie zwischen den Händen durch, wenn man versucht, es zu greifen. Und ich möchte jetzt irgendetwas für mich finden, von dem ich einfach weiß, dass ich jetzt daran arbeiten kann.

anonym[134]

Die dunkle Stimme des Kellners riss mich aus meinen Gedanken. Schnell äußerte ich meinen Wunsch und richtete die Blicke dann wieder auf die Fußgängerpassage. Menschen, große und kleine.

Ich dachte darüber nach, was für ein Lebewesen der Mensch eigentlich ist. Als mein Blick diese Menschenmasse streifte, sah ich plötzlich einen schwarzen, krabbelnden Ameisenhaufen. Dann fiel mir plötzlich ein Mann auf. Er ging langsam, sehr langsam, schwankte, taumelte und fiel zu

Boden. Ich zuckte zusammen. Dann schaute ich weg, trank einen Schluck von meinem Kaffee und schlug die neben mir liegende Zeitung auf. Erschrocken über meine eigene Reaktion sah ich aus dem Fenster. Verdutzt schaute ich hin, schaute nochmals, es hatte sich kein Menschenkreis gebildet, keine Schaulustigen! Bewegungslos lag der Mann auf dem Boden. Menschen, große und kleine. Wieder erkannte ich die Ameisen, rücksichtslos und unbeirrt liefen sie aneinander vorbei. Es waren doch so viele. Warum half denn niemand?
Verwirrt und nervös fuhr ich mir durch die Haare. In meinem Bauch entstand auf einmal ein seltsames Gefühl. Angst? Meine Hände zitterten, schnell schaute ich weg. Ich meinte zu wissen, welches Gefühl sich in meinem Bauch regte: Feigheit! Oder war es doch Angst?
Entschlossen, diesem Mann zu helfen, stand ich nun endlich auf, ging zur Garderobe, nahm meinen alten Hut und meinen Mantel und ging langsam die Treppe des Cafés hinunter.
Ich öffnete die Eingangstür und trat hinaus in die vorbeihetzende Menschenmasse. Eilig und mit mulmigem Gefühl ging ich in die Richtung des verletzten Mannes. Dieses Unwohlsein, diese Angst! Das Bauchziehen wurde so stark, dass ich lautlos in mich hineinschrie. Meine Gewissensbisse waren zunächst ein Hügel, im Laufe der Zeit wurden sie zu einem Berg, dann zu einem Gebirge.
In diesem Augenblick wurde dies alles zu einer Lawine, die mich unter sich begrub. Ich hielt es nicht mehr aus. Immer schneller hastete ich die Fußgängerpassage entlang.
Schließlich wurde ich zu einer kleinen schwarzen Ameise, die eilig und ohne nach rechts und links zu sehen zielstrebig in den Haufen ihrer Artgenossen hineinlief.

Franca (Kurzgeschichte, 10. Klasse)

Ich sehe jetzt, dass hinter mir eine Vergangenheit ist und vor mir eine Zukunft. Ich blicke zurück auf eine Geschichte, die meine Geschichte ist, und vor mir öffnen sich Wege, von denen ich nicht weiß, wohin sie führen. Nur das eine scheint klar zu sein, ich werde gehen, und jeder Schritt schreibt meine Geschichte ein Stück fort. Ich fürchte mich vor dieser Ungewissheit.

Wohin führt der Weg?

Dann wieder erfüllt es mich mit Zuversicht zu denken: Es ist mein Leben, meine Zukunft, die ich selbst gestalten will. Aber wohin führt das alles zuletzt? Wo und wie fängt es an? Wenn ich rückwärts blicke, komme ich an einen Punkt, wo die Erinnerung erlischt. Davor ist Dunkelheit, Nichts. Oder man sagt mir: Du bist jetzt alt genug, um zu erfahren, dass es in ferner Zukunft auch einen solchen Punkt gibt, wo alles abreißt und dunkel wird. Damit muss der Mensch leben. Und? War es das schon? Am Anfang nichts, am Ende nichts, und dazwischen irgendwelche Geschichten, die Sinn ergeben sollen? Was gehen mich eure Moralbegriffe an, eure Ermunterungen, mich tatkräftig ins Leben zu stellen, Verantwortung für mich selbst und andere zu übernehmen; eure Ermahnungen, ich solle lernen, streben, mich nützlich machen – wenn das alles ist, was ihr zu sagen habt? Kommt mir nicht mit eurer bequemen Frömmigkeit.

anonym

━ Hoffnung

Glücksgefühle kann ich ganz gut in der Kunst haben, zum Beispiel wenn ich eine Weile jongliere. Wenn ich fantasievoll an die Arbeit herangehe, dann habe ich nachher so ein Glücksgefühl. Oder im Malen, oder was man auch immer tut, kann man doch dieses Glücksgefühl erreichen.

anonym[135]

Was ich vor allem ganz wichtig finde, ist, dass man nicht sagt: Ich kann doch sowieso nichts machen. Denn wir müssen anfangen, auch wenn der Anfang noch so klein ist. Man soll nicht gleich pessimistisch werden, sondern immer noch ein bisschen Hoffnung behalten und denken: Es geht schon irgendwie.

anonym[136]

━ Spiritualität

Ich wollte ein Beispiel geben, das ich vor Kurzem erlebt habe. Ich hatte ganz stark das Gefühl, dass diese Begebenheit geführt war. Meine Großmutter war gestorben, und ich wollte zu ihr gehen, hatte aber unwahrscheinliche Angst, weil ich noch nie einen verstorbenen Menschen gesehen hatte. Sie war gerade eine Dreiviertelstunde tot und lebte bis dahin schon zehn Jahre in einem Altersheim. Ich kam in das Altersheim und sprach in meiner Angst die nächstbeste Schwester an, die da stand, und bat sie, mit mir reinzugehen. Ich hatte die Nacht davor bei ihr gewacht und war nur kurz weggegangen, und da war sie dann gestorben. Ich hatte ein Bild aufgestellt, einen Stein dazugelegt und eine Kerze in der Nacht angezündet.
Als ich dann mit der Schwester in den Raum hineinging, stand das alles so da: Die Kerze war angezündet und das Licht gelöscht. Die Schwester sagte: »Kommen Sie nur, es ist gar nicht schlimm.« Sie sah dann die Sachen auf dem Nachttisch stehen und fragte, wer das dahin gestellt hätte. Ich sagte, dass ich dies gewesen wäre. Ja, wenn Sie das waren, dann wissen

Sie ja auch, was Sie jetzt zu tun haben. Setzen Sie sich hin und lesen Sie Ihrer Großmutter etwas vor. Begleiten Sie sie die nächste Zeit. Das habe ich dann auch gemacht, bis die Schwester irgendwann wiederkam und mich herausholte, denn meine Großmutter konnte in dem Zimmer nicht bleiben.
Am nächsten Tag kam ich wieder und traf die Krankenschwester ebenfalls wieder. Wir kamen ins Gespräch, und es stellte sich heraus, dass sie [...] schon lange im Krankenhaus arbeitete, ich sie aber nie vorher getroffen hatte, weil sie nur schichtweise arbeitete. Diese Frau hat mir so unheimlich geholfen, diesen Schritt zu tun, die verstorbene Großmutter begleiten zu können! Dabei hatte ich stark das Gefühl, dass das geführt war, denn es war etwas geschehen, was kein Zufall war. Das war wirklich eine Hilfe, die mir in dem Moment gegeben wurde.

anonym[137]

Also der physische Körper ist ja eigentlich eine Abgrenzung. Ich gehe auch davon aus, dass der Geist so eine Abgrenzung bildet, obwohl man sich das nur schwer vorstellen kann. Man lebt eben zu sehr im Materiellen. Ich denke, man müsste auch davon ausgehen, dass eine Gedankenübertragung möglich ist. Mir ist das schon oft passiert. Wenn ich eine intensive Unterhaltung mit jemandem gehabt habe, ist mir dann schon oft eingefallen, was er jeweils gedacht hat, und er hat dann ausgesprochen, dass er dies gerade gedacht habe.
Oder man muss sich noch etwas anderes überlegen. Wenn einem zum Beispiel etwas einfällt, so weiß man ja nicht, woher das kommt. Man kann nicht sagen, es kommt aus mir, vielleicht kommt es auch woanders her. Es kann irgendwo ein Geist sein, der das gelenkt hat, der einem diesen Einfall gegeben hat. Oder noch ein drittes Beispiel: Wenn man stirbt, kann es ja sein, dass man zurückkommt. Viele Menschen berichten davon, dass sie in ihrem ätherischen Körper waren. Dafür gibt es Beweise, zum Beispiel dass ein Mensch, der im Leben blind war, in diesem Zustand sehen konnte. Er konnte später beschreiben, wie der Arzt aussah, ob er eine Uhr anhatte usw. Er konnte also in seinem ätherischen Körper wieder sehen.

anonym[138]

Als kleines Kind betete ich mit meiner Großmutter vor dem Schlafen: »Ich bin klein, mein Herz ist rein, soll niemand drin wohnen als der liebe Gott allein.«
Was das bedeutete, habe ich allerdings nicht ganz verstanden. Zum lieben Gott aus der Kirche konnte ich nie einen Draht finden und schon gar nicht zu dem mageren Jesus Christus, der so traurig von seinem Kreuz herunterblickt.
Natürlich bin ich konfirmiert worden, das gehört sich ja nun mal so, und finanziell lohnt es sich auch. Als der Pastor uns bat, anonym auf einen Zettel zu schreiben, warum wir an Gott glauben, schrieb ich: »Ich glaube nicht an Gott, ich glaube an die Wissenschaft!«
So mit fünfzehn Jahren nagten aber nun doch die grundlegenden Fragen des Lebens an mir: Wer bin ich? Was ist meine Aufgabe im Leben? Warum gibt es die Welt? Gibt es doch einen Schöpfer? Et cetera. Fragen über Fragen ...
Ich begab mich also auf die Suche. Astrologie war das erste Thema. Bald wusste ich alle wesentlichen Unterschiede der Sternzeichen und verblüffte so manchen, wenn ich auf Anhieb seinen Geburtsmonat erriet. Mein individuelles Horoskop passte genau auf mich. Da mussten doch höhere Mächte im Spiel sein.
Magie war dann das nächste Thema. Viele Hexenbücher habe ich gelesen und versucht zu zaubern. Leider ohne Erfolg. War wohl zu ungeduldig. Ich besuchte Seminare zu verschiedenen esoterischen Themen und lernte viele Leute kennen, die bereits mehr über die geistigen Welten wussten. Das Leben wurde immer bunter: Naturgeister, Astralwesen, Indigokinder, Hellseherei, Reiki, Yoga, Buddhismus, Satanismus, Osho ... Ich glaubte nicht an alles, aber vieles fand ich unheimlich interessant. Ich machte mit einer Yogagruppe eine Reise ins Kloster. Ein sehr liebenswürdiger katholischer Priester, der mit achtzig Jahren noch turnen konnte wie ein junger Gott, verriet mir einen einfachen Tipp, der mir half, diesen geistigen Hokuspokus zu sortieren. Er sagte: »Vergiss alles, wo sie dir ans Geld wollen. Geldgier und Geschäftemacherei kann nicht von einem guten Geist beseelt sein.«
Inzwischen war ich neunzehn Jahre und erstaunt, dass mir das nicht von alleine aufgegangen war. Erst in diesem Moment merkte ich, was für eine Riesen-Abzocke hinter diesem Selbsterkenntnis- und Erleuchtungssektor

steckte. Erschreckend, wie leicht Menschen durch ihr Urbedürfnis, an irgendetwas zu glauben, zu manipulieren sind.
»Alles, was du brauchst, bist und hast du selbst.« Erleichtert und erschreckend zugleich. Es ist schließlich viel einfacher, anderen zu folgen, als seinen eigenen Weg zu finden.
Nach all dem war meine Neugier erst mal gestillt. Ich stellte mich den ganz realen Dingen des Lebens und hatte von dem ganzen unbewiesenen geistlichen Kram erst einmal die Nase voll. Aber die Wissenschaft lässt viele Fragen offen. Das ist irgendwie unbefriedigend.
Wenn ich heute in den Himmel gucke oder auf das Wasser, dann fühle ich, da muss etwas sein, etwas ganz Großes. Und auch mein Kopf kann es sich nicht anders erklären. Allerdings weiß ich, dass ich es nicht wissen kann, dass es vielleicht alles Projektion und Täuschung ist, Sehnsucht oder Angst vor dem Nichts. Und ich weiß auch, dass andere es nicht wissen können, auch wenn sie es behaupten. Kein Pastor, kein Weiser, kein Indianerhäuptling weiß es wirklich, behauptet es nur und glaubt es vielleicht selbst. Hoffen tun wir es vermutlich alle, dass es einen gibt, der unsere Fehler richtet und uns das Paradies schenkt.
Ich habe mir aus diesem Grund die Strategie überlegt, dass ich an eine geistige Schöpfung glaube, allerdings an eine, wie ich sie mir wünsche. Eine, die mir Lebenssicherheit gibt und Hoffnung. Eine, die mir und der Welt aus meiner Perspektive nützt. Eine von mir konstruierte Schöpfung, die meinem Seelenfrieden dient. Wenn etwas in mir mich schon dazu antreibt zu glauben, dann wenigstens etwas Eigenes. Ich möchte mich nicht von den Zeugen Jehovas, den Katholiken oder anderen fremdbestimmen lassen.
Wenn ich heute mit achtundzwanzig Jahren Jugendlichen einen Rat erteilen sollte, dann würde ich sagen: Sammelt eure eigenen Erfahrungen, informiert euch umfassend, seid kritisch, denkt und fühlt selbstständig, glaubt an das, was euch guttut, aber tragt die Verantwortung für euer Tun, denn vielleicht ist niemand da, der den Karren für euch wieder aus dem Dreck zieht. Und wenn doch, dann wird er doppelt stolz sein, wenn ihr euch nicht nur auf seiner Gnade und Allmächtigkeit ausgeruht habt.

Ina

Freiheit

Ein Freund von mir sitzt im Rollstuhl, der ist schwer spastisch gelähmt. Er kann nur seinen Kopf und seine Arme bewegen, hat aber einen ziemlich regen Geist. Er war auch in einer Behindertenschule in einem Camphill-Dorf, und da hat er damit angefangen, sich quasi über sich selbst zu erheben. Er war unheimlich interessiert an der Sternenwelt. Und ich denke, das ist die Freiheit, die einem über die Krankheit oder eine Behinderung, die einen an den Rollstuhl fesselt, erheben kann und dass man die nur überwinden kann, wenn man in den gedanklichen Höhen aufgeht. Hier ist es eben die Astronomie gewesen. Bei anderen Menschen ist es irgendetwas anderes. Wichtig ist, dass man nicht nur darüber nachdenkt, was einen behindert.

anonym[139]

»Normalerweise müssen die Eltern den Kindern einen Rahmen geben, der zwischen ihnen und der Welt steht. Ich hatte meine Eltern schon früh verloren. Da habe ich mich gleich mit der Welt auseinandergesetzt«, sagt er. [...]
Wo es keinen Grund zur Auseinandersetzung gibt, erzwingt er sie. In der Deutschstunde geht es um Wilhelm Tell. Daniel findet, dass Schillers Freiheitsheld ein mieser Vater sei: »Diese Selbstüberschätzung, dass er auf jeden Fall den Apfel trifft ...« Er habe, sagt er, die Lehrer oft zur Weißglut gebracht. Habe immer wieder getestet, wie weit er gehen kann. Dennoch haben sie ihm signalisiert: Wir finden dich spannend. Und wir werden dich beschützen. »Das«, sagt Daniel Cohn-Bendit, »hat mich sehr gestärkt.«
Früh übernimmt er Verantwortung, geht in die Schülerverwaltung. Für seine Reden erhält der Sechzehnjährige viel Beifall. »Das sind Dinge, die mich in der Pubertät geprägt haben.« Auch das Schultheater beeinflusst ihn. [...]
Er will überall beliebt sein, doch niemals um den Preis der Gefälligkeit. »Ich wollte mich nicht integrieren. Ich wollte mehr: als Außenseiter anerkannt sein.« Diese Erfahrungen bestimmen sein Leben.
Bedauert er nichts in seinem Leben? Lachend und bestimmt antwortet er: »Nein. Absolut nichts.«

Daniel Cohn-Bendit[140]

Identitätssuche

Meine Pubertät – Jahre der Fülle
Sieben fette Jahre und alles ist möglich?
Ich schaute in den Spiegel und er antwortete auf meine Frage: »Spieglein, Spieglein an der Wand, wer ist die Schönste im ganzen Land?«: »Du bist es, Lara, aber drüben hinter den Bergen, bei den sieben Zwergen, wohnt eine, die tausendmal schöner ist als du!« Ich fühlte mich wunderschön und gleichzeitig hässlich, auf meine Mängel blickend: zu dick, zu klein, zu viele Pickel, eine zu kleine Nase und so weiter ...! Ich war unsicher, legte viel Wert auf mein Äußeres, wollte damit überzeugen, aber auch kompensieren. Am liebsten wollte ich bereits älter sein, als ich war, irgendwie auch jemand anderes sein. Ich bewunderte andere Menschen, solche, die zu Großem strebten, und kopierte sie insgeheim, aber gleichzeitig wollte ich eine Individualität sein.

Ich fühlte eine große Narrenfreiheit dem Leben gegenüber, es stand offen für mich! Ich dachte, ich könnte alles, traute mir viel zu. Gelang es nicht, brach ich zusammen, stand wieder auf und begann zäh von vorne. Die Zukunft lag mir zu Füßen. Ich lernte, selber über mich zu entscheiden, war großzügig damit, denn ich musste die Folgen noch nicht wirklich tragen.

Ich hatte Pläne für mein Leben, die mich über mich selbst hinauswachsen ließen: »Ich lebe jetzt zwar auf dem Dorf, aber später werde ich eine berühmte Frau der Flite sein!« Ich liebte die Kunst, sah die großen Kunstwerke in Florenz und war tief beeindruckt: »Ich werde eine Bildhauerin wie Camille Claudel, Großes treibt mich voran.«

Ich fühlte mich meinen Gefühlen ausgeliefert, es ging von himmelhoch jauchzend bis zu Tode betrübt, von lähmender Lustlosigkeit bis hin zu maßloser Energie. Ich war eine Künstlerin im Verdrängen, manchmal stellte ich mich einfach innerlich tot! Am liebsten alle Konflikte wegschlafen. Eigentlich lebte ich eine starke Unbewusstheit in Bezug auf das eigene Handeln, habe wenig reflektiert, aber gelebt habe ich! Auf der Suche nach dem Du, was neben nahen Freundinnen natürlich Männer waren. Ein besonderes Kapitel; da mein leiblicher Vater wenig für mich präsent war, gestaltete sich meine Beziehung zu Männern dementsprechend schwierig.

Ich hatte zwei unbewusste Leitsätze: »Der Mann, der mich liebt, ist nicht

der, den ich liebe« und »Der, den ich liebe, wird mich nicht lieben«. So habe ich viele »Beziehungsproben« gehabt.
Was hat mich getragen? Ich hatte innere Werte, die ich für mich selbst gepflegt habe, außerdem habe ich in Krisensituationen viel gemalt und Klavier gespielt. Meine Tastatur war geduldig. Dann konnte ich innerlich versinken in eine andere Welt, die mich getragen hat. Ja, und mein Zuhause – dort war die Welt gut, dort konnte ich geborgen sein, wenn ich es denn wollte!

Lara, heute 30 Jahre

Ich glaube, bei mir war es vor allem Hochmut, zu denken, ich würde stärker sein als die Natur. Ich wollte einfach nicht akzeptieren, dass jeder Mensch wundervoll ist, so, wie er ist. Mit meiner Kraft und meinem Durchsetzungsvermögen kann ich viel erreichen, aber es kann auch mein Verderben sein. Es ist ein Machtspielchen: immer alles kontrollieren wollen, alles und jeden herumkommandieren wollen, die Dinge in der Hand haben wollen. Ich stelle hohe Anforderungen an das Leben, und alles muss nach meinen Idealvorstellungen laufen. Aber auch ich selbst musste dem entsprechen: alles perfekt, perfekte Schulzeugnisse und ein perfekter Körper. Nie war ich zufrieden, alles konnte noch besser sein, bis ich die Grenze überschritt.[141]

Der andere Gesichtspunkt ist die Frage nach dem »Wer bin ich? Was mache ich und welche Aufgabe übernehme ich in dieser Welt?«. Man hört oft den Spruch: »Sei einfach, wie du bist!« Doch einfach ist das nicht, man selbst zu sein, ohne sich zu verstellen, ohne sich von den äußeren Einflüssen manipulieren zu lassen. Ich bemerke zum Beispiel, wie ich auf verschiedene Leute verschieden zugehe, verschieden reagiere, ich bleibe ich selbst und erlebe mich doch verschieden. Es liegt also auch an dem Gegenüber, wie ich mich verhalte, was man schon fast als Einfluss von außen werten könnte. Andererseits kann es sehr hilfreich sein, dass sich der Geist auf den des anderen einstellt, weil jeder Mensch individuell behandelt werden will.

anonym[142]

Spieglein, Spieglein an der Wand,
wer ist die Schönste im
ganzen Land?

Heute leben wir in einer Werbewelt. Die Plakate verkünden wundervolle Dinge: Wie wir werden können, wenn wir nur dies und das tun; wie sauber unsere Wäsche wird, wenn wir dies und das benutzen ... Vielen fällt es schwer, in dieser Werbewelt ihre eigene Identität zu entwickeln oder zu wahren. Was macht man dann? Man kauft sich ein Produkt, das so fleißig beworben wird, benutzt es und hat sogleich das Gefühl, man sei so, wie es die Werbung sagt: stark, attraktiv und individuell.

Aber nicht nur die Werbung ruft diese Gefühle hervor, Nehmen wir zum Beispiel Hollywoodfilme, in denen schlanke Schönheiten deprimiert in New York leben und sich an ihren Kaffee klammern. Je mehr wir von diesen Filmen sehen, desto mehr nimmt die darin vorkommende Lebensweise uns ein.

Kaffee ist ein gutes Beispiel. Heute findet kein Mensch etwas dabei, 3,55 Euro für eine Tasse Kaffee zu zahlen. Weshalb? Wohl hauptsächlich, weil es nicht einfach eine Tasse Kaffee ist, nein, über diese Tasse kann man sich selbst definieren: mit viel Schaum, doppelter Espresso, Vanille, Karamell,

Mokka, Vollmilch, Sojamilch ... Indem ich diesen Kaffee kaufe und meine eigene Komposition erstelle, bekomme ich das Gefühl, einzigartig zu sein. Im ersten Moment habe ich nun eine Identität, aber nach und nach wird sie selbstverständlich, ist nicht mehr Identität. Oder doch? Wann wird dieses Gefühl der Besonderheit zur Normalität? Ist nicht Identität genau das, was mich ausmacht, ohne dass ich es aufsetzen muss?
Für mich ist das Gefühl des Andersseins, welches ich so stark ersehne, im Kontrast zur Gleichheit der Masse, verflogen. Und ich muss es ersetzen ... Ein Teufelskreis hat begonnen ...

anonym[143]

Sie ist zwölf, als die Eltern ihr die blonden Zöpfe abschneiden lassen. Für Christiane Volhard markiert dieses Ereignis das Ende ihrer Kindheit. [...] Noch etwas anderes erlebt sie wie eine Zäsur: Arglos geht sie, die Pferdenärrin, in den Reitstall. Da fasst ihr ein Reitbursche an den gerade erst wachsenden Busen. Die Mutter untersagt ihr nun, zu den Pferden zu gehen. Auch der Stadtwald, in dem sie stundenlang herumgestromert war, [...] wird ihr jetzt verboten. »Das war für mich eine Katastrophe.« Ihre Unbefangenheit ist dahin. Plötzlich findet sie sich zu pausbackig, mag ihre kurzen Haare nicht. Christiane beginnt sich mit zwei ihrer Schwestern zu vergleichen, besonders mit der jüngeren, deren »edles und ebenmäßiges Gesicht« sie noch heute bewundert. Die Mädchen buhlen um die Gunst des Vaters. [...] Christiane besetzt die Rolle der Klugen. »Ich wurde ziemlich streng«, erinnert sie sich. Die Dreizehnjährige lässt sich von den Eltern nicht mehr streicheln oder küssen. Klug sein und zugleich zärtlich passt nicht länger zusammen.
Jungen gegenüber ist sie schüchtern, sie sind ihr fremd. In ihrer Familie dominieren die Frauen. Außerdem geht sie zur Mädchenschule. »Ich konnte meinen Ehrgeiz entwickeln«, sagt sie, »ohne mit Buben konkurrieren zu müssen.«
In der Tanzstunde bleibt Christiane Mauerblümchen. »Eine grässliche Erinnerung.« Jahrelang wird Sexualität bei ihr ausgeklammert. »Ich hab damals halt andere Sachen gemacht.« [...]
Was sie auszeichnet, ist ihre Begeisterungsfähigkeit für alles, was sie an-

packt. Ihre Eltern lassen ihr dabei viel Freiheit. »Du wirst schon wissen, was du tust« ist deren Prinzip. Die Tochter drückt es heute anders aus: »Ich habe mich immer allein durchgewurschtelt.«
Schnell wird Christiane Erwachsenen gegenüber überheblich, sobald sie deren Schwächen zu erkennen glaubt. [...] Stundenlang sitzt sie im Garten. Untersucht die Knospen an den Bäumen, will entdecken, wie das Leben funktioniert. »Ich hatte meine eigene Welt und das Gefühl, dass alle anderen mich nicht verstehen.«

Christiane Nüsslein-Volhard[144]

Zukunft

Irgendwo möchte ich ja eine Existenz aufbauen, nicht hier. Hier ist doch eine große Hilfe gar nicht möglich. In Europa ist alles so verstaatlicht, so verkantet, es hat alles seine Ordnung, alles ist verkabelt und vernetzt, und es gibt eigentlich keine freie Entfaltung mehr. Ich glaube nicht, dass hier eine große Hilfe oder Veränderung an der Welt zu machen ist. Ich glaube, Russland und die Dritte Welt, das sind Länder der Zukunft, dort, wo man anfassen muss. Da muss man auch Idole haben. Ich habe da zum Beispiel Gandhi, der mich wahnsinnig interessiert: auf gewaltlosem Weg ein Riesenziel erreichen!

anonym[145]

Ich finde es nicht gut, dass man woanders anfangen möchte. Es ist doch viel wichtiger, dass man hier bei sich selber anfängt und sagt: Ich lebe jetzt nicht so passiv weiter, sondern ich tue wirklich etwas. Ich probiere, anderen Menschen zu helfen, indem ich zuerst einmal selber menschlich bin. Ich muss selber anfangen und dann sehen: Ja, das möchte ich auch so machen. Und dann kann es sich langsam erweitern, dass ich auch irgendwo anders hingehen kann.

anonym[146]

Es ist interessant, woher [ein] Wunsch überhaupt kommt. Wo der Wunsch herkommt, darüber hat man eigentlich keine Macht. Vielleicht ist es auch die Gier. Gier gehört ja auch zum Tier, aber das Tier hat keine Möglichkeit, sich selbst zu zähmen. Das aber können wir Menschen. Wir können uns sagen, dass wir uns den einen oder anderen Wunsch nicht zu erfüllen brauchen, und wir können auch wissen, dass die Erfüllung eines Wunsches uns letztendlich doch nicht glücklich macht.

anonym[147]

Wenn man heute was werden will, muss man schon das Abi machen. Obwohl es ja noch eine ganze Zeit bis dahin ist, mache ich mir schon manchmal meinen Plan über die Zukunft.
Auf jeden Fall will ich dafür sorgen, dass meine Träume Wirklichkeit werden können. Zu meinen Träumen gehört ein guter Beruf mit vielen freien Tätigkeiten und ausreichend Geld. Ich werde andere Länder kennenlernen, also viel reisen. Dabei will ich helfen, dass es den Menschen in armen Ländern auch besser gehen kann und die Natur besser geschützt ist. Außerdem wünsche ich mir eine Familie mit vielen Kindern, die in einem großen Haus mit Garten und einem kleinen See zum Schwimmen aufwachsen können.
Ach ja, und dass es keinen Krieg mehr gibt und keine Katastrophen, das wünsche ich mir auch.

Kim

Für mich ist es das Wichtigste, dass ein Jugendlicher sich Ziele setzt, auch wenn diese zu hoch gegriffen sind, und dass man sich als Jugendlicher nicht sagt, zum Beispiel bezogen auf den Beruf, jetzt wollen wir einmal abwarten, und dann kommt erst das und das, sondern dass man schon jetzt Pläne macht und sich Ziele setzt und daran festhält.

anonym[148]

Doch nicht nur jeder Einzelne, sondern auch global sollte man sich mehr in Selbstlosigkeit üben. Wir haben uns materiell sehr stark entwickelt, es wird Zeit, den globalen Verantwortungen nachzukommen. Unter globaler Verantwortung verstehe ich, über die eigenen vier Wände hinaus zu denken und anderen Menschen zu helfen sowie die Natur zu unterstützen und zu schützen. Unsere Generation sollte sich als die Generation der Freundschaft, der Liebe und des lebendigen »Miteinanderseins« weltweit identifizieren.

anonym[149]

Das Thema aus dem Blickwinkel eines Erwachsenen betrachtet

Woher komme ich? Wohin gehe ich? Wer bin ich? Gibt es Gott? Welchen Sinn hat mein Leben? Und wer bist du?
Man will es kaum glauben angesichts dessen, was als Jugend-»Kultur« an der Oberfläche lärmt, dass solche existenziellen Fragen der Menschheit und des Menschseins Jugendliche heute noch beschäftigen. Und doch ist es so!
Auch die Ideale der Freiheit, der Gerechtigkeit und der Brüderlichkeit und Liebe, Mitleid, Solidarität, Aufrichtigkeit und andere Tugenden spielen im Leben der Jugendlichen eine größere Rolle, als der Oberflächenlärm vermuten lässt.
Mit unerbittlicher Kompromisslosigkeit werden diese universellen Werte verteidigt, vielleicht deshalb so unerbittlich und kompromisslos, weil diese als reine Begriffe noch nicht von eigener Erfahrung getrübt oder vom Odem des Missbrauchs, der Vergeblichkeit oder des Scheiterns angehaucht sind.
Das ist gerade das Paradoxe, dass Jugendliche diese großen Themen ansprechen, sie vertreten, Fragen stellen und Antworten einfordern, als hätten sie bereits die seelischen Rücklagen, um damit umgehen zu können. Die aber haben sie noch nicht! Sie sind noch ein Hinstrebensbildnis ihres individuellen seelischen Erwachens. Noch ist die jugendliche Gefühlswelt oft das reinste Chaos, es überschwemmt die Seele, reißt sie mit oder lässt sie verwirrt zurück, sodass man am Ende nichts mehr sicher weiß.

Wie einleuchtend ist es da, in diesem Alter Theater zu spielen, sich in die großen Gefühle, Liebe, Trauer, Wut, Hass, Wehmut usw., einzuspielen, sie sich spielerisch anzueignen, sie spielend auszuprobieren, in sie einzutauchen, um die unterschiedlichen Qualitäten zu spüren und den eigenen, noch unklaren Gefühlen Orientierung und Richtung aufzuzeigen.

Anschaulich strebt der jugendliche Mensch beim Erwachen seines individuellen Seelenlebens mit aller Macht zu dessen Aneignung hin, um es sich einzuverleiben.

Dieser Prozess geht mit Überschüssen, Überreaktionen, Übertritten, Übergriffen und Überforderungen einher; er lebt sich in Extremen aus, um sich erst mit zunehmender Aneignung des eigenen Seelenlebens auf ein persönliches, individuell stimmiges Maß einzupendeln. Bis es aber so weit ist, kann die ganze Spannweite widersinniger Verhaltensweisen, von Provokationen, Experimenten und Verhaltensparadoxien, abgespult werden, die das Zusammenleben so schwer machen können und die sich oftmals dem logischen Verständnis eines Erwachsenen gänzlich entziehen. Woher wächst dem Jugendlichen die Kraft zu, dieses chaotische Seelenleben nach einer gewissen Zeit dennoch ordnen zu können, und woher nimmt der Erwachsene die Zuversicht, dass es sich hier um Entfaltungswege einer Persönlichkeit und noch nicht um die Persönlichkeit selbst handelt?

Der Erwachsene hat keine Chance, wenn er auf Argumente »eins zu eins« setzt, denn von der »Logik« eines Pubertierenden kann er in Grund und Boden argumentiert werden. Gelingt es ihm aber, neben der aktuellen auch schon eine Zukunftsgestalt zu erkennen, dann ordnet er die aktuelle Situation so ein, dass er aus der Übersicht den Jugendlichen gelassen begleitet. Dann kann er einen Vorschuss in die Zukunft geben: Vertrauen darauf, dass der Jugendliche in einer Entwicklung begriffen ist, deren augenblickliche Auswirkungen zwar – gelinde gesagt – unschön oder unverständlich sein können, die aber dazu führt, dass dieser junge Mensch sich später einmal einer Gefühlswelt sicher weiß, die seine eigene ist, die ihn authentisch macht.

Woraus aber speist sich ein solches Vertrauen? Ist es lediglich die eigene Erfahrung, die eine mögliche Zukunft wahrscheinlich macht?

Hier kommen wir wieder auf die großen Menschheitsthemen zurück: Wo komme ich her? Wo gehe ich hin? Wer bin ich?

Das Leben hat einen Sinn, wenn ich es einordnen kann, einfügen in ein großes Ganzes. Es hat keinen Sinn, wenn ich es zwischen Geburt und Tod wie zwischen zwei Buchdeckeln als geschrieben und abgeschlossen betrachte: Das war's!

Wenn der Jugendliche merkt, dass die Fragen nach den Hintergründen über Geburt und Tod hinaus auf etwas viel Weiteres hinweisen, dann kann das mit dem Gefühl der Befreiung eine tiefe innere Befriedigung auslösen, und er fühlt sich wieder angebunden an das Woher und Wohin.

Ingo von Groeling, Jahrgang 1946,
Vater von vier Kindern, Heilpädagoge

Praktische Hilfen

Helge hat wieder einmal Stress mit seiner Mutter. Er seufzt tief und sagt: »Wann bin ich denn endlich raus aus dieser Scheißpubertät?«

In der neueren Zeit ist es immer schwerer geworden, Eltern zu sein. Zum einen geht altes, sinnvolles Wissen, beispielsweise vom Pflegen, Ernähren oder Kleiden kleiner Kinder immer mehr verloren, weil der Zusammenhang zwischen den Generationen ein anderer geworden ist. Auch der Wandel in der Haltung gegenüber Autoritäten und das hochgesteckte Ziel der individuellen Freiheit haben zu einem Bruch mit dem Alten und einer Suche nach neuen Wegen geführt. Diese Suche ist noch keineswegs abgeschlossen und in vielen Fragen herrscht Ratlosigkeit, besonders bei jungen Eltern.

Zum anderen fördert der hohe technische Stand in unserer industriellen Wohlstandsgesellschaft nicht gerade das Eltersein. Viele junge Menschen entscheiden sich eher für Freiheit und eine berufliche Karriere als für die Gründung einer Familie. Andere versuchen erst einmal ihren beruflichen Weg zu sichern und bekommen die Kinder im »fortgeschrittenen« Alter. Dann sind sie meist gezwungen, ihren Nachwuchs viel in die Obhut fremder Menschen zu geben, wenn sie beruflich einigermaßen »am Ball« bleiben wollen, und sind von der Doppelrolle Beruf / Eltern oftmals besonders überfordert.

Erschwerend kommt hinzu, dass die äußeren Lebensbedingungen für Kinder immer eingeschränkter und impulsärmer geworden sind. Wo gibt es noch Bereiche für freies, abenteuerliches Spielen, oder wo kann aus der Beobachtung sinnvollen handwerklichen Tuns noch ein Impuls für eigene Handlungen gesammelt werden? Wenn solche Möglichkeiten nicht in ausreichendem Maße genossen werden konnten, hat es ein Jugendlicher in seiner Pubertät sehr schwer, eine Orientierung zu finden. Er ist in dieser Zeit den Angeboten des reinen Konsums von Äußerlichkeiten ganz besonders zugänglich, und diese sind in unserer Konsumgesellschaft auch reichlich vorhanden. Längst sind junge Menschen als ein eigener Markt fest in kommerzielle Konzepte eingeplant und werfen dabei riesige Gewinne ab. Das wirkliche Wohlergehen der jungen Menschen hat dabei weder der Hersteller noch der Händler im Blick. Wahrhaftig fördernde Angebote für Heranwachsende sind dagegen nur sehr spärlich vorhanden. Sie werfen keinen Profit im monetären Sinne ab, sondern würden im ersten Schritt sogar noch Geld kosten.

Haben Kinder nicht genügend vielfältig fördernde Impulse sammeln können und stehen ihnen, wenn sie in der Pubertät sind, keine sinnvollen Angebote zur Verfügung, sind Schwierigkeiten in der Familie unvermeidlich. Die Jugendlichen können gegen diese Umstände unbewusst nur mit Rebellion reagieren. Schaffen es die Eltern, diese Auflehnung nicht nur als gegen sich gerichtet zu betrachten, sondern als zum Teil sogar berechtigt, besteht die Möglichkeit, dass sie den Werdegang ihres Nachwuchses an entscheidenden Stellen doch sehr erleichtern können.

Eltern können sich in diesem Zusammenhang einige stärkende Gedanken vor Augen halten:

Stärkende Gedanken

- Es gibt keinen graduellen Unterschied in der Bedeutsamkeit zwischen Eltern und ihren Kindern. Alle sind sie Menschen und mit Vorzügen und Mängeln behaftet. Erwarten Eltern von sich nicht, dass sie Übermenschen sind, können sie in Freiheit ihre Kräfte dem Nachwuchs zur Verfügung stellen und Schwierigkeiten nach bestem Wissen gemeinsam zu überwinden versuchen. Geben sie, was sie wirklich können, bekommen sie auch das zurück, was möglich ist. Denn Eltern haben auch ein Recht darauf, ausreichende Stärkung zurückzubekommen, sie sind doch noch nicht einmal beim kleinen Säugling ausschließlich Gebende.

- Bei größeren, unüberwindlich erscheinenden Schwierigkeiten sollten Eltern sich nicht scheuen, möglichst rechtzeitig Hilfe zu suchen. Es gibt inzwischen Beratungsstellen mit fachlich geschultem Personal, bei denen man kostenlose Hilfe bekommen kann (siehe die Adressenliste Seite 451 f.). Aber auch vor einer regelrechten Ausbildung in einer der inzwischen an manchen Orten entstandenen Elternschulen sollten Eltern nicht zurückschrecken. Wenn jemand Fragen und Unsicherheiten in sich entdeckt und sich auf den Weg macht, diese Lücken zu schließen, dann bedeutet das keineswegs, dass man zu schwach ist – man kann sich dadurch nur stärker machen. »Man darf das Elternsein auch lernen.«

- Spannungen zwischen Eltern und pubertierenden Jugendlichen sind wohl unvermeidlich. Möglichst gemeinsam sollten sich beide Seiten auf den Weg machen, die Hintergründe für die Schwierigkeiten aufzuklären. Diese tauchen nicht als gegeben auf, sondern haben immer auch ihre ergründbaren Ursachen. Wenngleich es sicher als erstrebenswert erscheint, Streitigkeiten und Auseinandersetzungen so weit wie möglich zu vermeiden oder zumindest gering zu halten, sind oft gerade sie es, die sowohl die Eltern als auch die Heranwachsenden ein Stück weiter bringen, wenn sie konstruktiv aus dem Weg geräumt werden konnten. Dabei ist immer im Blick zu behalten, dass auch Jugendliche noch einen großen Bedarf an Liebe und Zuneigung haben, selbst wenn das hinter einer gewissen Mauer von Aufmüpfigkeit versteckt ist.

- Zwar können Eltern ihre Nachkommen immer noch ein bisschen begleiten, aber schon der Jugendliche hat ein Recht auf ein eigenes Leben. Er braucht viel Zeit unabhängig von dem Elternhaus, die er zusammen mit anderen Gleichaltrigen verbringen und von der er seinen Eltern nichts erzählen möchte. Dadurch ist er auch immer mehr für sein eigenes Leben selbst verantwortlich, und die Eltern sollten ihm diese Eigenverantwortlichkeit auch nicht streitig machen.

- Auf der anderen Seite benötigt ein Heranwachsender noch ein gehöriges Maß an Hilfe und Führung durch die Erwachsenen.

> Sie darf ihm nur nicht aufgezwungen werden. Gelingt es beiden Seiten, diesen Bedarf durch vorsichtiges Hinlauschen rechtzeitig wahrzunehmen, und wird die Hilfe dann in Freiheit gewährt, ist ein großer Schritt für eine erfolgreiche Entwicklung getan. Jugendliche brauchen den Respekt vor ihren Eltern genauso wie deren aufrichtiges Interesse an ihrem Werdegang.

Allgemeine praktische Empfehlungen

- Um den Pubertierenden ein praktisches Werken zu ermöglichen, hat sich die Workmate-Arbeitsbank von Black und Decker bewährt. Sie ist sehr stabil, universell einsetzbar, kostet nicht viel und lässt sich leicht zusammenlegen. Man kann sie auch schnell in der Garage, im Garten oder im Keller aufstellen.
- Als Werkzeugkasten ist ein Set von der Firma Westfalia mit den meisten wichtigen Werkzeugen gut für den Anfang. Ansonsten lohnt es sich, wenige, aber wirklich gute Werkzeuge zu kaufen.
- »Einfälle statt Abfälle« – dies ist der Titel einer Broschürenreihe, in der Anleitungen zum Selberbauen von den verschiedensten Dingen zu finden sind. Die Idee stammt von Christian Kuhtz, Hagebuttenstraße 23, 24113 Kiel. Informationen unter www.einfaelle statt abfaelle.de.
- Für Pubertierende ist Holzhacken eine gute Möglichkeit, überschüssige Kräfte abzureagieren. Es lohnt sich, den Kamin in dieser Hinsicht zu nutzen. Wenn Eltern und Jugendliche das Holz auch gemeinsam aus dem Wald holen, ist es noch besser.
- Das gemeinsame Erlebnis einer Segeltour auf einem Traditionssegler hat eine persönlichkeitsstärkende Wirkung für jugendliche Pubertierende. Informationen sind beispielsweise unter www.Traditionsschiffe-Eckernförde.de oder www.rederij-vooruit.nl zu finden.
- Angebote von Erlebnispädagogik sind zum Teil ideal für Jugendliche in der Pubertät. Siehe hierzu die Zeitschrift *Erziehungskunst. Zeitschrift zur Pädagogik Rudolf Steiners,* Heft Nr. 10 (1999), oder www.eos-ep.de (EOS-Erlebnispädagogik).

Anregung für die Suchtpräventionsarbeit an einer Schule

Im Folgenden möchten wir das Suchtvorbeugungsprojekt der Kieler Waldorfschule TABV als Beispiel dafür vorstellen, wie die Präventionsarbeit an einer Schule aussehen kann.

Die Suchtvorbeugungsgruppe besteht aus Eltern und Lehrern. Diese treffen sich regelmäßig in der Hauptunterrichtszeit an jedem Freitag, außer in den Ferien. Die erste Hälfte der Zeit steht bei Bedarf auch für Krisen- und Beratungsgespräche zur Verfügung. Die andere Zeit wird für Planung, Reflexion, Fortbildung und auch persönlichen Austausch genutzt.

In unregelmäßigen Abständen werden »Aktionen« durchgeführt, um auf die Arbeit der Gruppe aufmerksam zu machen, wie etwa ein Rollenspiel über Suchtverhalten im Alltag in der Donnerstagskonferenz oder Kuchenbacken nur für Raucher, die sich als Belohnung für den Verzicht auf eine Zigarette ein Tortenstück gönnen dürfen. Solche Aktionen sind bewusst humoristisch angelegt, damit neben dem belastenden Aspekt des Themas Sucht und Abhängigkeit die Schaffenskraft und Lebensfreude nicht zu sehr in Mitleidenschaft gezogen wird.

Entsprechend ihrem selbst gesteckten Arbeitsziel von Therapievermittlung, Aufklärung, Beratung und Vorbeugung nennt sich die Gruppe TABV (gesprochen »tabu«). Mit diesem Wortspiel wird darauf hingewiesen, dass an der Schule Drogen und Suchtverhalten zum Tabu erklärt wurden.

Die aktive Vorbeugungsarbeit besteht zum einen darin, alle Aktivitäten der Schule daraufhin zu untersuchen, welchen persönlichkeitsstärkenden Anteil sie für die Schüler enthalten. Wenn es nötig und richtig erscheint, werden auch neue Angebote ins Leben gerufen. Ausschlaggebend ist nach Auffassung der Delegation, was ein Schüler lernen muss, um in der entscheidenden Lebenssituation der Verlockung, sich nur durch Außenstimulation und ohne Eigenanstrengung eine Befriedigung seiner Bedürfnisse zu verschaffen, standzuhalten. Die Schülerinnen und Schüler müssen in die Lage versetzt werden, Nein sagen zu können. Ansonsten ist eine Wiederholung und in der Folge auch eine Steigerung des Konsums nicht auszuschließen und der Teufelskreis der Abhängigkeit, Unfreiheit und Sucht kann beginnen.

So gesehen ist im Prinzip alles lebendige, aktive Lernen gleichzeitig auch Suchtvorbeugung. Hat ein junger Mensch ein ausreichendes Polster an echten, innerlich stärkenden Erfahrungen ansammeln können und dazu vielleicht noch ein oder zwei ganz besonders herausragende echte Erlebnisse im Laufe seiner Schulzeit haben dürfen, so ist die Grundlage für ein selbstbestimmtes Nein bei dem eventuellen Angebot von Drogen oder Suchtmitteln relativ groß.

Der eine Schüler hat dieses stärkende Erlebnis vielleicht, wenn er auf einer Klassenfahrt gerade im Felsen angeseilt ist, ein anderer vielleicht durch die Hauptrolle in einem Klassenspiel, noch ein anderer – eventuell handwerklich wenig begabt – sogar nur durch die stolze Erkenntnis, eine passgenaue Schublade zustande bringen zu können. Jeder Mensch braucht seine ganz individuellen Erlebnisse, die ihn für das Leben prägen können. Ein ausgewogenes, breites Angebot an kognitiven, handwerklichen, körperlichen, musischen und künstlerischen Fächern kann dazu beitragen, dass es möglichst bei allen Schülern zu diesem prägenden Erlebnis kommen kann.

Gerade die künstlerisch-handwerklichen Fächer sind wegen ihrer starken Persönlichkeitsbildung für diese Art von Suchtvorbeugung von großer Bedeutung. Leider ist das Weiterbestehen solcher Angebote in unserer auf die Abschlüsse hin orientierten Zeit ständig bedroht. Die Delegation TABV sieht es darum als ihre Aufgabe an, sich immer wieder für den Fortbestand dieser Fächer einzusetzen.

Ein ganz anderes Aufgabenfeld der Delegation liegt in der Aufklärungstätigkeit. Damit ist zum einen die Aufklärung der Erwachsenen gemeint. In enger Zusammenarbeit mit den Kindergärten werden den Eltern die Zusammenhänge von Sinnesschulung, Naturerlebnissen, Ernährung, Medienkonsum usw. und dem Suchtverhalten nahegebracht. Später, wenn die Kinder schon zur Schule gehen, werden die Eltern in regelmäßigen Abständen auf Elternabenden mit der Problematik der Süchte in der heutigen Zeit vertraut gemacht. Dabei wird der Versuch unternommen, den Blick immer wieder auf das eigene Verhalten zu konzentrieren und nicht nur auf die vermuteten Gefahren für die Kinder zu schauen. Den wenigsten Eltern ist der Zusammenhang zwischen dem eigenen Umgang mit Süchten und dem der Kinder genügend bewusst.

Genauso wichtig ist es, die an der Schule tätigen Kolleginnen und Kollegen über das weite Feld der Sucht- und Drogenvorbeugung zu informieren. Gemeinsame Aktionen und Erkenntnisarbeit in den Konferenzen bilden den Rahmen für dieses Tätigkeitsfeld.

Genauso wichtig für eine Schule ist die intensive Aufklärungsarbeit mit den Schülern. Im Laufe der sechsten oder siebten Klasse bearbeitet die Delegation in enger Kooperation mit dem Klassenlehrer das Thema Nikotin. Rollenspiele, das Besprechen der Lektüre »Der geheimnisvolle Rauch«, Versuche zum Teernachweis in einer Zigarette und vertrauliche Gesprächskreise bilden die Basis für diese Aufklärungsarbeit.

Etwa in der achten Klasse kommt das Thema Alkohol zum Tragen. Es ist dies die Zeit der Klassenspiele, Klassenfahrten und oft auch der ersten Partys. Die Jugendlichen werden auf die Rechtslage und auf die schädliche Wirkung von alkoholhaltigen Getränken aufmerksam gemacht. Durch das Bemühen, eine vertrauenswürdige Stimmung walten zu lassen, kann es auch zu intimeren Gesprächen mit den Schülern kommen.

Wenn sich ältere Schüler zu einer Zusammenarbeit bereit erklären, werden sie darauf vorbereitet, zusammen mit den Mitgliedern der Delegation in die Klassen zu gehen. Oftmals ist die Wirkung dieser älteren Schüler auf die jüngeren weitreichender als die der Lehrer. Nicht selten werden diese sogar gebeten, den Raum für eine Weile zu verlassen, damit sich die Schüler ungestört austauschen zu können.

Der intensivste Block an Aufklärungsarbeit erfolgt dann in der zehnten Klasse. Über das ganze Schuljahr verstreut werden die Schüler mit den Wirkungsweisen und Gefahren der wichtigsten Drogen und Süchte vertraut gemacht. Alkohol, Cannabis, (nochmals) Nikotin, Tabletten, Kokain, Ernährungssucht und Mediensucht werden jeweils in einer Unterrichtsdoppelstunde behandelt. Zusätzlich kommt ein Indianer und spricht mit den jungen Menschen in Gesprächskreisen über die Grundlagen des Menschseins und Fragen der Süchte aus indianischer Sicht (er spricht nur Englisch, darum handelt es sich hierbei um ein fächerübergreifendes Angebot zusammen mit den Englischlehrern). Zu guter Letzt besuchen die Klassen eine Fachklinik für Abhängigkeitserkrankungen und finden dort Gelegenheit, sich mit freiwillig zur Verfügung stehenden Patienten über deren oft erschütterndes Schicksal und ihre Haltung zu Drogen und Süchten auszutauschen.

Beratungsgespräche finden zum Teil an einem Vormittag der Woche statt. Wenn die Situation es erfordert, werden aber auch Termine zu anderen Zeiten vereinbart. Alle Delegationsmitglieder sind bereit, diese Gespräche in eigener Verantwortung zu führen, und berichten den anderen nur die wichtigsten, nicht vertraulichen Umstände, damit auch diese die Situation stärkend begleiten können.

Wenn es sich aus diesen Gesprächen ergibt, dass fachlich kompetente Hilfe erforderlich ist, sorgt TABV für eine Therapievermittlung, denn therapeutisch im eigentlichen Sinne ist die Delegation als Gruppe nicht tätig.

Besonderen Wert legt die Vorbeugungsgruppe darauf, dass die Schule alkohol- und rauchfrei ist. Wie in den meisten Bundesländern sind das Rauchen und der Genuss von alkoholischen Getränken in der Schule ohnehin sowohl für Schüler als auch für Lehrer, Eltern, Angestellte und Besucher verboten. In der Regel ist die Frage des Alkoholkonsums lediglich zu besonderen Festlichkeiten, auf Klassenfahrten oder gemeinsamen Praktika ein Problem. Im normalen Schulalltag spielt sie keine Rolle.

Abhängige Raucher über achtzehn Jahre können zum Rauchen das Schulgelände verlassen, jüngere dürfen das nicht und können ihrem Verlangen nach Nikotin nur unerlaubt nachkommen. Werden sie dabei erwischt, schickt man sie zu Mitgliedern der TABV-Delegation, die den Vorfall nach den nun folgenden selbst festgelegten Schritten bearbeiten.

Stufenmodell für den Umgang mit Suchtproblemen an der Schule: Rauchen, Alkohol, Cannabis

Zielsetzung

Das Stufenmodell soll

- Hilfe bieten, wenn bei Klassenfahrten, dem Landbaupraktikum, dem Feldmesspraktikum, der Steinmetz- und Kunstgeschichtsfahrt nach Italien Probleme mit Suchtmitteln auftreten. In solch einem Fall ist Schritt 2 anzuwenden (siehe unten). Das gesamte Modell muss vor den Aktivitäten bekannt gemacht werden.
- verhindern, dass suchtgefährdete Schülerinnen und Schüler aus der Schulgemeinschaft herausfallen.

- den suchtgefährdeten oder suchtkranken Schüler wieder in seine Verantwortung stellen, aus der er sich in den letzten Monaten oder Jahren herausgeschlichen hat.
- verhindern, dass Lehrkräfte durch die Beschäftigung mit problematischen Schülern ihre Verantwortung gegenüber der Klasse vernachlässigen.
- die Ohnmacht von Lehrkräften in der Begegnung mit suchtgefährdeten oder suchtkranken Schülern beseitigen helfen.
- Anregungen geben zur Vernetzung von Lehrkräften der Schule, zum Beispiel den Beratungslehrern, und außerschulischen Partnern, beispielsweise dem Jugendamt oder einer Beratungsstelle.
- verhindern, dass die Schule sich immer mehr mit dem suchtgefährdeten einzelnen Schüler beschäftigt und dadurch zunehmend zur »therapeutischen Einrichtung« wird.

Handlungsschritte des Stufenmodells

- aufeinander aufbauende Gespräche in vorher festgelegten Zeiträumen und festgelegter Anzahl von teilnehmenden Personen
- Vereinbarungen zwischen der gesprächsführenden Lehrkraft und dem betroffenen Schüler
  – abgestufte Konsequenzen, wenn Vereinbarungen nicht eingehalten werden
  – Mit der Einleitung des Stufenmodells wird der Inhalt des jeweiligen Gespräches schriftlich festgehalten.

Schritt 1
Der Klassenbetreuer oder Klassenlehrer führt ein Gespräch mit dem Schüler.
1. Aufzeigen der Verhaltensauffälligkeiten
   a. objektiv
   b. subjektiv
2. Vereinbarungen über Verhaltensänderungen (Schwerpunkte setzen!)
3. Neuen Gesprächstermin festlegen (etwa vier Wochen später). Wenn sich bis dahin obige Verhaltensweisen nicht geändert haben, nehmen an diesem Gespräch weitere Personen teil.

Bei einem gravierenden Vorfall findet dieses Gespräch umgehend statt.
4. Der Inhalt des Gespräches wird protokolliert (eventuell vorgelesen). Der Schüler wird dazu veranlasst, über seine Verhaltensweisen Tagebuch zu führen oder sich Notizen zu machen.
5. Bei jedem Schritt wird möglichst TABV über den Vorfall in Kenntnis gesetzt.

Schritt 2
Zweites Gespräch nach vier Wochen, wenn sich nichts oder nur Unwesentliches geändert hat.
Oder: Wenn ein Schüler beim Suchtmittelkonsum erwischt wird, setzt die Aktion gleich mit diesem Schritt ein.
Teilnehmer: der betreffende Schüler, der Klassenlehrer oder Betreuungslehrer, gegebenenfalls Fachlehrer, die Eltern (physische Anwesenheit beim Landbaupraktikum; telefonischer Kontakt bei Klassenfahrten, beim Feldmessen, bei der Italienfahrt)

1. Darstellung des Fehlverhaltens (objektiv)
Gegebenenfalls Zusammenhang zum Suchtmittelkonsum darstellen (subjektiv)
Feststellung, dass sich der Schüler nicht an die Vereinbarungen des ersten Gespräches gehalten hat
2. Vereinbarungen über Verhaltensänderungen (Schwerpunkte setzen!)
3. Hilfe anbieten (zum Beispiel TABV oder staatliche Beratungsstelle)
4. Hinweise auf Konsequenzen nach dem Schulgesetz
5. Neuen Gesprächstermin vereinbaren (beispielsweise unmittelbar nach dem Praktikum bzw. der Klassenfahrt oder nach vier Wochen, ebenso im Falle wiederholter auffälliger Verhaltensweisen)
6. Protokoll anfertigen (gegebenenfalls vorlesen)
7. Darauf hinweisen, dass der Ordnungsausschuss mit einbezogen wird, falls sich bis zum nächsten Termin nichts geändert hat
8. Beim Einhalten der Verabredungen wird der Prozess abgeschlossen!

Schritt 3
Drittes Gespräch nach vier Wochen, wenn sich nichts oder nur Unwe-

sentliches geändert hat, oder abschließendes Gespräch beim Einhalten der Vereinbarungen
Teilnehmer: der betreffende Schüler, der Klassenlehrer oder Klassenbetreuer, gegebenenfalls Fachlehrer, die Eltern, der Ordnungsausschuss

1. Darstellung des Problems
   Darstellen des Fehlverhaltens (objektiv)
   Gegebenenfalls Zusammenhang mit dem Suchtmittelkonsum darstellen (subjektiv)
   Feststellen, dass sich der Schüler nicht an die Vereinbarungen gehalten hat
2. Erneute Vereinbarungen über Verhaltensänderungen (Schwerpunkte setzen!)
3. Inanspruchnahme von Hilfe einfordern!
4. Androhungen von Konsequenzen nach dem Schulgesetz
5. Neuen Gesprächstermin festlegen (etwa vier Wochen später)
6. Der Inhalt des Gespräches wird protokolliert (vorlesen).

Schritt 4
Viertes Gespräch nach vier Wochen, wenn sich nichts oder nur Unwesentliches geändert hat, oder Abschlussgespräch beim Einhalten der Verabredungen
Teilnehmer: der betreffende Schüler, der Klassenlehrer bzw. Betreuungslehrer, eventuell Fachlehrer, die Eltern, die Schulleitung, eventuell der Ordnungsausschuss

1. Darstellung des Problems
   Darstellung des Fehlverhaltens (objektiv)
   Gegebenenfalls Zusammenhang mit Suchtmittelkonsum darstellen (subjektiv)
   Feststellung, dass der Schüler sich nicht an die Vereinbarungen des letzten Gespräches gehalten hat
2. Erneute Vereinbarungen über Verhaltensänderungen (Schwerpunkte deutlich machen als letzte Chance)
3. Inanspruchnahme von Hilfe einfordern bzw. anordnen!

4. Neuen Gesprächstermin nach vier Wochen vereinbaren, dabei auch die Konsequenzen (zum Beispiel Schulausschluss, Beurlaubung, Praktikum oder Ähnliches) festlegen
5. Protokoll anfertigen (unbedingt deutlich vorlesen!).

Schritt 5
Wenn sich nichts oder nur Unwesentliches geändert hat, Einleiten der angekündigten Maßnahmen und Konsequenzen. Beim Einhalten der Vereinbarungen wird der Vorgang abgeschlossen.

Schülermediationsausbildung

Mediation ist ein strukturiertes freiwilliges Verfahren zur konstruktiven Beilegung oder Vermeidung eines Konfliktes (siehe auch Seite 340 ff.). Es verläuft in fünf Schritten, wobei jeder Schritt seine ganz eigene Zielsetzung hat.

1. Einführung in die Vorgehensweise, Regeln während der gemeinsamen Arbeit und das Einholen des Einverständnisses
2. Darstellen der Sichtweisen der einzelnen Konfliktparteien
3. Konflikterhellung, in der die verborgenen Gefühle, Motivationen, Bedürfnisse und Interessen aufgedeckt werden
4. Sammeln und Entwickeln von Lösungsmöglichkeiten
5. Schriftliche Vereinbarungen.

Ausbildungskonzept für Schülerinnen und Schüler
Das folgende Konzept ist aufgrund menschenkundlicher Gesichtspunkte frühestens für Schülerinnen und Schüler ab dem zwölften Lebensjahr gedacht. Die Methodik für Mittelstufen- und Oberstufenschüler ist den verschiedenen Altersstufen angepasst, wobei der Umfang der Ausbildung die gleiche Stundenzahl umfasst.

Umfang der Ausbildung
- 16 Stunden Konflikttheorie
- 20 Stunden konkrete Streitschlichtung in Rollenspielen

Ausbildungsteile

Teil 1: Theorie
- Grundkenntnisse der Konflikttheorie
- Schulung von kommunikativen Kompetenzen, zum Beispiel aktives Zuhören
- Handlungskompetenz im Konfliktfall
- Wahrnehmungsschulung: beobachten, ohne zu bewerten
- Auseinandersetzung mit eigenen und fremden Gefühlen
- Bedürfnisorientiertes Hören: Was sind Bedürfnisse?
- Konkrete Lösungsansätze erarbeiten.

Teil 2: Konkrete Streitschlichtung
Ziel in diesem Teil der Ausbildung ist es, den Ablauf und die einzelnen Schritte einer Streitschlichtung kennenzulernen. Hierzu gehören auch verschiedene Methoden. Zum Beispiel: Welche Fragen helfen weiter? Was muss der Schlichtende tun, was der Streitende? Die auszubildenden Streitschlichter lernen im Rollenspiel anhand von möglichst bereits erlebten Beispielen die Phasen einer Streitschlichtung zu beherrschen.

Hier noch einmal die einzelnen Schritte einer Streitschlichtung:

1. Schritt: Einleitung und Vorstellung
Die Streitschlichter stellen sich vor und erläutern, was eine Streitschlichtung ist. Benennen der Schlichtungsregeln.

2. Schritt: Darstellung der einzelnen Sichtweisen
Die Streitenden erzählen nacheinander, wie sie den Konflikt sehen. Der Streitschlichter sorgt dafür, dass jeder genügend Zeit hat, seine Sichtweise darzustellen. Am Ende fasst er zusammen, was er gehört hat, und versichert sich, ob er alles richtig verstanden hat.

3. Schritt: Erhellen des Konfliktes
Diese Phase ist das »Herzstück« einer Streitschlichtung. Die Streitschlichter versuchen, Motivationen und Hintergründe durch Fragen zu ergründen. Welche Gefühle und Bedürfnisse der Streitenden stehen mit dem Konflikt in einem Zusammenhang? Was ist der Anlass-, was der Quellkonflikt?

Die Streitschlichter spiegeln den Streitenden immer wieder das Gehörte zurück und bitten diese auch, sich in den anderen hineinzuversetzen. Am Ende dieser Phase fassen die Schlichter die Konsens- und Differenzpunkte an einer Tafel oder einem Flipchart zusammen und zeigen auf, für welche Punkte gemeinsam Lösungen gefunden werden müssen.

4. Schritt: Lösungsfindung
Die Streitenden schreiben in einem »Brainstorming« jeder für sich Lösungen auf einzelne Karten, die dann gemeinsam angeschaut und zugeordnet werden. Hier werden verschiedene kreative Methoden angeboten, die es den Streitenden erleichtern, zu einer Lösung zu kommen. Befinden sich die Vorschläge auf unterschiedlichem Niveau, werden die Lösungen miteinander ausgehandelt. Bei grundsätzlicher Unvereinbarkeit wird gegebenenfalls nochmals in die Konflikterhellung zurückgegangen und dann erneut ein Brainstorming gemacht.

5. Schritt: Vertrag
Die getroffenen Vereinbarungen werden in ein von den Streitschlichtern vorbereitetes Formular eingetragen. Wichtig hierbei sind ganz konkrete Formulierungen, aus denen Zeit und Umfang von Handlungen genau hervorgehen.
Der Vertrag wird von den Streitenden und den Streitschlichtern unterschrieben und im Anschluss daran den einzelnen Beteiligten mitgegeben. Zum Schluss wird ein Termin für ein Nachgespräch vereinbart, in dem die Streitschlichter überprüfen, ob die Vereinbarungen eingehalten worden sind.

Abschluss der Streitschlichtungsausbildung
Am Ende der Ausbildung sollte eine kleine Prüfung stehen, welche die erworbenen Fähigkeiten bestätigt. Diese sollte sich in zwei Teile gliedern, eine theoretische und eine praktische Prüfung (beispielsweise ein Rollenspiel). Für die theoretische Prüfung gibt es einen Fragebogen, der dem Alter der Streitschlichter angeglichen ist.

Gibt es bereits Streitschlichter an einer Schule, so sollten die Auszubildenden im letzten Drittel ihrer Ausbildung an vier bis fünf Tagen die diensthabenden Streitschlichter begleitet haben.

Der Abschluss der Ausbildung wird durch ein vom Ausbilder und der Schule unterzeichnetes Zertifikat dokumentiert. Eine besondere Motivation für die Schüler ist eine Eintragung über die Streitschlichterausbildung und -tätigkeit in das Zeugnis. Weiterhin kann der Ausbildungsabschluss auch von der Schulgemeinschaft feierlich gewürdigt werden. So kann die bevorstehende Aufgabe, welche die Streitschlichter ja für den Schulorganismus leisten, bei allen ins Bewusstsein gerückt werden.

Empfehlenswerte Bücher

Bronwyn Donaghy, *Anna nahm Ecstasy. Das kurze Leben der Anna Wood oder Warum es keinen sicheren Umgang mit Drogen gibt*, Stuttgart ²2000
Christiane F., *Wir Kinder vom Bahnhof Zoo*, Hamburg 1981
Tineke Hendriks, *Jan mit dem gelben Stern*, Stuttgart 1995 (ein Jugendlicher im Nationalsozialismus)
Kaspar Kiepenheuer, *Geh über die Brücke. Die Suche nach dem eigenen Weg am Beispiel der Pubertät*, Stuttgart 1988 (Therapieansätze praktisch beschrieben)
Klaus Kordon, *Die Einbahnstraße*, München 1997
Moïra Müller, *Ich hatte Anorexie. Tagebuch einer Heilung*, Stuttgart 2001
Barbara Veit, *Hannah liebt nicht mehr*, München 2004 (ein Mädchen geht nach der ersten großen Liebesenttäuschung in den völligen Rückzug, Suizidgefahr)
Ruth White, *Das Lied in der Weide*, Stuttgart 1994 (Missbrauchserlebnisse in der Familie)
Ruth White, *Helle Sonne, dunkler Schatten*, Stuttgart 2002 (Tod der Mutter und Schizophrenie im Jugendalter).

Empfehlenswerte Filme

Billy Elliot – I will dance (ein Junge findet seinen eigenen Weg aus dem Arbeitermilieu in die Ballettszene. Regie: Stephen Daldry)
Der Club der toten Dichter (ein unkonventioneller Lehrer begeistert Jugendliche für Gedichte. Regie: Peter Weir)

Die Kinder des Monsieur Mathieu (der arbeitslose Musiker Mathieu verzaubert durch die Musik schwer erziehbare Jungen in einem Internat. Regie: Christophe Barratier)
Ganz und gar (ein Jugendlicher verliert durch einen Unfall ein Bein, gibt aber nicht auf. Regie: Marco Kreuzpaintner)
Inside I'm dancing (ein körperlich stark behinderter Jugendlicher wahrt seine Identität. Regie: Damien O'Donnell)
Jenseits der Stille (ein Mädchen verschafft sich trotz Taubheit der Eltern den Weg zur Musik. Regie: Caroline Link)
Rhythm is it! (zweihundertfünfzig Jugendliche werden von der Straße für eine Ballettaufführung an der Berliner Oper engagiert. Regie: Thomas Grube, Enrique Sánchez Lansch)
Vier Minuten (eine junge Frau lässt sich nicht brechen, findet Halt in ihrem Klavier; Themen im Film: Missbrauch, Homosexualität, Nationalsozialismus. Regie: Chris Kraus).
Wie im Himmel (Menschen in einem schwedischen Dorf werden über die Musik, den Gesang, zu ihrem wahren Kern, zur Authentizität geführt. Regie: Kay Pollak).

Empfehlenswertes Material zur gewaltfreien Kommunikation

- DVD: *Wege zu einer Sprache der Einfühlsamkeit*, Marshall B. Rosenberg, Auditorium Netzwerk
- Marshall B. Rosenberg, *Gewaltfreie Kommunikation. Eine Sprache des Lebens*, Paderborn 2009
- Marshall B. Rosenberg, *Konflikte lösen durch gewaltfreie Kommunikation. Ein Gespräch mit Gabriele Seils*, Freiburg i.Br. 2009
- Ingrid Holler, *GFK-Konfliktkiste. Konflikte erfolgreich lösen mit der gewaltfreien Kommunikation*, Paderborn 2009
- Ingrid Holler, *Trainingsbuch gewaltfreie Kommunikation. Abwechslungsreiche Übungen für Selbststudium, Seminare und Übungsgruppen*, Paderborn 2010.

Praktische Hilfen 451

Hilfreiche Adressen

- Erziehungsberatungsstellen gibt es in nahezu jeder Stadt, die Beratungen sind kostenlos und für die jeweiligen Themen steht gut qualifiziertes Fachpersonal zur Verfügung. Diese Beratungsstellen haben sich zu der Bundeskonferenz für Erziehungsberatung zusammengeschlossen. Die örtlichen Anlaufstellen sind im Internet unter www.bke.de oder bke@bke.de zu finden, weitere Adressen sind www.bke-elternberatung.de und www.bke-jugendberatung.de.
- Unter www.dajeb.de (Deutsche Arbeitsgemeinschaft für Jugend- und Eheberatung e.v. (DAJEB) ist ein Beratungsführer mit den Adressen und Telefonnummern des örtlichen Beratungsangebotes zu finden.
- Der Deutsche Kinderschutzbund ist ebenfalls überall vertreten und bietet zwei telefonische Beratungen an: Elterntelefon: Tel. 0800-1110550 und Kinder- und Jugendtelefon: Tel. 0800-1110333, Informationen im Internet unter www.elterntelefon.de und www.kinderundjugendtelefon.de.
- Die Telefonseelsorge hat die Telefonnummern 0800-1110111 und 0800-1110222.
- www.elternimnetz.de
- www.kinderpsychiater.de
- www.kids-hotline.de
- www.drugcom.de ist eine Adresse der Bundeszentrale für gesundheitliche Aufklärung (BzgA) , diese hat die Telefonnummer: 0221-8992-0.
- Bei Fragen zur Magersucht (Anorexia nervosa) bietet die Selbsthilfe e.V., Frankfurt am Main Ratschläge und Hilfe an (www.magersucht.de oder kontakt@magersucht.de).
- Bei Ess- und Brechsucht (Bulimia nervosa) kann man im Bulimie-Zentrum, Bismarckstraße 28, 35037 Marburg, Tel. 06421-25856 oder unter bulimie-zentrum@gmx.de Rat finden.
- Die Suizidprävention Freiburg e.V. hilft und informiert bei Suizidgefahr: Wolfgang Stich, Oberau 23, 79102 Freiburg, Tel. 0761-33388, www.suizidpraevention-freiburg.de, info@suizidpraevention-freiburg.de.
- Unter www.veid.de können Eltern, die den Selbstmord eines Kindes zu verarbeiten haben, Unterstützung bekommen.

- SEKIS (Selbsthilfe Kontakt- und Informationsstelle Berlin) verfügt über Daten zu Selbsthilfe-Einrichtungen, zu finden unter www.sekis.de.

Weitere Internetadressen
- Archiv der Jugendkulturen: www.jugendkulturen.de
- Informationen zu Schule und Ausbildung: www.bildungsserver.de
- Informationen zu Kindern, Jugendlichen und Familie: www.dji.de (Deutsches Jugendinstitut)
- Europäische Bildungspolitik: www.eurydice.org.

Kleines Wörterbuch der Jugendsprache

abdönern	blähen
abdrücken	Zungenküsse tauschen
abgefahren	toll, super
abgespaced	verrückt
abgestempelt	keine Jungfrau mehr
abhängen	faul herumstehen
abkacken	versagen
abrippen	stehlen
abstürzen	spontan intim werden
abziehen	klauen
Abzocke	wenn man etwas zu teuer gekauft oder verkauft hat
abzocken	jemandem das Geld aus der Tasche ziehen
Achselmoped	Deoroller
agro	aggressiv sein
anfucken	jemanden beleidigen
anprollen	jemanden beleidigen
Arschkarte ziehen	Pech haben
ätzend	anstrengend, unbequem
auf der roten Welle surfen	seine Tage haben
beknackt	schlecht

bergwandern	popeln
Bildungsschuppen	Schule
birnen	betrunken machen (»Mann, der Fusel birnt vielleicht.«)
bläuen	schwänzen
Bombe	schön
breit	betrunken sein
Büffelbude	Schule
Chabo	gut aussehender Mann
Chaya	gut aussehende Frau
Checker	jemand, der intelligent ist
chillen	sich ohne Anforderungen der Erwachsenen fühlen
cool	gut
Crasher	jemand, der anderen Schwierigkeiten macht
dissen	jemanden beleidigen
dönern	blähen
einhandsegeln	onanieren
Einlauf	Ärger
einparken	mit jemandem schlafen
Ellies	Eltern
Emo	emotionaler Mensch
entnageln	kastrieren
Erzeugerfraktion	Eltern
Feinkostgewölbe	dicker Bauch
fett	sehr gut
ficken	erwischt werden
fies	ungerecht
Filet	hübsches Mädchen
fitnieren	im Fitnesscenter trainieren
friedhofsblond	grauhaarig
Friedhofsgemüse	Senioren
Frittenschmiede	Pommesbude
Fünf gegen Willy machen	onanieren
gecheckt	verstanden

geht voll ab	etwas ist prickelnd aufregend
geil	das ist gut
göbeln	sich übergeben
Goldmine	Ohrenschmalz
grabblond	graue Haare
grottenhässlich	sehr unattraktiv
gruscheln	umwerben
Güllebunker	Toilette
hackebreit	betrunken
hackedicht	betrunken
Hammer	etwas ist positiv beeindruckend
hammerhart	extrem
hart	besonders
Hartgas	starkes alkoholisches Getränk
hau die Hacken in den Teer	beeil dich
heftig	super, gut
heizen	schnell fahren
Herrenhandtäschchen	Sixpack, Sechserpack
Hirnblähungen	dumme Gedanken
hirnblind	dumm
Höhlenforscher	Gynäkologe
Hummeltitten	Gänsehaut
Kackpappe	Toilettenpapier
käufen	klauen
kein Bock	ich habe keine Lust
keine Peilung	keine Ahnung haben
keinen Plan	nichts verstehen
Kellerbräune	blasse Haut
Kimmenkönig	männliche Person, deren Gesäßfalte ständig sichtbar ist
knicken	das kannst du vergessen
Kohlebeschaffer	Eltern
Koma	hervorragend
komm runter	entspanne dich
kommt gut	das will ich gerne machen
Komposti	älterer Mensch

krank	unfähig
krass	sehr gut; das beeindruckt mich
Krebs füttern	rauchen
kultig	im Trend
Laufwerk	Gehirn
loll	Füllwort, man sagt es, wenn einem sonst nichts einfällt
Milchtanker	Kuh
Mucke	Musik
muckeln	kuscheln
Muckibude	Fitness-Studio
Mundgardine	Vollbart
Murmelschuppen	Kirche
Muschidübel	Tampon
Nullchecker	jemand, der nichts versteht
ölen	schwitzen
ömmeln	lachen
Paras schieben	sich Sorgen machen
parken	Sex haben
passt schon	das ist in Ordnung
Pauseninhalator	Zigarette
Peace	Abschiedsgruß
peilen	verstehen
Penisbude	Kondom
pfostig	wirklich dumm (»Das war echt eine pfostige Aktion.«)
Pipibox	Toilette
pissig	impertinent
Player	Schöntuer
polen	abschreiben
pomös	außergewöhnlich gut
poppen	Sex haben
Poser	Mitläufer
prollig	ungebildet, angeberisch
Promillologe	Polizist
raffen	sich beruhigen, etwas schaffen

Rammelbeutel	Kondom
rattig	sexuell erregt
reihern	sich übergeben
reinhauen, hau rein	Tschüss
reinstressen	Hektik verbreiten
reinziehen	konsumieren
rollen	angeberisch reden
rückwärtsessen	sich übergeben
rumhängen	sich langweilen
rummaulen	sich heftig küssen
scannen	umwerben
schockt	etwas ist hervorragend, aufregend, besonders
Schuh (einen Schuh machen)	weglaufen
schüsselbrüllen	sich übergeben
Schwanzmütze	Kondom
Schwucko	Homosexueller
smirten	umwerben
spackig	lächerlich
Spacko	Idiot
Spast	Idiot
Stornokarte	Ende der Beziehung
Surfbrett	Slipeinlage
Takkolord	männliche Person mit billigen Klamotten
Teller drehen	durchdrehen
Teppichratte	kleines Kind
Toilette umarmen	sich übergeben
Truckerdusche	Deo
übelst	sehr
unangesagt	nicht im Trend
uniformierter Bewegungsmelder	Polizist
verdunsten	dünn werden, magersüchtig
verkacken	Misserfolg haben
verpeilt	nichts verstehen

verpiss dich	verschwinde
verplant	planlos
verticken	verkaufen
voll Bock	ich habe Lust
voll der Proll	jemand, der andere schlechtmacht
volltexten	auf jemanden einreden
vorglühen	vor einer Party Alkohol trinken
wacken	feiern
Wasserstange	auf die Toilette gehen
Willy und die Zwillinge	männliche Geschlechtsteile
wuppen	funktionieren
Wurstmensch	dickes Kind
X-Man	Mathelehrer
Zeckentaxi	Katze
zentrieren	jemanden schlagen
zocken	klauen, stehlen
züngeln	küssen
zutexten	auf jemanden einreden

Akne-Behandlung

Akne entsteht, wenn die Talgdrüsen so viel Fett produzieren, dass die Poren verstopft werden. Von unteren Hautschichten aufsteigende Zellen und überschüssiges Fett können nicht mehr auf die Hautoberfläche gelangen, es entstehen Mitesser. Wenn sich an diesen Stellen außerdem Bakterien ansammeln, kommt es zu Hautreizungen und -infektionen, die zur Bildung von Pusteln und Pickeln führen.

Andere Faktoren spielen ebenfalls eine Rolle. Ein hormonelles Ungleichgewicht steigert die Fettproduktion, was zu weiteren verstopften Poren und Infektionen führen kann, die wiederum Pickel und Ausschläge verursachen können.

Die erhöhte Fettproduktion wird oft auch durch eine schwache Verdauung ausgelöst. Daher ist die Verbesserung der Leber- und Nierenfunktion sowie der Verdauung wesentlich für gesunde Haut.

Empfehlungen:
- regelmäßiges Trinken von Nierentee
- auf regelmäßigen Stuhlgang achten
- viel trinken, um den Körper zu entgiften
- Aknekapseln von Wala (in Apotheken erhältlich)
- Aknewasser zur Gesichtspflege.

Die nachfolgend beschriebene Dr.-Hauschka-Hautpflege ist nicht ganz billig, mit ihr lässt sich aber eine Pubertätsakne gut behandeln. Die Präparate sind in Apotheken, Reformhäusern und Naturkostläden erhältlich.
1. Das Gesicht morgens und abends mit Gesichtswaschcreme einreiben. Sie reinigt, fördert die Ausscheidungen der Haut, öffnet die Poren und entfernt überschüssiges Fett.
2. Anschließend Gesichtstonikum spezial auftragen, es belebt die Haut und regt deren Eigenaktivität an.
3. Am Morgen zur Regulierung der Talgdrüsen einige Tropfen Gesichtsöl.
4. Als Tagespflege die Getönte Tagescreme, sie deckt Unreinheiten dezent ab.

- Bei starker Akne empfiehlt sich das Gesichtsdampfbad zwei- bis dreimal pro Woche. Es hat eine antibakterielle und antiseptische Wirkung und trägt dazu bei, verstopfte Poren zu öffnen und Entzündungen abklingen zu lassen. Daran anschließend eine mit Wasser und einigen Tropfen Gesichtsöl angerührte Reinigungsmaske aus fein gemahlener Heilerde, Kapuzinerkresse und Zaubernuss auftragen. Sie öffnet und reinigt die Poren und hilft bei der Heilung.
- Hin und wieder sind einige Tropfen Zitronen-Bad im Wasser zum Gesichtwaschen erfrischend und wirken straffend und antiseptisch.
- Ein Salbeibad am Abend kann ebenfalls bei Hautunreinheiten besonders des Rückenbereiches angewendet werden.

Danksagung

An allererster Stelle gilt unser Dank den eigenen Kindern, die uns durch ihren Gang in ein eigenständiges Leben auf die wichtigen Prozesse im Verlauf der Pubertät aufmerksam gemacht haben. Mit ihnen und an ihnen durften wir genauso lernen wie mit und an den vielen jungen Menschen in unserer Umgebung, im Freundeskreis, in der weiteren Familie, in der Nachbarschaft, in der Beratung und in der Schule. Ohne die dabei erlebten Fragen wäre das Buch nicht entstanden.

Besonderer Dank geht aber auch an diejenigen, die sich durch das Beitragen von ganz persönlichen Texten oder Gedanken zur Verfügung gestellt haben. Auch die vielen Fotos wären ohne die Hilfe einiger tüchtiger Fotografen nicht in dieser Form möglich gewesen.

Die bestärkende und förderliche Arbeit des Verlagsleiters Frank Berger und der Lektorin Christine Christ war eine hilfreiche Stütze im Verlauf der langen Entstehungszeit des Buches und wir wissen sie dankbar zu schätzen.

Außerdem sei folgenden Menschen namentlich für ihre Unterstützung gedankt: Leander Bruhn, Alexander Bühner, Hannes Dedeke, Alex Donner, Nicole Fournier, Hinnerk Frahm, Ingo von Groeling, Sebastian Haas, Bente Hänert, Jorim Holtey, Johanna Klinkenbusch, Hans Henning Kölln, Egbert Marggraf, Ina Moebius, Gina Oltmann, David Ross, Martin Schmusch, Anna Schönbek, Katharina Smalla, Ago Sommer, Angelika Streu-Kappas, Ursula Suhk-Befeldt, Alfred Terhorst, Dr. Stefan Theisen, Philine Unrau, Karl Walther, Edithe Zubli.

Anmerkungen

1 Aus: Hans Müller-Wiedemann, *Mitte der Kindheit. Das neunte bis zwölfte Lebensjahr. Beiträge zu einer anthroposophischen Entwicklungspsychologie*, Stuttgart ⁵1999, Seite 280 ff.
2 Hermann Hesse, »Demian«, in: ders., *Die Romane und die großen Erzählungen*, Dritter Band, Frankfurt am Main 1982, Seite 9 ff.
3 Pressemitteilung Nr. 042 des Statistischen Bundesamtes vom 4.2.2010, nachzulesen unter: http://www.destatis.de/jetspeed/portal/cms/Sites/destatis/Internet/DE/Presse/pm/2010/02/PD10__042__122.psml.
4 Leicht gekürztes Fallbeispiel aus dem Artikel »Trennungskinder« von Christiane Lutz, in: *Erziehungskunst. Zeitschrift zur Pädagogik Rudolf Steiners*, Nr. 3 (2008), Seite 289.
5 Dieser Begriff der »unerledigten Geschäfte« wurde von der Psychiaterin und Sterbeforscherin Elisabeth Kübler-Ross geprägt.
6 Eschwege-Institut (Neuerode), gegründet von dem Therapeutenpaar Holger und Gesa Heiten, Informationen unter www.eschwege-institut.de. Siehe auch Alexandra Rigos, »Initiationsriten – Schmerzhafter Übergang«, in: *Geo Wissen*, Nr. 41 (2008): *Pubertät – Auf der Suche nach dem neuen Ich*, Seite 80–90.
7 Zitiert nach Alexandra Rigos, »Initiationsriten – Schmerzhafter Übergang«, in: *Geo Wissen*, Nr. 41 (2008): *Pubertät – Auf der Suche nach dem neuen Ich*, Seite 89 f.
8 Ebd., Seite 90.
9 Ebd.
10 Aus: *Freies Jugendseminar Engen*, Rundbrief 2008 / 2009, geschrieben von Kathrin aus Wendlingen.
11 Hans-Peter Waldrich, *Perfect body. Körperkult, Schlankheitswahn und Fitnessrummel*, Köln 2004, Seite 113.
12 Ebd., Seite 77.
13 Ebd., Seite 112.
14 Bernd Guggenberger, *Einfach schön. Schönheit als soziale Macht*, München 1995, Seite 146 und 193.
15 Hans-Peter Waldrich, *Perfect body. Körperkult, Schlankheitswahn und Fitnessrummel*, Köln 2004, Seite 65.
16 Udo Renzenbrink, *Ernährung unserer Kinder. Gesundes Wachstum, Konzentration, soziales Verhalten, Willensbildung*, Stuttgart 1990, Seite 96.

17 Ebd., Seite 102.
18 Ebd., Seite 97.
19 Ebd., Seite 89.
20 Ebd., Seite 89 f.
21 Mathias Wais, *Entwicklung zur Sexualität. Begleitende Erziehung und Aufklärung*, Stuttgart 2000 (Internationale Vereinigung der Waldorfkindergärten), Seite 5.
22 Ebd.
23 Zum Beispiel in: Rudolf Steiner, *Erziehungskunst. Methodisch-Didaktisches II* (GA 294), Dornach ^{6}1990, Vortrag vom 28.8.1919, Seite 106.
24 Mathias Wais, *Entwicklung zur Sexualität. Begleitende Erziehung und Aufklärung*, Stuttgart 2000 (Internationale Vereinigung der Waldorfkindergärten).
25 Jeanne Meijs, *Liebe und Sexualität im Kindes- und Jugendalter. Das große Aufklärungsbuch*, Stuttgart 2008, Seite 138.
26 Ebd., Seite 81.
27 Bartholomeus Maris, *Sexualität, Verhütung, Familienplanung. Methoden, Entscheidungshilfen, Vor- und Nachteile*, Stuttgart 1999.
28 Siehe auch Mirco Lomoth, »Gynäkomastie. Wenn Jungen Brüste wachsen«, in: *Geo Wissen*, Nr. 41 (2008): *Pubertät – Auf der Suche nach dem neuen Ich*, Seite 165 f. Adressen von plastischen Chirurgen sind unter www.vdpc.de und www.dgaepc.de zu finden.
29 Michael Fuchs, »Stimmwechsel – Die Entwicklung der Kinder- zur Jugendstimme aus stimmärztlicher Sicht«, in: *Stimme(n)*, Kongressbericht, 26. Bundesschulmusikwoche Würzburg 2006, hrsg. im Auftrag des Verbandes Deutscher Schulmusiker von Hans Bäßler und Ortwin Nimczik, Mainz 2008, Seite 288.
30 Heinz Bach, *Sexuelle Erziehung als Eingliederungshilfe bei geistiger Behinderung*, Berlin 1981.
31 Max H. Friedrich, *Irrgarten Pubertät. Elternängste*, Wien 2005, Seite 108.
32 Zum Beispiel in: Rudolf Steiner, *Menschheitsentwickelung und Christus-Erkenntnis* (GA 100), Dornach ^{2}1981, Vortrag vom 23.6.1907, Seite 107.
33 Siehe auch *Gesundheit durch Erziehung. Eine Herausforderung für Pädagogen, Mediziner und Eltern*, hrsg. von Michaela Glöckler, Stefan Langhammer und Christof Wiechert, Dornach 2006.
34 Informationen unter www.gewaltfrei.de.
35 Siehe hierzu Rudolf Steiner, *Die gesunde Entwickelung des Menschenwesens. Eine Einführung in die anthroposophische Pädagogik und Didaktik* (GA 303), Dornach ^{4}1987, Vortrag vom 2.1.1922, Seite 204 f.
36 Reinhard Wallmann, »Gehirn und Pubertät«, in: *Erziehungskunst. Zeitschrift zur Pädagogik Rudolf Steiners*, Nr. 5 (2009), Seite 519.

37 Jeanne Meijs, *Der schmale Weg zur inneren Freiheit. Ein praktischer Leitfaden durch die Zeit der Pubertät*, Stuttgart 1998, Seite 54 ff.
38 Siehe den *Lehrerrundbrief* Nr. 88 (Dezember 2006), hrsg. vom Bund der Freien Waldorfschulen, Seite 94.
39 Felicitas Vogt, *Drogen und Sucht. Vorbeugen durch Erziehen*, Stuttgart (Internationale Vereinigung der Waldorfkindergärten) 1999, Seite 10.
40 Laut einer Umfrage der Koordinationsstelle schulische Suchtvorbeugung Schleswig-Holstein KOSS vom Juli 2009.
41 Günter Burkart, *Handymania. Wie das Mobiltelefon unser Leben verändert hat*, Frankfurt a.M. 2007, Seite 28 und 35.
42 Ebd., Seite 48.
43 Uwe Buermann, *Techno, Internet, Cyberspace. Jugend und Medien heute. Zum Verhältnis von Mensch und Maschine*, Stuttgart 1998, Seite 51.
44 Ron Dunselman, *An Stelle des Ich. Rauschdrogen und ihre Wirkung*, Stuttgart 1996, Seite 205.
45 Rudolf Steiner, *Das Johannes-Evangelium* (GA 103), Dornach [11]1995, Vortrag vom 23.5.1908, Seite 92.
46 *IKK spleens*, März 2007.
47 *Der Spiegel*, Nr. 29 (2009), Seite 36.
48 Siehe auch Olaf Koob, *Drogen-Sprechstunde. Ein pädagogisch-therapeutischer Ratgeber*, Stuttgart [2]1992, Seite 204 f.
49 Ebd., Seite 208.
50 Siehe Thomas Pedroli, »›Projekt Charlie‹ oder die Notwendigkeit einer Drogenprävention«, in: *Erziehungskunst. Zeitschrift zur Pädagogik Rudolf Steiners*, Nr. 5 (2005) Seite 568–572.
51 Johannes Bockemühl, *Umwege ins Leben. Impulse für die Kinder- und Jugendpsychiatrie*, Stuttgart 2004, Seite 144.
52 Ebd., Seite 142.
53 Ebd., Seite 151 ff.
54 Ebd., Seite 158 f.
55 Beispielsweise die Arbeitsgemeinschaft Kinder- und Jugendschutz Nordrhein-Westfalen: Informations- und Dokumentationszentrum Sekten/Psychokulte. Hintergrundinformationen sind beispielsweise in dem Buch *Sekten. Wie Menschen ihre Freiheit verlieren und wiedergewinnen können* von Margaret Thaler Singer und Janja Lalich (Heidelberg 1997) zu finden.
56 Siehe auch Dieter Beck, Henriette Dekkers, Ursula Langerhorst, *Borderline-Erkrankungen*, Stuttgart [3]2001, Seite 12.
57 Andreas Knuf (Hrsg.), *Leben auf der Grenze. Erfahrungen mit Borderline*, Bonn 2002, Seite 148.

58 Henriette Dekkers, »Grenzgänger zwischen Himmel und Erde. Borderline: Eine Inkarnationsstörung der Seele auf dem Wege zur Welt«, in: Dieter Beck, Henriette Dekkers, Ursula Langerhorst, *Borderline-Erkrankungen*, Stuttgart ³2001, Seite 83.
59 Ebd., Seite 79.
60 Ebd.
61 Ebd., Seite 83.
62 Ebd., Seite 69.
63 Aus: *Gewalt gegen Kinder und Jugendliche*, hrsg. vom Ministerium für Soziales, Gesundheit, Familie, Jugend und Senioren des Landes Schleswig-Holstein und der TK Schleswig-Holstein 2007.
64 Siehe www.rotetraenen.de. Weitere Informationen sind in der empfehlenswerten Broschüre mit dem Titel *Schnippeln und Ritzen* des Fachdienstes Jugend, Lindenstraße 11, 25421 Pinneberg zu finden sowie in dem Buch *Der Schmerz sitzt tiefer. Selbstverletzung verstehen und überwinden* von Steven Levenkron, München 2008.
65 Siehe www.rotetraenen.de.
66 Diese Auflistung wurde der Internetseite www.rotetraenen.de entnommen.
67 Ebd.
68 Ebd.
69 Ebd.
70 Felicitas Vogt, *Drogen und Sucht. Vorbeugen durch Erziehen*, Stuttgart (Internationale Vereinigung der Waldorfkindergärten) 1999, Seite 7.
71 Max H. Friedrich, *Irrgarten Pubertät. Elternängste*, Wien 2005, Seite 84.
72 Felicitas Vogt, *Drogen und Sucht. Vorbeugen durch Erziehen*, Stuttgart (Internationale Vereinigung der Waldorfkindergärten) 1999, Seite 7.
73 Michaela Glöckler, *Elternfragen heute. Erziehung aus Verantwortung*, Stuttgart 1995, Seite 100.
74 Siehe auch Max H. Friedrich, *Irrgarten Pubertät. Elternängste*, Wien 2005, Seite 84 ff.
75 Johann Wolfgang von Goethe, »Maximen und Reflexionen«, in: *Goethes Werke*, Hamburger Ausgabe, Band XII, München ¹²1994, Seite 538.
76 Arthur Schopenhauer, *Die Welt als Wille und Vorstellung*, Köln 2009.
77 Rudolf Steiner, *Rhythmen im Kosmos und im Menschenwesen. Wie kommt man zum Schauen der geistigen Welt?* (GA 350), Dornach ³1991, Vortrag vom 30.6.1923, Seite 161 ff.
78 Aus: Mathias Wais, *Suchtprävention beginnt im Kindesalter. Erziehung als Begleitung zur Eigenständigkeit*, Stuttgart 2002, Seite 50 f.
79 Siehe hierzu Aaron Antonovsky, *Salutogenese. Zur Entmystifizierung der Gesundheit*, Tübingen 1997.

Anmerkungen   465

80 Siehe Gabriele Rohmann, *Krasse Töchter. Mädchen in Jugendkulturen*, Berlin 2007, Seite 47.
81 Rudolf Steiner, *Anthroposophische Menschenkunde und Pädagogik* (GA 304a), Dornach 1979, Vortrag vom 30.8.1924, Seite 181.
82 Rudolf Steiner, *Allgemeine Menschenkunde als Grundlage der Pädagogik* (GA 293), Dornach ⁹1992, Vortrag vom 20.8.1919, Seite 15 f.
83 Ebd., Seite 205 ff.
84 Quelle unbekannt.
85 Corina Lanfranchi (Hrsg.), *Humor. Gespräche über die Komik, das Lachen und den Narren Dimitri*, Dornach ⁴2005, Seite 17 ff. und 65 ff.
86 Rudolf Steiner, »Lachen und Weinen«, Vortrag vom 3.2.1910, in: ders., *Pfade der Seelenerlebnisse* (GA 59), Dornach 1984, Seite 134 ff.
87 Olaf Koob, *Drogen-Sprechstunde. Ein pädagogisch-therapeutischer Ratgeber*, Stuttgart ²1992, Seite 153 ff.
88 Siehe beispielsweise Rudolf Steiner, *Menschenerkenntnis und Unterrichtsgestaltung* (GA 302), Dornach ⁵1986, Vortrag vom 16.6.1921, Seite 79.
89 Andreas Huber, *Die Lebensweisheit der 15-Jährigen. Warum unsere Jugend besser ist als ihr Ruf*, München 2003, Seite 13.
90 Johannes Bockemühl, *Umwege ins Leben. Impulse für die Kinder- und Jugendpsychiatrie*, Stuttgart 2004, Seite 47.
91 Rudolf Steiner, »Über die Treue«, in: ders., *Sprüche, Dichtungen, Mantren. Ergänzungsband* (GA 40a), Dornach 2002, Seite 286: »Das aber machen Sie zu Ihrer Treue: An dem andern Menschen werden Sie Augenblicke erleben, schnell dahingehende: Da wird er Ihnen erscheinen wie erfüllt, wie durchleuchtet von dem Urbild seines Geistes. Und dann können, ja werden andere Augenblicke, lange andere Zeiten kommen, da verdüstern sich die Menschen. Sie aber sollen lernen, in solchen Zeiten zu sagen: ›Der Geist macht mich stark. Ich denke an das Urbild; ich sah es doch einmal. Kein Trug, kein Schein raubt es mir.‹ Ringen Sie immer um dieses Bild, das Sie sahen. Dieses Ringen ist Treue. Und so nach Treue strebend, wird Mensch dem Menschen wie mit Engel-Hüter-Kräften nahe sein.«
92 Siehe Klaus Hurrelmann, »Was ist eine gute Schule?«, in: *Erziehungskunst, Zeitschrift zur Pädagogik Rudolf Steiners*, Nr. 4 (1991), Seite 336.
93 Peter Struck, *Erziehung von gestern, Schüler von heute, Schule von morgen*, München 1997, Seite 70.
94 Ebd., Seite 74.
95 Ebd., Seite 110.
96 Die Ausführungen von Edithe Zubli wurden mündlich überliefert; Frank Steinwachs hat in der Zeitschrift *Erziehungskunst. Zeitschrift zur Pädagogik*

Rudolf Steiners, Nr. 1 (2009), über seine Erfahrungen mit jungen Menschen während ihrer Identitätssuche innerhalb der Parzival-Epoche berichtet (in dem Artikel »Wolframs Parzival. Ein ›Entwicklungsepos‹ im Unterricht?«, Seite 25 ff.).

97 Frank Steinwachs, »Wolframs Parzival. Ein ›Entwicklungsepos‹ im Unterricht?«, in: *Erziehungskunst. Zeitschrift zur Pädagogik Rudolf Steiners*, Nr. 1 (2009), Seite 31.

98 Eckhard Schiffer, *Wie Gesundheit entsteht. Salutogenese: Schatzsuche statt Fehlerfahndung*, Weinheim 2001, Seite 91.

99 Rudolf Steiner, *Idee und Praxis der Waldorfschule* (GA 297), Dornach 1998, Vortrag vom 31.8.1919: »Aus welchem Geiste kann sich eine Erziehungskunst der Gegenwart entwickeln?«, Seite 60.

100 Rudolf Steiner, *Geistige Wirkenskräfte im Zusammenleben von alter und junger Generation* (GA 217), Dornach ⁶1988, Vortrag vom 10.10.1922, Seite 126 f.

101 Ulrich Meier, »Die Unbefangenheit wiedergewinnen. Eine Zukunftsvision der Sexualerziehung«, in: *Erziehungskunst. Zeitschrift zur Pädagogik Rudolf Steiners*, Nr. 5 (2005), Seite 515 ff.

102 Joachim-Ernst Berendt, *Nada Brahma. Die Welt ist Klang*, Reinbek bei Hamburg 1992.

103 Ebd., Seite 147.

104 Nach: Holger Baumann, »Global denken und lokal handeln«, in: *Erziehungskunst. Zeitschrift zur Pädagogik Rudolf Steiners*, Nr. 4 (2009), Seite 402–408.

105 Diplomarbeit von Hannes Dedeke, *Melt yoh Jugendplattform*, Fachbereich Architektur, Muthesius-Hochschule Kiel 2007.

106 Aiga Stapf, *Hochbegabte Kinder. Persönlichkeit, Entwicklung, Förderung*, München 2010, Seite 17.

107 Ebd., Seite 104 f.

108 Axel Esser, Martin Wolmerath, *Mobbing – Der Ratgeber für Betroffene und ihre Interessenvertretung*, Frankfurt a.M. 2005, Seite 21. Zitiert nach: Karl-Heinz Tritschler, »Das System und ich«, in: *Erziehungskunst. Zeitschrift zur Pädagogik Rudolf Steiners*, Nr. 11 (2007), Seite 1226.

109 Interview mit dem Kinderarzt Dr. med. Jan Vagedes im Rundbrief von *gesundheit aktiv*, Ostern 2006.

110 Karl Gebauer, »›Du bist blöd und stinkst.‹ Mobbing in der Schule – Möglichkeiten der Bearbeitung«, in: *Erziehungskunst. Zeitschrift zur Pädagogik Rudolf Steiners*, Nr. 11 (2007), Seite 1218.

111 Mathias Wais, »Mobbing. Der kollektive Doppelgänger«, in: *Erziehungskunst. Zeitschrift zur Pädagogik Rudolf Steiners*, Nr. 11 (2007), Seite 1194.

112 Ebd., Seite 1195.

Anmerkungen   467

113 Karl Gebauer, »›Du bist blöd und stinkst.‹ Mobbing in der Schule – Möglichkeiten der Bearbeitung«, in: *Erziehungskunst. Zeitschrift zur Pädagogik Rudolf Steiners*, Nr. 11 (2007), Seite 1219.
114 Siehe hierzu Friedrich Glasl, *Konfliktmanagement. Ein Handbuch für Führungskräfte und Berater*, Stuttgart ⁴1994, Seite 215 ff.
115 Max H. Friedrich, *Irrgarten Pubertät. Elternängste*, Wien 2005, Seite 124.
116 Dieter Heuser, Gerda Tornieporth, Birgit Wöhleke, *Jugend & Geld*, hrsg. von der Stiftung Warentest, Berlin ³2003, Seite 2.
117 Andreas Huber, *Die Lebensweisheit der 15-Jährigen. Warum unsere Jugend besser ist als ihr Ruf*, München 2003, Seite 144.
118 *Jugendideale*, Flensburger Hefte Nr. 46, Flensburg 1994, Seite 94.
119 Ebd., Seite 95.
120 Klaus Hurrelmann, *Lebensphase Jugend. Eine Einführung in die sozialwissenschaftliche Jugendforschung*, München 2010, Seite 195 ff.
121 Ebd., Seite 206.
122 Ebd., Seite 207.
123 Klaus Hurrelmann, *Lebensphase Jugend. Eine Einführung in die sozialwissenschaftliche Jugendforschung*, München 2010, Seite 86.
124 Siehe Shell Jugendstudie 2002.
125 Christoph Doll, »Vorurteilsbewusste Begegnungen. Interkulturelle Pädagogik in Mannheim«, in: *Erziehungskunst. Zeitschrift zur Pädagogik Rudolf Steiners*, Nr. 12 (2008), Seite 1267 ff.
126 Informationen sind in der Broschüre *Drehbuch Homeparty* von H. Riper, L. Bolier und M. de Vocht zu finden, zu beziehen über die Koordinationsstelle Sucht des Landschaftsverbandes Westfalen-Lippe unter der Telefonnummer 0251-5915538.
127 Weitere Informationen sind von dem Büro für grenzübergreifende Zusammenarbeit BINAD in Münster zu beziehen, siehe www.lwl.org/LWL/Jugend/lwl_ks/BINAD/.
128 Moïra Müller, *Ich hatte Anorexie. Tagebuch einer Heilung*, Stuttgart 2001, Seite 26 und 30 f.
129 Ebd., Seite 49.
130 Ebd., Seite 20.
131 Thomas Stöckli, *Jugendpädagogik. Was tun?*, Dornach 1998, Seite 14.
132 Birgitte Gjestvang, Marit Slagsvold, *Ung sorg. 14 unge om døden og livet videre*, Aschehoug 2008, Seite 19 ff.
133 Jack Canfield, Mark Victor Hansen, *Hühnersuppe für die Seele. Geschichten, die das Herz erwärmen*, Wien 2007, Seite 200.
134 Peter Krause, Faustus Falkenhahn (Hrsg.), *Einsam – gemeinsam. Jugend im Gespräch*, Flensburg 1992, Seite 100.

135 Peter Krause, Faustus Falkenhahn (Hrsg.), *Einsam – gemeinsam. Jugend im Gespräch*, Flensburg 1992, Seite 100.
136 Ebd.
137 Ebd., Seite 119.
138 Ebd., Seite 85.
139 Ebd., Seite 158.
140 Daniel Cohn-Bendit, »Revolution mit Rückendeckung«, in: *Geo Wissen*, Nr. 41 (2008): *Pubertät. Auf der Suche nach dem neuen Ich*, Seite 60.
141 Moïra Müller, *Ich hatte Anorexie. Tagebuch einer Heilung*, Stuttgart 2001, Seite 125.
142 Aus: *Blickwinkel. Jugendzeitung Hamburger Waldorfschulen* 2008.
143 Ebd.
144 Christiane Nüsslein-Volhard, »In der Klugheits-Nische«, in: *Geo Wissen*, Nr. 41 (2008): *Pubertät. Auf der Suche nach dem neuen Ich*, Seite 59.
145 Peter Krause, Faustus Falkenhahn (Hrsg.), *Einsam – gemeinsam. Jugend im Gespräch*, Flensburg 1992, Seite 99.
146 Ebd.
147 Ebd., Seite 58.
148 Ebd., Seite 98.
149 Aus: *Blickwinkel. Jugendzeitung Hamburger Waldorfschulen* 2008.

Literatur

Alberts, Michael, *Jugend ohne Zukunft?*, Flensburg 2007 (Flensburger Hefte 98)
Bauer, Joachim, *Die Zukunft der Freiheit*, Flensburg 2005 (Flensburger Hefte 90)
Biddulph, Steve, *Jungen! Wie sie glücklich heranwachsen, warum sie anders sind – und wie sie zu ausgeglichenen, liebevollen, fähigen Männern werden*, München 2003
Bockemühl, Johannes, *Anorexie und Bulimie. Krankhafte Störungen der Essgewohnheiten*, Bad Liebenzell-Unterlengenhardt ⁵2000 (hrsg. von »gesundheit aktiv«, ehemals »Verein für Anthroposophisches Heilwesen«)
Bockemühl, Johannes, *Umwege ins Leben. Impulse für die Kinder- und Jugendpsychiatrie*, Stuttgart 2004
Borne, Tilo von dem, *Schule und Elternhaus. Gemeinsam erziehen*, Stuttgart 1994
Böseke, Harry, *Wer ist denn hier im Abseits? Jugendliche schreiben über Heim, Knast, Drogen, Behinderung*, Basel 1981
Bronisch, Thomas, *Der Suizid. Ursachen, Warnsignale, Prävention*, München 2007
Buermann, Uwe, *Aufrecht durch die Medien. Chancen und Gefahren des Informationszeitalters und die neuen Aufgaben der Pädagogik*, Flensburg 2007
Buermann, Uwe, *Techno, Internet, Cyberspace. Jugend und Medien heute. Zum Verhältnis von Mensch und Maschine*, Stuttgart 1998
Burkart, Günter, *Handymania. Wie das Mobiltelefon unser Leben verändert hat*, Frankfurt a.M. 2007
Burkhard, Gudrun, *Mann und Frau. Integrative Biografiearbeit*, Stuttgart ²2004
Cordes, Colleen; Miller, Edward, *Die pädagogische Illusion. Ein kritischer Blick auf die Bedeutung des Computers für die kindliche Entwicklung*, Stuttgart 2002
Dahlke, Rüdiger, *Lebenskrisen als Entwicklungschancen. Zeiten des Umbruchs und ihre Krankheitsbilder*, München 2002
Delagrave, Michel, *Pubertät – eine Gebrauchsanweisung*, Freiburg i.Br. 2007
Dietz, Karl-Martin, *Anthroposophie tun. Beobachtungen zu Rudolf Steiners Führungsstil*, Heidelberg 1996
Doll, Christoph, »Vorurteilsbewusste Begegnungen – Interkulturelle Pädagogik in Mannheim«, in: *Erziehungskunst. Zeitschrift zur Pädagogik Rudolf Steiners*, Heft 12 (2008), Seite 1267–1271
Doosry, Mona, *Zwischen Pubertät und Mündigkeit. Erziehungsaufgaben im Jugendalter*, Heidelberg 2003

Dunselman, Ron, *An Stelle des Ich. Rauschdrogen und ihre Wirkung*, Stuttgart 2004
Edding, Friedrich, *Praktisches Lernen in der Hibernia-Pädagogik. Eine Rudolf-Steiner-Schule entwickelt eine neue Allgemeinbildung*, Stuttgart 1985
Feustel, Gotthard, *Die Geschichte der Homosexualität*, Düsseldorf 2003
Friedrich, Max H., *Irrgarten Pubertät. Elternängste*, Wien 2005
Fucke, Erhard, *Der Bildungswert praktischer Arbeit. Gedanken zu einer Lebensschule*, Stuttgart 1996
Gabert, Erich, *Autorität und Freiheit in den Entwicklungsjahren*, Frankfurt a.M. 1983
Gabert, Erich; Kniebe, Georg, *Die Strafe in der Selbsterziehung und in der Erziehung des Kindes*, Stuttgart 1993
Glasl, Friedrich, *Selbsthilfe in Konflikten. Konzepte, Übungen, Praktische Methoden*, Stuttgart 2008
Glöckler, Michaela, *Elternfragen heute. Erziehung aus Verantwortung*, Stuttgart 1995
Glöckler, Michaela, *Kindersprechstunde. Ein medizinisch-pädagogischer Ratgeber*, Stuttgart [18]2010
Glöckler, Michaela; Langhammer, Stefan; Wiechert, Christof (Hrsg.), *Gesundheit durch Erziehung. Eine Herausforderung für Pädagogen, Mediziner und Eltern*, Dornach 2006
Guggenberger, Bernd, *Einfach schön. Schönheit als soziale Macht*, München 1997
Holler, Ingrid, *GFK-Konfliktkiste. Konflikte erfolgreich lösen mit der gewaltfreien Kommunikation*, Paderborn 2009
Holler, Ingrid, *Trainingsbuch gewaltfreie Kommunikation. Abwechslungsreiche Übungen für Selbststudium, Seminare und Übungsgruppen*, Paderborn 2010
Huber, Andreas, *Die Lebensweisheit der 15-Jährigen. Warum unsere Jugend besser ist als ihr Ruf*, München 2003
Hübner, Edwin, *Drogen verstehen – Kinder lieben – Erziehung wagen. Suchtprävention aus einem geistigen Verständnis des Drogenproblems*, Stuttgart 1996
Hurrelmann, Klaus, *Lebensphase Jugend. Eine Einführung in die sozialwissenschaftliche Jugendforschung*, München 2010
Jugendideale, Flensburg 1994 (Flensburger Hefte 46)
Kiepenheuer, Kaspar, *Geh über die Brücke. Die Suche nach dem eigenen Weg am Beispiel der Pubertät*, Stuttgart 1988
Klee, Ernst, *Behinderten-Report*, Frankfurt a.M. 1981
Knuf, Andreas (Hrsg.), *Leben auf der Grenze. Erfahrungen mit Borderline*, Bonn 2009
Köhler, Henning, *Jugend im Zwiespalt. Eine Psychologie der Pubertät für Eltern und Erzieher*, Stuttgart [7]2009

Köhler, Henning, *Vom Ursprung der Sehnsucht. Die Heilkraft von Kreativität und Zärtlichkeit*, Stuttgart ³2007
Koob, Olaf, *Drogen-Sprechstunde. Ein pädagogisch-therapeutischer Ratgeber*, Stuttgart ²1992
Kranich, Ernst-Michael, *Waldorfpädagogik in der Diskussion. Eine Analyse erziehungswissenschaftlicher Kritik*, Stuttgart 1990
Krause, Peter; Falkenhahn, Faustus (Hrsg.), *Einsam – gemeinsam. Jugend im Gespräch*, Flensburg 1992
Lanfranchi, Corina (Hrsg.), *Humor. Gespräche über die Komik, das Lachen und den Narren Dimitri*, Dornach ⁴2005
Largo, Remo H.; Czernin, Monika, *Glückliche Scheidungskinder. Trennungen und wie Kinder damit fertig werden*, München 2008
Leber, Stefan, *Der Rhythmus von Schlafen und Wachen. Seine Bedeutung im Kindes- und Jugendalter*, Stuttgart 1992
Levenkron, Steven, *Der Schmerz sitzt tiefer. Selbstverletzung verstehen und überwinden*, München 2008
Lutz, Christian, *Leben und arbeiten in der Zukunft*, München 1997
Maris, Bartholomeus, *Sexualität, Verhütung, Familienplanung. Methoden, Entscheidungshilfen, Vor- und Nachteile*, Stuttgart 1999
Meijs, Jeanne, *Der schmale Weg zur inneren Freiheit. Ein praktischer Leitfaden durch die Zeit der Pubertät*, Stuttgart 2008
Meijs, Jeanne, *Liebe und Sexualität im Kindes- und Jugendalter. Das große Aufklärungsbuch*, Stuttgart 2008
Müller, Moïra, *Ich hatte Anorexie. Tagebuch einer Heilung*, Stuttgart 2001
Neider, Andreas (Hrsg.), *Brauchen Jungen eine andere Erziehung als Mädchen?*, Stuttgart ³2009
Neider, Andreas (Hrsg.), *Lernen aus neurobiologischer, pädagogischer, entwicklungspsychologischer und geisteswissenschaftlicher Sicht*, Stuttgart ²2006
Patzlaff, Rainer, *Der gefrorene Blick. Physiologische Wirkungen des Fernsehens und die Entwicklung des Kindes*, Stuttgart ⁵2009
Patzlaff, Rainer, *Medienmagie oder die Herrschaft über die Sinne*, Stuttgart ³1999
Pflug, Christine (Hrsg.), *Allein oder gemeinsam. Lebensformen heute*, Stuttgart 1999
Pons-Wörterbuch der Jugendsprache, Stuttgart 2002
Pubertät. Auf der Suche nach dem neuen Ich, GEO Wissen, Nr. 41 (2008)
Rebmann, Hans (Hrsg.), *Das dritte Jahrsiebt. Ausführungen Rudolf Steiners in seinen pädagogischen Vorträgen*, Stuttgart (Bund der Freien Waldorfschulen) 1977
Renzenbrink, Udo, *Ernährung unserer Kinder. Gesundes Wachstum, Konzentration, soziales Verhalten, Willensbildung*, Stuttgart 1990

Riper, Heleen, *Homeparty*, Ammersfoort 2004
Rohmann, Gabriele, *Krasse Töchter. Mädchen in Jugendkulturen*, Berlin 2007
Rosenberg, Marshall B., *Gewaltfreie Kommunikation. Eine Sprache des Lebens*, Paderborn 2009
Rosenberg, Marshall B., *Konflikte lösen durch gewaltfreie Kommunikation. Ein Gespräch mit Gabriele Seils*, Freiburg i.Br. 2009
Rosenberg, Marshall B., *Wege zu einer Sprache der Einfühlsamkeit*, Paderborn 2003
Schad, Wolfgang, *Erziehung ist Kunst. Pädagogik aus Anthroposophie*, Stuttgart 1994
Schiffer, Eckhard, *Warum Huckleberry Finn nicht süchtig wurde. Anstiftung gegen Sucht und Selbstzerstörung bei Kindern und Jugendlichen*, Weinheim 2010
Schiffer, Eckhard, *Wie Gesundheit entsteht. Salutogenese: Schatzsuche statt Fehlerfahndung*, Weinheim 2009
Schneider, Sylvia, *Lauter starke Mädchen. Ein Buch für Eltern*, Reinbek bei Hamburg 2003
Selg, Peter, *Eine grandiose Metamorphose. Zur geisteswissenschaftlichen Anthropologie und Pädagogik des Jugendalters*, Dornach 2005
Sexualität, Aids, Prostitution, Flensburg 1989 (Flensburger Hefte 20)
Sleigh, Julian, *Freiheit erproben. Das dreizehnte bis neunzehnte Lebensjahr. Verständnishilfen für Eltern*, Stuttgart [4]2003
Smit, Jörgen; Wruck, Adalbert, *Jugend-Anthroposophie. Arbeitsmaterialien, zusammengestellt aus Aufsätzen und zusammengefassten Vorträgen*, Dornach 1992
Staley, Betty, *Pubertät. Überleben zwischen Anpassung und Freiheit*, Stuttgart 1996
Stapf, Aiga, *Hochbegabte Kinder. Persönlichkeit, Entwicklung, Förderung*, München 2010
Steiner, Rudolf, *Erziehungskunst. Methodisch-Didaktisches* (GA 294), Dornach [6]1990
Steiner, Rudolf, *Menschenerkenntnis und Unterrichtsgestaltung* (GA 302), Dornach [5]1986
Stöckli, Thomas, *Jugendpädagogik. Was tun?*, Dornach 1998
Struck, Peter, *Erziehung von gestern, Schüler von heute, Schule von morgen*, München 2000
Treichler, Rudolf, *Die Entwicklung der Seele im Lebenslauf. Stufen, Störungen und Erkrankungen des Seelenlebens*, Stuttgart 1992
Van der Brug, Jos, *Unternehmen Lebenslauf. Biographie, Beruf und persönliche Entwicklung. Ein Workshop für alle, die ihr Arbeitsleben bewusst gestalten wollen*, Stuttgart 2003
Vogt, Felicitas, *Drogensucht – ein Weckruf unserer Zeit*, Bad Liebenzell-Unterlengenhardt 1998 (hrsg. von »gesundheit aktiv«, ehemals »Verein für Anthroposophisches Heilwesen«)

Vogt, Felicitas, *Drogen und Sucht. Vorbeugen durch Erziehen*, Stuttgart (Internationale Vereinigung der Waldorfkindergärten) 1999
Vogt, Felicitas, *Sucht hat viele Gesichter. Warum der Griff nach Drogen? Verstehen – vorbeugen – behandeln*, Stuttgart 2000
Wais, Mathias, *Suchtprävention beginnt im Kindesalter. Erziehung als Begleitung zur Eigenständigkeit*, Stuttgart 2002
Waldrich, Hans-Peter, *Perfect body. Körperkult, Schlankheitswahn und Fitnessrummel*, Köln 2004
Walsch, Neale Donald, *Gespräche mit Gott für Jugendliche*, München 2004
Wildermuth, Matthias, *Angstentstehung und -bewältigung im Säuglings-, Kinder- und Jugendalter. Zum hilfreichen Umgang mit angemessenen Formen*, Stuttgart 2006
Wolff, Otto, *Die naturgemäße Hausapotheke. Praktischer Ratgeber für Gesundheit und Krankheit*, Stuttgart 1988
Wüschner, Peer, *Pubertät. Das Überlebenstraining für Eltern*, München 2005

Bildnachweis

Sebastian Haas: Buchtitel unten links und unten rechts, Buchrücken, Seite 97, 195, 217, 225, 315, 326, 428; 4. Farbseite oben und unten
Jorinka Hinrichsen: Seite 43, 275, 332, 390; 3. Farbseite oben
Jandia Leutemann: Buchtitel oben, Seite 136, 171, 253, 342, 402, 420; 3. Farbseite unten, 5. Farbseite oben und unten, 8. Farbseite oben
Katharina Smalla: Seite 28, 68, 82; 6. Farbseite, 8. Farbseite unten
Dr. Stefan Theisen: Seite 20, 49, 65, 99, 117, 152, 163, 243, 285, 307, 309, 331, 366; 7. Farbseite

Die Zeichnungen auf der 1. und 2. Farbseite stammen aus dem Buch *Das offenbare Geheimnis der Temperamente. Studien zu einer vertieften Temperamentskunde Rudolf Steiners* von Gerda Scheer-Krüger, Dornach: Verlag am Goetheanum 1996.

Der Verlag dankt dem Verlag am Goetheanum, Dornach sowie den Fotografinnen und Fotografen für die freundliche Unterstützung.

Sachregister

Abhängen 213ff., 398
Aggression 31, 191
Aggressivität 92, 335, 393
AIDS 85
Akne-Behandlung 457f.
Albträume 337
Alkohol 86, 95f., 141, 157, 160, 169ff., 178, 238, 345
Alleinerziehende 33ff., 357
Alltag 47ff., 402ff.
Angst 27, 31, 38, 53, 218, 401, 411ff.
Anorexie 77, 179ff.
Antipathie 119
Antriebslosigkeit 27, 56, 71, 92, 95, 217
Apathie 119, 337, 382
Arbeitslosigkeit 368ff.
Astralleib 131f.
Ätherleib 131f.
Aufgabenteilung 47ff.
Aufklärung 74ff., 344
Aufmerksamkeitsdefizit-Syndrom 281
Ausbildungsplatz 368ff., 382
Ausländerintegration 391ff.
Authentizität 262, 265ff.
Autorität 262ff.
– liebevolle 56, 135

Bedürfnisse 62f.
Begegnung 209, 262, 265ff., 404
Begegnungsmangel 209
Begeisterungsfähigkeit 53
Belohnung 49
Betrügen 300

Beziehungslosigkeit 209
Bildekräfte 131f.
Bildung, ganzheitliche 309f.
Biologie-Epoche 312
Biologie-Unterricht 256f.
Blässe 161, 239
Borderline-Störungen 185ff.
Brüderlichkeit 432
Brutalität 56
Bulimie 179ff.

Cannabis 94f., 160, 174ff.
Chatrooms 168
Chillen 213ff.
Cliquen 336, 354
Computer 93f., 160, 167ff.
Computerspiele 167, 190
Cyberspace 305

Denken 19f.
– aktives 308
Depression 47, 119, 239, 337
Diebstahl 161, 238
Doppelrolle 33, 435
Drogen 141, 157, 305, 383, 393
Du-Botschaften 116

Ecstasy 159
Egoismus 365
Ehrgeiz 58, 66
Eigenverantwortlichkeit 437
Einfühlungsvermögen 29
Einsamkeit 56, 209, 218, 401
Eisen 71f.

Elternabend 247f.
Elternhaus 19ff.
Empathie 29, 32, 119ff.
Empfindungsleben 38
Enthemmung 335
Entscheidungsfähigkeit 251
Enttäuschungen 93
Erlebnispädagogik 438
Ernährung 67f., 69ff.
Ersatzrituale 45f.
Erziehung 26ff., 38, 248, 267
Erziehungskunst 260
Ess-Störungen 67f., 179ff.
Extremismus 220ff., 370

Fähigkeiten, negative 52ff.
Ferienfahrten, gemeinsame 49ff.
Fernsehen 157, 160
Firmung 42
Fitness 67
Freiheit 19, 59, 403, 425, 432
Fremdenfeindlichkeit 300
Freundschaft 209
Friedfertigkeit 53
Frühreife 344
Frustrationserlebnisse 337
Fühlen 19f.
Fürsorge 24

Gedankenpubertät 143ff.
Geduld 24
Gefühlsleben 137, 307
Gefühlspubertät 81, 145, 147f.
Gehirn 73, 140ff.
Geltungsbedürfnis 58
Gerechtigkeit 432
Geschlechtskrankheiten 81, 85
Geschwisterstellung 21
Gesellschaft 359ff.
Gespräch 26, 264, 404

Gesprächsbereitschaft 262ff.
Gewalt 189ff., 335ff., 383f.
Gewaltanwendung 393
Gewaltbereitschaft 44, 157
Gewaltcomputerspiele 161
Gewaltvideos 190
Gewichtsabnahme 161
Globalisierung 364ff.
Grenzen 56ff., 262, 268ff.
Grenzerlebnisse 28
Gruppenarbeit 300, 384, 404

Händezittern 161
Handlungsfähigkeit 19
Handy 157, 160, 164ff.
Haschisch 94f., 159ff., 175ff.
Hass 53
Hingabe 24, 81
Hochbegabte 285, 322ff.
Hoffnung 401, 421
Hoffnungslosigkeit 209
Homeparty 394
Homosexualität 110ff., 310
Humor 40, 52, 262, 268, 271ff.
Humor-Epoche 304
Hyperkinetisches Störungs-Syndrom 281

Ich 56, 70f., 129f., 131f., 151
Ich-Geburt 129, 132, 151
Ich-Organisation 72, 281
Ich-Reife 262
Ideale 27, 365
Identitätsprobleme 44
Identitätssuche 426ff.
Idole 224ff.
Infektionskrankheiten 79, 84
Instrument, eigenes 98ff.
Integration 349, 378, 383, 391ff.
Interesselosigkeit 53

Sachregister 477

Internet 87, 167f., 370
Isolation 383

Jugendgerichtsgesetz 383f.
Jugendschutzgesetz 382ff.
Jugendweihe 42
Justiz 382ff.

Kälte, soziale 157f.
Kiesel 72f.
Kiffen 157, 176
Kindesmisshandlungen 192
Klassenfahrt 263
Klassenspiel 263
Klauen 231ff., 300
Kleidung 325ff., 372, 402
Kohärenzgefühl 231, 305
Komasaufen 172ff.
Kommunikation 262ff.
 – gewaltfreie 119f., 450
Kommunion 42
Konfirmation 28, 42
Konfliktbewältigung 340f.
Konfliktfähigkeit 93
Konfliktmanagement 115ff.
Konkurrenzverhalten 58
Konsum 369, 435f.
Konsumverhalten 374
Kontaktarmut 209
Konzentrationsfähigkeit 73
Konzentrationsschwäche 92
Konzentrations- und
 Gedächtnisprobleme 337
Körperentwicklung 64ff.
Körperkult 64ff.
K.-o.-Tropfen 193f.
Kreativität 300
Kreislaufschwäche 161
Kriminalität 370, 379, 383ff., 393
Krisen 91ff., 151ff.

Kritikfähigkeit 262, 265ff.
Kritiksucht 364
Kunstunterricht 255f.

Längenwachstum 64, 137
Langeweile 213ff., 410f.
Lebensideale 23
Lebenslügen 265
Lebensmüdigkeit 159
Lehrertypen 290ff.
Leib, physischer 131f.
Leistung 67, 369
Leistungsabfall 95
Leistungsbesessenheit 66
Leistungsdruck 370
Liebe 24, 74, 81, 84
Liebefähigkeit 40, 53
Liebkosungen 74, 84
Literaturunterricht 303f.
Lob 268, 270
Loyalitätskonflikt 35, 39
Lügen 161, 231ff., 300

Magersucht 77, 179ff., 239
Mahlzeiten, gemeinsame 49f.
Marihuana 86
Mediation 340ff., 446ff.
Medienkonsum 159
Menstruation 44, 76, 79f., 153
Minderwertigkeitsgefühle 58
Missbrauch 79, 84ff., 189ff., 337
Misstrauen 31
Mobbing 189ff., 194ff., 271, 335ff., 351
Müdigkeit 47, 92
Mündigkeit 56, 132
Musik 98, 235f., 224ff., 313ff.
Mutlosigkeit 27
Mutproben 46f.
Mützenphänomen 329ff.

Naturkunde-Epoche 318
Neid 53
Niedergeschlagenheit 56
Nikotin 160, 162ff.

Ökologie 316ff.

Partnerschaft 262ff.
Partys 96f.
Parzival-Epoche 303f.
Patchworkfamilie 21, 37ff.
Pausenangebote 321
Peergroup-Arbeit 286
Pferde 333ff.
Pflichten 102ff.
Piercing 206ff.
Politik 375ff., 405
Pornografie 79, 84, 86ff.
Provokation 25, 39, 433
Psychotraumatisches Syndrom 337
Pubertät des Denkens 143ff.
Pubertät des Fühlens 147f.
Pubertät des Wollens 148ff.
Pubertätsgynäkomastie 85
Pubertätsrituale 41ff.
Pubertätstypen 277ff.

Radikalismus 220ff.
Rastlosigkeit 337
Rauchen 162ff.
Rebellion 370
Rechte 102ff.
Regeln 59
Reife, soziale 132
Reklame 372ff.
Resignation 27, 382
Rhythmus 92, 315f.
Rituale 28, 41ff., 361
Rubikon 75, 135

Samenerguss, erster 76, 79f., 153
Schals 332f.
Schlaf 139f.
Schlafbedürfnis 71, 139
Schlaffheit 95
Schlafstörungen 337
Schlankheit 67
Schlappheit 47, 92, 161
Schönheitsterror 67
Schuldgefühle 25, 38
Schule 241ff.
Schülermediationsausbildung 446ff.
Schulgebäude 319ff.
Schulreife 132
Schwächen 265
Schwangerschaft, ungewollte 79, 84
Seelenleben 56, 132, 433
Seelenleib 38, 131f., 136
Seelenpflegebedürftige 105ff., 127f., 342ff.
Sehnsucht 158, 415f.
Sekten 182ff.
Selbstbefriedigung 74, 310
Selbstbewusstsein 19, 130, 153, 398
Selbsterziehung 151, 178, 262
Selbstfindung 403
Selbstlosigkeit 24, 365, 432
Selbstmord 185, 209ff.
Selbstständigkeit 23, 93, 115, 139, 263, 264
Selbstverletzendes Verhalten (SVV) 185, 199ff.
Selbstzweifel 401
Sexualaufklärung 310ff.
Sexualität 74ff., 310ff. 350
Sinnesschulung 92
Sinnsuche 417ff.
Situation, familiäre 21ff.
Sozialkompetenz 33
Spiritualität 421ff.

Sachregister

Sport 67ff.
Stimmbruch 100ff.
Stimmungsschwankungen 92, 95, 136, 161
Strafen 57f., 62, 268, 270
Streitschlichtung 340f., 447
Subkultur 228ff.
Sucht 157ff., 379
Suchtverhalten 91ff., 157, 383
Suchtvorbeugung 93, 176ff., 286, 394, 439ff.
Suizid 209ff., 337
Sympathie 119

Tabak 345
Tadel 57f.
Tätowierungen 206ff.
Terror 370
Tod 414f.
Todessehnsucht 210
Toleranz 24, 40, 53
Transition 152f.
Trauerarbeit 36, 38
Treue 288
Trotzalter 130ff.

Überempfindlichkeit 239
Überforderung 210
Umweltbewusstsein 318
Unaufrichtigkeit 265, 389
Unfälle 209, 211f.
Unpünktlichkeit 215
Unsicherheit 218, 409f.
Unterricht, künstlerisch-handwerklicher 254f., 304ff., 440
Unterrichtsformen, offene 300, 302
Unterrichtsgestaltung 245, 260
Unverbindlichkeit 159, 168f., 388f.
Unzuverlässigkeit 95, 161, 390
Urteilsfähigkeit 365

Vandalismus 300
Verantwortung 24, 35, 388
– globale 432
Verantwortungsbereitschaft 93
Verantwortungsgefühl 62
Verbindlichkeit 169, 389
Vergebung 24
Verhaltensparadoxien 433
Verhütung 81, 85, 350
Vernachlässigung 191, 194
Verschlossenheit 27
Vertrauen 24, 234, 271, 276, 433
Verwahrlosung 161
Verzeihen 271
Vitamin B1 72f.
Vorbild 56, 158, 302, 374
Vorpubertät 76, 135ff.

Wahrhaftigkeit 61, 365
Wahrnehmungsfähigkeit 40
Wärme 70f.
Werbung 428
Wesensglieder 131f.
Willenserziehung 307
Willenspubertät 145, 148ff.
Wirtschaft 371ff.
Wollen 19f.
Wünsche 62

Zahnwechsel 132f.
Zärtlichkeit 74, 84
Zeitmangel 157, 158
Zuhören, aktives 265
Zukunft 430ff.
Zukunftsangst 209
Zuwendung 74

Die Autoren

Monika Kiel-Hinrichsen, geboren 1956, ist Mutter von fünf Kindern. Nach der Ausbildung zur Erzieherin studierte sie Sozial- und Waldorfpädagogik und sammelte Erfahrungen in der Heilpädagogik. Von 1996 bis 2006 Familienkulturarbeit an der Freien Hochschule für Geisteswissenschaft in Dornach. Neben ihrer Seminar- und Vortragstätigkeit im In- und Ausland leitet sie die anthroposophische Bildungsstätte »Forum Zeitnah« in Kiel (Erziehungs- und Paarberatung, Mediation, Supervision, Biografiearbeit). Sie ist Autorin mehrerer pädagogischer Ratgeber (*Warum Kinder trotzen*, Stuttgart ^{5}2010; *Wackeln die Zähne – wackelt die Seele. Der Zahnwechsel*, Stuttgart ^{8}2010; *Warum Kinder nicht zuhören*, Stuttgart ^{3}2009; *Die Patchworkfamilie*, Stuttgart 2003).

Helmut Hinrichsen, geboren 1950, studierte nach einer Ausbildung zum Diplomlandwirt Waldorfpädagogik in Witten/Annen. Seit 21 Jahren ist er an der Kieler Waldorfschule als Handwerks- und Biologielehrer tätig, außerdem als Beratungslehrer für Sucht- und Drogenprävention. Darüber hinaus ist er Mitveranstalter der »Suchttagung Loheland« und Dozent am Waldorflehrerseminar Kiel. Der Autor ist Vater von fünf Kindern.